Bruno Brukner

Die Luftpistole

Die Luftpistole
von Bruno Brukner

ISBN 978-3-936632-03-3

Gestaltung und Layout: dwj-Verlags GmbH

Printed in Germany
Druck: Bosch-Druck GmbH, Festplatzstraße 6, 84030 Ergolding

© 2011 dwj Verlags-GmbH, Rudolf-Diesel-Straße 46, 74572 Blaufelden

Der Nachdruck, auch einzelner Passagen, ist verboten!
Das Urheberrecht und sämtliche weitere Rehte sind dem Verlag vorbehalten.
Übersetzung, Speicherung, Vervielfältigung und Verbreitung
einschließlich Übernahme auf elektronischen Medien wie CD, DVD, Internet usw.
ist ohne vorherige Genehmigung des Verlages unzulässig.

Inhalt

Vorwort		6
1. Die Luftpistolen		7
2. Federluftpistolen		9
2.1	Die Funktion von Federluftpistolen	9
2.1.1	Was geschieht bei der Kompression der Luft?	11
2.1.2	Das Dieseln	11
2.1.3	Das Barakuda-Gewehr	12
2.1.4	Die Zündung einer Treibladung, das V/L-Gewehr	13
2.1.5	Der Wirkungsgrad von Federluftpistolen	14
2.1.6	Sicherungen an Federluftpistolen	15
2.1.7	Der Impulserhaltungssatz, der Pellschlag und der Rückstoß	18
2.1.8	Der Rückstoß und seine Dämpfung bei Druckluft- und CO_2-Pistolen	21
2.1.9	Der „Schuss-Stabilisator" von Steyr	24
2.1.10	Das „Equalizer-Magnetabsorbersystem" von Walther	24
2.2	Federluftpistolen ohne Massenausgleich	25
2.2.1	Anschütz JGA 1000	26
2.2.2	Bayerische Sportwaffenfabrik (BSF)	27
2.2.3	Bergmann Altona	29
2.2.4	Flürscheim, Eisenwerke Gaggenau	30
2.2.5	BSA	33
2.2.6	Daisy	34
2.2.7	Dianawerk Mayer & Grammelspacher	34
2.2.8	EM-GE, Moritz & Gerstenberger	43
2.2.9	El Gamo	48
2.2.10	Ernst-Thälmann-Werke	50
2.2.11	Föhrenbach/Falke	51
2.2.12	Haenel	52
2.2.13	Harrington & Son, The Gat	54
2.2.14	Healthways, Inc., Marksman 1010	55
2.2.15	Ischjewsker Waffenfabrik, (Ischmech), Baikal	56
2.2.16	Jung Roland	60
2.2.17	Koma und Voere	60
2.2.18	Langenhan/FLZ	62
2.2.19	Meffert, Hubertus Luftpistole	64
2.2.20	Milbro	66
2.2.21	Mondial (ZIP-Mondial)	68
2.2.22	Predom Lucznik	69
2.2.23	Record, Barthelmes KG	70
2.2.24	Schmidt, HS, H. Schmidt Waffentechnik, Ostheim (Röhn)	74
2.2.25	Slavia/Tex	76
2.2.26	Walther	77
2.2.27	Webley & Scott	78
2.2.28	Weihrauch	83
2.2.29	Westlake	85
2.2.30	Oskar Will/Venus Waffenwerk (VWW)	85
2.3	Die Federluftpistolen mit Massenausgleich	90

3. Druckluftpistolen   **101**
  3.1   Die Funktion von Druckluftpistolen mit Pumpe   101
  3.2   Einfache Druckluftpistolen mit Pumpe   104
  3.3   Druckluft-Matchpistolen mit Pumpe   111
  3.4   Die Technik der Druckluftpistolen mit Druckluftflasche   123
  3.5   Match-Druckluftpistolen   126
      3.5.1.1 Der Feinwerkbau Deflektor   127
      3.5.1.2 Der Steyr Deflektor   127
      3.5.1.3 Der Walther LP 400 Deflektor   128
      3.5.2   Morini   130
      3.5.3   Feinwerkbau   131
      3.5.4   Steyr   134
      3.5.5   Walther   136
      3.5.6   Hämmerli   140
      3.5.7   Ischmech/Baikal   142
      3.5.9   Röhm   143
      3.5.10 Tesro   144
      3.5.11 Anschütz   146
  3.6   Druckluftpatronen   149

4. CO_2-Pistolen   **153**
  4.1   Die Eigenschaften des Treibmittels CO_2 154
  4.2   Lachgas, ein alternatives Treibmittel   159
  4.3   Aufbau und Funktion von CO_2-Pistolen   161
  4.4   Kohlendioxid und CO_2-Pistolen, ein wenig Technikgeschichte   170
  4.5   Einfache CO_2-Pistolen und –Revolver   185
      4.5.1   Crosman   185
      4.5.2   Daisy Manufacturing Co.   195
      4.5.3   Diana   204
      4.5.4   Healthways, Inc.   205
      4.5.5   Industrias Gamo   207
      4.5.6   Isch, Baikal, Waffenfabrik Ischjewsk   209
      4.5.7   Lovena Vyrobni Druzstvo   212
      4.5.8   Sheridan   214
      4.5.9   Anics/Skif   214
      4.5.10 Smith & Wesson   218
      4.5.11 Die Modelle der Firma Umarex   219
      4.5.12 Modesta Molgora, Mailand (MMM)   227
  4.6 CO_2-Matchpistolen   228
      4.6.1   Aeron   229
      4.6.2   Crosman   230
      4.6.3   FEG   231
      4.6.4   Feinwerkbau   232
      4.6.5   Hämmerli   235
      4.6.6   Tula   236
      4.6.7   Pardini   237
      4.6.8   Röhm Twinmaster CO_2-Pistolen   238
      4.6.9   Steyr Mannlicher GmbH   239
      4.6.10 Walther   240
  4.7   Ein CO_2-Wechselsystem   246
  4.8   Fünfschüssige CO_2-Matchpistolen   247

5. Airsoft-Pistolen — **253**
- 5.1 Allgemeines — 253
- 5.2 Feder-Direktantrieb — 255
- 5.3 Feder-Airsoft-Pistolen — 256
- 5.4 CO2-Airsoft-Pistolen — 261
- 5.5 Gas Airsoft-Pistolen — 263
- 5.6 Feder-Airsoft-Pistole mit Elektroantrieb (AEP) — 264

6. Geschosse für Luftpistolen — **265**
- 6.1 Geschosstypen — 265
- 6.2 Geschoss, Lauf und Streuung — 271
- 6.3 Geschossgeschwindigkeit und Schießleistung — 275
- 6.4 Das Kalibrieren von Geschossen — 275
- 6.5 Die Abhängigkeit der Geschossgeschwindigkeit von der Geschossmasse — 277
- 6.6 Die Abhängigkeit der Geschossgeschwindigkeit vom Kalibriermaß und vom Kopfdurchmesser — 280
- 6.7 Das Setzen von Geschossen — 282
- 6.8 Die Alterung von Geschossen — 283

Literatur — **284**

Vorwort

Der Titel dieses Buches beschreibt den Inhalt nicht korrekt und wurde nur wegen seiner Kürze gewählt. Ich hoffe, dass meine Leser mir diese Ungenauigkeit nachsehen und hinnehmen, dass auch CO2- und Gas-Pistolen besprochen werden, die ja doch den Luftpistolen in Vielem gleichen.

Luftpistolen werden oft als Spielzeug, bestenfalls als Übungspistolen und schlimmstenfalls als Mittel angesehen, mit dem man kleine Jungs zu Militaristen oder Mördern erzieht. Daß dieses Bild falsch ist, lehrt ein Besuch auf einem Luftpistolen-Schießstand. Ausgehend von Deutschland hat das sportliche Schießen mit der Luftpistole eine recht große Verbreitung gefunden. 1962 fanden die ersten Deutschen Meisterschaften im Luftpistolenschießen statt, 1969 wurde die erste Europameisterschaft, 1974 die erste Weltmeisterschaft mit Luftpistolen ausgetragen, und seit 1988 ist das Luftpistolenschießen ein olympischer Wettbewerb.

Diese Entwicklung führte zu einem großen Angebot von Matchpistolen, von denen viele hier beschrieben werden. In der letzten Zeit kamen auch eine Reihe von interessanten – da präzisen – mehrschüssigen Luftpistolen auf den Markt, die dem Luftpistolenschießen weiteren Auftrieb verleihen könnten, wenn die Wettkampfprogramme nicht ständig wechseln und attraktiv gestaltet würden. Auch bedingt wohl der recht hohe Preis dieser Pistolen ihre geringe Verbreitung.

Neben den sportlichen Aspekten bieten Luftpistolen auch viele interessante Einblicke in Technik und Technikgeschichte, wie das erweiterte Kapitel über Feder-Luftpistolen zeigt. Der Abschnitt über die Entwicklung der Anwendung von CO2 als Treibmittel gibt ebenso einen Einblick in dieses Gebiet. Eine Abschweifung vom Thema möge mir der Leser nachsehen: den kombinierten Geschossantrieb Druckluft-„Pulverdampf" beim VL-Gewehr kann man als an Technik Interessierter nicht auslassen.

Auch den Einfluss der Politik (Waffengesetzgebung) ist nicht ohne Einfluss auf Entwicklungen. So hat das restriktive japanische Waffengesetz letztlich zum Entstehen der Airsoft-Pistolen geführt, die hier nur kurz beschrieben werden.

Die in der 1. und 2. Auflage behandelten schießtechnischen Themen wurden nicht übernommen. Die Erläuterung der Vorgänge beim Schießen ist für den technisch interessierten Leser bestimmt. Auch wenn hier nichts prinzipiell Neues gesagt wird, ist das Verstehen von Technik nützlich, selbst wenn es nur hilft, Werbung und Wirklichkeit zu unterscheiden. Wo immer hier Hinweise auf die Handhabung der Pistolen gegeben werden ist es erforderlich, sich vor dem Schießen mit der Bedienungsanleitung des Herstellers vertraut zu machen und dann diesen Anweisungen zu folgen.

Beim Zusammentragen der Unterlagen für dieses Buch haben viele geholfen: Firmen, Institutionen und Freunde. Ich möchte allen für ihre Hilfe danken, besonders den Herren J. Altenburger, M. Barthelmes, Th. Bretschneider, M. Dragunow, M. Dürkoop, O. Fieg, E. Franke, M. Krause, W. Krüper, G. Knappworst, G.-D. Künstler, B. Lehmann, L. v. Nordheim, K. Pottiez, E. Senfter, A. Simon, D. Schreiber, H.-H. Weihrauch, St. Zinke und nicht zuletzt meiner Frau, die viele Zeichnungen für die Kapitel 8 und 10 angefertigt hat.

Obwohl dieses Buch, wie ich meine, sorgfältig recherchiert worden ist, können sich Fehler eingeschlichen haben. Ich würde mich freuen, wenn mich Leser auf derlei Sünden oder auch schwer verständliche Stellen hinwiesen.

Wahle, im November 2011

B. Brukner

1. Die Luftpistolen

Die Urform aller Druckgas-Schießgeräte ist das Blasrohr. Bei seiner Benutzung bewirkt die Muskulatur, die normalerweise zum Atmen dient, die Kompression der Luft, die das Geschoss aus dem Rohr treibt. Wilhelm Busch zeigt in seiner Bildergeschichte „Das Pusterohr" (1868) die Benutzung eines Blasrohres. Vor Nachahmung wird übrigens bei Busch und hier ausdrücklich gewarnt.

Vom Blasrohr bis zu unseren Luftpistolen war ein weiter Weg zurückzulegen. Und wenn auch den Amazonasindianern nachgesagt wird, dass sie mit großer Treffsicherheit ihre Jagd-Blasrohre benutzt hätten – unsere heutigen Luftgewehre und Luftpistolen sind ungleich genauer.

Der Ausdruck „Luftpistole" wird hier als Sammelbegriff verwendet: Im Folgenden unterscheiden wir dann zwischen Federluftpistolen, Druckluftpistolen, CO_2- und Gas-Pistolen. Diese Einteilung beruht auf technischen Unterschieden, die auch für den Benutzer von Bedeutung sind und die er deshalb kennen sollte. Die Abmessungen und Massen (Gewichte) vieler Luftpistolen wurden in Tabellen zusammengefasst, um Vergleiche zu erleichtern. Einige der Zahlenangaben können naturgemäß nicht ganz allgemeingültig sein. Dazu gehören die Gewichte der Pistolen, weil die Griffe mitunter aus verschiedenen Materialien und auch in verschiedenen Ausführungen gefertigt werden. Ebenso lässt sich die Geschossgeschwindigkeit nicht allgemeingültig angeben; denn sie hängt u. a. von der Geschossmasse ab, die nicht nur von Typ zu Typ sondern auch von Hersteller zu Hersteller und von Fertigungslos zu Fer-

Der Franz mit seinem Pusterohr schießt Bartelmannans linke Ohr (Wilhelm Busch).

tigungslos verschieden sein kann und selbst innerhalb eines Fertigungsloses schwankt.

Auf Angaben zur Schussgenauigkeit wurde verzichtet, weil sie nicht nur vom Lauf, sondern auch stark von den Maßen und der Maßhaltigkeit der verwendeten Geschosse beeinflußt wird. Man kann heute im allgemeinen davon ausgehen, dass Match-Luftpistolen mit sehr guten Läufen ausgerüstet werden, so dass ungenügende Schussgenauigkeit nur sehr selten auf den Lauf zurückgeführt werden kann. (Siehe in diesem Zusammenhang Abschnitt 6.3 Geschoß, Lauf und Streuung.) Die Lauflänge ist bei Luftpistolen im Vergleich zu klein- oder großkalibrigen Sportpistolen groß. Selbst bei der nicht mehr gefertigten kurzläufigen Hämmerli-Single-CO_2-Pistole beträgt die Lauflänge 115 mm, was zum besseren Vergleich 115/4,5 = 25,6 Kalibern entspricht. Bei Kleinkaliber-Sportpistolen mit einer effektiven Lauflänge von etwa 135 mm (150 mm minus Hülsenlänge) beträgt letztere 135/5,6 = 24,1 Kaliber, ist also relativ gesehen ein wenig kürzer.

Zum Schluss noch einige Bemerkungen zum Begriff Luftpistole. Es ist bei uns eine verbreitete Unsitte, Luftpistolen (oder CO_2-Pistolen) als Waffen zu bezeichnen. Sehen wir in den Duden, Deutsches Universal Wörterbuch, 2. Auflage 1989, so finden wir unter Waffe: „1. a) Gerät, Instrument, Vorrichtung als Mittel zum Angriff auf einen Gegner oder zur Verteidigung". Im Wahrig, Wörterbuch der deutschen Sprache, dtv, 4. Auflage, 2000, lautet die Definition von Waffe: „1 Gerät zum Kämpfen". In seinem Buch „CO_2 Pistols and Rifles" (Krause Publications, Iola, WI, 2003) schreibt der Autor James E. House auf Seite 70 zur Walther PPK/S: „Particularly obnoxious is the reference in the owner`s manual to this BB pistol as a weapon. While it is not a toy, it is not a weapon and we do not need this kind of connotation." (Besonders ärgerlich in der Bedienungsanleitung ist die Bezeichnung Waffe für diese BB-Pistole. Obwohl sie kein Spielzeug ist, ist sie keine Waffe, und wir haben keinen Bedarf an dergleichen Andeutungen (Übersetzung Verfasser). Da Politik immer auch ein Spiel mit Worten ist, sollten wir es bei Luftpistole und CO_2-Pistole belassen. Korrekterweise und vorsichtshalber.

2. Federluftpistolen

An erster Stelle wollen wir uns den Federluftpistolen zuwenden, weil sie in unserem Lande die verbreitetste Art ist, die außerdem hier ihren höchsten Entwicklungsstand erreicht hat. Als charakteristisches Merkmal besitzen diese Pistolen eine starke Schraubenfeder, die den Kolben antreibt und als Energiespeicher benutzt wird. Beim Schuss wird ein Teil der in der Feder gespeicherten Energie auf dem Umweg über komprimierte Luft auf das Geschoss übertragen.

Da die Kompression der Luft bei der Entspannung der Feder quasi schlagartig erfolgt, werden diese Pistolen auch als Schlagfeder-Luftpistolen bezeichnet.

2.1 Die Funktion von Federluftpistolen

Viele Federluftpistolen sind mit einem Kipplauf ausgerüstet, der als Spannhebel dient. Der Lauf ist meist an seinem hinteren oder vorderen Ende mittels einer Achse am Rahmen der Pistole so angelenkt, dass er nach unten bzw. oben geschwenkt werden kann. Bei der Schwenkbewegung wird eine Feder gespannt, die auf einen Kolben wirkt, der in einem meist hinter dem Lauf angeordneten Zylinder läuft. Außerdem wird das hintere Laufende zugänglich, so dass ein Geschoss eingesetzt werden kann. Nach dem Spannen und Laden wird der Lauf wieder in seine Ausgangsstellung geschwenkt, in der er mittels einer Arretiervorrichtung gehalten wird. Die Pistole ist nun schussbereit. Pistolen, bei denen der Lauf nach unten geschwenkt wird, werden als Kipplauf- oder Knicklauf-Luftpistolen bezeichnet, lax auch als Knicker.

Abbildung 2.1-1 zeigt schematisch die verschiedenen Phasen der Schussabgabe. In a) ist die Kolbenfeder (1) entspannt. Der im Zylinder (5) gleitend angeordnete Kolben befindet sich in seiner vorderen Ruhestellung. b) zeigt die Pistole geladen und gespannt. Das Spannstück (3) hält den Kolben fest, das Diabolo (7) ist in den Lauf (6) eingesetzt worden. Wird der Kolben durch Ausschwenken des Spannstücks freigegeben, so treibt ihn die Feder schnell nach vorn (rechts). Dabei wird im Zylinder vor dem Kolben Luft komprimiert (zusammengedrückt). Durch den hohen Luftdruck, der sich hinter dem Diabolo aufbaut, wird es in Bewegung gesetzt und durch den Lauf „geblasen" c). Einige Pistolen besitzen einen besonderen Spannhebel, dies ändert aber nichts am allgemeinen Funktionsprinzip.

Bei vielen Federluftpistolen liegt der Zylinder in Längsrichtung hinter dem Lauf (Diana, Feinwerkbau, Weihrauch), was die Pistolen recht groß macht. Webley & Scott (auch Weihrauch beim Modell 45 und BSA beim Modell 240 Magnum) ordnet den Zylinder unter dem Lauf an (Abb. 2.2.27-3) und erreicht dadurch wesentlich kleinere Baumaße bei ebenfalls großen Zylinderinhalten. Große Zylinder ermöglichen größere Geschossgeschwindigkeiten als kleinere Zylinder, weil man in ihnen kräftigere Federn unterbringen kann. Die bei der Kompression der Luft ablaufenden Vorgänge bestimmen weitgehend die Geschossgeschwindigkeit, weshalb sie hier besonders behandelt werden sollen.

Die verschiedenen Phasen der Schussabgabe

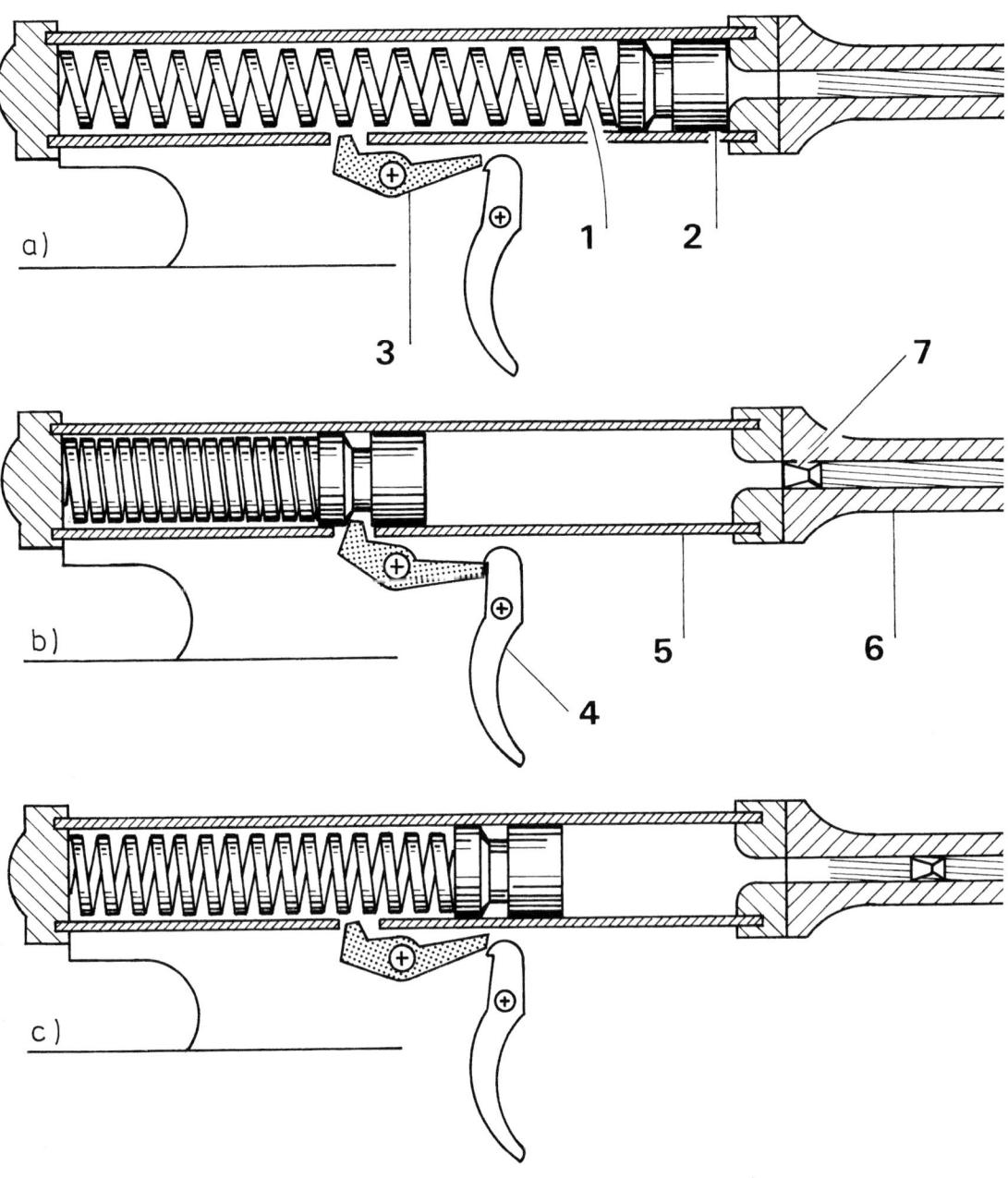

Abb. 2.1-1: Vereinfachter Schnitt durch eine Federluftpistole. 1 Kolbenfeder (Schlagfeder), 2 Kolben, 3 Spannstück, 4 Abzug, 5 Zylinder, 6 Lauf, 7 Diabologeschoss, a) Schlagfeder entspannt, b) Pistole gespannt, c) Pistole bei der Schussabgabe.

2.1.1 Was geschieht bei der Kompression der Luft?

Sobald der Kolben einer Federluftpistole freigegeben wird, treibt ihn die gespannte Feder mit hoher Geschwindigkeit nach vorn. Dabei wird die Luft im Zylinder vor dem Kolben so weit komprimiert, dass der entstehende Druck den Einpresswiderstand des Geschosses überwindet und das Geschoss aus dem Lauf getrieben wird. Bei der Kompression erhitzt sich die Luft. Da die Kompression sehr schnell erfolgt („wie auf einen Schlag", daher auch „Schlagfeder-Luftpistole"), wird nur sehr wenig von der entstehenden Wärme an den Kolben und die Zylinderwandung abgegeben. Nimmt man an, dass bei der Kompression der Luft (oder eines anderen im Zylinder befindlichen Gases) überhaupt keine Wärme abgegeben wird, so spricht man von adiabatischer Kompression. Bei dieser gilt für die absolute Temperatur T_2, die beim Enddruck erreicht wird (1)

$$T_2 = T_1 \cdot \left(\frac{p_2}{p_1}\right)^{\frac{\kappa - 1}{\kappa}} \quad (1)$$

wobei T_1 die Ausgangstemperatur in Kelvin (K=°C+273), p_1 der Ausgangsdruck in Bar und κ der Adiabatenexponent des Gases ist (k-Werte: Luft 1,402, Stickstoff 1,401, Helium 1,63, Argon 1,65).

Für Luft, einen Luftdruck von 1 bar und einer Umgebungstemperatur von 20 °C entsprechend 20+273=293 K gilt

$$T_2 = 293 \cdot \left(\frac{p_2}{1}\right)^{\frac{0,401}{1,401}} \quad (2)$$

Der Enddruck im Zylinder einer Federluftpistole (oder eines entsprechenden Luftgewehrs) hängt vom Einpresswiderstand des Geschosses ab. Dieser Widerstand wird bestimmt von Form, Zusammensetzung und Masse des Geschosses und von Form und Querschnitt des Laufes und des Geschosslagers.

Gehen wir davon aus, dass der vom Einpressdruck abhängige maximale Druck im Zylinder der Luftpistole 30 bar beträgt, so erhalten wir mit (1)

$$T_2 = 293 \cdot 30^{\frac{0,40}{1,40}} = 774$$

entsprechend 501 °C.

Diese Temperatur wird nur für wenige Millisekunden erreicht. Sie ist hoch genug, um brennbare Substanzen wie z. B. Diethyläther (Zündtemperatur 160 °C), Dieselkraftstoff (Zündtemperatur ca. 255 °C), Petroleum (Zündtemperatur ca. 355 °C) oder Nitropulver zu entzünden. Die Kompressionswärme ist bei Luftgewehren zur Zündung von Luft-Diethyläther-Gemischen (Barakuda-Luftgewehr) als auch von Nitropulver (Daisy-V/L-Gewehr) benutzt worden. Da beide Systeme grundsätzlich auch bei Federluftpistolen eingesetzt werden könnten, werden sie weiter unten dargestellt. Zunächst wenden wir uns dem Dieseleffekt zu, der mitunter auch durch Schmieröl hervorgerufen werden kann.

2.1.2 Das Dieseln

Um eine Federluftpistole dieseln zu lassen, gibt man etwa drei Tropfen eines relativ schwer zündbaren Kohlenwasserstoffs durch die Übergangsbohrung in den Zylinder. Löst man nun einen Schuss aus, so wird ein Teil der Flüssigkeit durch die bei der schnellen Kompression gebildeten Wirbel zerstäubt und durch die hohe Temperatur entzündet. Dadurch steigt die Temperatur der komprimierten Luft (und der Verbrennungsgase) noch weiter, was zu einer Erhöhung des Druckes und damit zu einer größeren Mündungsgeschwindigkeit führt.

Um diesen Effekt zu prüfen, wurden Versuche mit einer Diana-Luftpistole, Modell 5 Magnum und 567 mg schweren (Mittelwert) Geschossen (Field & Target Trophy, Haendler & Natermann) durchgeführt. Als brennbare Flüssigkeit wurde Petroleum eingesetzt. Abb. 2.1-2 zeigt die Versuchsergebnisse. Auf der Ordinate ist die Geschossgeschwindigkeit, auf der Abszisse die Nummer des Schusses nach dem „Laden" mit Petroleum aufgetragen.

Bei den beiden ersten Schüssen wurden nur kleine Geschwindigkeiten erreicht. Offensichtlich wurde zu viel Petroleum eingebracht, welches erst ausgeblasen werden musste. Die Schüsse 3 und 4 zeigen eine ansteigende Geschwindigkeit. Im Bereich A liegen alle Geschwindigkeiten niedrig und zeigen keine Geschwindigkeitszunahme, die auf Verbrennungseffekte hindeutet. Von Schuss 5 bis Schuss 14 waren dann alle Geschwindigkeiten deutlich erhöht. Da das Dieseln entscheidend von der Zahl und Größe der Petroleum-Tröpfchen abhängt, die beim Kompressionsstoß entstehen, sind die Schwankungen in diesem Bereich B erklärlich. Im Bereich C ab Schuss 15 war offensichtlich das Petroleum so weit verbraucht, dass keine oder zu wenige zündfähige Tröpfchen gebildet wurden und die Geschwindigkeit konstant blieb. Der Mittelwert der Geschossenergie im Dieselbereich B liegt mit E = 6,83 Joule um 36 % über dem im Bereich C von E = 5,02 Joule. Es ist darauf hinzuweisen, dass allgemein vor Diesel-Experimenten gewarnt wird, da sie zu Beschädigungen der Luftpistole führen können.

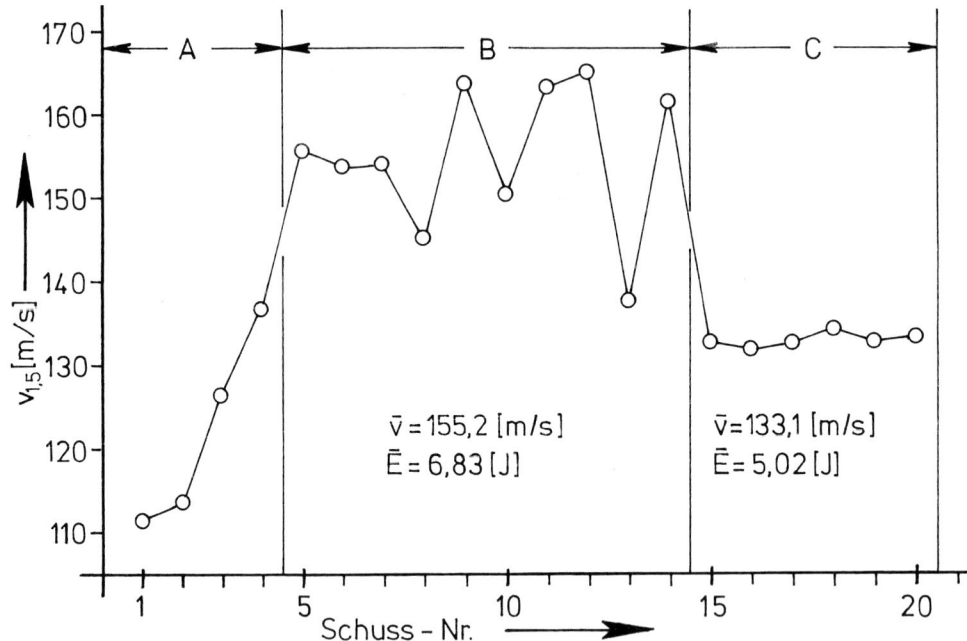

Abb. 2.1-2: Das Dieseln bei einer Luftpistole. Bereich A: Ausblasen von überschüssigem Petroleum, B: Diesel-Bereich, C: der „Treibstoff" ist verbraucht.

2.1.3 Das Barakuda-Gewehr

Bei dem Barakuda-Modell EL-54 handelt es sich um ein Weihrauch-LG Modell 35, das mit einer Vorrichtung zum Einbringen einer kleinen Menge Diethylether-Dampf in den Kompressionsraum (Zylinder) ausgerüstet ist. Vertrieben und hergestellt (?) wurde das Gewehr von der Barakuda-Gesellschaft, Hamburg. Im Stoeger-Katalog 48 (1957) wurde das Barakuda-Gewehr (dort „Barracuda Gas Rifle") für 49,95 $ angeboten. Es hat einen gezogenen Lauf mit dem Kaliber 5,5 mm. Wenn mit Ether-Zusatz betrieben, sollten 5,5 mm Rundkugeln von Haendler & Natermann verschossen werden, da Diabolo- oder ähnliche Geschosse durch den rasanten Druckanstieg meist zerstört werden. Da Diethyletherdampf-Luftgemische einen recht weiten Zündbereich haben und Diethylether schon bei Zimmertemperatur einen hohen Dampfdruck aufweist, liegt im Zylinder ein explosives Gemisch vor (bei 25 °C reicht der Zündbereich von 1,9 bis 36 Volumenprozent Diethylether, Zündtemperatur 160 °C).

Tabelle Dampfdruck Diethylether

Temperatur °C	Torr	kPa	Atm
15	361	48,1	0,49
20	442	58,9	0,60
25	537	71,6	0,73
34,6	760	101,3	1,03

W. H. B. Smith [1] hat die Leistung des Gewehres vom H. P. White Laboratory (Bel Air, Maryland) untersuchen lassen. Wurde mit dem Gewehr ohne Ether-Zusatz geschossen, ergab sich eine mittlere Geschossgeschwindigkeit von 92,4 m/s, bei Zusatz von Ether eine solche von 223 m/s. (Leider fehlen eindeutige Angaben zum verwendeten Geschosstyp, H & N-Rundkugeln wiegen 0,965 g, eigene Messung) Die Leistungssteigerung durch Ether-Zusatz war hier also beträchtlich. Nimmt man an, dass jeweils Geschosse gleicher Masse verschossen wurden, erhöhte sich die Geschossenergie durch den Ether-Zusatz um 480 %!

Die Idee, die Leistung eines Luftgewehres durch Kompressions-Zündung eines explosiven Gasgemisches zu erhöhen, ist natürlich älter als das Barakuda-Gewehr. Schon 1914 erhielt S. Richardson das U. S. Patent Nr. 21865 auf die „Zündung eines explosiven Gasgemisches durch Kompression".

2.1.4 Die Zündung einer Treibladung, das V/L-Gewehr

Wie wir gesehen haben, erhitzt sich die Luft bei der Kompression auf hohe Temperaturen, bei denen auch Nitrocellulose-Treibmittel gezündet werden. Diesen Effekt nutzt das Daisy-Gewehr V/L. Sein belgischer Erfinder Jules E. Van Langenhoven ließ das System mehrfach patentieren (Belgien, Pat. Nr. 603 313, 3. Mai 1961, deutsche Auslegeschrift 1 205 866 vom 2. Mai 1962 und andere). Das Geschoss vom Kaliber 5,6 mm trägt an seiner Rückseite eine Verlängerung, an der der Treibsatz angepresst ist, Schnitt in Abbildung 2.1-4. Die Abbildung 2.1-3 zeigt eine V/L-„Patrone" – es handelt sich hier nicht um eine konventionelle Patrone, sondern um ein Exemplar quasi hülsenloser Munition – neben einem schweren LG-Geschoss, Flobert-Patronen und einer .22 kurz – Patrone.

Beim Schuss laufen folgende Vorgänge ab: Nach dem Abziehen (Auslösen) schnellt der Kolben nach vorn und komprimiert die Luft im Zylinder. Die dadurch erhitzte Luft strömt durch die Öffnung 8 (Abb. 2.1-4) und das Rückschlagventil (Ventilkugel 5) und entzündet die an das Geschoss 1 angepresste Treibladung. Durch den dadurch bedingten Druckanstieg wird das Rückschlagventil geschlossen und das Geschoss aus dem Lauf getrieben. Die Geschossmasse wurde von Daisy mit 1,96 g angegeben, die Mündungsgeschwindigkeit zu 350 m/s. Messungen von B. Steindler [2] ergaben eine mittlere Mündungsgeschwindigkeit von 364 m/s. Im Gun Digest 24 (1970) wird ein Preis von 39,95 $ für das Gewehr genannt.

Weder das Barakuda- noch das Daisy-V/L-Gewehr konnten sich am Markt durchsetzen, sind aber wegen ihrer technischen Besonderheiten von Sammlern gesucht.

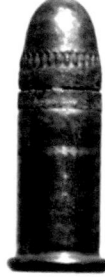

Abb. 2.1-3: Zum Vergleich von links nach rechts: Eine hülsenlose V/L-„Patrone" neben einem H & N Diabolo Baracuda Geschoss (Masse 1,37 g), zwei 6 mm Flobert-Patronen und einer .22 kurz-Patrone.

[1] W. H. B. Smith: Gas, Air & Spring Guns of the world. Military Service Publishing Co., Harrisburg, Pen., 1957
[2] B. Steindler: Daisy-Heddon's V/L Caseless Ammo Shooting System. Shooting Times, Sept. 1969, S. 23

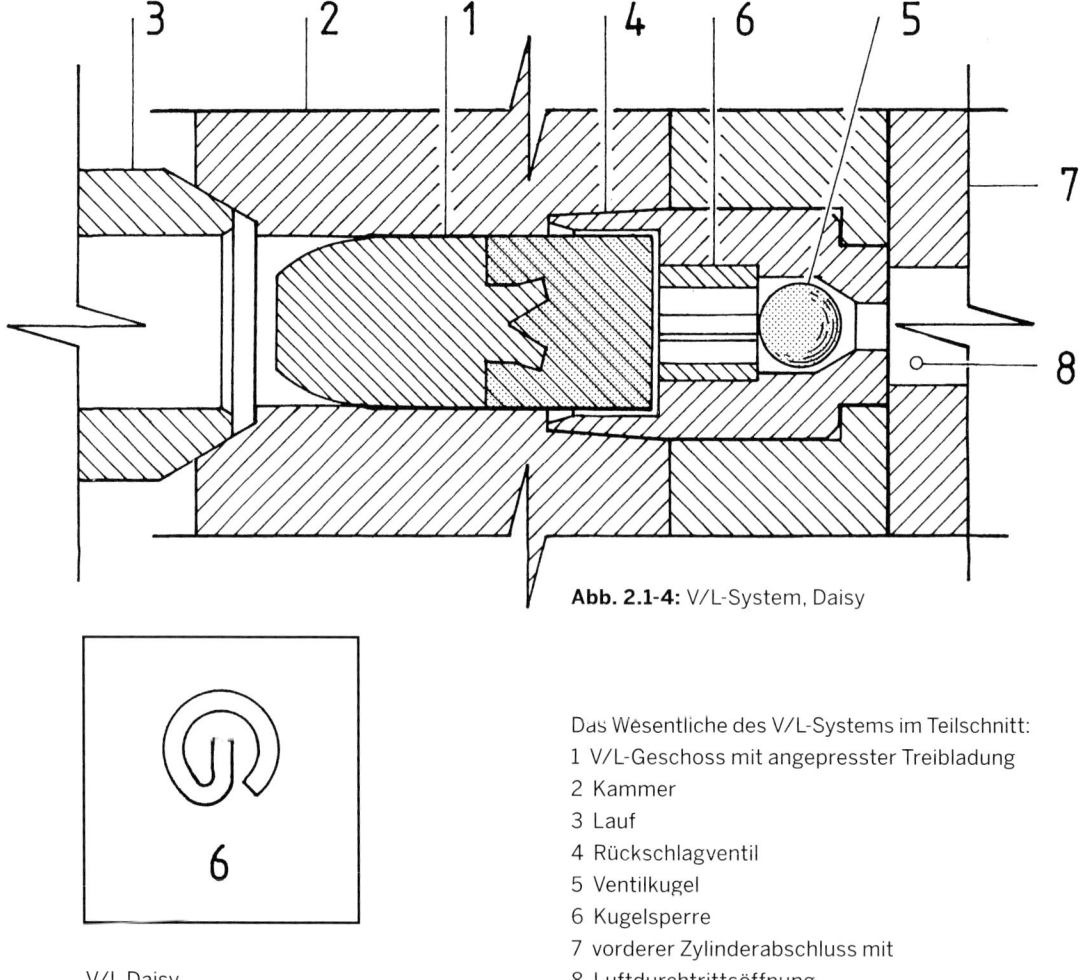

Abb. 2.1-4: V/L-System, Daisy

V/L Daisy

Das Wesentliche des V/L-Systems im Teilschnitt:
1 V/L-Geschoss mit angepresster Treibladung
2 Kammer
3 Lauf
4 Rückschlagventil
5 Ventilkugel
6 Kugelsperre
7 vorderer Zylinderabschluss mit
8 Luftdurchtrittsöffnung

2.1.5 Der Wirkungsgrad von Federluftpistolen

Bei einem Motor, egal ob mit elektrischer Energie, Benzin oder Dieselöl angetrieben, interessiert, wieviel Nutzarbeit man pro eingesetzte Energiemenge (Arbeitsvermögen) erhält. Das Verhältnis von Nutzarbeit zu eingesetzter Energie wird allgemein als Wirkungsgrad η bezeichnet. η ist der griechische Buchstabe Eta.

Bei Federluftpistolen muss der Schütze beim Spannen Arbeit leisten, die zum Teil in der Feder gespeichert wird. Ein anderer Teil wird zum Überwinden von Reibung und Zwangskräften verbraucht. Unter dem Wirkungsgrad η einer Federluftpistole verstehen wir hier das Verhältnis von Geschossenergie zu der Energie, die von der Feder beim Schuss abgegeben wird.

In der Tabelle sind entsprechende Werte für drei verschiedene Luftpistolen zusammengestellt worden. Die Geschossenergie wurde jeweils aus gemessenen Geschossgeschwindigkeiten und Geschossmassen errechnet, die Federkonstanten und die Federwege wurden gemessen. Bei dem Diana-Modell M 5 Magnum handelt es sich um eine „starke" Luftpistole, bei dem Modell Baikal 53 M um eine „mittelstarke". Das Modell HW 45 von Weihrauch gehört ebenfalls zu den starken Luftpistolen und bietet den Vorteil, die Feder in zwei Spannstufen (schwach und stark) benutzen und durch Austausch der Laufeinheit leicht das Kaliber zwischen 4,5 und 5,5 mm wechseln zu können. Die in der Tabelle aufgeführten Werte zeigen, dass bei höherer Geschossenergie der Wirkungsgrad kleiner ist. Bei der HW 45 zeigte sich, dass der Wirkungsgrad beim Kaliber 5,5 mm größer als im Kaliber 4,5 mm ist. Das mag an dem ca. 1,5-mal größeren Geschoss-/Laufquerschnitt liegen, auf den der Druck der komprimierten Luft wirkt. Allgemein betrachtet beeinträchtigen die Reibung des Kolbens im Zylinder, ungünstige Strömungsverhältnisse beim Übergang der komprimierten Luft aus dem Zylinder hinter das Geschoss und der Einpresswiderstand des Geschosses den Wirkungsgrad.

Pistole	Kaliber [mm]	Spannstufe	Mittlere Geschossenergie [J]	Mittlerer Wirkungsgrad η [%]
Diana, Modell 5 M	4,5	eine	4,98	44,3
Baikal, Modell 53 M	4,5	eine	2,60	49,2
Weihrauch HW 45	4,5	1	4,05	66,4
HW 45	4,5	2	6,08	53,8
HW 45	5,5	1	4,30	70,7
HW 45	5,5	2	6,61	58,5

Tabelle: Wirkungsgrad von Federluftpistolen. Die Geschossenergie wurde für jeweils 4 Geschosstypen mit unterschiedlichen Massen ermittelt (4,5 mm: 449 mg, 524 mg, 567 mg und 748 mg; Kaliber 5,5 mm: 814 mg, 893 mg, 959 mg und 1086 mg).

2.1.6 Sicherungen an Federluftpistolen

Bei einfachen Federluftpistolen kann man nach dem Spannen den Kolben durch Betätigung des Abzugs wieder freigeben. Hält man dabei den Lauf (Spannhebel) in der Gespannt-Stellung, lässt sich die Feder gefahrlos entspannen, indem man den Lauf langsam in seine Normallage zurückführt. Hält man dabei den Lauf bzw. Spannhebel aber nicht fest, treibt ihn die Kolbenfeder zurück, wobei er einen kräftigen Schlag austeilen kann. Viele Luftpistolen und -gewehre sind deshalb mit Sicherungen ausgestattet, die das Auslösen automatisch verhindern, bis der Lauf bzw. der Spannhebel wieder die Schuss-Stellung erreicht hat oder gegebenenfalls ein Sicherungshebel oder –schieber von Hand in die Entsichert-Stellung gebracht wurde.

Den ersten Hinweis auf letzteren Sicherungs-Typ (nach Kenntnis des Verfassers) ist das D.R.P. Nr. 132 086 vom 3. 9. 1901 von Mayer und Grammelspacher in Rastatt (später unter Diana firmierend) „Sicherungsvorrichtung für den Abzug von Luftgewehren.". Da es das Prinzip solcher Sicherungen beschreibt, wird es hier besprochen. Abbildung 2.1-5 wurde in Anlehnung an die Patentzeichnung erstellt. Figur 1 zeigt einen Querschnitt durch den wesentlichen Teil eines gespannten Federluftgewehres bei geschlossenem Lauf. a ist der Sicherungsschieber, b das Spannstück, c der Abzug, d die Spannstange, e der Kolben und f die Rastfeder für den Sicherungsschieber. In der dargestellten Lage sperrt der Sicherungsschieber das Spannstück. Druck auf den Abzug kann den Kolben erst freigeben, wenn man den Sicherungsschieber nach links geschoben hat. Figur 2 zeigt die Lage der Teile beim Spannen. Die Spannstange d hat durch Kippen des Laufes den Kolben in die Gespannt-Lage geschoben und dabei den Sicherungsschieber a in „Gesichert"-Stellung gebracht. Hier werden solche Sicherungen als Spannsicherungen bezeichnet.

Eine ganze Reihe früher Federluftpistolen ähneln den Luftgewehren insofern, als Lauf und Zylinder vor dem Griff (und dem Abzug) liegen, was zu einer starken Vorderlastigkeit führt. Die Konstruktion von Luftpistolen mit wesentlich verbesserter Gewichtsverteilung führte später auch zu einfacheren Spannsicherungen, wie sie wohl zuerst bei dem EM-GE-Modell Zenit eingesetzt wurde (D.R.P. Nr. 648 659, eingereicht am 12. März 1936, Erfinder Franz Möller, Zella-Mehlis: „Spann- und Abzugvorrichtung für Luftwaffen"). Abbildung 2.1-6 zeigt einen Teilschnitt durch die Zenit mit ganz aufgeklapptem Spannhebel 1. Das Spannglied 2 hat über die zweiteilige Spannstange 3 den Kolben nach hinten geschoben und dabei die Schlagfeder gespannt. Im Abzug, dessen oberes Ende zwischen den beiden Armen der Spannstange liegt, ist ein Querstift eingelassen, der in dieser Lage der Spannstangen verhindert, dass der Abzug bis zum Auslösen durchgezogen werden kann. Das Abziehen ist erst möglich, wenn der Spannhebel auf den Zylinder geklappt ist und dadurch die Spannstangen ihre vordere Endlage erreicht haben. In dieser Position liegt der schmalere Teil der Spannstangen über dem Querstift 3 (siehe Abbildung 2.1-7), so dass das hintere Ende des Abzuges das Spannstück 5 erreichen und der Schuss ausgelöst werden kann.

Bei einer weiteren Variante der Spannsicherung wird nicht nur die Freigabe des Kolbens verhindert ehe der Lauf/Spannhebel wieder die Schussposition erreicht hat, sondern der Spannhebel wird auch in Zwischenstellungen beim Spannen fixiert, so dass er nicht von der Feder zurückbewegt werden kann. Diese Art der Spannsicherung finden wir bei den Feinwerkbau-Modellen 65, 80 und 90 sowie bei den Baikal-Modellen 40 und 53 M (siehe diese).

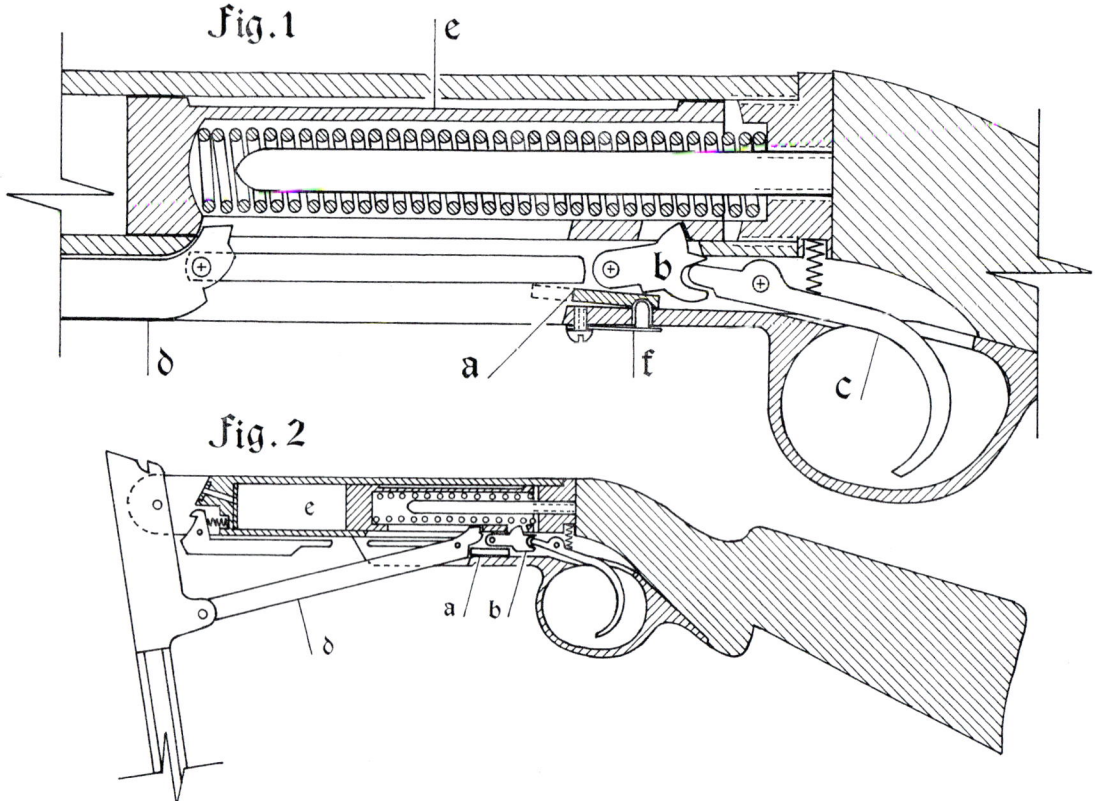

Abb. 2.1-5: Frühe Spannsicherung von Mayer und Grammelspacher, Darstellung nach der Patentzeichnung.

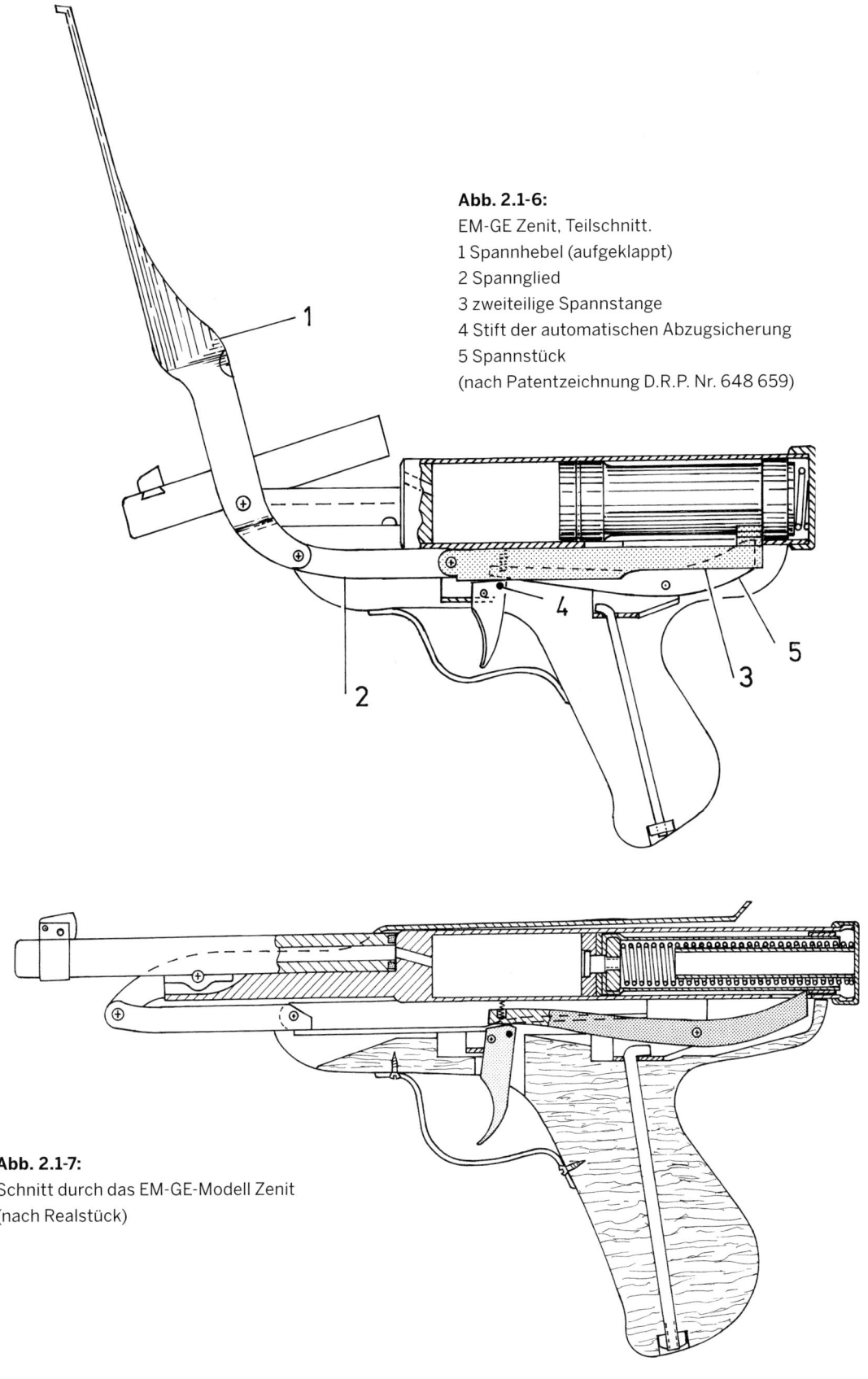

Abb. 2.1-6:
EM-GE Zenit, Teilschnitt.
1 Spannhebel (aufgeklappt)
2 Spannglied
3 zweiteilige Spannstange
4 Stift der automatischen Abzugsicherung
5 Spannstück
(nach Patentzeichnung D.R.P. Nr. 648 659)

Abb. 2.1-7:
Schnitt durch das EM-GE-Modell Zenit
(nach Realstück)

Federluftpistolen

2.1.7 Der Impulserhaltungssatz, der Prellschlag und der Rückstoß

Der Rückstoß beruht auf dem physikalischen Gesetz von der Erhaltung des Impulses. Wegen seiner großen Bedeutung für das Verständnis der Vorgänge beim Schuss wollen wir näher darauf eingehen. Wirkt eine Kraft K eine Zeit t lang auf einen in Kraftrichtung frei beweglichen Körper der Masse M, so ändert sich seine Geschwindigkeit v um den Betrag dv. Je größer die wirkende Kraft oder je länger die Zeit ihrer Einwirkung, um so größer ist die Änderung der Geschwindigkeit. Je größer andererseits die Masse, um so kleiner ist die Geschwindigkeitsänderung. Diesen Zusammenhang kann man auch in einer einfachen Formel darstellen:

$$K \cdot t = M \cdot dv$$

Auf die Vorgänge in Federluftpistolen lässt sich der Impulserhaltungssatz besonders einfach anwenden, weil auf die bewegten Teile (Pistole, Federkolben, Geschoss) jeweils gleiche Kräfte gleich lange einwirken.

Für eine einfache Federluftpistole bedeutet das, dass die Kolbenfeder, die sich ja an der Pistole und am Kolben abstützt, eben auf die Pistole und auf den Kolben mit der gleichen Kraft drückt (wirkt). Außerdem wirkt sie auf beide Teile gleich lange: Vom Moment der Auslösung bis zum Auftreffen des Kolbens auf das Zylinderende gibt sie Energie ab. Anders ausgedrückt: Der gleiche Impuls (K· t) wirkt auf Kolben und Pistole. Die Masse der Pistole nennen wir M_P, ihre Geschwindigkeit, die sie aufgrund des Impulses annimmt, v_P. Entsprechend werden Masse (M_K) und Geschwindigkeit (v_K) des Kolbens bezeichnet. Mit Hilfe unserer Formel erhalten wir (wobei die vergleichsweise kleine Masse der im Zylinder befindlichen Luft vernachlässigt wird):

$$K \cdot t = M_P \cdot v_P = M_K \cdot v_K.$$

Da der Kolben viel leichter ist als die Pistole, muss die Kolbengeschwindigkeit v_K auch viel größer als die Geschwindigkeit v_P sein, welche die Pistole annimmt. Wir hatten schon gesehen, dass sich Kolben und Pistole immer in entgegengesetzter Richtung bewegen und dass diese Pistolenbewegung korrekterweise nicht allgemein als Rückstoß bezeichnet werden sollte, weil sich die Kolben in Luftpistolen, je nach Konstruktion, in verschiedene Richtungen, und nicht nur nach vorn, bewegen können. Abbildung 2.1-8 zeigt schematisch die Kräfte, die von der Schlagfeder bei einer Luftpistole ausgeübt werden, bei der Schussrichtung und Richtung der Kolbenbewegung gleich sind. F1 zeigt Richtung und Größe der auf den Kolben wirkenden Kraft, F2 gleiches für die Pistole. Am Ende seiner Vorwärtsbewegung trifft der Kolben mit recht hoher Geschwindigkeit auf den vorderen Zylinderabschluss. Dabei überträgt er in sehr kurzer Zeit seinen Impuls auf die Pistole, wobei ihre nach hinten gerichtete Bewegung abrupt gestoppt wird. Diese Erscheinung ist der Prellschlag.

Bei den Luftpistolen von Webley & Scott (und den entsprechenden Konstruktionen anderer Hersteller) läuft der Kolben beim Schuss nach hinten, siehe Abbildung 2.1-9. Dementsprechend wird die Pistole nach vorn beschleunigt, die Wirkung ist quasi ein „Vorstoß".

Bei einigen frühen Luftpistolen und dem Walther-Modell 53 ist der Kolben im Griff angeordnet. Durch seine Bewegung im Schuss wird der Pistole eine vertikale Bewegung aufgeprägt.

Bei all diesen Betrachtungen darf aber nicht vergessen werden, dass der eigentliche Rückstoß nur von den Größen Geschossmasse und Geschossgeschwindigkeit abhängt, seine Wirkung auf die Pistole zwar zeitlich gestreckt aber nicht eliminiert werden kann.

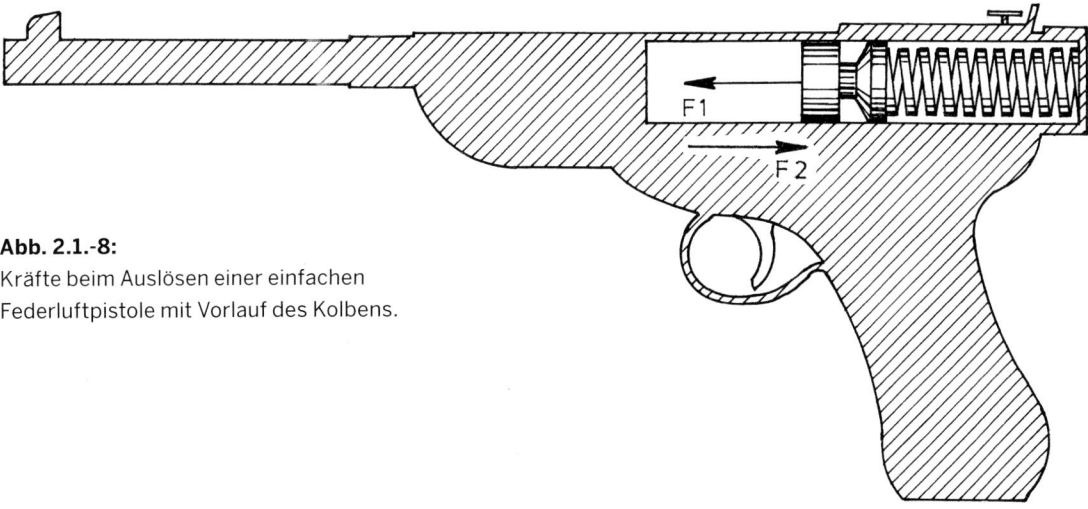

Abb. 2.1.-8:
Kräfte beim Auslösen einer einfachen Federluftpistole mit Vorlauf des Kolbens.

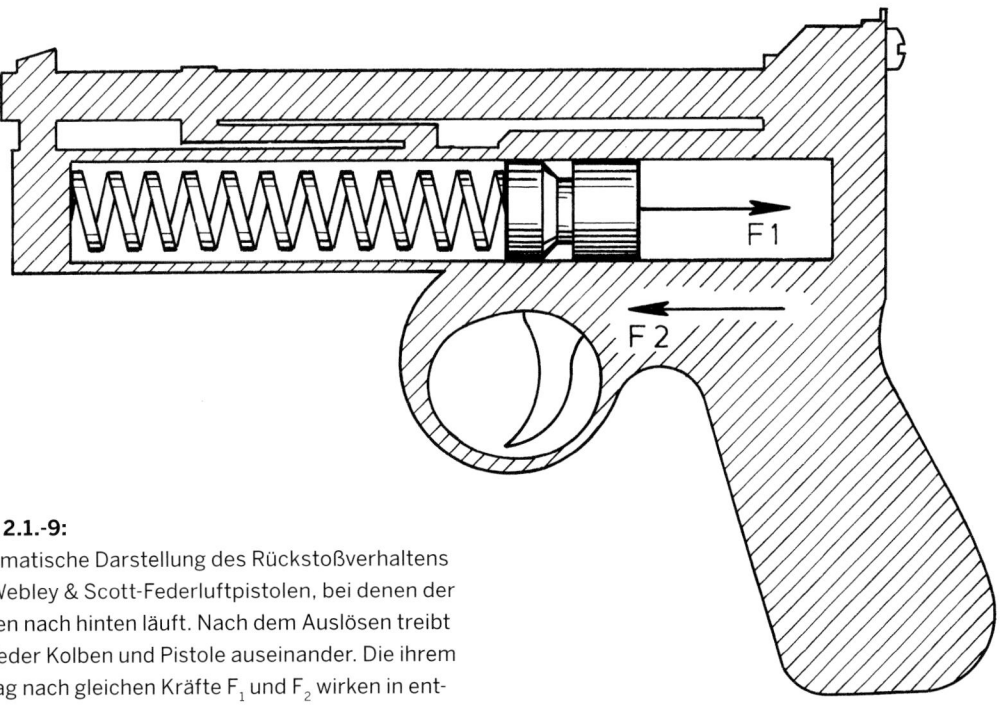

Abb. 2.1.-9:
Schematische Darstellung des Rückstoßverhaltens der Webley & Scott-Federluftpistolen, bei denen der Kolben nach hinten läuft. Nach dem Auslösen treibt die Feder Kolben und Pistole auseinander. Die ihrem Betrag nach gleichen Kräfte F_1 und F_2 wirken in entgegengesetzter Richtung.

Federluftpistolen

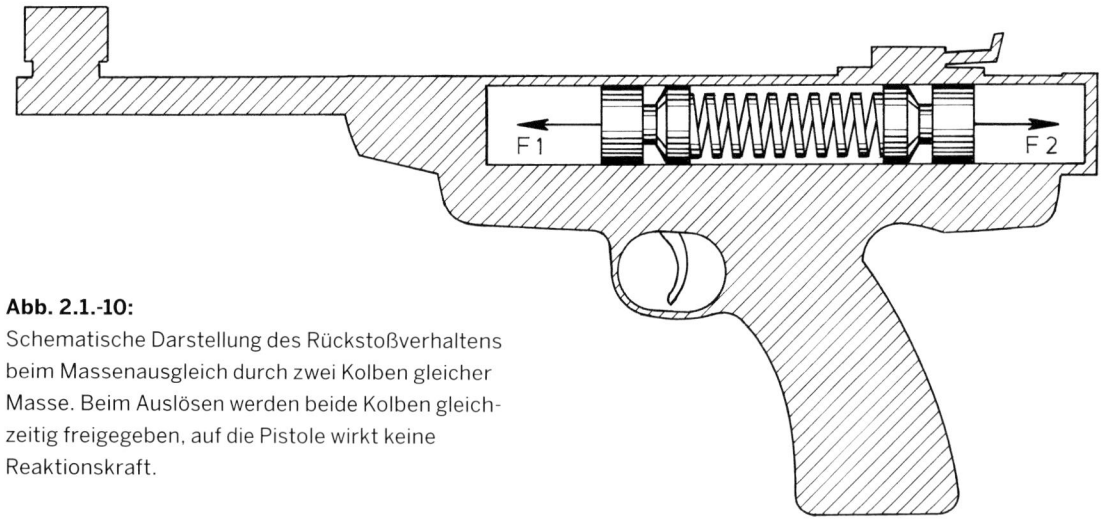

Abb. 2.1.-10:
Schematische Darstellung des Rückstoßverhaltens beim Massenausgleich durch zwei Kolben gleicher Masse. Beim Auslösen werden beide Kolben gleichzeitig freigegeben, auf die Pistole wirkt keine Reaktionskraft.

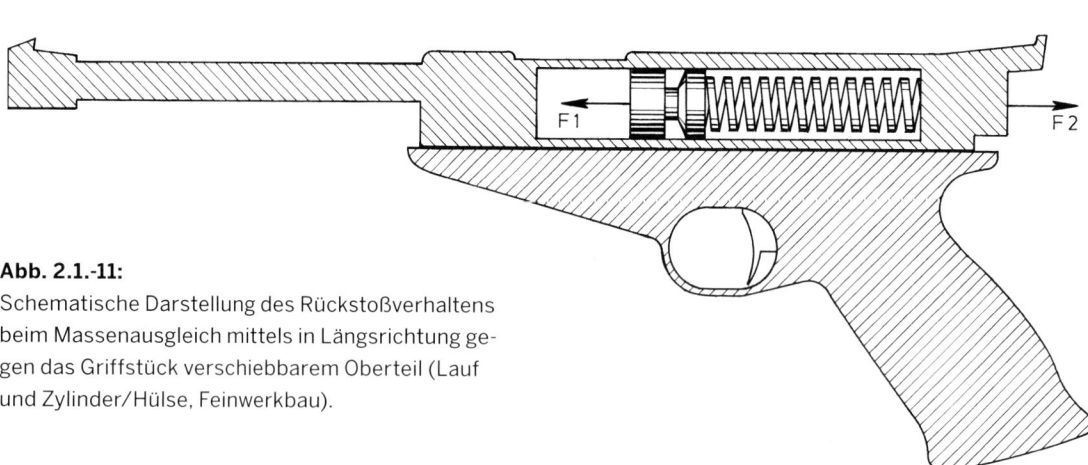

Abb. 2.1.-11:
Schematische Darstellung des Rückstoßverhaltens beim Massenausgleich mittels in Längsrichtung gegen das Griffstück verschiebbarem Oberteil (Lauf und Zylinder/Hülse, Feinwerkbau).

Will man die Gegenkraft der Kolbenfeder nicht auf die Pistole wirken lassen, muss man außer dem Kolben eine weitere Masse in der Pistole anordnen, die sich nach Freigabe durch das Abziehen in entgegengesetzter Richtung zum Kolben bewegt, zur gleichen Zeit wie der Kolben freigegeben und die ebenfalls zur gleichen Zeit angehalten wird. Eine solche Konstruktion wendet Diana in den Pistolen der Modellreihe 6 und im Modell 10 an. Diana benutzt dabei eine Zwangssteuerung von Kolben und gegenläufiger Masse (Kolben und Gegenmasse haben dieselbe Form), das Schema zeigt Abbildung 2.1-10. Der Kompressionskolben ist mit einer Dichtung versehen, die gegenläufige Masse (in Kolbenform, aber ohne Dichtung) hat eine axiale Bohrung, durch die Luft nach dem Auslösen vom rechts liegenden Raum zur Mitte strömt.

Feinwerkbau hat mit den Modellen 65, 80 und 90 einen im Prinzip gleichen Weg beschritten. Während aber Diana im Zylinder zwei gleiche Massen bewegt, sind bei den Feinwerkbau-Pistolen Zylinder, Lauf und Spannmechanismus zu einer Gruppe vereint worden, die auf dem Griffstück verschiebbar angeordnet ist. In gespanntem Zustand ist der Kolben und die Zylinder-Lauf-Gruppe auf dem Griffstück in vorderer Lage arretiert. Beim Auslösen werden sowohl der Kolben als auch die Gruppe gleichzeitig freigegeben. Die Kolbenfeder treibt nun gleichzeitig den leichten Kolben schnell nach vorn und die schwere Gruppe langsamer nach hinten, wie in Abbildung 2.1-11 dargestellt.

Auf das Griffstück wirkt praktisch keine Kraft, weil die Zylinder-Lauf-Gruppe leicht verschiebbar auf dem Griffstück gelagert ist. Sobald der Kolben seinen vorderen Anschlag erreicht hat, heben sich die entgegengesetzten, aber in ihrer absoluten Größe gleichen Impulse von Kolben und Lauf-Zylinder-Gruppe auf, die Bewegungen kommen augenblicklich beinahe zum Stillstand. Die verbleibende, nach hinten gerichtete Bewegung von Lauf-Zylinder-Gruppe und Kolben beruht auf dem geringen Rückstoß, der aus der Geschossbewegung resultiert.

Eine konstruktiv einfachere, weniger effektive Möglichkeit, den Rückstoß/Prellschlag zu dämpfen, nutzen zwei verschiedene Kipplaufpistolen. Beim Modell Blow H 01 ist die Lauf-Zylinder-Abzugsystem-Einheit verschiebbar auf dem Griffstück angeordnet und wird von einer hinter dem Zylinder angeordneten Druckfeder nach dem Schuss wieder in die Ausgangsstellung geschoben. Die andere Kipplaufpistole dieser Art benutzt anstelle der Druckfeder eine auf Zug beanspruchte Feder. Diese Pistole wird von Webley als Typhoon (Second Model) und von Umarex als Hämmerli Firehornet vertrieben. Näheres findet sich bei den Pistolen-Beschreibungen.

2.1.8 Der Rückstoß und seine Dämpfung bei Druckluft- und CO_2-Pistolen

Wir verlassen kurz das Thema „Federluftpistolen" dieses Abschnitts und bleiben beim Thema Rückstoß, hier bei Druckluft- und CO_2-Pistolen.

Mitunter wird von CO_2- oder Druckluftpistolen gesagt, sie seien rückstoßfrei und/oder die Auslösung des Schusses erfolge erschütterungsfrei. Wenden wir uns zunächst kurz dem Rückstoß zu.

Beim Schießen mit jedweder Art von Druckgaspistolen wird ein unter Druck stehendes Gas (Luft oder CO_2) hinter das Geschoss gebracht. Der Druck des Gases wirkt nach allen Seiten gleichmäßig. Seine radiale Wirkung auf den stabilen Lauf ist unmerklich klein. Am leichtesten erkennen wir die Wirkung des Druckes auf das Geschoss: Es wird aus dem Lauf getrieben. Über den hinteren Abschluss (Verschluss) des Laufes wirkt der Druck aber auch auf die Waffe: Er schiebt sie nach hinten. Die Kraft des Druckes wirkt auf Geschoss und Waffe nur, solange das Geschoss im Lauf ist. Wenn das Geschoss den Lauf verlässt, strömt das restliche Gas aus, und der Druck fällt sofort auf den Umgebungsdruck ab. Das ausströmende Gas trägt kaum zum Rückstoß bei, und wir wollen hier seinen Anteil am Rückstoß vernachlässigen.

Die Wirkung der Kraft auf Geschoss und Waffe ist von gleicher Dauer, und wir können die Vorgänge mit der einfachen Form des Impulserhaltungssatzes beschreiben:

$$M_G \cdot v_G = M_P \cdot v_P$$

(M_G = Masse des Geschosses, v_G = Geschossgeschwindigkeit beim Austritt aus der Laufmündung, M_P = Masse der Pistole, v_P = freie Rücklaufgeschwindigkeit der Pistole im Moment des Geschossaustritts).

Wir wollen jetzt die Formel benutzen, um die freie Rücklaufgeschwindigkeit v_P (= freie Rückstoßgeschwindigkeit; frei, weil im Gegensatz dazu durch Unterstützung der Pistole, etwa durch sehr festes Halten, ihre wirksame Masse durch „Ankoppeln" stark vergrößert werden kann) der Pistole zu errechnen (ohne Berücksichtigung des Anteils, den die ausströmende Luft oder das CO_2 am Rückstoß hat und der etwa 15 bis 35 Prozent ausmachen kann). Wir benutzen dazu Werte, wie sie für Match-Luftpistolen typisch sind: M_G = 0,5 g, v_G = 150 m/s., M_P = 1200 g. Nach Umformen der Gleichung in

$$v_P = M_G \cdot \frac{v_G}{M_P}$$

erhalten wir

$$v_P = 0{,}5 \cdot 150/1200 = 0{,}063 \text{ m/s}.$$

Diese Rückstoßgeschwindigkeit ist in der Tat sehr klein, etwa im Vergleich zu einer großkalibrigen Waffe. Aber rückstoßfrei ist eben auch eine Luftpistole nicht. (Beispiel: Sportrevolver, Kal. 38 Spezial; Patrone .38

Spezial Wadcutter: $M_G = 9{,}6$ g, $v_G = 210$ m/s, $M_P = 1200$ g, $v_P = 9{,}6 \cdot 210/1200 = 1{,}68$ m/s, das heißt, die Rückstoßgeschwindigkeit ist beinahe dreißigmal größer als bei der Luftpistole (die Rückstoßenergie ist allerdings 720-mal größer).

Wenn auch der Rückstoß bei Luftpistolen sehr klein ist, hat er doch Einfluss auf den Abgangswinkel, d.h. die Richtung, in der das Geschoss den Lauf verlässt. Das kommt daher, dass der Rückstoß in einem gewissen Abstand zum Schwerpunkt wirkt („schiefer Stoß"). Bei Luftpistolen erfolgt der Stoß oberhalb des Schwerpunktes, wodurch die Mündung im Schuss angehoben wird. Man kann den Lauf und damit die Stoßrichtung auch so tief legen, dass sie durch den Schwerpunkt verläuft. Das ist allerdings bisher bei Luftpistolen noch nicht verwirklicht worden, hingegen bei der Freien Pistole von Steyr. Dafür werden zur Zeit mehrere Druckluft-Matchpistolen angeboten, die mit Gewichten ausgerüstet sind, die sich während der Schussentwicklung nach hinten bewegen und dabei den Rückstoß (Rückimpuls) teilweise aufnehmen, bis das Geschoss den Lauf verlassen hat und ihn erst dann an die Pistole abgeben. (Dieses Prinzip findet sich bei Selbstladepistolen, in ausgeprägter Form bei dem Webley & Scott-Modell 1911 .22 Single Shot Target Pistol.)

Die erste Druckluftpistole mit gegenläufigem Gewicht, das Modell P 34 von Feinwerkbau, kam 1998 auf den Markt. Das bei dieser Pistole benutzte System der Verzögerung der Impulsübertragung – von Feinwerkbau Absorber genannt – wird anhand von Abbildung 2.1-12 erklärt, die den wesentlichen Teil im vereinfachten Schnitt zeigt. In a) ist die Pistole schussbereit, der Verschluss 4 dichtet zusammen mit der Passstange 2 den Lauf hinter dem Geschoss ab. Die Passstange ist mit dem Rücklaufgewicht 1 verbunden, das in der Hülse 5 verschiebbar gelagert ist. Die Hülse ist mit dem Verschluss 4 fest verbunden. In einer Bohrung im Rücklaufgewicht liegt ein Bremsklötzchen 3, das von einer Feder an die Innenwand der Hülse gedrückt wird. Der Anpressdruck und damit die Reibung wird durch die Schraube eingestellt, die die Vorspannung der Feder regelt. Das Rücklaufgewicht muss möglichst leicht verschiebbar sein, damit die Impulsübertragung auf die Pistole gering ist. Andererseits ist eine gewisse Reibung erforderlich, damit das Rücklaufgewicht, das beim Laden in die vordere Stellung (die Ausgangsstellung) geschoben wird, diese Lage nicht verlässt, wenn die Pistole in Anschlag gebracht wird.

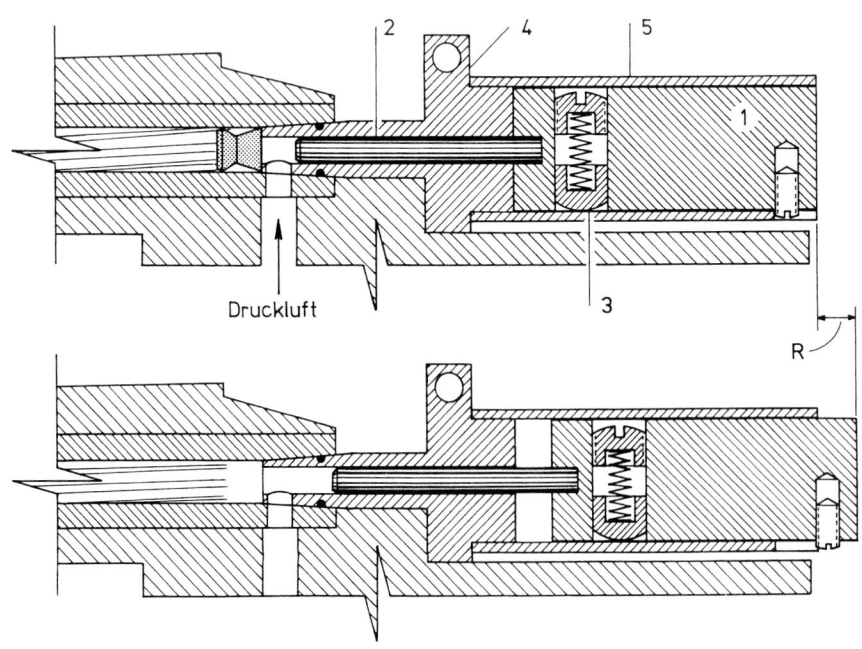

Abb. 2.1-12: Der „Absorber" von Feinwerkbau zur Verzögerung der Rückstoßübertragung auf die Pistole.

Bei der Schussauslösung strömt Druckluft in den Raum zwischen Geschoss und die als Kolben wirkende Passstange. Die Kraft K_G, die auf das Geschoss wirkt, ist gleich dem Produkt aus Geschossquerschnitt F_G (= Laufquerschnitt) und Druck P; die auf das Rücklaufgewicht wirkende Kraft K_R gleich dem Produkt von Passstangenquerschnitt F_R und P.

Die Zeit t der Kraftwirkung ist bei beiden Kräften gleich, solange das Geschoss im Lauf ist. Wenn das Geschoss den Lauf verlassen hat, setzt das Rücklaufgewicht seinen Weg weiter fort, bis es seinen Impuls an einem Anschlag auf die Pistole überträgt. Damit erhalten wir für den Geschossimpuls I_G

$$I_G = F_G \cdot P \cdot t$$

und für den Impuls I_R des Rücklaufgewichts

$$I_R = F_R \cdot P \cdot t.$$

Bei der Feinwerkbau-Pistole P 34 ist der wirksame Durchmesser der Passstange 3,5 mm. Da der Laufdurchmesser 4,5 mm beträgt, ist das Verhältnis $F_R/F_G = 3,5^2/4,5^2 = 0,605$. Das bedeutet, dass 60,5 % vom Rückstoß auf das Rücklaufgewicht, 39,5 % auf die Pistole direkt übertragen werden. Hier wie bei den folgenden Rechnungen sehen wir vom Einfluss der Reibung ab, der von Schuss zu Schuss unterschiedlich sein kann. Den Weg W_R, den das Rücklaufgewicht zurückgelegt hat, wenn das Geschoss gerade den Lauf verläßt, errechnen wir wie folgt: Die Impulsgleichung für das ganze System aus Pistole, Rücklaufgewicht und Geschoss bis zum Geschossaustritt ist

$$M_P \cdot v_P + M_R \cdot v_R = M_G \cdot v_G = I_P + I_R$$

(M_P = Masse der Pistole, v_P = Rücklaufgeschwindigkeit der Pistole, M_R = Masse des Rücklaufgewichts plus Passstange, v_R = deren Rücklaufgeschwindigkeit, M_G = Geschossmasse und v_G = Mündungsgeschwindigkeit). Unter Berücksichtigung der Impulsaufteilung auf Pistole und Rücklaufgewicht erhält man für den Impuls der Pistole

$$I_P = 0,395 \cdot M_G v_G$$

und für den des Rücklaufgewichts

$$I_R = 0,605 \, M_G v_G.$$

Die Geschwindigkeiten v_G, v_P und v_R sind im Moment des Geschossaustritts alle den unterschiedlichen Wegen W_G (= Lauflänge), W_P (= Rücklaufweg der Pistole) und W_R (Weg des Rücklaufgewichts) proportional, so dass gilt

$$M_P \cdot W_P + M_R \cdot W_R = M_G \cdot W_P$$

und $\quad M_P \cdot W_P = 0,395 \, M_G \cdot W_G$

sowie $\quad M_R \cdot W_R = 0,605 \, M_G \cdot W_G.$

Mit M_P = 1100 g, M_G = 0,5 g, W_G = 233 mm und M_P = 30 g erhalten wir für den Weg der Pistole

$$W_P = 0,395 \cdot 0,5 \cdot 233/1100 = 0,042 \text{ mm}$$

und den Weg des Rücklaufgewichts

$$W_R = 0,605 \cdot 0,5 \cdot 233/30 = 2,35 \text{ mm}.$$

Wie groß ist hier der Energieaufwand für die teilweise Rückstoßkompensation?

Mit $M_R \cdot v_R = 0,605 \cdot M_G \cdot v_G$ und v_G = 160 m/s erhält man $v_R = 0,605 \cdot 0,5 \cdot 160/30 = 1,61$ m/s, so dass die maximale Energie des Rücklaufgewichts $E_R = 0,5 \cdot v_R^2 \cdot M_R = 0,039$ J ist, im Vergleich zur Geschossenergie also eine vernachlässigbar kleine Energiemenge, die von der Treibluft geleistet werden muss und damit nicht für die Geschossbeschleunigung zur Verfügung steht.

2.1.9 Der „Schuss-Stabilisator" von Steyr

Das von E. Senfter entwickelte und bei dem Steyr-Modell P 10 benutzte System ist schematisch im Teilschnitt Abbildung 2.1-13 dargestellt worden, der den schussbereiten Zustand zeigt. 1 ist das von Steyr als Schuss-Stabilisator bezeichnete Rücklaufgewicht (Masse 50 g), 2 das Spannstück, welches das Rücklaufgewicht gegen den Druck einer Schraubenfeder in seinem Inneren in Ausgangsstellung hält, 3 ist eine von einer Schraubenfeder belastete Bremsscheibe, 4 ist der Rahmen, die Schraube 5 der Anschlag für das Rücklaufgewicht und 6 der Verschluss. Beim Auslösen des Schusses wird die in einer Bohrung im Verschluss unter dem Spannstück 2 liegende Kugel gegen das Spannstück geschossen, so dass das Rücklaufgewicht 1 freigegeben wird. Die Freigabe folgt beinahe verzögerungsfrei der beginnenden Geschossbewegung. Der Federweg W_F der Rücklaufgewicht-Feder kann mittels Stellschraube eingestellt werden und ist so zu bemessen, dass sein Ende (zeitlich) erreicht ist, wenn das Geschoss gerade den Lauf verlässt. W_F lässt sich einfach durch Anwendung der Gesetzmäßigkeit der Impulserhaltung berechnen. Danach ist

$$W_F \cdot M_R = W_G \cdot M_G$$

M_R ist die Masse des Rücklaufgewichtes, W_G die Lauflänge (hier 225 mm) und M_G die Geschossmasse (0,5 g). Mit diesen Werten erhält man

$$W_F = W_G \cdot M_G/M_R = 225 \cdot 0,5/50 = 2,25 \text{ mm}.$$

Die Federhärte ist so zu bemessen, dass die von der um 2,25 mm zusammengedrückte Feder die Kraft $K_F = F_G \cdot P$ ist, worin F_G der Geschossquerschnitt und P der anfängliche Treibdruck ist.

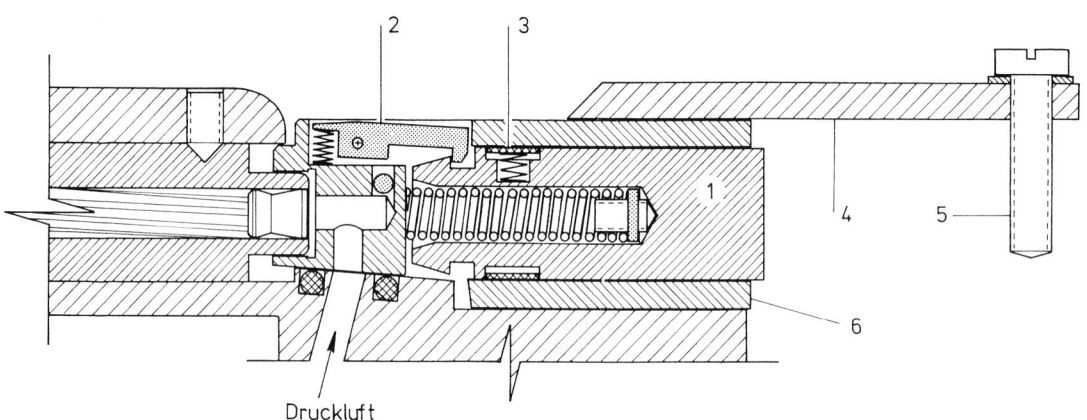

Abb. 2.1-13: Schematische Darstellung der Rückstoß-Aufnahme bei der Steyr-Druckluftpistole LP 10.

2.1.10 Das „Equalizer-Magnetabsorbersystem" von Walther

Bei den Match-Pistolen der LP 400-Reihe (Markteinführung 2011) führte auch Walther ein System zur Verzögerung der Impulsübertragung auf die Pistole ein, welches vom Hersteller als Equalizer-Magnetabsorbersystem bezeichnet wird. Das Wesentliche ist in der schematischen Schnittzeichnung Abb. 2.1-14 dargestellt worden, welche die Lage der Teile vor der Abgabe eines Schusses zeigt. 1 ist das Rücklaufgewicht, in das eine Feder-Führungsstange eingeschraubt und an dem ein Permanentmagnet 5 befestigt ist. (Diese Teile tragen zur wirksamen Masse des Rücklaufgewichtes bei.) Tritt nun durch die Bohrung 8 Druckluft ein, wird das Geschoss im Lauf 7 nach rechts, der kleine Kolben 2 im Verschlussstößel 4 nach links beschleunigt. Dabei wird der Druck auf die Federn erhöht, die auf das Rücklaufgewicht wirken. Die Druckerhöhung reicht aus, um die Magnetkraft zu überwinden, die bis dahin das Rücklaufgewicht 1 samt Magnet und Feder-Führungsstange am hinteren Ende des Verschlussstößels 4 gehalten hat. Ist die Haltekraft des Magneten überwunden, schieben die Federn das Rücklaufgewicht (samt Anhang) nach links bis zum Puffer 6.

Das Equalizer-Magnetabsorbersystem ähnelt dem von Steyr benutzten Schussstabilisator, nur übernimmt hier ein Magnet die Rolle der mechanischen Klinke.

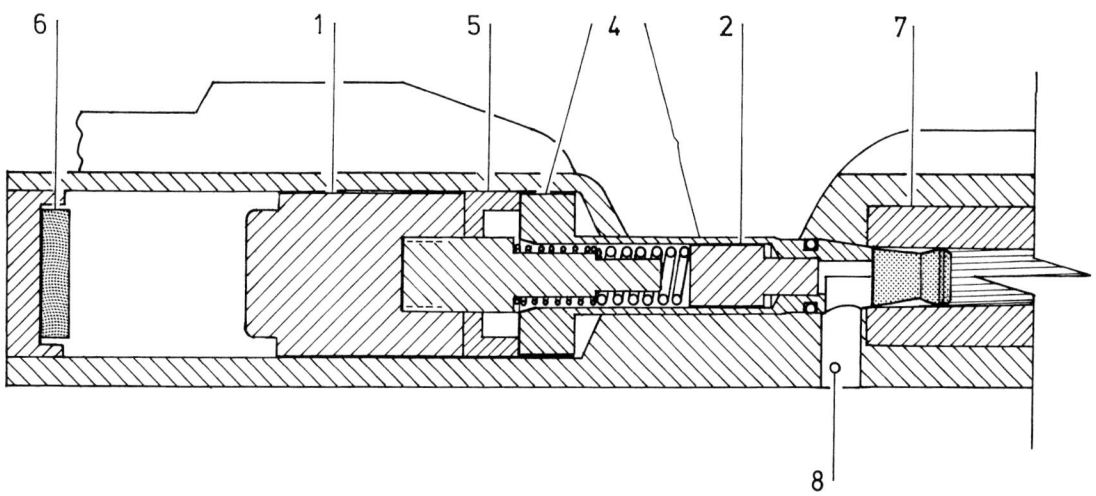

Abb. 2.1-14: Schematische Darstellung des Equalizer-Magnetabsorbersystem der Walther LP 400 Matchpistolen

Natürlich wird auch bei dem Senfter-Steyr-System der „aufgefangene" Geschossimpuls zunächst durch Reibung, am Anschlag dann als Stoß auf die Pistole übertragen. Ob sich allerdings bei dem geringen Rückstoß von Luftpistolen der von Feinwerkbau, Steyr und Walther getriebene Aufwand für den Schützen lohnt, erscheint zweifelhaft.

2.2 Federluftpistolen ohne Massenausgleich

In dieser Gruppe finden wir die einfachsten Luftpistolen, wie etwa die Diana-Luftpistole Modell 2, die Heym-Luftpistole, das Modell 9 A der Waffenfabrik Schmidt oder das Daisy-Modell 188, bei denen der Spielzeugcharakter offensichtlich ist. Daneben finden sich aber auch Modelle, die sich von den modernen Match-Luftpistolen nur durch den fehlenden Massenausgleich und eingeschränkte Verstellmöglichkeiten der Abzugcharakteristik unterscheiden. Mit diesen Pistolen kann man zwar nicht bei den Wettkämpfen nach den DSB-Regeln an der Spitze mithalten, als Übungspistolen für den Pistolenschützen sind sie aber sehr gut zu gebrauchen.

2.2.1 Anschütz

Die Firma J. G. Anschütz wurde 1856 von Julius Gottfried Anschütz (gest. 1901) in Zella St. Blasii (heute Zella-Mehlis) als Waffenwerkstatt gegründet. Hergestellt wurden Flinten sowie Kleinkaliber-Pistolen und -Gewehre. 1896 hatte die Firma bereits 76 Mitarbeiter, und die Fertigung wurde in ein Fabrikgebäude verlegt. 1909 war die Belegschaft auf 175 Beschäftigte angewachsen, 1935 auf 550.

In der Zeit zwischen 1920 und 1930 wurde die Herstellung einer Schieblauf-Luftpistole aufgenommen, deren Gehäuse nicht mehr aus einem Gussstück sondern aus Blech besteht. In den Holzgriff ist ein JGA-Medaillon eingelegt. Bei den nach England exportierten Pistolen trägt das Medaillon die Aufschrift Dolla Mark II. Die Dolla Mark I (siehe unter Langenhan, Abb. 2.2.18-1), ebenfalls eine Schiehlauf-LP, wurde im JGA Katalog Nr. 32 (wahrscheinlich 1931/32) und im WUM-Katalog 1931 auch als JGA-Pistole angeboten. Die Zuordnung der Dolla Mark I zu einem Hersteller ist unsicher, da sie keinen entsprechenden Hinweis tragen.

Nach dem Ende des 2. Weltkrieges wurden die Firmeninhaber enteignet. Die Familie Anschütz ging daraufhin nach Ulm und gründete 1950 die Firma J. G. Anschütz neu. Mit sieben Mitarbeitern wurden zunächst Waffen repariert. Von 1952 bis 1960 wurde eine Schieblauf-Luftpistole gefertigt. Dieses Modell JGA 100 (Abb. 2.2.1-1) ähnelt äußerlich dem Vorkriegs-Modell. Rahmen und Griff bestehen jedoch aus Kunststoff.

Später wurden auch Druckluft-Matchpistolen unter der Bezeichnung Anschütz vertrieben, siehe unter 3.5.10.

Kennwerte JGA 100

Gesamtlänge [mm]	172/212
Höhe [mm]	96
Breite [mm]	26
Lauflänge [mm]	132
Visierlinie [mm]	125
Abzugabstand [mm]	56
Kaliber [mm]	4,5
Masse [g]	203

Abb. 2.2.1-1:
Anschütz-Luftpistole, Modell JGA 100

2.2.2 Bayerische Sportwaffenfabrik (BSF)

Die Bayerische Sportwaffen-Fabrik (BSF) wurde 1952 von Hans Schütt und Wilsker in Erlangen (wieder?) gegründet. Es wurden Federluftgewehre und -pistolen 1948 bis etwa 1985 hergestellt.

Eine wahrscheinlich frühe Pistole dieser Firma zeigt die Abbildung 2.2.2-1. Der Zylinder ist mit Wischo, darunter Wilsker & Co., darunter W (im Kreis), darunter Erlangen beschriftet, auf dem Griffstück ist ein Medaillon mit einem W (im Kreis) eingelassen. Die Höhe der Kimme ist mittels Rastschraube einstellbar. Das Kimmenblatt mit rechtwinkeligem Ausschnitt wird von einer Klemmschraube gehalten und kann nach Lösen der Schraube seitlich justiert werden. Das Perlkorn hat einen Durchmesser von 2,2 mm. Der Vorweg des Abzuges kann mittels einer Stellschraube justiert werden. Um sie zu erreichen, muss das Griffstück abgenommen werden.

Abb. 2.2.2-1:
Wischo- Luftpistole

Das Modell S20 Custom Match (Abb. 2.2.2-3) hat einen verlängerten hinteren Zylinderabschluss, der das horizontal und vertikal mittels Rastschrauben einstellbare Visier trägt. Der Griff hat eine Daumenauflage. 520 mg schwere Diabologeschosse (Kaliber 4,5 mm) erreichten bei Prüfung der Pistole eine mittlere v_2 von 122 m/s. Beide Pistolen sind mit Stellschrauben für den Abzugweg ausgerüstet, die im hinteren Zylinderabschluss liegen.

Kennwerte der BSF-Luftpistolen

Modell	Wischo Serien-Nr. 1074	S20 Serien-Nr. A 3771	S20, Custom Match Serien-Nr. A 3840
Gesamtlänge [mm]	348	368	393
Höhe [mm]	ca. 149	ca. 154	ca. 156
Breite [mm]	34	34	45 (Daumenauflage!)
Lauflänge [mm]	151	172	170
Visierlinie [mm]	340	336	375
Abzugabstand [mm]	61	62	70
Kaliber [mm]	4,5	4,5	4,5
Masse [g]	1068	1102	1201
Abzugsicherung	keine	keine	keine

Federluftpistolen

Abb. 2.2.2-2:
Bayerische Sportwaffen-Fabrik, Modell S 20
Das Visier ist in der Höhe justierbar.

Abb. 2.2.2-3:
Bayerische Sportwaffen-Fabrik,
Modell S 20 Custom Match

2.2.3 Bergmann Altona

Die Firma Th. Bergmann & Co., Eimsbütteler Str. 36, Hamburg-Altona, stellte vor 1940 Gaststätten-Bedarf her. Dazu gehörten auch Einrichtungen, die das Schießen mit Luftpistolen in Gasträumen ermöglichten. Die Luftpistolen waren auf fixierten Stativen montiert, wobei die Schwenkwinkel der Pistolen klein waren. Bergmann bezog die Luftpistolen offenbar von Diana und ergänzte das Diana-Modell 5 für den vorliegenden Zweck. Im D.R.G.M. Nr. 1 339 335, eingetragen am 25. 5. 1935 für Th. Bergmann & Co., Altona-Elbe (eingereicht am 26. 11. 1934), wird das Wesentliche, die Visiereinrichtung, wie folgt beschrieben:

„Das Gebrauchsmuster betrifft eine Visiereinrichtung für Schusswaffen, Uebungsgewehre, Pistolen, Zielvorrichtungen u. dgl., die bezweckt, bei kurzer Ziel- oder Scheibenentfernung dieselben Verhältnisse zu schaffen, wie bei den üblichen Scheiben- bzw. Zielentfernungen. Um dies zu erreichen, ist gemäß dem Gebrauchsmuster in der durch Kimme und Korn gebildeten Visierlinie eine Verkleinerungsoptik derart angeordnet, dass Kimme und Korn im Blickfeld der Verkleinerungsoptik liegen, und das nahe liegende Ziel für das Auge in eine größere Entfernung gebracht wird. ..."

Abbildung 2.2.3-1 zeigt eine entsprechend von Bergmann ergänzte Diana-Luftpistole. Hinter dem vorderen Laufende und etwa in der Mitte des Laufes befindet sich je ein Element, die zur Befestigung der Pistole auf der Halte- bzw. Schwenkvorrichtung dienten. Etwa in der Mitte des Zylinders befindet sich das „umgekehrte" Fernrohr zur Betrachtung von Kimme, Korn und Ziel.

Abb. 2.2.3-1:
1 Luftpistole Bergmann Altona

Kennwerte der Bergmann & Co., Altona Luftpistole

Gesamtlänge [mm]	337
Höhe [mm]	157
Breite [mm]	37
Lauflänge [mm]	185
Visierlinie [mm]	160
Abzugabstand [mm]	67
Kaliber [mm]	4,5
Masse [g]	1193
Sicherungen	keine

2.2.4 Flürscheim, Eisenwerke Gaggenau

Bei den meisten der neueren Federluftpistolen sind Lauf und Zylinder parallel zueinander angeordnet. Daneben gibt es einige Konstruktionen, bei denen der Zylinder im Griff untergebracht ist. Die Anordnung von Zylinder und Kolben im Griff wurde bereits 1872 für B. Haviland und G. P. Gunn (Herkimer, N.Y.) in den U.S.A. patentiert (U.S. Patent Nr. 126 954 vom 21. März 1872). In Deutschland wurden etwas später ähnliche Pistolen von den Eisenwerken Gaggenau nach einem Patent von Michael Flürscheim (D.R.P. Nr. 3960 vom 18. 2. 1879, „Neuerungen an Luftpistolen") hergestellt. Abbildung 2.2.4-1 zeigt die in Gaggenau hergestellte Flürscheim-Luftpistole, Abbildung 2.2.4-2 die Pistole im Schnitt. 1 ist der gusseiserne Körper, der mit Lauf- und Zylinderbohrung versehen ist. 2 ist der Verschluss, 3 der Kolben, 4 die Spannstange, die zum Spannen der Feder 5 mittels der mitgelieferten Handhabe (unter der Pistole in Ansicht und Schnitt dargestellt) aus dem Griff gezogen wird. 6 ist die Zylinderabschluss-Schraube, in die zwei Löcher gebohrt sind, in die die beiden Stifte am oberen Ende der Handhabe passen und die so auch als Schraubendreher dienen kann. Abzug 7, Spannstück 8 und Abzugbügel 9 sind auf Achsen bzw. mit Stiften mit dem Pistolenkörper verbunden.

Kennwerte der Flürscheim-Luftpistole

Gesamtlänge [mm]	235
Höhe [mm]	114
Breite [mm]	29
Lauflänge [mm]	149
Visierlinie [mm]	132
Abzugabstand [mm]	53
Kaliber [mm]	4,4
Masse [g]	661
Sicherungen	keine

Abb. 2.2.4-1:
Flürscheim-Luftpistole der Eisenwerke Gaggenau

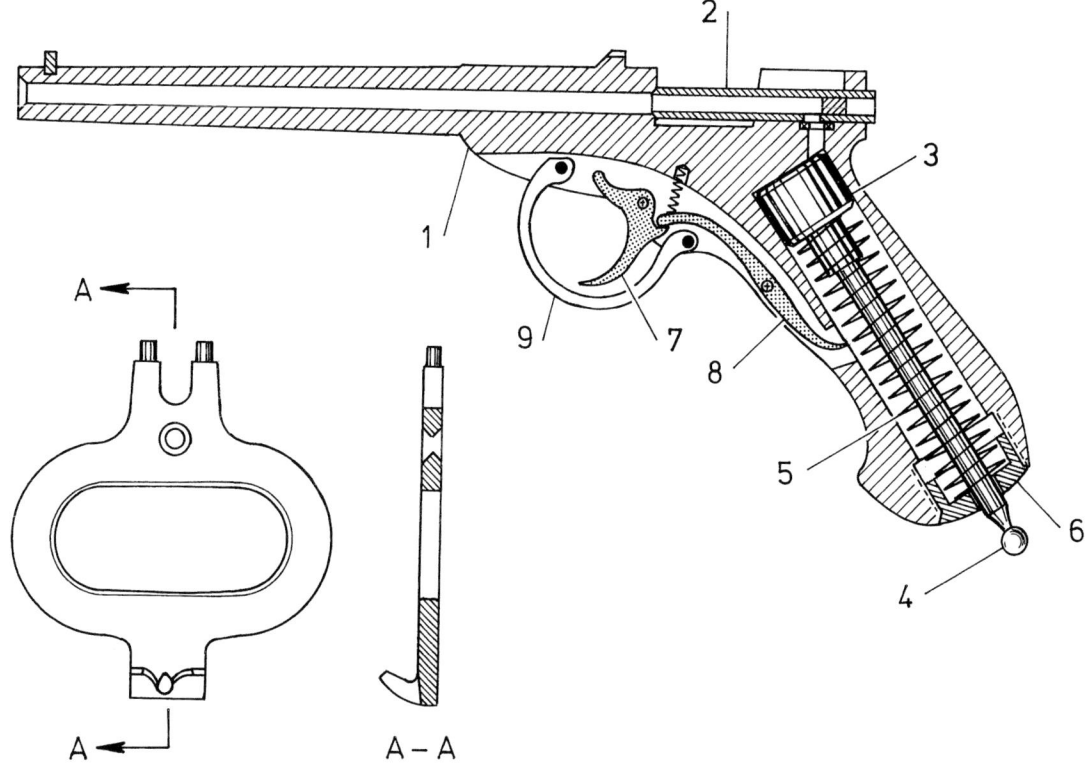

Abb. 2.2.4-2: Flürscheim-Luftpistole im Schnitt, darunter Spanngriff. 1 Rahmen, 2 Verschluss, 3 Kolben, 4 Spannstange, 5 Kolbenfeder, 6 Feder-Widerlager, 7 Abzug, 8 Spannstück, 9 Abzugbügel

Außer der Flürscheim-Pistole stellten die Eisenwerke Gaggenau (EG) auch Federluftgewehre und höherwertige Luftpistolen her. Abbildung 2.2.4-3 zeigt das Warenzeichen der Firma. Auf den Luftpistolen wurden, wohl aus Platzgründen, die gekreuzten Pistolen eingeschlagen. Das Spitzenmodell der EG (siehe Abb. 2.2.4-4) wurde in zeitgenössischen Prospekten als Patent-Präcisions-Scheibenpistole oder als P. P. bezeichnet (Prospekt von „Wilh. Peting, Hoflieferant, Gewehrfabrikant, Berlin C., Schlossplatz No. 3" und Prospekt von „Georg Knaak, Deutsche Waffenfabrik, Berlin SW. 12" aus den Jahren 1891/92). In einem Prospekt von Szailer Miklos und Tarsa, Wien, Rothenthurmstrasse 18, (in ungarischer Sprache) heißt die Pistole „Non-plus-ultra". Dieser Prospekt nennt einen Preis von 16 Forint. Da diese ungarische Währungseinheit 1892 von der Korona abgelöst wurde und der Peting-Prospekt aus dem Jahre 1890 stammt, sollte dieses Modell schon vor 1890 hergestellt worden sein. Bei Knaak kostet es 30 Mark. Um diesen Preis einordnen zu können, sei erwähnt, dass der durchschnittliche Wochenlohn eines Arbeiters bei den EG bei 12 Mark lag.

Abb. 2.2.4-3: Warenzeichen der Eisenwerke Gaggenau für ihre Luftpistolen

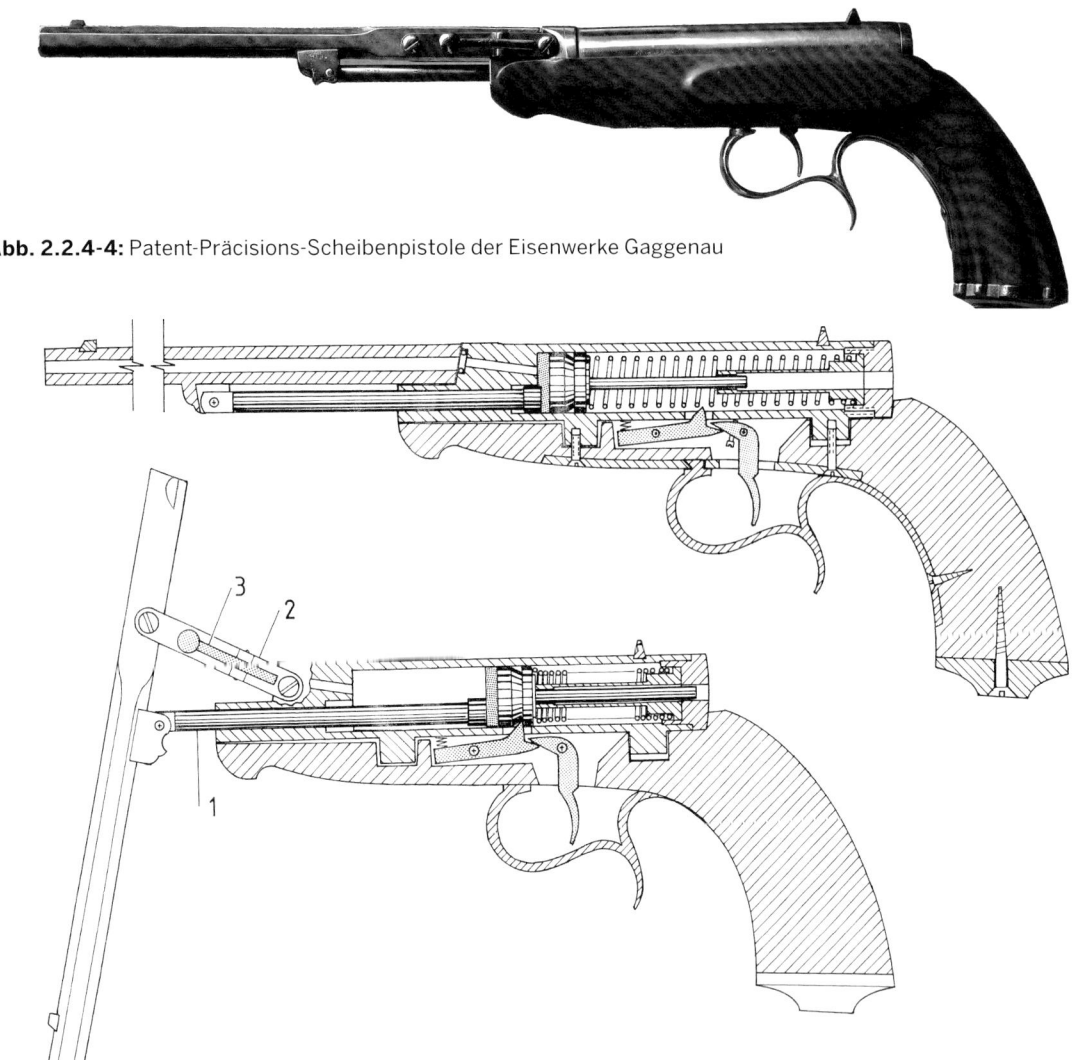

Abb. 2.2.4-4: Patent-Präcisions-Scheibenpistole der Eisenwerke Gaggenau

Abb. 2.2.4-5 (Mitte): Eisenwerke Gaggenau P. P., Schnitt
Abb. 2.2.4-6 (Unten): Eisenwerke Gaggenau P. P. vereinfachter Teilschnitt, Pistole gespannt

Abbildung 2.2.4-5 zeigt die P. P. im Schnitt, Abbildung 2.2.4-6 das Wesentliche beim Spannvorgang im Teilschnitt. Der Lauf ist an der Spannstange 1 angelenkt und mit dem Kettenglied 2 mit dem Zylindergehäuse verbunden. Der Lauf wird in geschlossenem Zustand vom Riegel 3 in Stellung gehalten. Zum Spannen wird der Riegelknopf eingedrückt und der Lauf bis zum Anschlag nach unten geschwenkt.

Die Patent-Präcisions-Scheibenpistole ist eine der elegantesten Luftpistolen und spiegelt den Stil der Perkussions-Scheibenpistolen wider.

Kennwerte der Patent-Präcisions-Scheibenpistole der Eisenwerke Gaggenau (Realstück Nr. 506, Sammlung Kettl)

Gesamtlänge [mm]	454
Höhe [mm]	137
Breite [mm]	38
Lauflänge [mm]	220
Visierlinie [mm]	340
Abzugabstand [mm]	ca. 80
Kaliber [mm]	4,5
Masse [g]	1180

2.2.5 BSA

Die Firma BSA Guns Ltd. ist in Birmingham ansässig und geht auf eine Gründung im Jahre 1861 zurück. BSA steht für Birmingham Small Arms (= Birmingham Handfeuerwaffen). Seit einiger Zeit gehört die Firma zu El Gamo. 1977 erschien die erste BSA-Federluftpistole, das Modell Scorpion. Der Kipplauf ist vor dem Zylinder angeordnet. Die Scorpion war in den Kalibern 4,5 und 5,5 mm erhältlich. 0,53-g-Diabolos erreichen aus dieser Pistole Geschwindigkeiten um 160 m/s.

Sie wurde 1994 vom Modell 240 Magnum abgelöst (Abb. 2.2.5-1), dessen Fertigung 2001 eingestellt wurde. Der Lauf ist über dem Zylinder angeordnet, ähnlich wie bei den Webley-Modellen. In der Höhe ist das Visier stufenlos verstellbar, seitlich mittels einer Rastschraube. Die Pistole ist recht kräftig, normale Diabolos (Masse ca. 500 mg) erreichen eine v_0 von 140 – 150 m/s. Zum Spannen wird der Öffnungshebel – der wie ein Hahn aussieht – nach oben gedrückt und das vorn angelenkte Oberteil gegen beträchtlichen Widerstand nach vorn geschwenkt. Nachteilig ist das Fehlen einer Spannsicherung, so dass die gespannte Kolbenfeder auch ausgelöst werden kann, wenn das Oberteil = Spannhebel nicht geschlossen ist. Die oberhalb des Abzugs liegende Schiebesicherung sperrt den Abzug automatisch und muss vor dem Auslösen nach links geschoben werden, was auch bei geöffnetem Lauf gelingt. Rahmen und Teile des Visiers bestehen aus Zink-Druckguss, der Spannhebel und der feststehende gezogene Lauf aus Stahl. Der hintere Teil des Spannhebels hat eine Prismenschiene für die Montage eines optischen Zielgeräts. Der Abzugwiderstand lässt sich mittels einer Inbusschraube regulieren. Der einteilige Buchenholzgriff ist mit zwei Schrauben am Rahmen befestigt. Die kantige Form der BSA 240 Magnum kann als very British gelten.

Abb. 2.2.5-1:
BSA-Pistole, Modell 240 Magnum
(Realstück-Nr. AP 04761)

Kennwerte des BSA-Modells 240 Magnum

Gesamtlänge [mm]	228
Höhe [mm]	ca. 167
Breite [mm]	30
Lauflänge [mm]	139
Visierlinie [mm]	201
Abzugabstand [mm]	69
Kaliber [mm]	4,5
Masse [g]	842

2.2.6 Daisy

Daisy-Luftpistolen werden in Rogers, Arkansas (USA), hergestellt. Die Firma nahm die Fabrikation von Luftgewehren im Jahre 1889 auf. Das Modell 188 (Abb. 2.2.6-1) wurde von 1979 bis 1993 angeboten und dann durch das ähnliche kurzlebige Modell 288 ersetzt (1993 bis 1995). Der glatte Lauf ist 250 mm lang und zum Verschießen von 4,5-mm-Diabolos und 4,45-mm-BB-Rundkugeln geeignet. Mit Rundkugeln wird eine Mündungsgeschwindigkeit von etwa 65 m/s, mit Diabolos von etwa 55 m/s erreicht. Die Pistole ist mit einem Magazin für 24 Rundkugeln ausgerüstet, Diabolos müssen einzeln geladen werden.

Abb. 2.2.6-1:
Daisy-Modell 188

2.2.7 Dianawerk Mayer & Grammelspacher

Die Firma wurde 1890 als „Fabrikationsgeschäft der Metallwaarenbranche" von Jakob Mayer (1860 – 1933) und Josef Grammelspacher in Rastatt gegründet. Vorher waren die Gründer bei den Eisenwerken Gaggenau beschäftigt und auf Grund ihrer Tätigkeit mit der Herstellung von Eisenwaren, Luftgewehren und Luftpistolen (siehe Flürscheim) vertraut. Im Briefkopf aus dem Jahr 1898 heißt die Firma „Mayer & Grammelspacher Eisen- & Metallwaarenfabrik", darunter vermerkt „Spezialität: Massenartikel".

Die erste Luftpistole brachte Mayer & Grammelspacher 1892 auf den Markt (Abb. 2.2.7-2).

1905 ließ man den Namen Diana und das Warenzeichen (Abb. 2.2.7-1) schützen. Es zeigt die Göttin der Jagd Diana, wie sie ein Luftgewehr hoch hält und Pfeil und Bogen fallen gelassen hat.

Etwa von 1910 bis 1914 bot das Dianawerk Mayer & Grammelspacher 10 verschiedene Luftgewehrmodelle und eine Kipplauf-

Abb. 2.2.7-1:
Warenzeichen der Firma Mayer & Grammelspacher

Luftpistole, das Modell 8, an. Im Diana-Katalog Nr. 23 (1913) wird dieses Modell 8 so beschrieben: „Präzisions-Scheibenpistole für die reifere Jugend und Erwachsene. D. R. -Patent. Länge 51 cm, Gewicht 1,1 kg, cal. 4,5 mm, Preis per Stück M. 8,- Jede Pistole ist in einem hübschen Kasten verpackt."

Die große Nachfrage machte die Firma zwischen den Weltkriegen zum größten Hersteller von Luftgewehren. Nach dem Ende des zweiten Weltkrieges wurden die Namensrechte an Diana und die Produktionsmaschinen von den französischen Besatzern an die Firma Milbro (Millard Brothers, Motherwell in Schottland) verkauft.

1950 durfte das Dianawerk die Herstellung von leichten Luftgewehren wieder aufnehmen, ab September 1951 konnten auch Luftgewehre mit gezogenen Läufen gebaut werden. 1954 wurde das Programm um das Luftpistolen-Modell 2 erweitert, 1958 um das Modell 5, jeweils in der Nachkriegsversion.

Nach der Insolvenz der Firma Milbro konnten auch die Namensrechte an Diana für den englischen Einflussbereich zurückgekauft werden.

Zur Entwicklung des sportlichen Schießens mit der Luftpistole haben die Diana Doppelkolben-Pistolen wesentlich beigetragen (seihe unter 2.3, Diana)

Die MGR (Mayer & Grammelspacher, Rastatt)-Luftpistole

Die MGR-Luftpistole (Abb. 2.2.7-2 und -3) ähnelt in ihrem Aufbau der Flürscheim-Pistole: Der Zylinder liegt im Griff, zum Spannen wird der Kolben an einer Stange nach unten gezogen. Im Unterschied zur Flürscheim-Pistole sind Lauf und Zylinder nicht als Bohrungen in den Gusskörper eingebracht, sondern als besondere Elemente (Rohre) eingesetzt. Abbildung 2.2.7-3 zeigt die Pistole im Schnitt. a ist der Lauf, b der Zylinder und c der eingeschraubte Abschluss, gegen den sich die Schlagfeder abstützt. Für die Pistole erhielt Jacob Mayer 1901 das englische Patent Nr. 20,560. Das Patent schützt die gesondert in den Gusskörper einzusetzenden Elemente Lauf und Zylinder, was die Fertigung gegenüber dem eingebohrten Lauf und Zylinder vereinfachen soll. Dieses Patent wurde Herrn „Jacob Mayer, of Kehlerstrasse 9, Rastatt, in the Empire of Austria" erteilt. Interessant ist auch, dass am unteren Ende der Pistole D. R. G. M. eingeschlagen ist, was darauf hindeutet, dass in Deutschland kein Patent auf diese Konstruktion erteilt (oder beantragt?) wurde.

Kennwerte der MGR-Luftpistole

Länge [mm]	203
Höhe [mm], entspannt	133
Breite [mm]	26
Lauflänge [mm]	150
Visierlinie [mm]	157
Abzugabstand [mm]	ca. 50
Kaliber [mm]	4,5
Masse [g]	578

Abb. 2.2.7-2:
MGR-Luftpistole
(Mayer & Grammelspacher Rastatt)

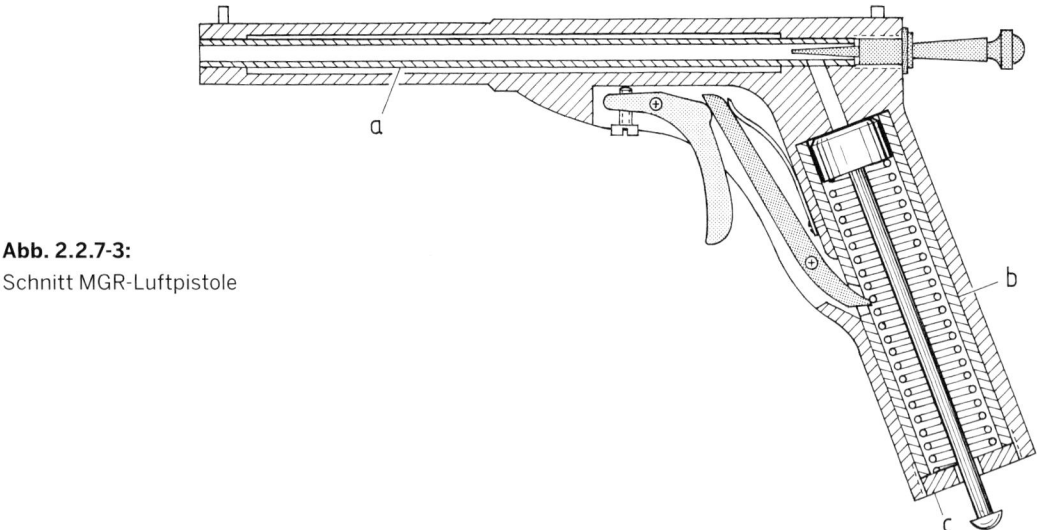

Abb. 2.2.7-3:
Schnitt MGR-Luftpistole

Modell 2

1930 brachte das Dianawerk eine Schieblaufpistole auf den Markt, die etwa ab 1933 als Modell 2 bezeichnet wurde und deren Fertigung kriegsbedingt 1940 eingestellt wurde (Abb. 2.2.7-4). Das Gehäuse der Pistole wurde weitgehend im Tiefziehverfahren aus Stahlblech hergestellt. Der Kolben umschließt den Messing-Lauf ringförmig. Zum Spannen wird der Lauf ca. 60 mm zurückgeschoben, bis der Kolben vom Spannstück arretiert wird. Zum Laden schraubt man dann den hinten liegenden Verschluss aus dem Laufende, worauf eine Kugel oder ein Bolzen in den Lauf geschoben werden kann. Nach dem Einschrauben des Verschlusses ist die Pistole schussfertig. Der Lauf ist glatt, eignet sich also zum Verschießen von Bolzen und Diabolo-Geschossen gleichermaßen.

Abb. 2.2.7-4:
Diana-Modell 2, Vorkriegsausführung

Abbildung 2.2.7-5 zeigt die Nachkriegsausführung des Modells 2. Die Konstruktion wurde weitgehend vom Vorgänger-Modell übernommen, nur wurde der Griff aus Holz gefertigt und mit dem Oberteil verstiftet. Oben auf der Zylinderhülse ist das Markenzeichen „Diana" eingeschlagen. Diese Pistole wurde von 1950 bis 1980 gefertigt.

Aufgrund seiner Konzeption gehört das Modell 2 zur Kategorie der Spielzeugpistolen. Diese Einordnung bedeutet nicht, dass man die gebührende Sorgfalt beim Umgang mit dieser Pistole außer acht lassen darf.

Abb. 2.2.7-5:
Diana-Modell 2, Nachkriegsausführung, gespannt

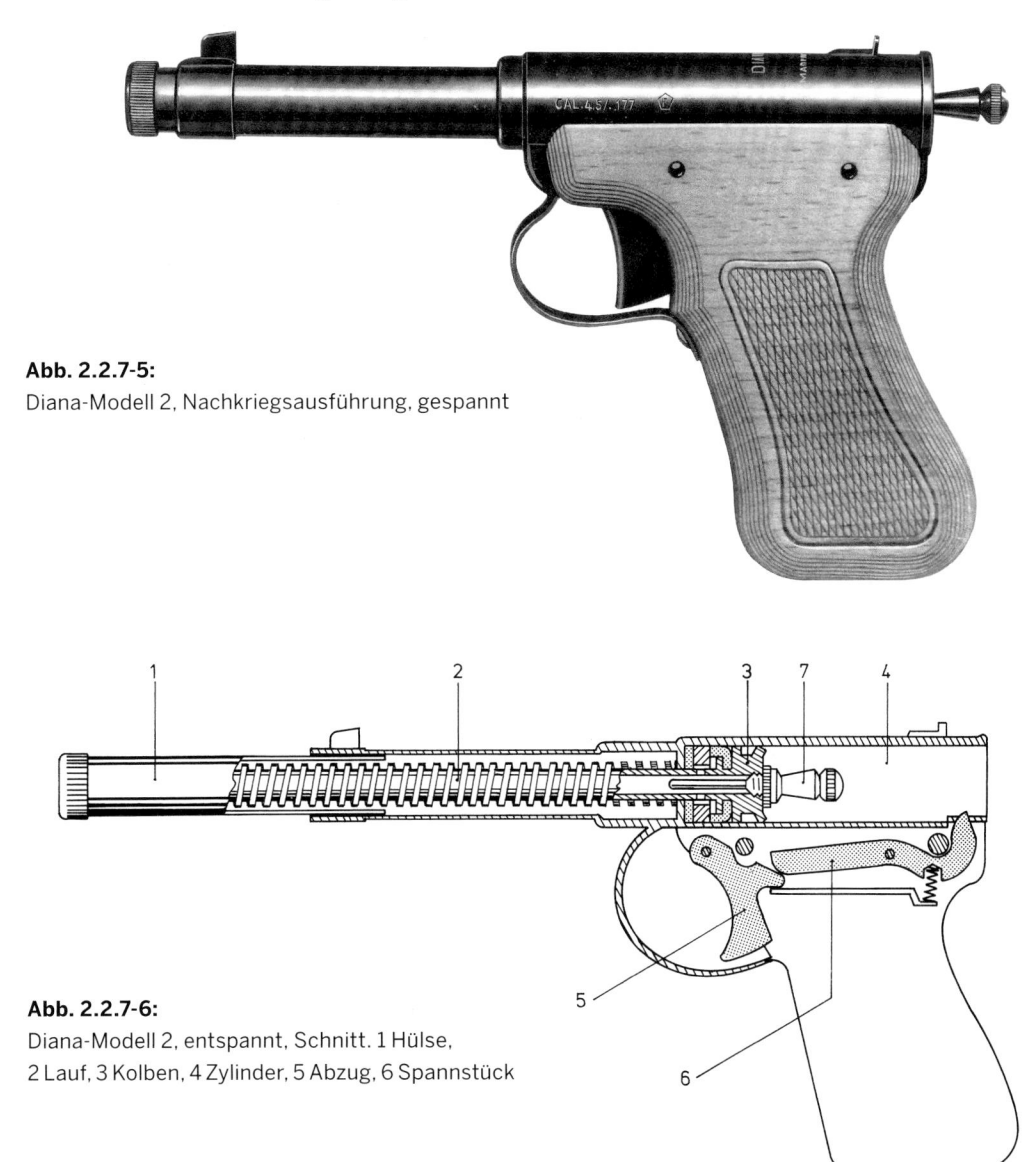

Abb. 2.2.7-6:
Diana-Modell 2, entspannt, Schnitt. 1 Hülse, 2 Lauf, 3 Kolben, 4 Zylinder, 5 Abzug, 6 Spannstück

Abbildung 2.2.7-6 zeigt das Wesentliche dieser Konstruktion, die auf Henry M. Quackenbush zurückgeht (US-Patent 188,028, erteilt am 6. 3. 1877, angemeldet am 9. 9. 1876). Quackenbush-Pistolen nach diesem Patent sind außerordentlich selten.

Die Konstruktions-Idee wurde später jedoch sehr erfolgreich eingesetzt, u. a. von Anschütz; Harrington & Son (The GAT); Lov; Milbro (SP 50); F. Schmidt, Zella-Mehlis und H. Schmidt, Hoffheim (M 9A).

Federluftpistolen

Der Lauf (2) liegt in einer Hülse (1) auf der Längsachse des Kompressionszylinders (4), der Kolben (3) ist mit dem hinteren Laufende fest verbunden. Nach dem Auslösen treibt die vom Lauf geführte Schlagfeder Lauf, Kolben und Hülse bis zum Anschlag nach vorn aus dem Gehäuse (die Zeichnung zeigt diese Stellung). Zum Spannen wird Lauf samt Hülse in das Gehäuse gedrückt, bis der Kolben (3) vom Spannstück (6) in gespannter Stellung festgehalten wird. Der Laufverschluss (7) ragt nun hinten aus der Pistole, wie in Abbildung 2.2.7-5 gezeigt. Schraubt man ihn aus dem Kolben, so wird die hintere Lauföffnung zum Laden freigelegt. Ein eingesetztes Geschoss wird vom Dorn des Laufverschlusses so weit in den Lauf geschoben, dass es vor den Druckluft-Durchtrittsöffnungen des Laufes liegt. Die Pistole ist nun schussbereit.

Kennwerte des Diana-Modells 2,
Vor- und Nachkriegsausführung, von Realstücken abgenommen

Modell 2	Vorkriegsausführung	Nachkriegsausführung
Länge, entspannt [mm]	239	242
Länge, gespannt [mm]	196	199
Höhe [mm]	111	116
Breite [mm]	23	25
Lauflänge [mm]	160	160
Visierlinie [mm]	149	147
Abzugabstand [mm]	56	60
Kaliber [mm]	4,5	4,5
Masse [g]	239	242

Modell 3

1991 brachte Diana das Modell 3 (Abb. 2.2.7-7) auf den Markt. Es ist mit einem einfachen Stellvisier ausgerüstet, hat aber keine Spannsicherung. Von der Westlake-Luftpistole, Modell S 2 (Abb. 2.2.29-1) unterscheidet sich das Diana-Modell nur durch das Griffstück, den Abzugbügel und eine geänderte Kornform. Der gezogene Lauf ist 180 mm lang, die Masse beträgt 1080 g, das Kaliber 4,5 mm.

Abb. 2.2.7-7:
Diana-Modell 3

Modell 5 (Vorkriegsfertigung)

Die Firma Dianawerk Mayer & Grammelspacher meldete am 13. 12. 1931 ein Patent für eine „Luftpistole mit Kipplauf" an, dessen Erteilung am 23. 3. 1933 bekanntgemacht wurde (D.R.P. Nr. 574 329). Zur Zeit der Patentanmeldung war die Entwicklung dieser Pistole abgeschlossen, was daraus hervorgeht, dass die Patentzeichnungen die Realstücke genau wiedergeben. Die Schnittzeichnungen 2.2.7-9 (M 5 entspannt) und 2.2.7-10 wurden in Anlehnung an die Patentzeichnungen erstellt. Das Äußere des Modells 5 zeigt Bild 2.2.7-8.

Abb. 2.2.7-8:
Diana-Modell 5, Vorkriegsausführung

Nach dem Patent bezweckte die Konstruktion eine verbesserte Gewichtsverteilung (bei einigen zeitgenössischen Luftpistolen lagen Lauf und Zylinder vor dem Griff) und leichte Spannarbeit. Warum das Patentamt über ein Jahr bis zur Erteilung des Patents verstreichen ließ und warum die Erteilung eines englischen Patents abgelehnt wurde, kann als Anlass zu Spekulationen dienen. In Abbildung 2.2.7-9 ist 1 der Lauf, 2 die Spannstange, 3 der Kolben, 4 ist das Spannstück, 5 der Zylinder, 6 die Schlagfeder, 7 die Kolbendichtung und 8 der gefederte Laufriegel. Abbildung 2.2.7-10 zeigt die Pistole mit so weit abgekipptem Lauf, dass der Spannvorgang gerade abgeschlossen ist, das Spannstück ist in die Spannrast an der Kolbenverlängerung getreten.

Das Diana-Modell 5 ist robust und diente einer Reihe von späteren Konstruktionen offensichtlich als Vorlage. Es wurde von 1931 bis 1940 hergestellt. Der Lauf ist gezogen, das Visier ist höhenverstellbar.

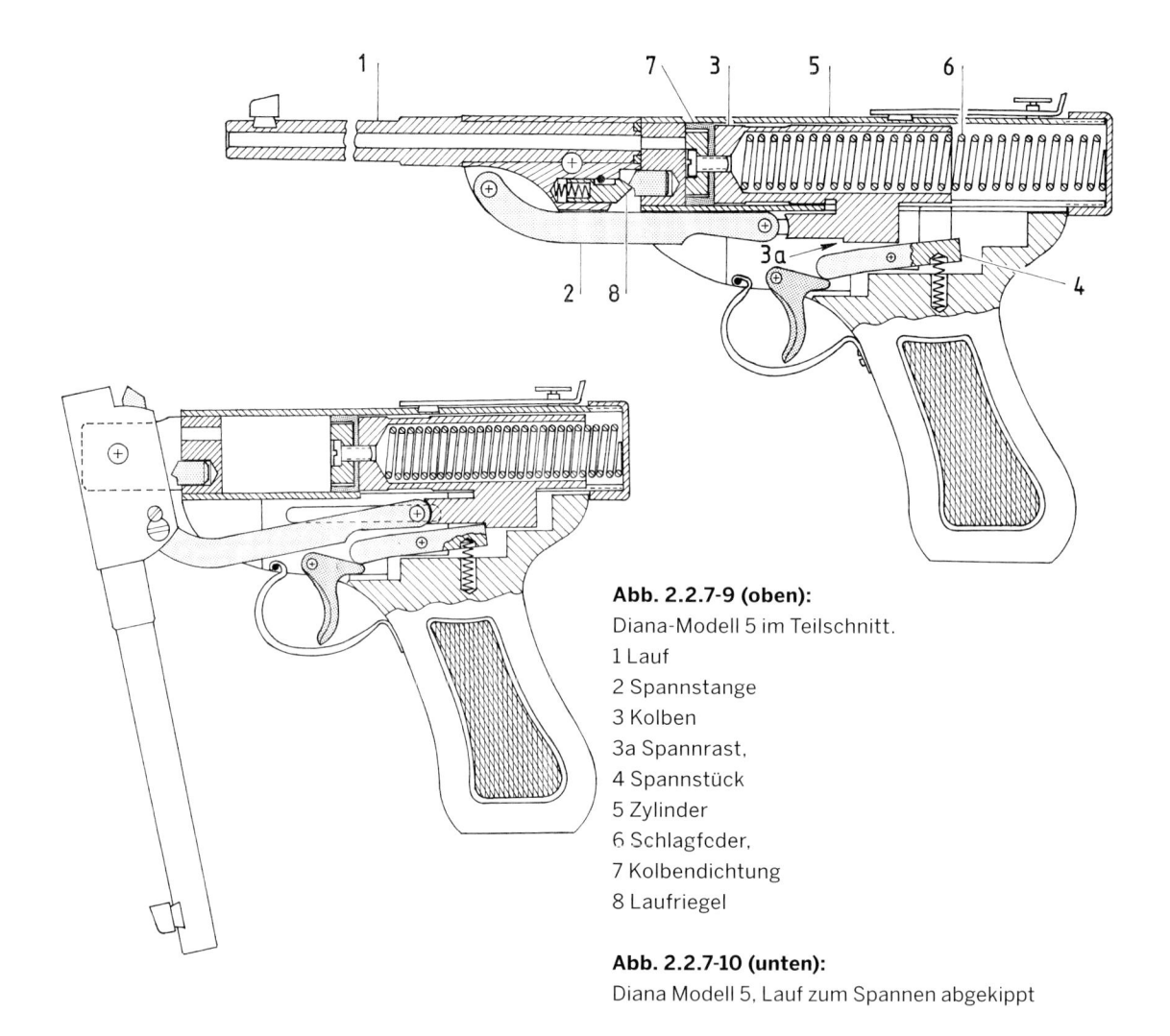

Abb. 2.2.7-9 (oben):
Diana-Modell 5 im Teilschnitt.
1 Lauf
2 Spannstange
3 Kolben
3a Spannrast,
4 Spannstück
5 Zylinder
6 Schlagfeder,
7 Kolbendichtung
8 Laufriegel

Abb. 2.2.7-10 (unten):
Diana Modell 5, Lauf zum Spannen abgekippt

Modell 5 (Nachkriegsfertigung)

Diana fertigte dieses Modell 5 (Abb. 2.2.7-11) von 1958 bis 1978. Zunächst wurden die Pistolen mit Holzgriffen ausgerüstet, später mit hellgrauen und braunen Plastikgriffen. Die 18 cm langen Läufe sind gezogen und an der Mündung zur Verbesserung der Schussgenauigkeit leicht verengt (gechokt). (Achtung: aus gechokten Läufen niemals Bolzen verschießen!) Die Pistole ist 40 cm lang und wiegt etwa 1,2 kg. Im Kaliber 4,5 mm wird eine v_1 (Geschossgeschwindigkeit 1 m vor der Mündung) von 125 m/s, im Kaliber 5,5 mm eine v_1 von 90 m/s erreicht. Das entspricht Geschossenergien von 3,9 Joule (bei 0,5 g Masse des 4,5-mm-Diabolos) bzw. 4,1 Joule (bei 1 g Masse des 5,5-mm-Diabolos).

Diese Werte liegen deutlich unter der für frei verkäufliche Pistolen gesetzlich festgelegten Grenze von 7,5 Joule.

Das Visier ist in horizontaler und vertikaler Richtung mittels Rastschrauben verstellbar, so daß die Treffpunktlage auf einfache Weise reguliert werden kann. Das Kimmenblatt ist austauschbar. Das Korn liegt in einem Korntunnel, der eine Verletzungsgefahr beim Spannen ausschließt. Der Abzugwiderstand (Abdruck) kann durch Stellschrauben verändert werden. Wenn der Lauf nicht geschlossen ist, wirkt eine automatische Sicherung auf den Abzug, die ein vorzeitiges Auslösen des Kolbens und das damit verbundene Schlagen des Laufes verhindert.

Abb. 2.2.7-11:
Diana-Modell 5, Nachkriegsfertigung

Modell 5 G

1978 wurde das Modell 5 vom Modell 5 G abgelöst. Diese Pistole ist mit dem Modell 5 beinahe identisch, der Unterschied liegt in Rahmen und Griff. Letzterer wurde wesentlich schräger gestellt, so dass der Griffwinkel etwa dem des Diana-Modells 10 oder des Feinwerkbau-Modells 65 entspricht. Abbildung 2.2.7-12 zeigt das Modell 5 G.

Die Modelle 5 und 5 G sind sehr solide. Beide eignen sich für das informelle Scheibenschießen. Wie andere Federluftpistolen ohne Massenausgleich werden auch diese Pistolen bei der Schussabgabe durch die schnelle Bewegung der recht schweren Kolben heftig erschüttert, was zu einer Vergrößerung der Streuung führt.

Abb. 2.2.7-12:
Diana-Modell 5G

Modell P5 Magnum

Mit diesem 2002 eingeführtem Modell (Abb. 2.2.7-13) brachte Diana eine der stärksten, zur Zeit frei verkäuflichen Luftpistolen heraus. Die Geschossgeschwindigkeit wird mit 175 m/s angegeben, was einer Geschossenergie von 6.7 J bei einer Geschossmasse von 0,45 g entspricht. Die Auswertung von Messungen der Geschossgeschwindigkeiten 1 m vor der Mündung mit verschieden schweren H & N-Geschossen ergaben, dass sich die Geschwindigkeit mit hoher Genauigkeit (r = 0,98) mit der Formel $v = 3{,}126 + 72{,}14/M$ wiedergeben läst, wobei M die Geschossmasse in Gramm ist. Das mit Fiberoptik ausgerüstete Visier lässt sich mittels Stellschrauben seitlich und in der Höhe justieren. Der Druckpunkt ist einstellbar. Diese Pistole wurde 2010 vom Modell LP8 Magnum abgelöst.

Abb. 2.2.7-13:
Diana-Modell P5 Magnum

Kennwerte Diana Modell P5 Magnum am Realstück abgenommen, LP8 Magnum Werksangaben

Modell	P5 Magnum	LP8 Magnum
Gesamtlänge [mm]	451	450
Höhe [mm]	ca. 154	161,5
Breite [mm]	45	44,4
Lauflänge [mm]	182	180
Visierlinie [mm]	347	412
Abzugabstand [mm]	69 am Druckpunkt	72
Kaliber [mm]	4,5	4,5
Masse [g]	1253	1540
Sicherung	Spannsicherung	Spannsicherung

Abb. 2.2.7-14:
Diana-Modell LP8 Magnum

2.2.8 EM-GE, Moritz & Gerstenberger

Die Firma Moritz & Gerstenberger Waffenfabrik wurde um 1926 in Zella-Mehlis in Thüringen gegründet. Nach dem Krieg erfolgte 1951 eine Neugründung in Gussenstedt als Gerstenberger und Erberwein. Vor dem Zweiten Weltkrieg stellte die Firma drei verschiedene Luftpistolen-Modelle her. Bei der Herkules-LP handelt es sich um eine robuste Kipplaufpistole, die 1939 mit gezogenem Lauf 19,00 RM kostete (mit glattem Lauf 50 Pfennige weniger). Der Druckzylinder liegt über der Hand, Kimme und Korn sind auf dem Lauf angebracht.

Etwa 1936 brachte EM-GE das Modell Zenit heraus, (Abb. 2.2.8-1), das von Franz Möller konstruiert worden war (D.R.P. Nr. 644 748, „Luftpistolenspannhebel", Schutz ab 1. 2. 1936 und D.R.P. Nr. 648 659, „Spann- und Abzugvorrichtung für Luftwaffen", Schutz ab 12. 3. 1936, Erfinder jeweils Franz Möller). Das erste Patent schützt im Wesentlichen Art und Anordnung des oben liegenden Spannhebels, dessen hinteres Ende als Kimme ausgebildet ist. Das zweite betrifft Maßnahmen, um die Pistole niedrig zu halten und das Auslösen während des Spannvorgangs unmöglich zu machen (Spannsicherung). In der 3. Auflage seines Buches „Moderne Faustfeuerwaffen und ihr Gebrauch" beschreibt Gerhard Bock die Zenit-LP wie folgt:

„... *Der Schaft ähnelt dem Parabellumgriff. Die Gewichtsverteilung ist gut. Die Visierung besteht aus dem nicht verstellbaren Visiereinschnitt im Ende des Verschlusshebels und dem nach der Höhe verstelbarem Korn, das in einem am vorderen Laufende angebrachten Kornfuß beweglich angeordnet ist. Es hat mehrere Teilstriche. Man klemmt es in der richtigen Stellung mit einer Schraube mit Kordelknopf fest.*
Der Abzug hat einen gut stehenden Druckpunkt. Außer dem abgebildeten einschüssigen Modell gibt es die Zenit-Luftpistole auch als Mehrlader mit einem Magazin für 10 Diabologeschosse. Mir gefällt der Einzellader besser." (Ende des Zitats)

Der hier abgebildete Einzellader (Abb. 2.2.8-1) unterscheidet sich von dem von Bock beschriebenen durch das Perlkorn, das mittels Schwalbenschwanz auf dem Lauf (seitlich justierbar) angebracht ist. An der linken Seite des Spannhebels ist das Wort Patent und die Silhouette eines Dampfers eingeschlagen, auf dessen Rumpf Germany steht. Auf dem Spannhebel ist >Zenit< und >Em-Ge< Zella-Mehlis (Thür) eingeschlagen. Der Griff besteht aus Nussbaumholz.

Bezüglich der Funktion der Spannsicherung der Zenit-Pistolen siehe Abschnitt 2.1-6 und Abbildung 2.1-6 und 2.1-7.

Die EM-GE Zenit wurde des öfteren kopiert, so z. B. von der Ischjewsker Waffenfabrik (Modell SSP, gebaut von 1945 bis 1947). Diese Ausführung besitzt einen schwarzen Plastikgriff, Firmenzeichen auf beiden Seiten. Außerdem gibt es auch eine italienische Kopie. Im Akah-Katalog Nr. 250 (etwa 1960) wird eine „Stiga-Luftpistole, Mod. Zenit" angeboten, die, soweit erkenntlich, der Vorkriegs-Zenit gleicht. Stiga ist ein Kürzel für die schwedische Firma Stig Hjelmquist A B, Tranas. Auch das Milbro-„Diana"-Modell Mark IV ist weitgehend an der Zenit-Pistole ausgerichtet.

Abb. 2.2.8-1:
EM-GE Zenit, Einzellader

Federluftpistolen

Abbildung 2.2.8-2 zeigt das Model Zenit M, das sich vom Einzellader durch ein Röhrenmagazin unterscheidet, das 9 bis 10 Diabologeschosse aufnehmen kann. Es liegt hinter dem und parallel zum Lauf und wird von zwei Federn beim Betätigen des Spannhebels so weit nach unten verschoben, dass die Magazinbohrung mit der Laufbohrung fluchtet. Hält man die Mündung nach unten, rutscht ein Geschoss in das relativ weite Geschosslager des Laufes.

Nach Abschluss des Spannvorgangs ist die Pistole dann schussbereit. Dieses Ladesystem entspricht dem des Schwerkraftladers von Colette (1854). Die Originalmagazine der Zenit M bestehen aus einer Zink-Druckgusslegierung. Da sie quasi eine Sollbruchstelle haben, sind intakte Magazine heute ausgesprochen selten. Die hier gezeigte Pistole ist mit einem Magazin aus Stahl bestückt, das nach einem (gebrochenen) Zink-Magazin gefertigt wurde.

Kennwerte der EM-GE Zenit-Pistole

Modell	**EM-GE Zenit**	**EM-GE Zenit M**
Gesamtlänge [mm]	272	280
Höhe [mm]	137	145
Breite [mm]	30	29
Lauflänge [mm]	118	125
Visierlinie [mm]	211	224
Abzugabstand [mm]	59	64
Kaliber [mm]	4,5	4,5
Magazinkapazität	kein Mag.	9 – 10
Spannsicherung	ja	ja
Griff	Holz	Plastik
Masse [g]	690	850

Abb. 2.2.8-2:
EM-GE Zenit M (wie Magazin)
mit Kunststoff-Griff

Nach 1973 baute EM-GE zunächst die Kipplauf-Pistole Modell LP 3 für das informelle Scheibenschießen, das mit seitenverstellbarer Kimme, höhenverstellbarem Korn und gezogenem Lauf ausgerüstet ist. Der Abzugweg kann mittels Stellschraube reguliert werden. Abbildung 2.2.8-3 zeigt das Modell LP 3a, welches das Modell LP 3 ablöste. Es unterscheidet sich vom Vorgänger durch die mittels Rastschrauben einstellbare Kimme und den Wegfall der Abzug-Stellschraube. Der Abzug ist werksseitig allerdings gut reguliert. Beide Modelle haben keine Spannsicherung. Im Kaliber 4,5 mm werden mit 0,50 g schweren Diabolos eine Mündungsgeschwindigkeit von etwa 120 m/s erreicht, im Kaliber 5,5 mm etwa 80 m/s mit 1,0 g schweren Diabolos.

Kennwerte der EM-GE Modelle LP 3 und LP 3a

EM – GE Modell	LP 3 Nr. 22391	LP 3a Nr. 49358
Gesamtlänge [mm]	316	318
Höhe [mm]	148	153
Breite [mm]	37	37
Lauflänge [mm]	150	151
Visierlinie [mm]	290	299
Abzugabstand [mm]	69	68
Kaliber [mm]	4,5	4,5
Masse [g]	1275	1240

Abb. 2.2.8-3:
EM-GE Modell LP 3a

Das Modell LP 100 (Abb. 2.2.8-4) besitzt einen Plastikgriff, an den sich oben die Aufnahme für das System anschließt. Das Korn wird durch einen Tunnel abgedeckt, so dass man sich beim Spannen nicht am Korn verletzen kann. Die Pistole ist mit einer Abzugsicherung (Spannsicherung) versehen, die das Auslösen bei geöffnetem Lauf verhindert. Messungen 1,2 m vor der Mündung ergaben bei einer Geschossmasse von 497 mg eine Geschossgeschwindigkeit von 88,4 m/s.

Das Modell LP 101 ist dem Modell LP 100 weitgehend ähnlich, ist jedoch mit einem ansprechenden Nußbaumgriff ausgerüstet. Die Länge dieser Pistole beträgt 330 mm, die Höhe 160 mm, das Gewicht 1250 g. EM-GE verwendet Läufe mit 12 Zügen und einer Dralllänge von 450 mm. Das Nachfolgemodell LP 102 unterscheidet sich von den Vorgängern LP 100 und 101 nur durch das Griffstück, das bei dieser Pistole recht gradlinig gestaltet wurde. Die Kennwerte dieser Modelle gleichen sich, abgesehen von der Masse, bedingt durch die unterschiedlichen Griffstücke.

Abb. 2.2.8-4:
EM-GE Modell LP 100

Der Teilschnitt in Abbildung 2.2.8-5 zeigt das System des Modells 100 in gespanntem Zustand bei leicht geöffnetem Lauf. A weist auf den im Laufstück liegenden gefederten Verschlussbolzen, der gerade über dem feststehenden Riegel liegt. Schon in diesem Zustand ist die Spannsicherung, die von der Spannstange 5 übernommen wird, aktiviert: der Abzug 1 kann nicht mehr weit genug durchgezogen werden, um den Kolben freizugeben. Das Kolbenarretierungs-System geht auf eine Erfindung H. Greeners vom 29. 4. 1903 zurück, (Britisches Patent Nr. 9644, 1903). Der Kolben wird über ein gabelförmiges Sperrelement 4 vom Spannstück 3 in gespannter Position gehalten. Druck auf den Abzug dreht das Spannstück über den Zwischenhebel 2 aus der Spannrast, wodurch der Kolben freigegeben wird. Der Teilschnitt 2.2.8-6 zeigt die Lage der Teile in entspanntem Zustand. Der rechte Arm des Rastelements liegt in der Bahn des Kolbens. Beim Spannen trifft das hintere Ende des Kolbens auf diesen Arm und dreht das Sperrelement so weit nach rechts, dass das Spannstück in die Rast des Sperrelements eintritt und so die Pistole gespannt hält.

Kennwerte des EM-GE-Modells LP 100, Realstück Nr. 69410

Gesamtlänge [mm]	330
Höhe [mm]	ca. 155
Breite [mm]	44
Lauflänge [mm]	160
Visierlinie [mm]	310
Abzugabstand [mm]	64
Kaliber [mm]	4,5
Masse [g]	1192
Sicherung	Spannsicherung

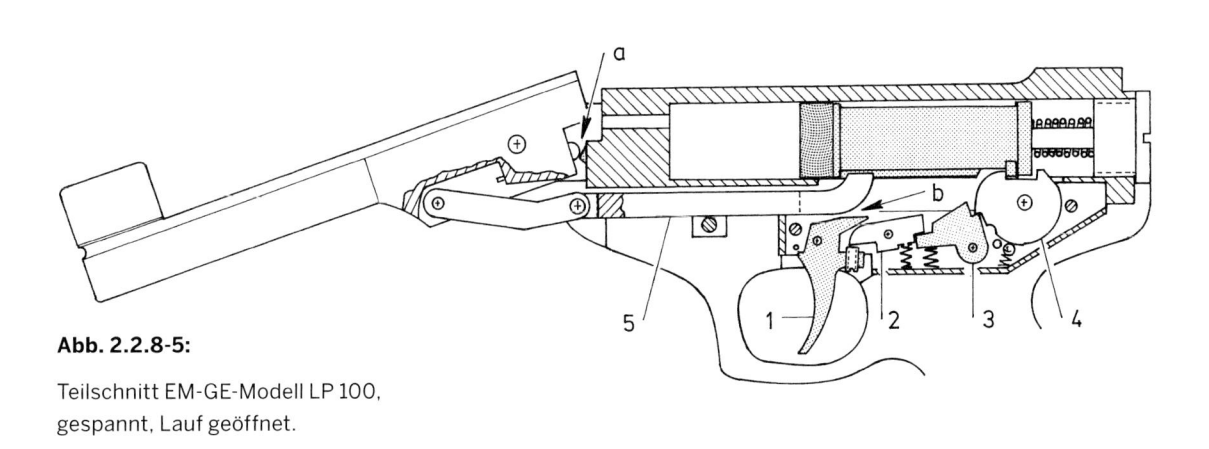

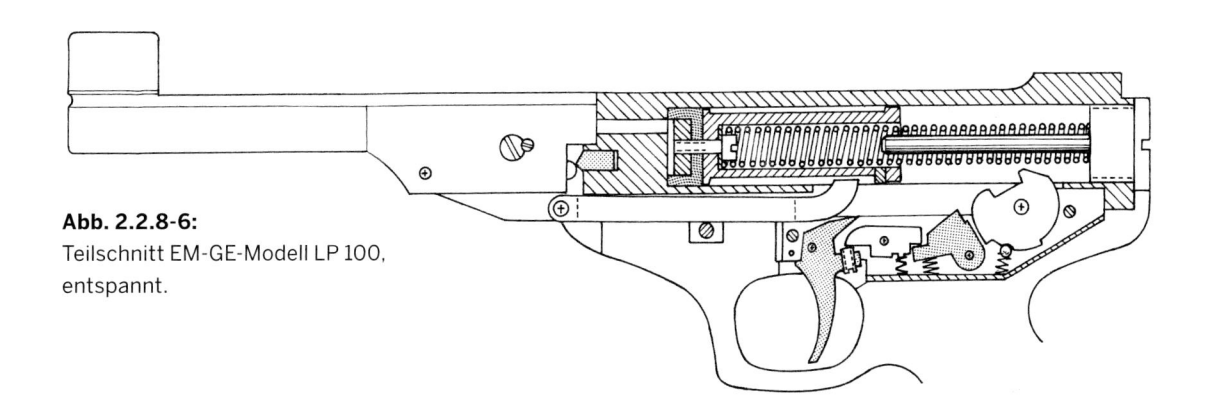

Abb. 2.2.8-5:

Teilschnitt EM-GE-Modell LP 100, gespannt, Lauf geöffnet.

Abb. 2.2.8-6:

Teilschnitt EM-GE-Modell LP 100, entspannt.

2.2.9 El Gamo

Die Firma Industrias El Gamo (= der Damhirsch) ist einer der größten europäischen Hersteller von Luftgewehren und Luftpistolen. El Gamo wurde 1960 gegründet und hat seinen Sitz in der Nähe von Barcelona, Spanien. Das El-Gamo-Modell Center (Abb. 2.2.9-1) hat einen 180 mm langen gezogenen, feststehenden Lauf. Die Kolbenfeder wird mittels eines unter dem Lauf liegenden Hebels gespannt. Am hinteren Laufende befindet sich eine Klappe, die eine in Laufrichtung verlaufende, kalibergroße Bohrung aufweist. Bei geschlossener Klappe liegt die Bohrung genau vor der Laufbohrung. Zum Laden schwenkt man die Klappe nach links, wodurch die Bohrung zum Einsetzen des Geschosses zugänglich wird. Die mit Stellvisier ausgerüstete Pistole vom Kaliber 4,5 mm ist 38 cm lang und wiegt ca. 1,3 kg. Als Besonderheit weist sie einen Griff auf, dessen Winkel verstellt werden kann. Die von 1973 bis 1993 hergestellte Center eignet sich zum Übungsschießen. Bei dem Modell Falcon („Falke") wurde praktisch das gleiche System wie bei der Center mit einem einfachen, schwarzen Plastik-Griffstück ausgerüstet. Die Falcon (Abb. 2.2.8-2) wurde von 1983 bis 1994 hergestellt.

Das neuere Gamo-Modell P-800 (Abb. 2.2.9-3), hergestellt ab 1994, besteht weitgehend aus Kunststoff und ist dadurch wesentlich leichter als die Pistolen der Center-Baureihe. Die Pistole besitzt eine Spann- und eine Abzugsicherung. Das Visier ist seitlich verstellbar. 0,53 g-Diabolos erreichen eine v_0 von ca. 90 m/s.

Kennwerte der El Gamo-Pistolen Falcon und P 800 (Realstücke)

Modell	El Gamo Falcon	El Gamo P 800
Gesamtlänge [mm]	377	296
Höhe [mm]	143	153
Breite [mm]	45	36
Lauflänge [mm]	179	137
Visierlinie [mm]	344	252
Abzugabstand [mm]	67	68
Kaliber [mm]	4,5	4,5
Masse [g]	1008	592
Spannsicherung	ja	ja

Abb. 2.2.9-1:
El Gamo-Luftpistole, Modell Center

Abb. 2.2.9-2:
El Gamo-Luftpistole, Modell Falcon

Abb. 2.2.9-3:
El Gamo-Luftpistole, Modell P-800

2.2.10 Ernst-Thälmann-Werke

In dem in VEB Ernst-Thälmann-Werk Suhl (ETW) (oder „Vereinigte Metallwerke Ernst Thälmann"?) umbenannten ehemaligen Haenel-Betrieb wurde in der Zeit von 1953 bis 1954 eine solide Kipplaufpistole hergestellt, das „Sportmodell LUP 54", welches in Sammlerkreisen auch als Haenel 54 bezeichnet wird (Abb. 2.2.10/1). Das vorliegende Realstück (Sammlung Zinke) trägt folgende Markierungen: linke Laufseite: Cal. 4,5 mm; rechte Laufseite: GST (im Oval); linke Seite des Zylinders, vorn: 32/1108/1007; darüber ein S im Dreieck; Hinten: Ernst-Thälmann-Werk Suhl. Auf der Oberseite des Zylinders ist SPORT-MODELL LUP 54 eingeprägt. GST bedeutet Gesellschaft für Sport und Technik. Die GST war eine DDR-Organisation für die vormilitärische Ausbildung von Jugendlichen.

Das S im Dreieck (mit abgerundeten Ecken) ist das in der DDR benutzte Kennzeichen für gute bis hervorragende Qualität des Erzeugnisses.

Kennwerte der LUP 54 32/1108/1007 Sport-Modell LUP 54 (Realstück Z)

Gesamtlänge [mm]	314
Lauflänge [mm]	148
Höhe [mm]	147
Breite [mm]	39
Visierlinie [mm]	280
Abzugabstand [mm]	73
Masse [g]	897
Kaliber [mm]	4,5
Sicherungen	keine

Abb. 2.2.10-1:
Sportmodell LUP 54, hergestellt im
Ernst-Thälmann-Werk Suhl
für die GST der DDR

2.2.11 Föhrenbach/Falke

1950 ließ sich die Firma Albert Föhrenbach G.m.b.H. , Bennigsen (Hann.), den Namen Falke als Warenzeichen für Luftpistolen und Luftgewehre schützen. Die Firma war aus einem Zweigbetrieb der Arado-Flugzeugwerke hervorgegangen, die anfangs 1945 aus Schlesien nach Bennigsen verlegt worden war. Bei der Suche nach Arbeitsgebieten stieß man u. a. auf die Herstellung von Luftgewehren und Luftpistolen, wahrscheinlich angeregt durch Suhler Fachleute, die schon im Arado-Zweigbetrieb gearbeitet hatten. Bis zum Erlöschen der Firma 1959 wurden mindestens neun verschiedene Luftgewehre und ein Luftpistolen-Modell hergestellt.

Falke-Modell 33

Abbildung 2.2.11-1 zeigt die Falke-Luftpistole, Modell 33. Äußerlich und im Aufbau ähnelt das Modell 33 der EM-GE Zenit. Der Spannhebel liegt jedoch vor dem Griff (Schnitt 2.2.11-2). Auch die Spannsicherung des Modells 33 ähnelt der des EM-GE-Modells, wie ein Vergleich mit Abbildung 2.1-7 zeigt. Die Pistole wurde mit glattem oder gezogenem Lauf geliefert. Die Kimme ist in der Höhe mittels einer Rändelschraube einstellbar. Messungen der Geschossgeschwindigkeit mit einer Pistole mit glattem Lauf 3 m vor der Mündung ergaben folgende Werte: Geschossmasse 485 mg: 105,6 m/s, Geschossmasse 762 mg: 76,5 m/s.

Kennwerte Falke-Modell 33

Gesamtlänge [mm]	297
Höhe [mm]	ca. 153
Breite [mm]	31,5
Lauflänge [mm]	130
Visierlinie [mm]	261
Abzugabstand [mm]	68
Kaliber [mm]	4,5
Masse [g]	873
Spannsicherung	ja

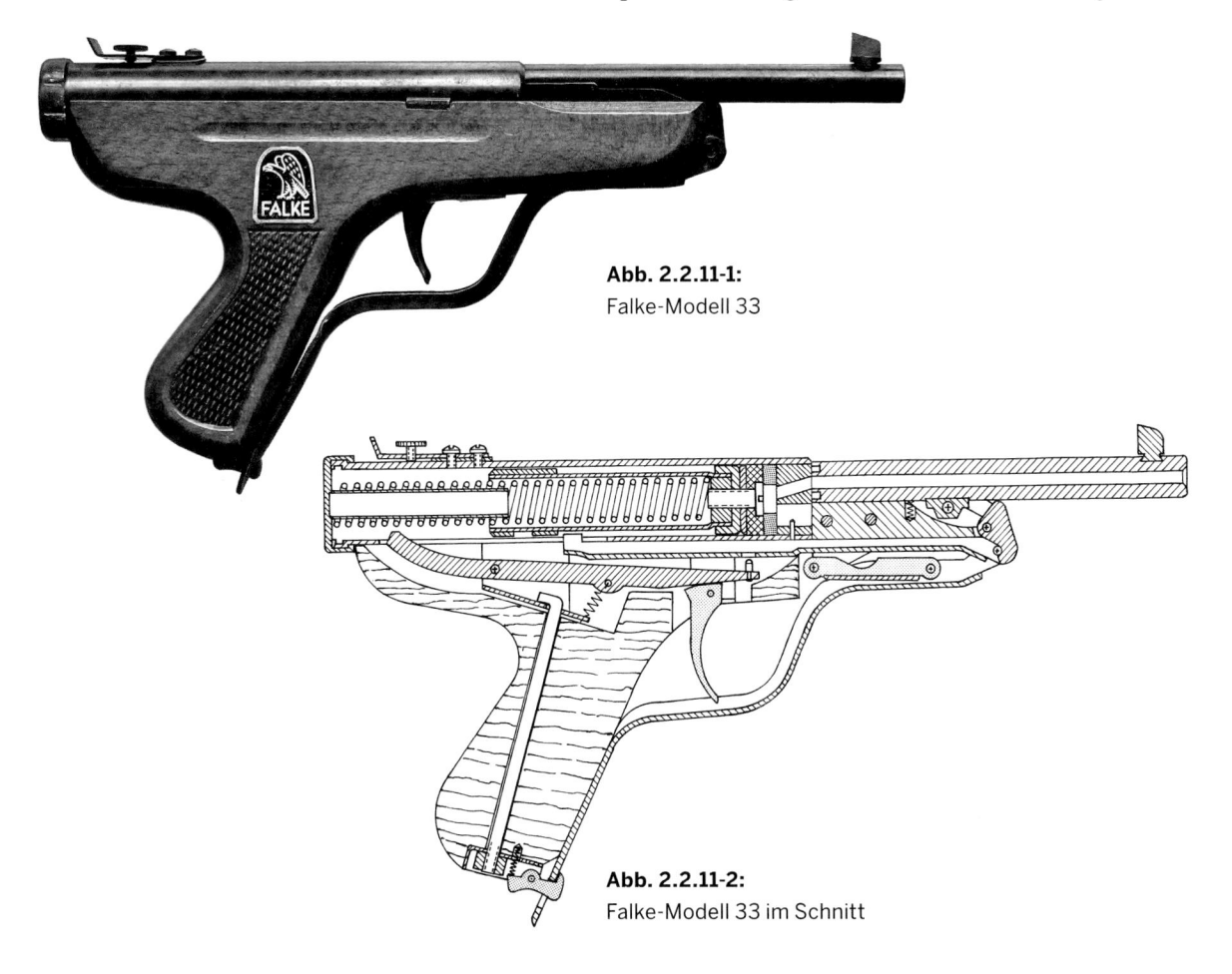

Abb. 2.2.11-1:
Falke-Modell 33

Abb. 2.2.11-2:
Falke-Modell 33 im Schnitt

2.2.12 Haenel

Die Firma Haenel wurde von Carl Gottlieb Haenel in Suhl am 20. Dezember 1840 gegründet. Lange Zeit wurden nur Feuerwaffen hergestellt. Erst Ende der 20er-Jahre des vorigen Jahrhunderts begann man bei Haenel mit dem Bau von Federluftpistolen und -gewehren, sämtlich Konstruktionen von Hugo Schmeißer (1884 – 1953), dem technischen Direktor der Firma. Im Juni 1948 wurden die Besitzer enteignet, und die Firma erhielt den Namen „Vereinigte Metallwerke Ernst Thälmann".

Abbildung 2.2.12-1 zeigt das Modell 28-Rep., welches etwa 1928 auf den Markt kam. Diese Pistole unterscheidet sich vom Modell 28 durch eine Repetiervorrichtung. Während beim Modell 28 die Geschosse nach Kippen des Laufes einzeln in den Lauf eingeführt werden, erfolgt die Geschosszufuhr beim Modell 28 Rep. über ein Röhrenmagazin, welches in ein Rohr eingeschoben wird, das zentral im Zylinder angeordnet ist (Schnitt 2.2.12-2, das Magazin ist nicht in der Zeichnung dargestellt worden).

Zum Spannen der Modelle 28 und 28 Rep. wird der vorn rechts im Abzugbügel liegende Riegel 2 eingedrückt, worauf die Lauf-Zylinder-Einheit um die Achse 1 nach oben geschwenkt werden kann. Dabei wird der Kolben von der im Rahmen schwenkbar gelagerten Spannstange 3 im Zylinder so weit nach hinten geschoben, dass er vom Spannstück in seiner Spannrast gehalten werden kann. Abbildung 2.2.12-3 (Teilschnitt) zeigt die Pistole und die betreffenden Teile in dieser Position. Beim Abklappen der Lauf-Zylinder-Einheit wird der Repetierschieber 4 von seitlich angeordneten Federn so weit nach unten geschoben, dass die in geschlossenem Zustand mit dem Lauf fluchtende Bohrung vor das vordere Ende des Magazins gelangt, so dass ein Diabolo-Geschoss in diese Bohrung geschoben werden kann. Beim Schließen wird der Repetierschieber angehoben, und das Geschoss liegt vor der Laufbohrung.

Zuerst wurde das Modell 28 Rep. nur im Kaliber 5,5 mm mit gezogenem Lauf angeboten, später auch im Kaliber 4,5 mm. Magazinkapazität beim Kaliber 5,5 mm: 15 Diabolo-Geschosse, Kaliber 4,5 mm: 20 Diabolo-Geschosse. Der Preis des Modells 28 Rep. betrug 37,50 RM, der des Modells 28 mit gezogenem Lauf 24,00 RM, mit glattem Lauf 23,50 RM.

Für den Spannmechanismus der Haenel-Modelle 28, 28 Rep. und 26 erhielt Hugo Schmeißer das D.R.P. Nr. 480 270, gültig ab 26. Jan. 1927 und das Brit.-Patent No. 277 265. Letztere Angabe findet sich auf der Oberseite des Zylinders der Pistole.

Beim Spannen wird eine recht große Zwangskraft auf den Kolben senkrecht zu seiner Bewegungsrichtung ausgeübt, was zu einem sehr großen Spannwiderstand führt, der etwa beim doppelten vergleichbar starker Kipplauf-Pistolen liegt.

Abb. 2.2.12-1:
Haenel-Modell 28 Rep (28-R), Waffennummer 897

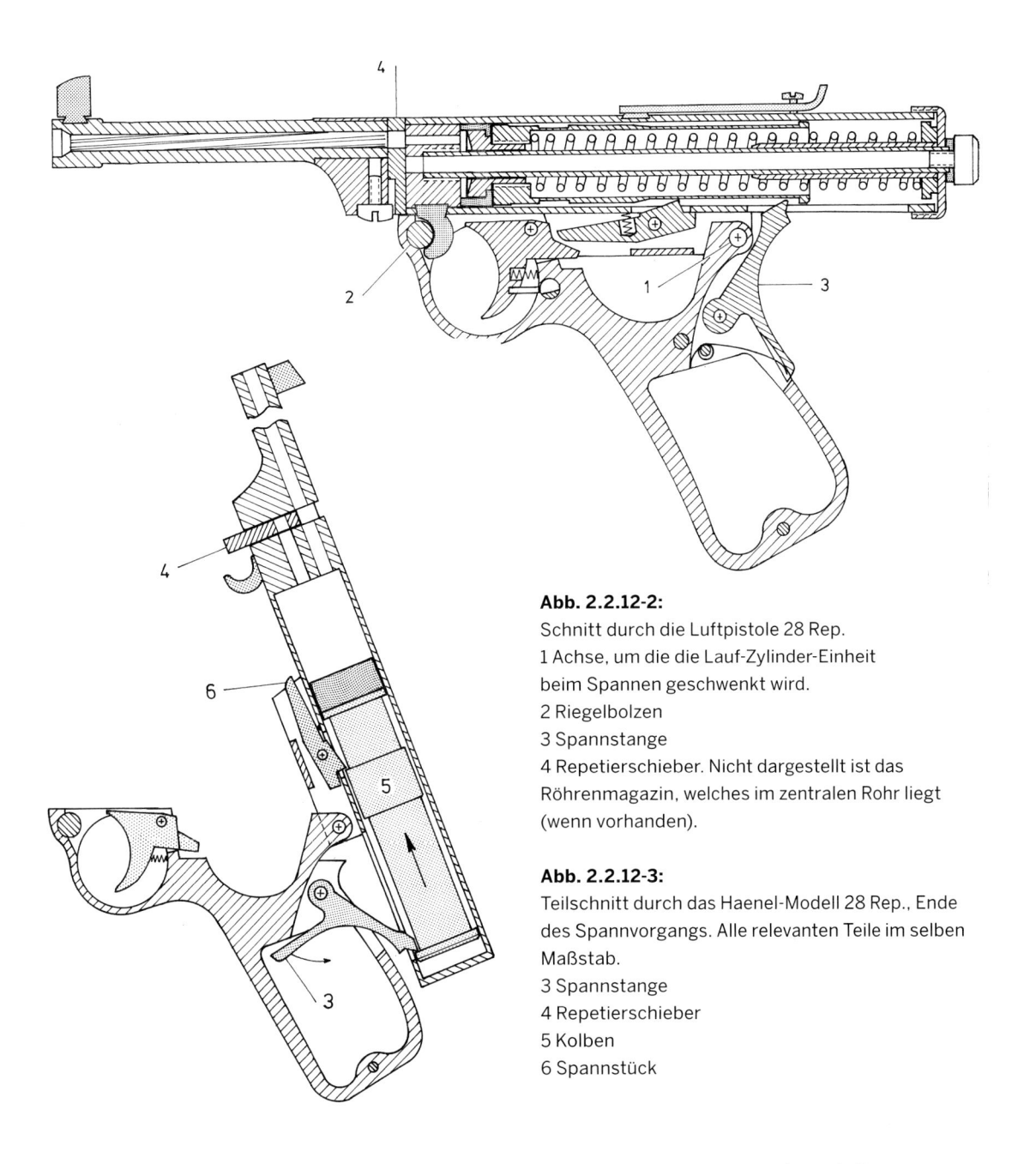

Abb. 2.2.12-2:
Schnitt durch die Luftpistole 28 Rep.
1 Achse, um die die Lauf-Zylinder-Einheit beim Spannen geschwenkt wird.
2 Riegelbolzen
3 Spannstange
4 Repetierschieber. Nicht dargestellt ist das Röhrenmagazin, welches im zentralen Rohr liegt (wenn vorhanden).

Abb. 2.2.12-3:
Teilschnitt durch das Haenel-Modell 28 Rep., Ende des Spannvorgangs. Alle relevanten Teile im selben Maßstab.
3 Spannstange
4 Repetierschieber
5 Kolben
6 Spannstück

Kennwerte des Haenel-Modells 28 Rep., W.-Nr. 897 (Sammlung Lehmann)

Gesamtlänge [mm]	265
Lauflänge [mm]	99,5
Höhe [mm]	etwa 142
Breite [mm]	32
Visierlinie [mm]	219
Abzugabstand [mm]	74
Masse [g]	1015
Kaliber [mm]	4,5
Sicherung	manuell, wirkt auf Abzug

Federluftpistolen

2.2.13 Harrington & Son, The Gat

Die Firma T. J. Harrington & Son Ltd., Walton, Surrey, England, brachte 1937 eine Luftpistole heraus, deren Fertigung 1940 vorübergehend eingestellt und 1947 wieder aufgenommen wurde. 2000 wurde die Firma von der U.S.-amerikanischen Firma Marksman Products übernommen, welche die Fertigung fortsetzte. Die Pistole trägt die Bezeichnung The Gat, was im Slang Pistole bedeutet und auf die Gatling gun zurückgeht. Abbildung 2.2.13-1 zeigt die spätere Version, die sich von der ursprünglichen durch die Fingerrille an der Vorderseite des Griffes und die Sicherung unterscheidet. Die meisten Teile bestehen nach wie vor aus Zink-Druckguss. Zum Spannen wird der Lauf in die Pistole gedrückt, die Abbildung zeigt die gespannte Pistole. Zum Laden wird der hinten herausstehende Laufabschluss ausgeschraubt, wie z. B. auch beim Diana-Modell 2 u. ä.. Die linke Seite der Pistole ist mit GAT und MADE IN ENGLAND, T. J. HARRINGTON & SON, WALTON, SURREY, die rechte mit THE GAT, J. 101, 4.5 MM beschriftet. Außerdem ist dort das F im Fünfeck eingegossen.

Kennwerte der abgebildeten Gat

Gesamtlänge, gesp. [mm]	202
Gesamtlänge, entsp. [mm]	256]
Höhe [mm]	109
Breite [mm]	29
Lauflänge [mm]	ca. 160
Visierlinie [mm]	162
Abzugabstand [mm]	71
Kaliber [mm]	4,5
Masse [g]	544

Abb. 2.2.13-1:
The GAT von Harrington & Son

2.2.14 Healthways, Inc., Modell Marksman 1010

Zur Firma Healthways, Inc. siehe Abschnitt 4.5.4. Neben den sehr verbreiteten Plainsman CO_2-Pistolen stellt die Firma seit 1958 auch die Federluftpistole Marksman her (Abb. 2.2.14-1). Auch unter anderen Firmenbezeichnungen, z. B. Crosman, Diana, Milbro und Sears begegnet uns diese Pistole. Leicht veränderte Ausführungen wurden ebenfalls gefertigt.

Kennwerte einer Healthways Marksman

Gesamtlänge [mm]	220
Höhe [mm]	133
Breite [mm]	38
Lauflänge [mm]	58
Visierlinie [mm]	164
Abzugabstand [mm]	66
Kaliber [mm]	4,5
Masse [g]	727

Zum Laden wird die Pistole gespannt, worauf man den glatten kurzen Lauf durch Drücken auf den Vorsprung unter der Mündung nach oben schwenkt. Dadurch wird das hintere Laufende zum Laden von Bolzen oder Diabolos und die Einfüllöffnung über dem Lauf zum Befüllen mit maximal 18 BBs frei. Beim Verschießen von BBs muss die Pistole beim Spannen um etwa 45° nach oben gerichtet werden, damit ein BB vor den Lauf rollen kann. Als Mündungsgeschwindigkeit von BBs werden 200 ft/sec (ca. 60 m/s) angegeben.

Abb. 2.2.14-1:
Marksman-Pistole 1010 von Healthways, Inc.

2.2.15 Ischjewsker Waffenfabrik (Ischmech), Baikal-Luftpistolen

Die Waffenfabrik Ischmech in Ischewsk (ca. 1000 km östlich von Moskau gelegen) geht letztlich auf eine Gründung von Zar Alexander I. während der Napoleonischen Kriege im Jahr 1807 zurück. Bei Ischmasch, einem Schwesterbetrieb, entstanden so berühmte Gewehre wie das Kalaschnikow-Modell AK 47 und das Scharfschützengewehr Dragunow SWD. Unter dem Warenzeichen Baikal werden von Ischmech Jagd- und Sportgewehre, Luftgewehre und Luftpistolen hergestellt.

Das Modell Isch 40 (Abb. 2.2.15-1) und die Pistolen Isch 53 und 53 M wurden von Walentin Tschebukow (geb. 1949) konstruiert. Sie unterscheiden sich nur geringfügig. Das Modell Isch 40 wurde von 1985 bis 1990 gebaut.

Das Griffstück der Isch 40 besteht im Wesentlichen aus Kunststoff, der untere Abschluss (mit Fangriemenöse) und der Abzugbügel wurden aus einer Leichtmetalllegierung gefertigt. Das Korn und die in der Höhe verstellbare Kimme sind auf dem 13 mm starken Lauf angebracht. Der Kornschutz dient beim Spannen auch als Handschutz. Auf der rechten Seite der Laufaufnahme ist MADE IN USSR und Baikal eingeschlagen, auf der linken Seite die Seriennummer, hier 9802729.

Abbildung 2.2.15-2 zeigt den direkten Nachfolger der Isch 40, das ab 1990 hergestellte Modell 53 M, erste Ausführung des Griffes, der hier für Rechtshänder eigentlich perfekt ausgebildet ist. Die justierbare Kimme ist auf dem Zylinder montiert, das Korn ist schwenkbar im Kornfuß gelagert und kann beim Spannen von der Hand eingedrückt werden. Vorn oberhalb des Abzugbügels befindet sich eine Öffnung vor der Einstellschraube 6 (Abb. 2.2.15-5). (Beim Modell Isch 40 fehlt diese Stellschraube.) Später wurde das Griffstück zweimal geändert, das nun auch für Linkshänder benutzbar ist, siehe Abbildung 2.2.15-3. Allerdings fehlt bei dieser Ausführung der Isch 53 die Zugangsöffnung zur Abzug-Einstellschraube. Man muss das Griffstück abnehmen, um diese Einstellmöglichkeit nutzen zu können.

Das System dieser Pistolen ist interessant, weil sie außer mit einer Spannsicherung auch mit einer Rückführsperre ausgerüstet sind, die verhindert, dass man den begonnenen Spannvorgang abbricht und den Lauf in Schussstellung schwenkt. Einmal begonnen, muss man also das Spannen bis zum Ende durchführen.

Abbildung 2.2.15-4 zeigt einen Schnitt durch das entspannte, Abbildung 2.2.15-5 durch das gespannte Modell 53 M. Der Lauf 1 ist über eine „Pleuelstange" 2 mit der Spannstange 3 verbunden, deren Spannnocken in vorderer Stellung liegt. Der Spannhebel 4 hält den Kolben in Gespannt-Stellung, wobei sich der rechte untere Arm auf dem Sperrstück 5 abstützt, das mit dem Abzug 7 auf einer Achse liegt. Druck auf den Abzug wird direkt auf das Spannstück 5 übertragen. Mit der Stellschraube 6 wird der Auslöseweg des Spannstücks/Abzugs reguliert. Die beiden Pfeile F weisen auf die Angriffsstellen der Kolbenfeder.

Abbildung 2.2.15-6 zeigt die Funktion der Rücksetz-Sperre. Die Kolbenfeder ist teilgespannt, die Spannstange hat den Kolben einen Teil des Spannweges zurückgeschoben. Dabei greift der obere Nocken des Spannhebels nacheinander in die Zähne an der Unterseite der Spannstange und verhindert damit das Zurückschwenken des Laufes bis der Spannvorgang abgeschlossen ist. Diese Art der Sicherung des Spannhebels (hier des Laufes, der als Spannhebel dient) ist dem Autor sonst nur bei den Feinwerkbau-Modellen 65, 80 und 90 begegnet.

Die Geschwindigkeit von 449 mg schweren Geschossen 1,2 m vor der Mündung wurde bei der in Abbildung 2.2.15-2 gezeigten Pistole zu 119,8 m/s gemessen (Mittelwert aus 6 Messungen), bei 524-mg-Geschossen lag der entsprechende Wert bei 99,5 m/s. Bei dieser Pistole wurde auch der Wirkungsgrad bestimmt. Bei den leichten Geschossen ergab sich ein Wirkungsgrad von 60,9 %, bei den schwereren Geschossen war $\eta = 49{,}0\,\%$.

Das Modell Isch-53 M (vom Hersteller als Luftdruck-Standardpistole bezeichnet, Abb. 2.2.15-3) der Ischjewsker mechanischen Fabrik hat einen 213 mm langen gezogenen Lauf, eine Visierlinie von 380 mm und wiegt 1090 g. Mit einem in Höhe und Seite mittels Rändelschrauben einstellbarem Visier und dem Kaliber 4,5 mm eignet sich die sehr preiswerte Pistole zum Übungsschießen. Der Auslöseweg ist mittels Stellschraube regulierbar, der Abzugswiderstand liegt zwischen 5 und 15 N. Der Rahmen und der anatomisch geformte Griff bestehen aus Kunststoff. Die Pistole ist mit einer Spannsicherung ausgerüstet. Um das Spannen, bei dem man den Lauf in Kornnähe fasst, zu erleichtern, lässt sich das Korn in den Kornfuß drücken. Gibt man das Korn frei, kehrt es durch Federdruck wieder in die Ausgangslage zurück. Der Streukreis wird vom Werk für 5 Schüsse mit 25 mm angegeben. Die Entfernungsangabe (wahrscheinlich 10 m) fehlt allerdings.

Kennwerte der abgebildeten Ischmasch Baikal-Luftpistolen

Modell	Isch 40, Nr. 8802729	Isch 53 M, Typ a	Isch 53 M, Typ c
Gesamtlänge [mm]	400	398	406
Höhe [mm]	ca. 168	ca. 160	170
Breite [mm]	36,5	40,5	40,3
Lauflänge [mm]	223	213	228
Visierlinie [mm]	212	ca. 380	ca. 378
Abzugabstand [mm]	63	70	66
Kaliber [mm]	4,5	4,5	4,5
Masse [g]	1300	1110	1120
Stellschraube Abzug	nein	ja	ja, verdeckt
Spannsicherung	ja	ja	ja

Abb. 2.2.15-1 (oben):
Baikal-Modell Isch 40

Federluftpistolen

Mitte: Abb. 2.2.15-2:
Baikal-Modell Isch 53 M, Typ a nach Griffiths

Unten: Abb. 2.2.15-3:
Baikal-Modell Isch 53 M, Typ c nach Griffiths

Abb. 2.2.15-4:
Schnitt, Isch 53 M,
Pistole entspannt

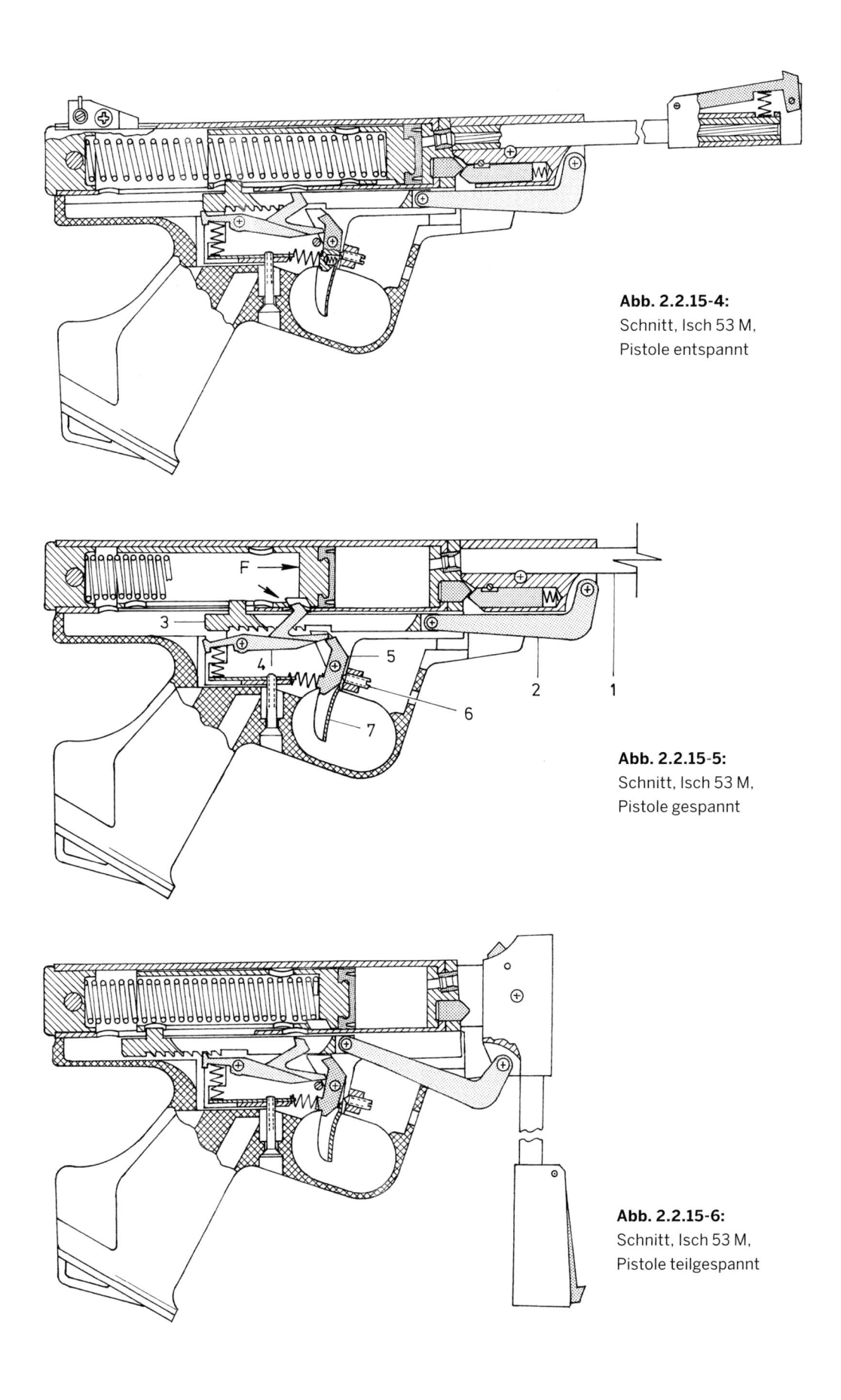

Abb. 2.2.15-5:
Schnitt, Isch 53 M,
Pistole gespannt

Abb. 2.2.15-6:
Schnitt, Isch 53 M,
Pistole teilgespannt

Federluftpistolen

2.2.16 Jung Roland

Die „Jung Roland" Luftpistole (Abb. 2.2.16-1) wurde von Hubertus Metallwerke Schlüter und Sohn in Mölln (Kreis Herzogtum Lauenburg) hergestellt. Diese Firma war 1948 gegründet worden und erlosch bereits 1953. In einem Geco-Katalog aus dieser Zeit wird ein Preis von 36,- DM für die Ausführung mit glattem Lauf und 39,- DM mit gezogenem Lauf angegeben. Auf dem Zylinder der Pistole ist hinten ORIGINAL „JUNG ROLAND" eingeschlagen. Die Konstruktion erinnert an das Vorkriegsmodell 5 von Diana

Kennwerte der Jung Roland-Luftpistole

Gesamtlänge [mm]	345
Höhe [mm]	152
Breite [mm]	39
Lauflänge [mm]	185
Visierlinie [mm]	167
Abzugabstand [mm]	68
Kaliber [mm]	4,5
Masse [g]	1245

Abb. 2.2.16-1:
Jung Roland-Luftpistole

2.2.17 Koma und Voere

1948 gründete der Ingenieur E. Voetter in Furtwangen, Schwarzwald, die Firma Koma, die zunächst Luftpumpen für Fahrräder und Fußbälle herstellte. 1950 kam die Koma Luftpistole, Modell LDP 3, hinzu, eine denkbar einfache Konstruktion (Abb. 2.2.17/1).

Zum Laden wird der glatte Lauf vorn aus dem Rohr geschraubt, das hinten als Zylinder dient. Hat man geladen und den Lauf wieder eingeschraubt, zieht man den Spanngriff hinten etwa 2 cm leicht heraus, kann dann besser zufassen und durch weiteres Ziehen die Pistole spannen (Spannweg ca. 3 cm). Danach schiebt man die Spannstange zurück. Die Pistole ist nun schussbereit.

Zylinder und Abzugvorrichtung sind in dem recht empfindlichen hölzernen Griffstück untergebracht. An den Seiten des Griffes ist die Herstellermarke KOMA im Oval und ein Rautenmuster (das wohl an Fischhaut erinnern soll) leicht eingeprägt. Als Kimme dient ein Einschnitt im Kopf einer Schraube, die sowohl den Zylinder im Griffstück als auch das hölzerne Federwiderlager im Zylinder fixiert.

1955 wurde der Betrieb nach seinen Gründern Voetter und Restle in Voere Sportwaffenfabrik umbenannt, VOERE im Oval wurde das Markenzeichen für die Produkte. 1965 wurde dann die Firma nach Kufstein, Tirol, verlegt.

Abbildung 2.2.17-2 zeigt die Voere-Pistole LDP 3, die sich von dem Koma-Modell nur durch die Form des Griffes und die eingeprägte Bezeichnung – jetzt VOERE – unterscheidet. Diese Voere-Pistole wurde mit Klarlack überzogen und mit schwarz lackierten Griffen angeboten.

Abb. 2.2.17-1:
Koma-Modell LDP 3

Abb. 2.2.17-2:
Voere-Modell LDP 3

Abb. 2.2.17 -3:
Voere-Modell LDP 4

Das Voere-Modell LDP 4 in Abbildung 2.2.17-3 ist eine sehr einfache, unglückliche Kipplaufkonstruktion, die wohl seit dem Umzug der Firma nach Kufstein nicht mehr hergestellt wird. Das Spannen erfordert Kraft und auch Vorsicht, denn das ungeschützte Korn ist recht spitz. Das System liegt hoch über dem Griff, der Messinglauf ist gezogen. Von der LDP 4 gibt es auch eine seltene Version mit 435 mm langem Lauf.

Kennwerte der Koma- und Voere-Pistolen

Modell	Koma LDP 3	Voere LDP 3	Voere LDP 4
Gesamtlänge [mm]	247	251	332
Höhe [mm]	120	120	ca. 170
Breite [mm]	28	30	30
Lauflänge [mm]	105	105	13
Visierlinie [mm]	204	204	97
Abzugabstand [mm]	60	61	54
Kaliber [mm]	4,5	4,5	4,5

2.2.18 Langenhan/FLZ

Die Firma Fritz Langenhan wurde 1842 in Mehlis von Valentin Friedrich Langenhan (1819 bis 1886) gegründet. 1855 wurde die Firma von Mehlis nach Zella St. Blasii (beides heute Zella-Mehlis) verlegt. 1885 übernahm Hermann Langenhan (1859 bis 1929) die Firma von seinem Vater. Außer Waffen wurden ab 1894 auch „Hexe"- und „Meteor"-Fahrräder hergestellt. Nach Hermann Langenhans Tod wurde die Firma in eine Familien-Kommanditgesellschaft umgewandelt und Ernst Langenhan übernahm die Geschäftsführung. 1945 wurden die Besitzer enteignet und der Betrieb zu „Volkseigentum" erklärt.

Langenhan Luftpistolen

Die Herstellung von Luftpistolen wurde von Langenhan um 1900 aufgenommen. Außer Pistolen, deren Konstruktion der der Flürscheim-Pistole der Eisenwerke Gaggenau ähnelte, fertigte man bei Langenhan auch Pistolen vom „Dolla"-Typ weitgehend aus Guss-Teilen. Diese Pistolen haben glatte Läufe. Abbildung 2.2.18-1 zeigt eine gespannte Dolla (Typ IV, nach Griffiths), Abbildung 2.2.18-2 dieselbe Pistole entspannt. Die Konstruktion der Pistole geht, wie praktisch die aller Schieblauf-Luftpistolen, auf Quackenbush zurück (US-Pat. 188,028, siehe auch unter Diana Modell 2). Da wohl die meisten dieser Pistolen – wie die hier gezeigte – keinen Hinweis auf den Hersteller tragen, ist ihre Herkunft nicht ganz sicher. Auch Anschütz wird dieses Modell hergestellt haben. Im J.G.A.-Katalog (Anschütz) aus dem Jahr 1931 wird die Dolla IV als „J.G.A-LP" schwarz lackiert für 3,55 RM und vernickelt für 3,75 RM angeboten.

Etwa ab 1927 fertigte Langenhan das Modell FLZ 1 (Abb. 2.2.18-3). Im Gecado-Katalog von 1928 wird es als „kleines Modell" mit einer Lauflänge von 18 cm (Preis 12.- RM) und als „großes Modell" mit 25 cm-Lauf (18.- RM) angeboten. Im Geco-Katalog 1937 wird die Pistole als Modell 1 bezeichnet, als Lauflänge werden 20 cm angegeben, Preis mit glattem Lauf 12,65 RM, mit gezogenem Lauf 13,- RM. Das Modell 2 (Abb. 2.2.18-4) unterscheidet sich vom Modell 1 nur durch den steileren, kräftigen Griff.

Abb. 2.2.18-5: Skizzenhafte Wiedergabe des Marken-Medaillons FLZ

Abbildung 2.2.18-5 zeigt das Markenzeichen FLZ, das ab 1923 genutzt und bei einigen Pistolen als Medaillon auf dem Griff eingesetzt wurde. Die FLZ-Pistolen sind zwar von einfacher (Kipplauf-) Konstruktion, aber sehr sauber und solide gefertigt.

Kennwerte FLZ-Luftpistole, Modell 1 und Dolla

Modell	FLZ 1	Dolla
Länge, entspannt [mm]	450	253
Länge, gespannt [mm]	450	198
Höhe [mm]	115	114
Breite [mm]	33	25
Lauflänge [mm]	202	135
Visierlinie [mm]	158	112
Abzugabstand [mm]	ca. 72	ca. 35
Kaliber [mm]	4,5	4,5
Masse [g]	832	502

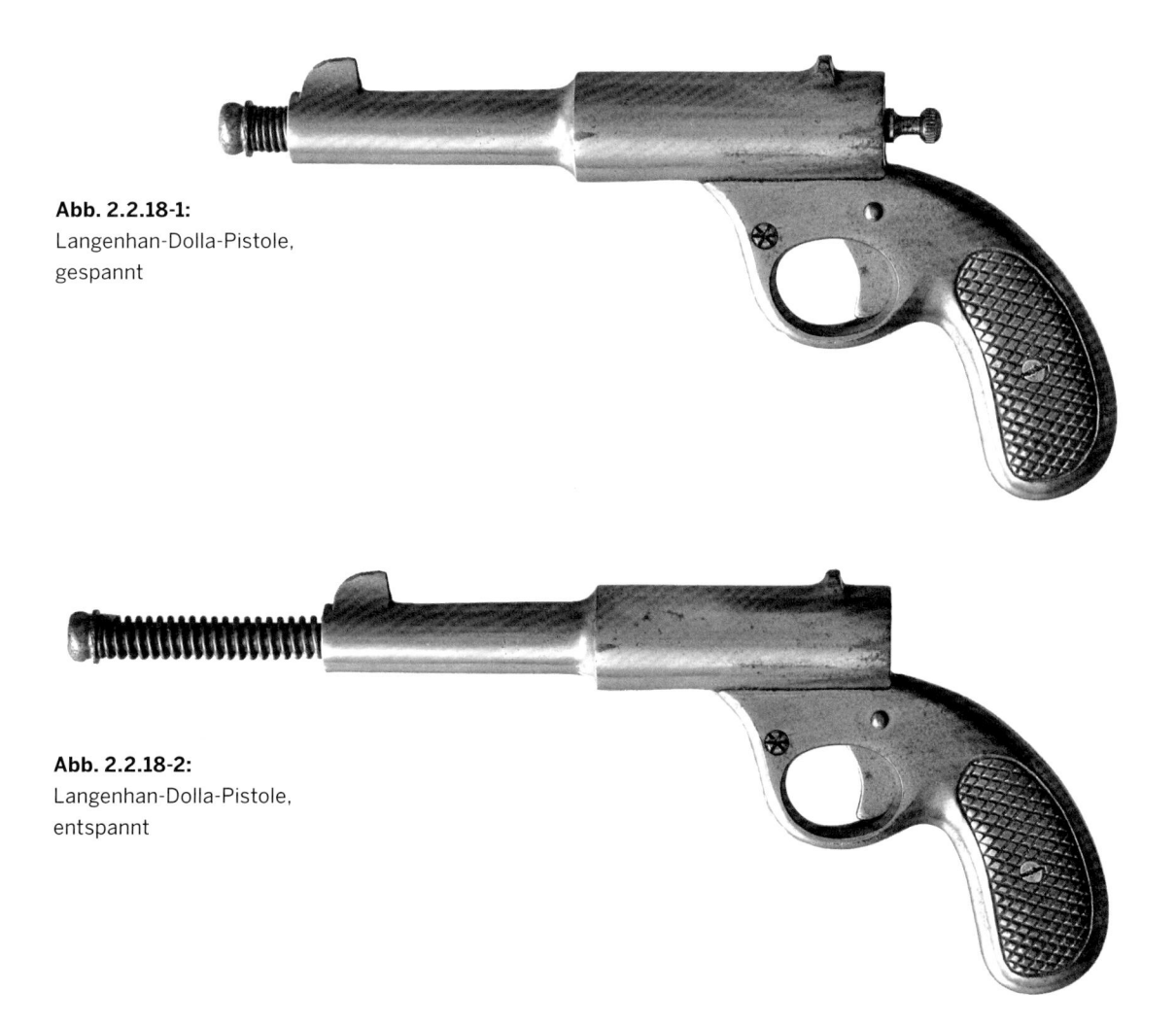

Abb. 2.2.18-1:
Langenhan-Dolla-Pistole, gespannt

Abb. 2.2.18-2:
Langenhan-Dolla-Pistole, entspannt

Abb. 2.2.18-3:
Langenhan-Luftpistole
FLZ-Modell 1

Abb. 2.2.18-4:
Langenhan-Luftpistole
FLZ-Modell 2

● Nr. 2112/2113 (279/279 a) (Modell 2)
F.L.Z.-Luftpistole
Ganze Länge 41 cm   Gewicht 850 g   Kaliber 4½ mm
Nr. 2112 (279) mit glattem Lauf . . . . . RM **12,65**
Nr. 2113 (279 a) mit gezogenem Lauf . . . RM **13,—**

2.2.19 Meffert, Hubertus Luftpistole

Die Hubertus-Luftpistole, siehe Abbildung 2.2.19-1, wurde zunächst vom Konstrukteur Fritz Jung, Suhl, hergestellt. (D.R.P. Nr. 448 274 von Jung, gültig ab. 17. 9. 1925. Die im Patent gezeigte Lademöglichkeit weicht von der ausgeführten ab, sonst weitgehende Übereinstimmung.) Bald wurde die Herstellung von der Gewehrfabrik Immanuel Meffert, Suhl, Steinweg, übernommen. Herstellungszeitraum etwa 1925 bis 1935. Die Gewehrfabrik Meffert wurde 1839 gegründet und blieb bis 1959 in Familienbesitz. In erster Linie wurden Jagdgewehre hergestellt, daneben auch Signal- und Scheibenpistolen (Muster Schulhof) und 22 000 Walther-Pistolen Modell 4. 1959 verließen Charlotte und Georg Meffert, die letzten Eigentümer des Familienbetriebes, die DDR. Der Betrieb wurde zunächst der Produktionsgenossenschaft der Büchsenmacher zugeschlagen, 1972 in den VEB „Hubertus" umgewandelt.

Abbildung 2.2.19-2 zeigt eine gespannte Hubertus aus der zweiten Fertigungsserie (größerer Rahmen) im Schnitt. Vorn links ist der Rahmen mit D.R.G.M., Hubertus, Germany, beschriftet, hinten trägt er die Seriennummer (hier 125 70). Der Zylinder 1 ist vorn auf einem Endstück 2 befestigt, das auf dem Rahmen schwenkbar gelagert ist. Der Lauf liegt verschiebbar in einer Bohrung im Endstück. Zum Spannen drückt man den Lauf, der hinten ein Abschlussstück mit Dichtung trägt, in den Zylinder, wobei die Feder gespannt wird. Dabei ist darauf zu achten, dass der Verschlussring 3 nach vorn geschoben ist. Schiebt man nun den Verschlussring nach hinten über die Hülse 4, wird das Spannstück in der Gespannt-Stellung blockiert (Abzugsicherung!), und Lauf/Zylinder können aufgeklappt werden. Nachdem man ein Geschoss in den Lauf gesetzt hat, wird letzterer ganz nach vorn gezogen und Lauf/Zylinder auf den Rahmen geschwenkt. Nun schiebt man den Verschlussring nach vorn, worauf die Pistole schussfertig ist.

Die sehr gut gearbeitete Pistole wurde in den Kalibern 4,5 und 5,5 mm mit glatten und gezogenen Läufen zum Preis von 12,00 bzw. 13,50 RM (IGA-Katalog 1931) angeboten. Auch ein Wechsellauf für die 4 mm Flobert-Patrone war erhältlich.

Abb. 2.2.19-1:
Meffert-Luftpistole Hubertus

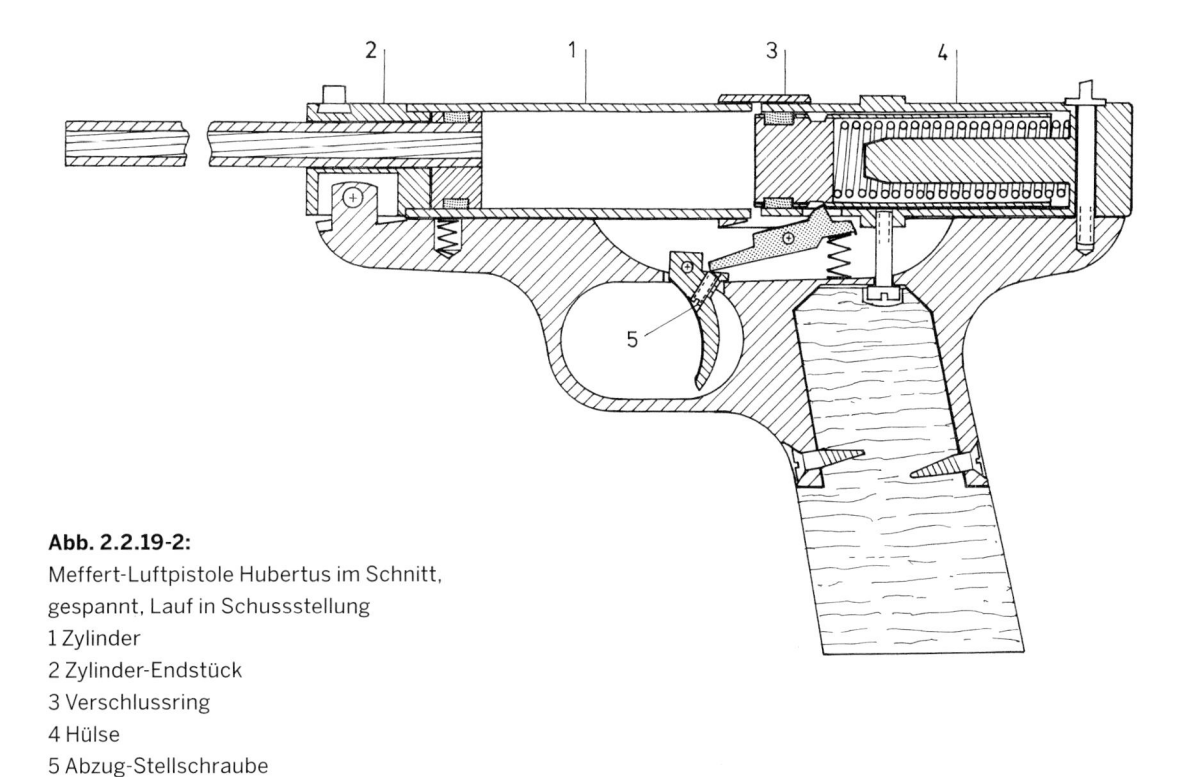

Kennwerte der Meffert-Hubertus Realstück Nr. 125 70

Gesamtlänge [mm]	317
Höhe [mm]	115
Breite [mm]	26
Lauflänge [mm]	131
Visierlinie [mm]	158
Abzugabstand [mm]	58
Kaliber [mm]	5,5
Masse [g]	665

Abb. 2.2.19-2:
Meffert-Luftpistole Hubertus im Schnitt,
gespannt, Lauf in Schussstellung
1 Zylinder
2 Zylinder-Endstück
3 Verschlussring
4 Hülse
5 Abzug-Stellschraube

Federluftpistolen

2.2.20 Milbro

Milbro (Millard Brothers, Motherwell, Schottland, UK) war vor dem Zweiten Weltkrieg Importeur von Diana- Luftgewehren und -Luftpistolen. Nach dem Krieg erwarb Milbro von den französischen Besatzungsbehörden die Maschinen zur Herstellung von Luftgewehren und Luftpistolen der Firma Mayer und Grammelspacher, Rastatt, außerdem die Markenrechte an „Diana" für England und sein Einflussgebiet, und fertigte in Motherwell „Diana"-Luftgewehre und –Pistolen.

Phoenix G. 50/Milbro-Modell SP 50

Das Modell SP 50 der Firma Milbro ähnelt dem Diana-Modell 2 insofern, als es auch durch Eindrücken des Laufes in das Gehäuse gespannt wird. Nach dem Erlöschen der Firma 1982 wurde die Pistole von der Phoenix Arms Co. in Sandwich, Kent, UK, mit geänderter Aufschrift weiter hergestellt. Die Abbildung 2.2.20-1 zeigt diese Phoenix-Pistole G. 50. Das Modell G. 60 ist für das Kaliber 5,5 mm eingerichtet. Das Gehäuse der SP 50 und der Phoenix-Modelle besteht aus Zinkdruckguss, was das relativ hohe Gewicht der Pistole bedingt. Geladen wird die Pistole in gespanntem Zustand: Der dann zugängliche hintere Laufabschluss wird herausgeschraubt, ein Geschoss eingesetzt und der Laufabschluss wieder eingeschraubt, worauf die Pistole schussfertig ist.

Die SP 50 wurde von etwa 1972 bis 1982 hergestellt, dem Jahr, in dem die Firma Milbro geschlossen wurde. Die Phoenix G 50 wurde in Deutschland von Umarex vertrieben, gefertigt von der Phoenix Arms Co. Messungen der Geschossgeschwindigkeit 1 m vor der Mündung der Phoenix G. 50 ergaben folgende Werte (gemittelt aus jeweils 5 Messungen, in Klammern dahinter die jeweilige Geschossmasse in mg) 88,7 m/s (497); 86,4 m/s (558); 75,0 m/s (679).

Kennwerte des Milbro-Modells SP 50

Gesamtlänge, entspannt [mm]	239
Gesamtlänge, gespannt [mm]	191
Höhe [mm]	124
Breite [mm]	30
Lauflänge [mm]	145
Visierlinie [mm]	147
Abzugabstand [mm]	55
Kaliber [mm]	4,5
Masse [g]	708

Abb. 2.2.20-1:
Phoenix/Milbro-Modell G. 50

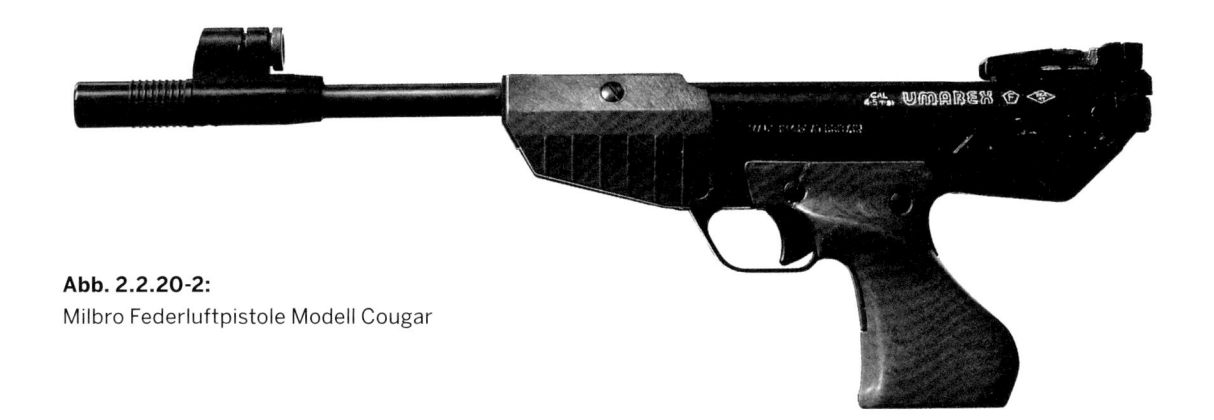

Abb. 2.2.20-2:
Milbro Federluftpistole Modell Cougar

Milbro Cougar

Eine für Sammler interessante Kipplaufpistole ist das Modell Cougar (= Puma), welches von 1978 bis 1982 angeboten wurde (Abb. 2.2-20-2). Der Rahmen besteht aus Druckguss, Zylinder und der gezogene Lauf aus Stahl. Griff und „Vorderschaft" bestehen aus einem recht spröden Kunststoff, der leicht bricht. Das Rechteckkorn ist auswechselbar, die Kimme lässt sich seitlich und in der Höhe verstellen. Von Einstellen kann zumindest beim vorliegenden Exemplar wegen des Spiels des Visiers eigentlich keine Rede sein.

Geschwindigkeitsmessungen ergaben im Mittel folgende Werte für $v_{1,5}$, wobei die Geschossmassen in Klammern hinter den Geschwindigkeiten angegeben sind: 158,8 m/s (304 mg), 128,2 m/s (449 mg), 95,7 m/s (567 mg), 76,3 m/s (679 mg). Auswertung dieser Ergebnisse ergibt folgende Gleichung für die Ausgleichsgerade: $v_{1,5}$ [m/s] = 227,4 − 0,2254 M [mg] (M gleich Geschossmasse). Der Korrelationskoeffizient r ist hier -0,997.

Auf der vorliegenden Pistole ist auf der linken Seite des Zylinders mit der Kaliberangabe 4,5 mm, UMAREX, dem F im Fünfeck und BKA über 87 in einer Raute eingeschlagen. Die BKA-Stempelung ist der Hinweis auf die erfolgte Vorlage eines Musters (hier Muster Nummer 87) des Modells beim Bundeskriminalamt. Die Vorlage erfolgte 1978. Auf der linken Seite des Rahmens ist MADE IN GREAT BRITAIN eingegossen.

Kennwerte der Cougar-Luftpistole

Gesamtlänge [mm]	477
Höhe [mm]	ca. 170
Breite [mm]	46
Lauflänge [mm]	201
Visierlinie [mm]	390
Abzugabstand [mm]	66
Kaliber [mm]	4,5
Masse [g]	1900

Milbro-Diana Mk IV

Dieses Modell wurde von 1950 bis 1977 (J. Griffiths, Spring Air Pistols) hergestellt. Die Pistole ähnelt im Wesentlichen der EM-GE Zenit und nutzt einiges der im D.R.P Nr. 704 209 (Dianawerk Mayer & Grammelspacher, angemeldet am 17. 8. 1937, Erfinder L. Mayer) beschriebenen Konstruktion. Milbro bezeichnet die Mark IV auch als Modell G4 (dann gezogener Lauf) oder, mit glattem Lauf, als G4 S (von smooth bore). Es gab Ausführungen mit starrem oder in der Höhe einstellbarem Visier und verschiedenen Kornen mit und ohne Schutz. Die in Abbildung 2.2.20-3 gezeigte Version ist mit einem eigenartigen „Stachel"-Korn und dem justierbaren Visier ausgerüstet. Das Griff-Emblem ist mit DIANA SERIES 70 beschriftet und zeigt Diana, wie sie das Luftgewehr hochhält und den Bogen fallen lässt. Zum Spannen dient der über dem Zylinder liegende Hebel, der bis über den Zylinderabschluss hinaus reicht. Die Pistole hat keine Spannsicherung.

Kennwerte der Milbro-Diana Mk IV

Gesamtlänge [mm]	277
Höhe [mm]	ca. 137
Breite [mm]	29
Lauflänge [mm]	118
Visierlinie [mm]	150
Abzugabstand [mm]	58
Kaliber [mm]	4,5
Masse [g]	665

Abb. 2.2.20-3:
Milbro-Diana Mark IV

2.2.21 Mondial (ZIP-Mondial)

Die Firma Modesto Molgora, Mailand, stellte ab etwa 1984 bis 2000 die Federluftpistole ZIP-Mondial her, die hier von Uma (Umarex, „Perfecta") vertrieben wurde. Nach dem Ende der Fertigung in Mailand wurde dieses Modell in Frankreich von Manu-Arm als PA) hergestellt.

Die ZIP-Mondial (Abb. 2.2.21-1) besteht weitgehend aus Zinkdruckguss-Teilen, der gezogene Stahllauf ist in einen Gusskörper eingesetzt. Die Kimme kann mittels Stellschrauben seitlich und in der Höhe justiert werden. Die Pistole ist mit einer Spannsicherung ausgerüstet.

Kennwerte der ZIP-Mondial-Federluftpistole

Gesamtlänge [mm]	348
Höhe [mm]	155
Breite [mm]	36
Lauflänge [mm]	178
Visierlinie [mm]	295
Abzugabstand [mm]	72
Kaliber [mm]	4,5
Masse [g]	892

Abb. 2.2.21-1:
ZIP-Mondial-Federluftpistole

2.2.22 Predom Lucznik

Die polnische Firma Zaklady Metalowe Predom-Lucznik, Radom, brachte um 1970/71 eine Kopie des Walther Modells LP 53 auf den Markt, die bis etwa 1980 hergestellt wurde. Die linke Seite der Pistole (Abb. 2.2.22-1) trägt die Aufschrift PREDOM-LUCZNIK und, klein, Wz. 1970, Kal. 4,5 mm, die rechte Seite PERFECTA und das F im Fünfeck. Der Lauf des abgebildeten Realstücks ist mit dem Herstellungsjahr 1974 und einer Seriennummer S 3500 gestempelt. Das Laufstück ist 240 mm lang und von vorn auf einer Länge von 90 mm auf knapp 7 mm aufgebohrt. Die Pistole wurde mit einem runden Aufstechgriff geliefert, der beim Spannen die Hand vor dem Kontakt mit dem Korn schützt. Verarbeitung und Formgebung stehen deutlich hinter denen des Vorbilds zurück. Die Geschossgeschwindigkeit 1,2 m vor der Mündung wurde bei 497 mg schweren Geschossen mit 108 m/s gemessen, 567 mg-Geschosse ergaben 102 m/s.

Kennwerte der Predom-Lucznik, Nr. S 3500

Gesamtlänge [mm]	318
Höhe [mm]	ca. 153
Breite [mm]	35
Lauflänge [mm]	149
Visierlinie [mm]	237
Abzugabstand [mm]	71
Kaliber [mm]	4,5
Masse [g]	1079
Sicherung	Spannsicherung

Abb. 2.2.22-1:
Polnische quasi-Walther-Kopie von Predom-Lucznik

Federluftpistolen

2.2.23 Record, Barthelmes KG

1948 gründete Fritz Barthelmes, der vorher bei der Firma Carl Walther in Zella-Mehlis gearbeitet hatte und an der Konstruktion der berühmten Heeres-Pistole, der späteren P 38, beteiligt war, die Firma Barthelmes KG. 1997 wurde die Firma von der Enser Sportwaffen GmbH übernommen. Im Jahr 2000 wurde dann die Firma Record Firearms GmbH, Wickede/Ruhr, gegründet, welche die Modelle 01, 02, 03 (vormals ohne Null), 68 und 77 weiterhin liefert.

Modell 1
Die Record-Luftpistole, Modell 1 (Abb. 2.2.23-1), wurde 1962 eingeführt. Mit 0,53 g schweren Diabolos wird eine Mündungsgeschwindigkeit von etwa 90 m/s erreicht. Die Visierung ist nicht einstellbar.

Modell 2
Das 1965 auf dem Markt erschienene Modell 2 unterscheidet sich vom Modell 1 durch einen einstellbaren Abzug und ein nach Höhe und Seite regulierbares Visier.

Modell 3
Die Record-Luftpistole, Modell 3, hat einen größeren Griff und schwereren Lauf als das Modell 2. Abbildung 2.2.23-2 zeigt das 1982 eingeführte Modell 3. Wie beim Modell 2 liegt die gemessene Mündungsgeschwindigkeit bei 93 m/s.

Modell 68
Bei der Record-Luftpistole, Modell 68 (Abb. 2.2.23-3), handelt es sich um ein wesentlich stärkeres Gerät mit folgenden Daten: Gesamtlänge 365 mm, Länge des gezogenen Laufes 180 mm, Masse 1320 g, Mündungsgeschwindigkeit mit 0,53 g schweren Diabologeschossen etwa 110 m/s. Das Visier ist seiten- und höhenverstellbar. Der Übergriff der Abzugrast lässt sich ebenfalls einstellen. Die Pistole kam 1968 auf den Markt.

Modell 77
Als Pistole für das spielerische Scheibenschießen ist das Modell 77 gedacht. Der anatomisch geformte Griff und die Systemabdeckung bestehen aus einem Kunststoffteil. Der gezogene Lauf ist 150 mm lang, die ganze Pistole 315 mm. Das Visier ist höhen- und seitenverstellbar, der Druckpunktabzug einstellbar. Mit 0,53 g schweren Diabolos wird eine Mündungsgeschwindigkeit von etwa 105 m/s erreicht. Der Abzug ist gegen unbeabsichtigtes Auslösen gesichert, solange der Lauf nicht geschlossen ist. Abbildung 2.2.23-4 zeigt die 1977 auf den Markt gekommene Pistole.

Das Modell 77 wurde auch in dem bei Luftpistolen sehr seltenen Kaliber 6,35 mm geliefert, wobei als Hersteller-Bezeichnung IWG (Internationale Waffen-Gesellschaft) angegeben wurde. Nach Katalogangabe wird eine Mündungsgeschwindigkeit von ca. 70 m/s erreicht. Bei einer Geschossmasse von 1,4 g (H&N-Diabolo) entspricht das einer Mündungsenergie von 3,4 J. Eigene Messungen mit Haendler & Natermann-Geschossen ergaben folgende Mittelwerte der Geschwindigkeit (H&N-Bezeichnung und Geschossmasse dahinter jeweils in Klammern): 73,4 m/s (Field Target Trophy, 1,26 g), 52,86 m/s (Ram Point, 1,77 g), 48,46 m/s (Baracuda, 1,96 g).

Modell Jumbo
Die nicht mehr gefertigte Record-Luftpistole Jumbo ähnelt Selbstladepistolen, soweit dies bei Federluftpistolen möglich ist. Abbildung 2.2.23-5 zeigt das Standardmodell, von dem sich das Luxusmodell durch ein verstellbares Visier unterscheidet. Der einem Hahn ähnliche Hebel am Ende der Pistole dient zum Lösen bzw. Arretieren des Spannhebels, der vorn drehbar gelagert ist und zum Spannen nach oben/vorn geschwenkt wird. An der Unterseite des Griffes befindet sich eine gefederte Klappe, hinter der man z. B. lose Luftgewehrkugeln unterbringen kann. Mit 0,53 g schweren Diabolos wurde eine Mündungsgeschwindigkeit von etwa 108 m/s erreicht.

Das Besondere der von Gerhard Sindel konstruierten Pistole ist der elliptische Querschnitt des Zylinders, siehe Schnitt 2.2.23-6. Die Schnittzeichnung wurde in Anlehnung an Zeichnungen des deutschen Patents Nr. 32 08 798 (11. 03. 1982), Erfinder G. Sindel, Patentinhaber Fritz Barthelmes Sportwaffenfabrik GmbH, Heidenheim, erstellt. 1 ist der Kolben, 2 die Dichtung, 3 der Lauf, der hinten von Stegen 4 gehalten wird, zwischen denen (6) die komprimierte Luft hinter das Geschoss strömen kann, 5 der hintere Zylinderabschluss und 7 das Spannstück.

Modell Champion

Die große Champion-Pistole (Abb. 2.2.23-7) ist mit einem Magazin für zwölf 4,5-mm-Diabolo-Geschosse ausgestattet, welches im Griff untergebracht ist. Die Konstruktion der Geschosszuführung stammt wie bei der Jumbo von Gerhard Sindel (Deutsches Patent Nr. 35 05 443 C2, angemeldet am 16. 02. 1985. Geschützt wird die Art der Überführung der Geschosse vom Magazin in den Lauf.)

Zum Schießen spannt man zunächst die Pistole mit dem linksseitigen, vorn angelenkten Spannhebel. Zu seiner Freigabe muss der kleine Hebel, der hinten unter dem Spannhebel liegt, nach unten geschwenkt werden. Nun wird das geladene Magazin bei geöffnetem Spannhebel eingesetzt. Beim Zurückschwenken des Spannhebels wird ein Geschoss aus dem Magazin in den Lauf geschoben und die Pistole ist schussbereit. 497 mg schwere Diabolos erbrachten 1,2 m vor der Mündung eine Geschwindigkeit von 109 m/s, 524 mg schwere 103 m/s. Es können nur normal kurze Diabolos verwendet werden, da längere, etwa mit Rund- oder Spitzkopf nicht in das Magazin passen.

Die Kimme ist mittels Stellschrauben seitlich und in der Höhe einstellbar. Wie beim Modell Jumbo hat die Kompressionskammer einen elliptischen Querschnitt. Die Champion kam 1987 auf Markt und wurde ca. 10 Jahre lang angeboten.

Kennwerte von Record-Modellen (Realstück-Maße)

Record-Modell	1 (01)	3 (03)	Jumbo	Champion
Gesamtlänge [mm]	277	291	185	270
Höhe [mm]	119	139	ca. 142	ca. 160
Breite [mm]	28	40	37	42
Lauflänge [mm]	130	130	154	
Visierlinie [mm]	253	264	113	232
Abzugabstand [mm]	58	70	65	64
Kaliber [mm]	4,5	4,5	4,5	4,5
Masse [g]	717	815	919	1315
Sicherung	keine	keine	manuell und Spannsicherung	manuell und Spannsicherung

Abb. 2.2.23-1:
Record- Modell 68

Abb. 2.2.23-2:
Record-Modell 3 (03)

Abb. 2.2.23-3:
Record-Luftpistole, Modell 68

Abb. 2.2.23-4:
Record-Modell 77

Abb. 2.2.23-5:
Record-Modell Jumbo

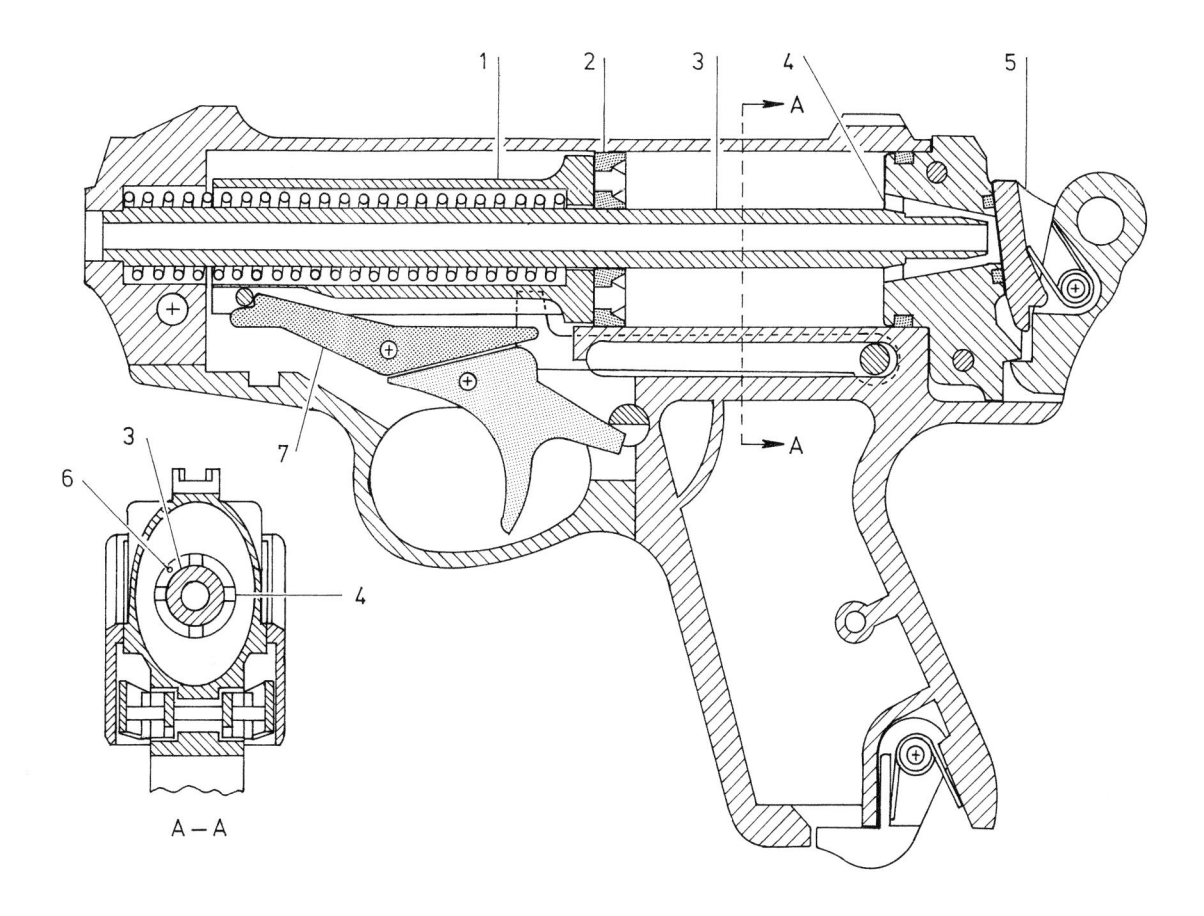

Abb. 2.2.23-6:
Record-Modell Jumbo, Schnitt

Federluftpistolen

Abb. 2.2.23-7:
Record-Modell Champion

2.2.24 Schmidt, HS, H. Schmidt Waffentechnik, Ostheim (Rhön)

1919 gründeten die Brüder Franz und Herbert Schmidt in Zella-Mehlis eine Firma, die Waffen herstellen sollte.

Zu den ersten Produkten gehörten einfache Flinten und eine einfache Luftpistole, die wie das viel spätere Modell 9 A durch Eindrücken des Laufes gespannt wurde. In einem Prospekt der Waffenfabrik Franz Schmidt (wie das Unternehmen dann hieß) wird diese Pistole wie folgt beschrieben: *„Luft-Pistole. Luftpistole Cal. 4 172 mm aus elegantem Bakelitgehäuse, beste Übungswaffe für Knaben, Größe 20x9 cm, Gewicht 185 gr. Ausführung in schwarz und farbig. Preis in schwarz RM. 2.25 p. Stück einschließlich Karton und 50 Kugeln – Farbig 10% Aufschlag".*

Äußerlich ähnelt diese Pistole stark dem sehr viel späteren Modell 9 A. Wie so viele andere Waffenfabrikanten gingen auch die Schmidts in den Westen und Herbert Schmidt beschäftigte sich ab 1950, jetzt in Ostheim (Rhön), wieder mit der Herstellung von Waffen und Luftpistolen

Die Waffenfabrik Schmidt stellte zwei Luftpistolen-Typen her. Bei der Modellreihe 9 (Abb. 2.2.24-1 zeigt das Modell 9A) handelt es sich um einen Nachfolger der ersten Schmidt-LP. In ihrer Funktion entspricht sie weitgehend dem ebenfalls nicht mehr gefertigten Diana-Modell 2. 0,5 g schwere Geschosse erreichen eine Mündungsgeschwindigkeit von 50 bis 55 m/s.

Das in Abbildung 2.2.24-2 gezeigte Modell 71 ist für Blei-Rundkugeln im Kaliber 4,5 mm (Nr. 11) eingerichtet. Es können 100 Kugeln auf einmal über eine im Kornsattel liegende Öffnung geladen werden, die durch Drehen des Mündungsstücks geöffnet bzw. geschlossen wird. Zum Spannen dient ein an der rechten Seite liegender Hebel. Nach dem Spannen wird die Mündung der Pistole nach oben gehalten, damit eine Kugel aus dem Reservoir in den Lauf rollt. Die Pistole ist mit einem Stellvisier ausgerüstet. Die Mündungsgeschwindigkeit von Bleirundkugeln Nr. 11 (Masse 0,535 g) liegt bei 60 m/s. Obwohl der Lauf glatt ist, kann man die Treffer im Schwarzen (Durchmesser 60 mm) der Luftpistolenscheibe bei einer Schussentfernung von 10 m halten. Das Modell 71 kam wahrscheinlich 1971 auf den Markt. Ende der 1990er-Jahre erlosch die Firma.

Kennwerte von HS-Luftpistolen

Modell	HS 9 A	HS 71
Gesamtlänge [mm]	162 gespannt, 234 entspannt	299
Höhe [mm]	102	ca. 152
Breite [mm]	26	41
Lauflänge [mm]	128 effektiv	102
Visierlinie [mm]	120	269
Abzugabstand [mm]	54	62
Kaliber [mm]	4,5	4,5 Blei Rdk.
Lauf	glatt	glatt
Masse [g]	218	948
Sicherung	keine	Spannsicherung

Abb. 2.2.24-1:
HS-Modell 9 A

Abb. 2.2.24-2:
HS-Modell 71 mit dem dazugehörigen Rundkugel-Einfülltrichter

2.2.25 Slavia/Tex

Die Firma Presne Strojirenstvi („Präzisionsapparate") in Ungarisch Brod (Uherski Brod) stellte von 1958 bis 1960 die robuste ZVP-Luftpistole her, die dem Suhler Modell LUP 54 ähnelt. ZVP steht für Zlamovaci vzduchova pistole (Kipplauf-Luftpistole). Die ZVP hat einen zylindrischen gestuften Lauf. 1960 erhielt der Lauf ein schwach konisches Profil und die Pistole hieß fortan Slavia ZVP. Das vorliegende Realstück (Abb. 2.2.25-1) trägt an der Laufaufnahme die Nummer 98 387, auf dem Zylinder das Warenzeichen der Tschechischen Waffenfabrik, die Typenbezeichnung Slavia ZVP und die Herkunftsbezeichnung Made in Chechoslovakia. Die Kornoberseite ist gewölbt, die Kimme höhenverstellbar. Der Griff besteht aus Holz, alle anderen Teile aus Stahl.

1969 wurde die Slavia vom Modell TEX 086 (siehe Abb. 2.2.25-2) abgelöst, bei der es sich im Wesentlichen um eine verbesserte Slavia ZVP handelt. Das Korn kann in der Höhe, die Kimme seitlich durch Schrauben eingestellt werden. Der Griff besteht aus schwarzem Kunststoff, und der Abzugweg kann mittels einer Stellschraube verändert werden.

Der dazu benötigte Schraubendreher ist im hinteren Zylinderabschluss eingeschraubt. Das Realstück trägt auf der Laufaufnahme die Nummer 150949, das F im Fünfeck und das Zeichen des Importeurs WWF (Waffen Frankonia Würzburg), auf dem Zylinder die Modellbezeichnung TEX und darunter 086 (klein).

Geschwindigkeitsmessungen 1,2 m vor der Mündung ergaben folgende Werte: Slavia ZVP, 497 mg-Geschoss, 90 m/s; 567 mg-Geschoss, 74 m/s. Bei der TEX 086 lagen die entsprechenden Werte bei 115 m/s und 104 m/s.

Kennwerte der Slavia ZVP und TEX

Modell	Slavia ZVP	TEX 086
Gesamtlänge [mm]	342	345
Höhe [mm]	ca. 151	155
Breite [mm]	39	38
Lauflänge [mm]	184	185
	gezogen	gezogen
Visierlinie [mm]	293	293
Abzugabstand [mm]	61	ca. 62
Kaliber [mm]	4,5	4,5
Masse [g]	1227	1230

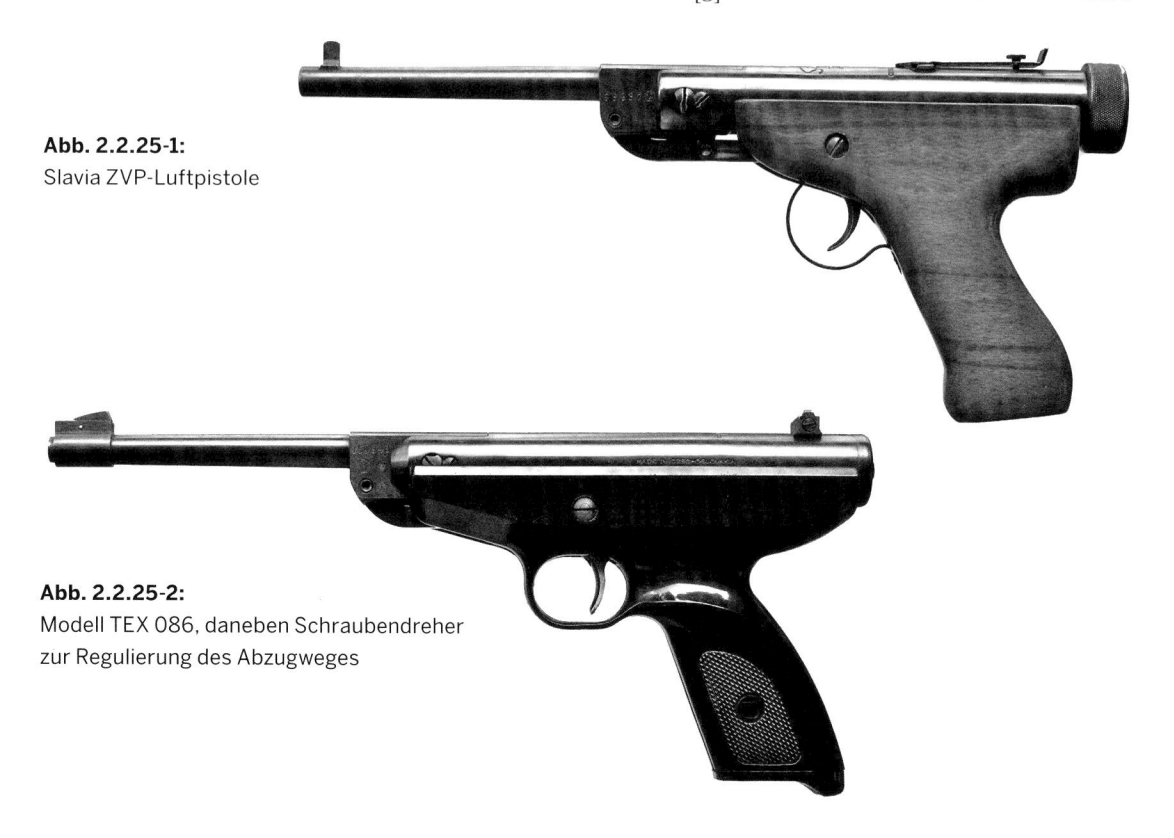

Abb. 2.2.25-1:
Slavia ZVP-Luftpistole

Abb. 2.2.25-2:
Modell TEX 086, daneben Schraubendreher zur Regulierung des Abzugweges

2.2.26 Walther

Die Firma Carl Walther ist weniger durch Luftpistolen als durch Faustfeuerwaffen (hier sei nur an die Modelle PP, PPK, P38 und an die Olympia-Pistole erinnert) bekanntgeworden. Bis Ende des letzten Krieges war die Firma in Zella-Mehlis ansässig, nach dessen Ende nahm sie in Ulm (Donau) wieder die Produktion auf. 1953 brachte Walther seine erste und bisher auch letzte Federluftpistole, das Modell 53 (Abb. 2.2.25-1), auf den Markt. Sie wurde von 1953 bis 1976 hergestellt, der Seriennummer-Bereich reicht von 1001 bis etwa 124 500. Das Modell ist für Sammler interessant, auch weil es auf dem Weg zur Anerkennung des Luftpistolenschießens als einer sportlichen Disziplin eine gewisse Rolle gespielt hat. Das Modell 53 ist nämlich sehr gut verarbeitet, schießt recht genau und ist mit einem guten nach Höhe und Seite verstellbaren Rastvisier ausgerüstet, so dass die Pistole Ergebnisse mit einem Durchschnitt von 9 Ringen durchaus erreichen lässt. Sie bot daher schon früh vielen Schützen Möglichkeit und Anreiz zum Training mit der Luftpistole. Wenn sie sich nicht als Sportgerät durchsetzen konnte, so lag das an den sehr guten rückstoßarmen Konkurrenzmodellen. Messungen 1,2 m vor der Mündung ergaben mit 497 mg schweren Diabolos eine Geschwindigkeit von 113 m/s, mit 567-mg-Diabolos 99 m/s.

Bei dem Modell LP 53 (Abb. 2.2.26-1 und 2.2.26-2) ist der Zylinder im Griff angeordnet. Dadurch verliert diese Pistole viele äußere Merkmale normaler Federluftpistolen und wirkt sehr elegant, ähnlich der Walther Olympia-Pistole. Diese Eigenschaft hat ihr zu Berühmtheit verholfen. Mit einer LP 53 in der Hand wurde Sean Connery alias James Bond 007 auf Werbefotos für den Film „From Russia With Love" gezeigt. Diese Pistole mit der Seriennummer 054159 erbrachte bei einer Versteigerung bei Christies`s in London am 25. November 2010 beachtliche £ 277 250 (ein £ zu diesem Zeitpunkt ca. 1,18 €). Dazu kamen noch 12% Aufgeld, so dass der Käufer insgesamt £ 310 520 „hingeblättert" hat.

Der Lauf (1) ist über die Spannstange (2) mit dem Kolben (3) so verbunden, dass ein Abknicken des Laufes den Kolben im Zylinder nach unten bewegt und dabei die äußere (9) und innere (10) Kolbenfeder gespannt wird. An seinem oberen Ende trägt der Kolben eine Dichtung (8) (Manschette). Am Ende der Spannbewegung rastet das Spannstück (4) in die Spannrast des Kolbens ein (die in der Darstellung oben links am Kolben zu sehen ist) und wird vom Abzug (5) in dieser Stellung festgehalten. Solange der Lauf nicht in die Geschlossen-Stellung geklappt worden ist, wird der Abzug von der Sicherungsklinke (6) arretiert und kann nicht betätigt werden. Die Verschlussklinke (7) arretiert den Lauf in geschlossener Stellung durch Federdruck. Die Konstruktion wurde Fritz Walther patentiert, der Erfinder wird im Patent nicht genannt (Patent Nr. 940 692, gültig ab 23. April 1952, „Luftpistole mit Luftzylinder und Luftkolben im Griffstück").

Die Anordnung von Zylinder und Kolben im Griff wurde bereits 1872 für B. Haviland und G.P. Gunn (Herkimer, N.Y.) in den U.S.A. patentiert (U.S. Patent Nr. 126, 954 vom 21. Mai 1872). In Deutschland wurden etwas später ähnliche Pistolen von den Eisenwerken Gaggenau nach einem Patent von Michael Flürscheim (D.R.P. Nr. 3960 vom 18.2.1879, „Neuerungen an Luftpistolen") und von Mayer & Grammelspacher hergestellt.

Kennwerte Walther-Modell 53, Nr. 073001

Gesamtlänge [mm]	312
Höhe [mm]	ca. 150
Breite [mm]	40
Lauflänge [mm]	176
Visierlinie [mm]	233
Abzugabstand [mm]	68
Kaliber [mm]	4,5
Masse [g]	1040
Spannsicherung	ja

Abb. 2.2.26-1:
Walther-Modell 53

Abb. 2.2.26-2:
Walther-Modell 53, Schnitt

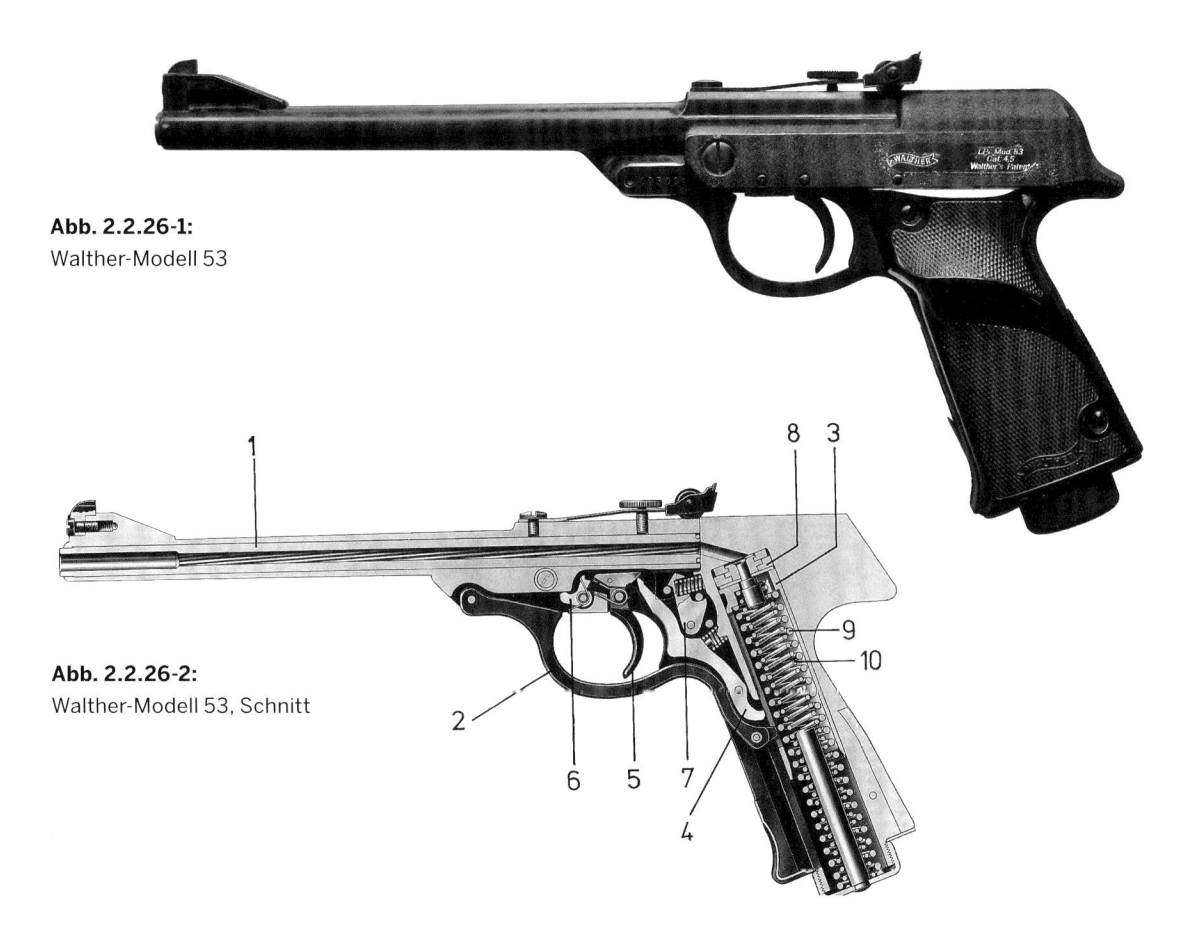

2.2.27 Webley & Scott

Webley & Scott Ltd., Birmingham (England), ist einer der bekanntesten ausländischen Hersteller von Federluftpistolen. Im Jahre 1924 wurde die Produktion mit dem Modell Mark I begonnen. Diese Pistole wurde in den Kalibern 4,5 und 5,5 mm gefertigt. Verbesserungen des Modells veranlassten Webley & Scott bald, die Bezeichnung in Mark II zu ändern. Als der Hersteller 1930 eine schwächere ähnliche Luftpistole unter der Bezeichnung Junior zur Ergänzung des Programms auf den Markt brachte, wurde das Mark-II-Modell in Senior umbenannt. Messungen mit einer Senior ergaben mit 497-mg-Diabologeschossen eine Geschossgeschwindigkeit von 110 m/s, mit 567-mg-Geschossen 100 m/s.

Weitere Änderungen, die auch das Äußere betrafen, führten dann zu dem Modell Premier Mark II und, ab 1978, zum Modell Tempest. Das Junior-Modell wurde 1976 vom Modell Typhoon abgelöst, dessen Fertigung aber 1983 eingestellt wurde.

Bei den typischen Webley-Federluftpistolen ist der Lauf über dem Druckzylinder angeordnet. Dadurch ergibt sich eine kurze Baulänge und recht günstige Gewichtsverteilung. Zum Spannen wird der Lauf, der vorn am Zylinder angelenkt ist, hinten entriegelt und gegen den Widerstand der Kolbenfeder nach vorn geschwenkt, bis der Kolben vom Spannstück gehalten wird, siehe Abb. 2.2.27-1. Darauf wird ein Geschoss geladen, der Lauf nach hinten geschwenkt und in seine Halterung gedrückt. Beim Umgang mit Webley & Scott-Federluftpistolen muss man beachten, dass sie keine automatische Spannsicherung besitzen.

Abbildung 2.2.27-2 zeigt das Modell Premier Mark II, das in den Kalibern 4,5 und 5,5 mm geliefert wurde. Das Gewicht der Pistole beträgt 880 g, die Gesamtlänge 210 mm, die Länge des gezogenen Laufes 167 mm. Im Kaliber 4,5 mm wird eine Mündungsgeschwindigkeit von knapp 110 m/s

(0,5 g Geschossmasse) erreicht, im stärkeren Kaliber eine Geschwindigkeit von etwa 95 m/s.

Abbildung 2.2.27-3 zeigt einen Schnitt durch die letzte Ausführung des Premier-Modells, das mit einer versenkten Schraube zur Regulierung des Abzugweges ausgerüstet ist.

Das Nachfolgermodell Tempest wiegt etwa 900 g. Der Lauf wurde auf 175 mm verlängert, die Gesamtlänge der Pistole beträgt 232 mm. Im Kaliber 4,5 mm beträgt die Mündungsgeschwindigkeit etwa 125 bis 130 m/s, im Kaliber 5,5 mm etwa 100 m/s. Die Kimme der Tempest-Pistole kann nach Höhe und Seite nach Lösen von Klemmschrauben eingestellt werden. Nach dem Verstellen müssen die Klemmschrauben wieder angezogen werden. Der Abzugwiderstand kann durch Drehen einer Stellschraube im Bereich von etwa 13 bis 22 N verändert werden. An der linken Seite befindet sich eine Drehhebelsicherung. Die Tempest ist in ihren Abmessungen und im Abzugwiderstand einer Kampfpistole nicht unähnlich.

Im Bestreben, ein für das Scheibenschießen besser geeignetes Modell anbieten zu können, baute Webley ab 1976 eine Pistole mit leicht einstellbarem Rastvisier, das auf einer hinten angebrachten Verlängerung der Pistole befestigt ist. Dieses Modell wird als Hurricane bezeichnet (Abb. 2.2.27-4) und unterscheidet sich vom Modell Tempest nur durch Visierung, Länge und Masse. Die Hurricane ist mit Rastvisier 283 mm lang und wiegt etwa 1100 g. Sie wurde auch mit Zielfernrohr geliefert.

Die Junior-Luftpistole (Abb. 2.2.27-5) wurde bis 1974 nur mit glatten Läufen, später mit gezogenen Läufen im Kaliber 4,5 mm geliefert. Ihrem Namen wird sie durch niedriges Gewicht (660 g) und kleine Abmessungen gerecht (Gesamtlänge 203 mm, Lauflänge 155 mm). Bei einer Nachkriegs-Junior der Serie 2 wurde eine Mündungsgeschwindigkeit von 76 m/s (Geschossmasse 497 mg) bzw. 72 m/s (Geschossmasse 567 mg) gemessen.

Zwischen 1976 und 1983 stellte Webley das Modell Typhoon her. Äußerlich dem Modell Hurricane gleich, unterscheidet es sich durch die Geschossgeschwindigkeit. Im Kaliber 4,5 mm liefert die Typhoon etwa 110 m/s, im Kaliber 5,5 mm etwa 85 m/s Mündungsgeschwindigkeit mit Diabologeschossen.

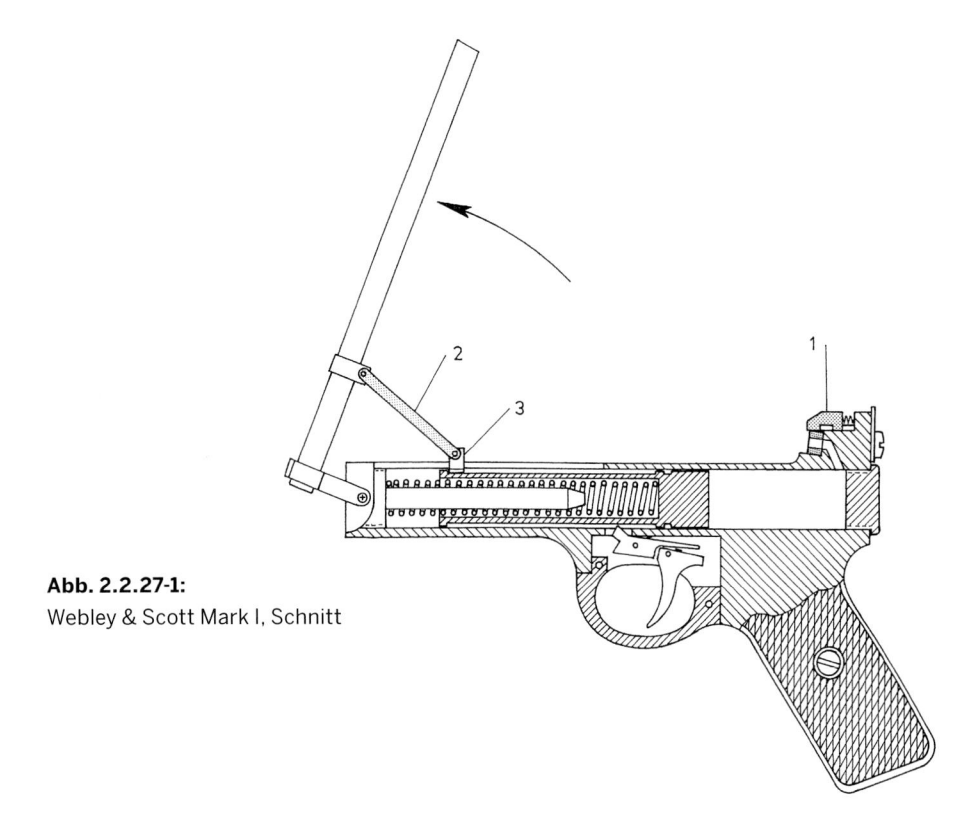

Abb. 2.2.27-1:
Webley & Scott Mark I, Schnitt

Die letzte der klassischen Webley-Luftpistolen ist das Modell Tempest (Abb. 2.2.27-6), welches von 1979 bis 2005 hergestellt wurde. Änderungen betrafen die Kontur des Griffes und die Materialauswahl. So wurde seit 1975 (Modell Hurricane/Superpremier), der Abzugbügel und der (vordere) Zylindermantel aus Kunststoff (ABS) hergestellt. Die von Klemmschrauben gehaltene Kimme der Tempest lässt sich horizontal und vertikal einstellen.

Da Webley die Läufe nicht chokte, können auch aus Webley-Pistolen mit gezogenen Läufen Federbolzen verschossen werden. Dabei muss allerdings mit einer (sehr geringen) Abnutzung der Läufe gerechnet werden.

1996 nahm Webley die Herstellung des Modells Stinger auf. Abbildung 2.2.27-7 zeigt die Pistole, deren Rahmen aus einem Metall-Druckgussteil, das Oberteil aus Kunststoff besteht. Verschossen werden Stahl-Rundkugeln (BBs) von ca. 4,4 mm Durchmesser, von denen 45 durch eine Öffnung im Oberteil geladen werden können. Die Öffnung wird freigelegt, indem man den Schieber, der auch die Kimme trägt, nach hinten schiebt. Zum Spannen (und Nachladen) wird das Oberteil bis zum Anschlag nach hinten gezogen. Die Geschwindigkeit der BBs (mittlere Masse 343 mg) liegt 1,2 m vor der Mündung bei 45,0 m/s.

Die Fertigung der Stinger endete 2005, in dem Jahr, in dem die Firma Webley & Scott, einst Ausrüster eines Weltreiches mit Dienstrevolvern, erlosch.

Die Nachfolgefirma Webley (International) Limited hat ihren Sitz nicht in Birmingham, sondern in Willenhall, West Midlands. Die Firma bietet eine, wahrscheinlich in der Türkei von Hatsan Arms Co., gefertigte Kipplauf-Luftpistole als Webley Typhoon, zweites Modell, an. Die gleiche Pistole wird von Umarex als Hämmerli Firehornet angeboten. Unter Hämmerli findet sich eine Abbildung und eine Beschreibung dieser Pistole.

Wer eine ältere Webley-Luftpistole besitzt, sollte beachten, dass Webley Ende 1974 die Laufmaße geändert hat. Bis November 1974 hatten die 4,5 mm-Läufe ein Feldkaliber von 4,52 bis 4,55 mm, danach 4,46 bis 4,51 mm. Im Kaliber 5,5 mm lag das Feldkaliber früher zwischen 5,54 und 5,59 mm, während es heute zwischen 5,49 und 5,54 mm liegt. Die neuen kleineren Feldkaliber entsprechen etwa den in Deutschland üblichen (bei Matchpistolen liegen die Feldkaliber im Bereich von etwa 4,46 bis 4,48 mm), so dass Webley-Pistolen, sofern sie keine Kalibererweiterung an der Mündung aufweisen, mit deutschen Diabolos (Kopfdurchmesser 4,52 mm) gute Schussgenauigkeit zeigen. Für ältere Webley-Pistolen muss man Geschosse mit entsprechend stärkerem Geschossdurchmesser verwenden, wenn die Schusspräzision nicht enttäuschen soll.

Abschließend sei noch auf das Buch von Gordon Bruce, Webley Air Pistols, Their History and Development, erschienen bei Robert Hale, London 2001, hingewiesen, hier findet man eine Fülle von Informationen über Webley Luftpistolen.

Kennwerte von Webley & Scott-Pistolen

Modell	Junior, Serie 2	Senior Nachkriegsausführung	Tempest	Stinger
Gesamtlänge [mm]	191	212	227	306
Höhe [mm]	128	137	145	142
Breite [mm]	30	35	51	36
Lauflänge [mm]	153	167	174	81
Visierlinie [mm]	162	180	191	217
Abzugabstand [mm]	65	66	66	67
Kaliber [mm]	4,5	4,5	4,5	4,5 BB
Masse [g]	790	1042	895	806
Sicherung	keine	keine	Abzug-Sicherung	Abzug-Sicherung

Abb. 2.2.27-2
Webley & Scott, Modell Premier Mark II

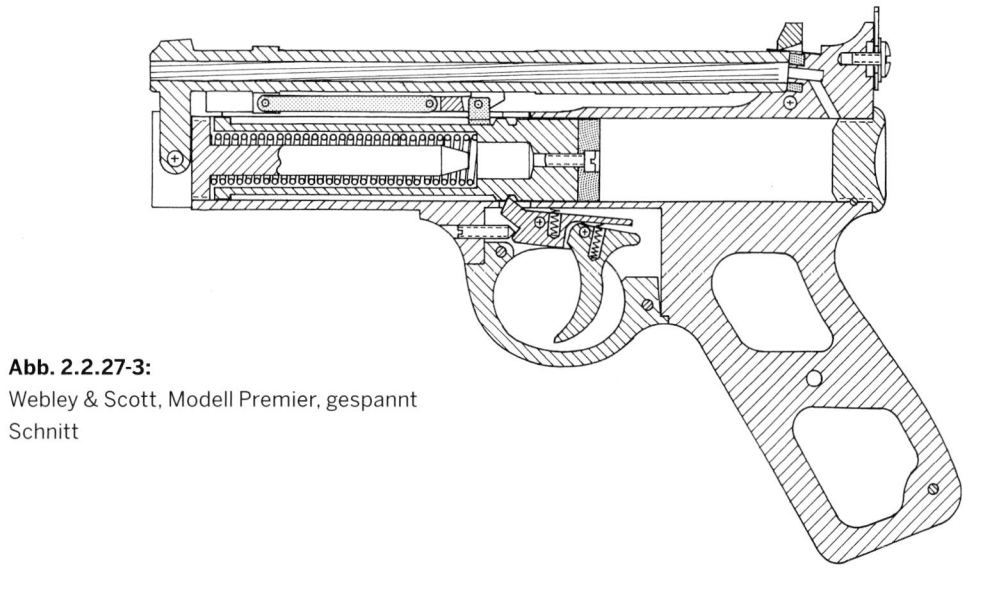

Abb. 2.2.27-3:
Webley & Scott, Modell Premier, gespannt
Schnitt

Abb. 2.2.27-4:
Webley & Scott, Modell Hurricane

Federluftpistolen

Abb. 2.2.27-5:
Webley & Scott, Modell Junior Mark II

Abb. 2.2.27-6:
Webley & Scott, Modell Tempest

Abb. 2.2.27-7:
Webley & Scott, Modell Stinger

2.2.28 Weihrauch

Die Firma Weihrauch (Mellrichstadt) stellt seit 1970 die in Abbildung 2.2.28-1 gezeigte Luftpistole (mit kleinen Änderungen) her. Dieses als HW 70 bezeichnete Modell hat einen 160 mm langen gezogenen Lauf bei einer Gesamtlänge von 325 mm. Das Rastvisier ist horizontal und vertikal verstellbar, die Visierlinie ist 310 mm lang. Der Abzugwiderstand kann mittels einer Stellschraube verändert werden. Die Abzugcharakteristik ist für eine Pistole dieser Preisklasse sehr gut, nach Überwinden des Vorweges des Druckpunktabzugs erfolgt die eigentliche Auslösung nach sehr kurzem, nicht spürbarem Weg. Der Griff ist gut geformt und für Rechts- und Linkshänder geeignet. Mit Diabolos von 0,5 g Masse wird eine Mündungsgeschwindigkeit von etwa 110 m/s erreicht. Das Modell HW 70 eignet sich gut als Trainingsgerät und für das informelle Scheibenschießen. Auf der Luftpistolenscheibe des DSB können gute Schützen einen Neuner-Schnitt erreichen.

Eine interessante Federluftpistole ist das 1985 eingeführte Modell HW 45. Äußerlich ähnelt es der ehemaligen amerikanischen Armeepistole Colt Government. Lauf und Druckzylinder sind wie bei den Webley-Luftpistolen übereinander angeordnet, wodurch eine geringe Länge erreicht wird. Das in Abbildung 2.2.28-2 gezeigte Modell HW 45 hat eine Gesamtlänge von 278 mm und eine Lauflänge von 170 mm. Die Höhe beträgt 160 mm, die Breite 32 mm und das Gewicht 1150 g. Zum Spannen wird der Hahn nach hinten gezogen, worauf sich das Oberteil samt Lauf um den vorn liegenden Drehpunkt nach oben schwenken läßt (Abb. 2.2.28-3). Der Kolben lässt sich in zwei Spannstufen arretieren. Schwenkt man den Lauf beim Spannen, bis er etwa senkrecht zur Ausgangsstellung steht, wird der Kolben in der ersten Stufe arretiert. Die Pistole liefert dann eine Mündungsgeschwindigkeit von etwa 125 m/s. Schwenkt man den Lauf beim Spannen jedoch bis zum vorderen Anschlag, so wird der Kolben in der zweiten Stufe gehalten, aus der Mündungsgeschwindigkeiten von etwa 170 m/s erreicht werden. Das macht die HW 45 zu einer der stärksten Federluftpistolen im Kaliber 4,5 mm. Die Mündungsenergie liegt nur geringfügig unter der vom deutschen Waffengesetz für freiverkäufliche Luftpistolen erlaubten Grenze von 7,5 Joule. Vorweg und Abzugwiderstand des Druckpunktabzuges können mittels Stellschrauben reguliert werden. Das Visier lässt sich durch Rastschrauben horizontal und vertikal justieren. Die Laufhülse ist mit einer Prismenschiene zur Montage eines Zielfernrohres ausgerüstet. Die Pistole besitzt eine automatische Sicherung und eine Drehhebelsicherung. Erstere verhindert das Auslösen nach dem Spannen, bis der Lauf wieder arretiert ist. Die HW 45 ist eine gute Übungspistole, die sicherlich auch für Sammler interessant ist.

Abb. 2.2.28-1:
Weihrauch-Federluftpistole HW 70

Abb. 2.2.28-2:
Weihrauch Federluftpistole HW 45

Abb. 2.2.28-3:
Darstellung der Spannbewegung beim Modell HW 45

2.2.29 Westlake

Norkonia (der Name ist aus Norinco und Frankonia zusammengesetzt. Norinco ist ein großer chinesischer Konzern, der auch im Waffenbau tätig ist) liefert in Deutschland die Luftpistole, Modell S 2 (Abb. 2.2.29-1), der chinesischen Firma Westland (?). Die S 2 hat einen 180 mm langen gezogenen Lauf im Kaliber 4,5 mm, eine Visierlinie von 300 mm und ein Gewicht von ca. 1050 g. Der Abzugwiderstand ist mit ca. 30 N nicht gerade niedrig. Die Pistole hat keine Spannsicherung, der Griff besteht aus Holz. Die Streuung wird mit 3,5 cm auf 6 m angegeben.

Abb. 2.2.29-1:
Westlake/Norkonia Federluftpistole, Modell S2

2.2.30 Oskar Will/Venus Waffenwerk (VWW)

Das Unternehmen wurde 1844 in Zella St. Blasii von Ernst Leo Will gegründet und später von seinem Sohn Oskar (geb. 1861, gest. 1924) geführt. Hergestellt wurden vorwiegend Luftgewehre, Luftpistolen und Jagdgewehre, daneben auch komplette Schießbudenausstattungen (dafür hatte man eigens einen Kunstmaler engagiert). Seit 1898/99 firmierte das Unternehmen als Venus-Waffenwerk Oskar Will Zella St. Blasii. 1920 wurde die Firma von Wilhelm Foss übernommen. 1924/25 ließ Foss die Warenzeichen „VWW" und „Tell" sowie 1938 ein erweitertes Warenzeichen „Tell mit einem Schützen" eintragen. (Informationen von L. v. Nordheim, Museum Zella Mehlis.) Nach 1945 wurde die Firma verstaatlicht.

VWW Tell 1

Es ist nachträglich nicht einfach, die Bezeichnung für diese in Abbildung 2.2.30-1 gezeigte Luftpistole eindeutig zu bestimmen. Im Katalog 1902/3 der Firma wird eine „Patent-Luftpistole" gezeigt, im Katalog von 1939 eine „Tell 1", die beide äußerlich und in ihrer Länge der vorliegenden Pistole (Abb. 2.2.30-1, Sammlung B. Lehmann) mit der Nummer 527 sehr stark ähneln. Im Katalog aus dem Jahr 1939 liest man über die Tell 1: ...„Nur Stahl und Schmiedeeisen und kein Blech oder irgendwelche gestanzten Teile kommen bei diesem Gebrauchsmodell zur Verwendung, wodurch es auch besonders geeignet ist für solche Zwecke, die eine zuverlässige und dauerhafte Konstruktion zur Vorbedingung haben. Die Tell-Pistole Modell 1 dient daher in der Hauptsache nicht dem privaten Schießsport, sondern gewerblichen Zwecken". Dem ist angesichts der Länge und der Masse der Tell 1 hinsichtlich ihrer Verwendung nichts hinzuzufügen.

Abbildung 2.2.30-2 zeigt die gespannte Tell 1 im Schnitt. Der Zylinder 2 ist hinten mit dem Rahmen 1 verschraubt. Im Kolben 3 liegt die Schlagfeder und die vorn mit dem

Kolben verbundene Stange 4, die hinten mit der Spannrast und vorn mit einem Außengewinde für den Dichtungshalter 5 versehen ist. 6 ist die Ledermanschette (Dichtung), 7 das Spannstück, K bezeichnet den Kompressionsraum. Der Lauf 8 ist in die Laufaufnahme 9 eingesetzt, die schwenkbar mit dem vorderen Zylinderteil verbunden ist. Zum Abknicken des Laufes wird der Riegel 10 vorn nach unten gedrückt. 11 ist schließlich die Spannstange

Teilschnitt 2.2.30-3 zeigt die gespannte Pistole mit dem Lauf in Spann-Endstellung.

Im Katalog (1939) wird die Pistole in den Kalibern 4 ½ und 6 1/3 mm mit glatten oder gezogenen Läufen angeboten.

Kennwerte VWW Teil 1

Gesamtlänge [mm]	552
Höhe [mm]	133
Breite [mm]	40
Lauflänge [mm]	250
Visierlinie [mm]	190
Abzugabstand [mm]	ca. 60
Kaliber [mm]	4,5
Masse [g]	1480

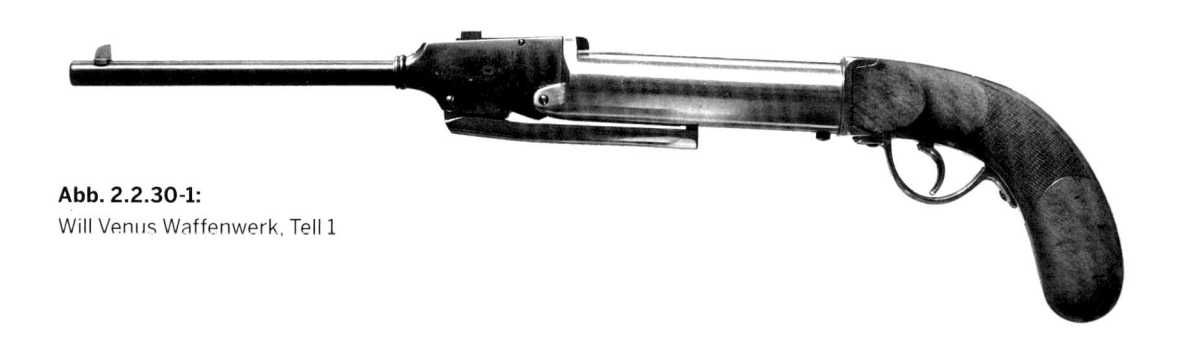

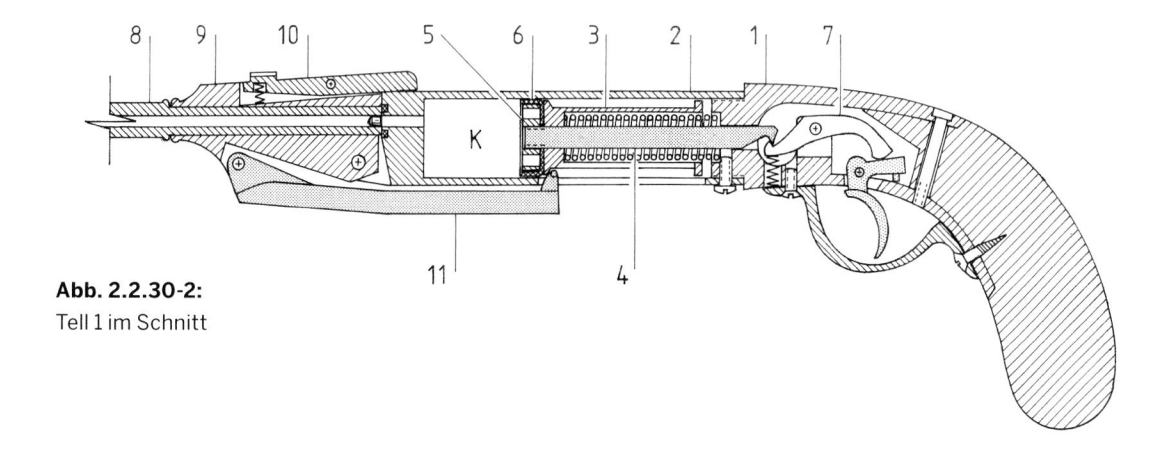

Abb. 2.2.30-1:
Will Venus Waffenwerk, Teil 1

Abb. 2.2.30-2:
Teil 1 im Schnitt

VWW Tell 3

Die Tell 3 (Abb. 2.2.30-4) ist eine sehr interessante Federluftpistole, ungleich schützenfreundlicher als etwa die Tell 1. Die Konstruktion wurde am 16. 7. 1936 in Deutschland zum Patent angemeldet, welches am 25. 5. 1940 erteilt wurde (D.R.P. Nr. 691 400, Erfinder Dipl. Ing. Wilhelm Foss). Am 15. 7. 1937 meldete Foss seine Erfindung auch in England zum Patent an, das am 27. 4. 1938 unter der Nummer 483 899 erteilt wurde. Die Serienausführung der Pistole weicht nur wenig von der Beschreibung im deutschen Patent ab. Dort besitzt das Spannstück unten einen langen Arm, der von der Abzugstange unterstützt wird (beim Abziehen wird diese Unterstützung dem Spannstück entzogen). Die gleiche Konstruktion wird auch im englischen Patent gezeigt, daneben aber auch eine Ausführung des Spannstücks, die man als konventionell bezeichnen könnte und die wohl in der gesamten Serie eingesetzt wurde. Für diese Annahme spricht, dass D. E. Hiller in seinem Buch Airpistols, 3. Auflage, eine Tell mit der Seriennummer 59 erwähnt, die das konventionelle Spannstück aufweist. Da etwa ein Jahr zwischen den Patentanmeldungen liegt, hatte man ausreichend Zeit, diese Änderung (gegenüber der deutschen Anmeldung) einzuführen. Der Serienbeginn dürfte auch in diesem Zeitraum erfolgt sein.

Die Tell 3 hat dengleichen Griffwinkel wie die 08-Pistole. Der einteilige Bakelit-Griff ist mit einer Daumenauflage versehen. Abbildung 2.2.30-5 zeigt die entspannte Tell 3 im Teilschnitt. Die Spannstange 1 verbindet den Kipplauf mit dem Mitnehmergehäuse 2, in dem auch das Spannstück 7 (Abb. 2.2.30-7) in einem entsprechenden Schlitz auf derselben Achse wie die Spannstange gelagert ist. 3 ist der Kolben mit dem Dichtungspaket 4. Zum Spannen wird der Lauf nach unten geschwenkt. Dabei wird das Mitnehmergehäuse im Zylinder nach vorn gezogen und die aus Flachstahl gewickelte Schlagfeder gespannt. Die Wirkrichtung der Feder wurde durch die Pfeile FF angedeutet. Ist die Endstellung erreicht, rastet das Spannstück in der Spannrast der zentralen Stange des Kolbens ein und hält die Feder in gespannter Lage, wenn beim Schließen des Laufes Mitnehmergehäuse und Kolben nach hinten in Schießstellung geschoben werden. In dieser Lage liegt das Ende der Abzugstange 6, die mittels Kettenglied 5 mit dem Abzug verbunden ist, so unter dem Spannstück, dass Druck auf den Abzug den Kolben freigibt. Der Eingriff des Spannstücks in die Spannrast und damit der Auslöseweg lässt sich mittels Stellschraube 8 regulieren. Die Kimme ist am Zylinderabschluss verschraubt und lässt sich in der Höhe einstellen. Die Tell 3 gehört zu den interessantesten deutschen Federluftpistolen.

Nach 1945 wurde die Tell 3 kurze Zeit von der Firma Reinhold Manteufel & Co., Zella-Mehlis, unter der Bezeichnung Modell 75 nachgebaut.

Kennwerte VWW Tell 3, Nr. 589

Gesamtlänge [mm]	255
Höhe [mm]	133
Breite [mm]	30
Lauflänge [mm]	130
Visierlinie [mm]	228
Abzugabstand [mm]	70
Kaliber [mm]	4,5
Masse [g]	990

Mauser-Luftpistolen

Bei den Mauser-Luftpistolen handelt es sich eigentlich um Record-Luftpistolen mit geänderten Aufschriften. So wurde die LP 2 als Mauser Mod. U 30 angeboten. Das „Mauser Mod. Jumbo" gleicht dem entsprechenden Record-Modell Jumbo bis auf die Beschriftung. Mausertonne und Modellbezeichnung sind jeweils auf der linken Seite der Rahmen eingegossen. Die Mauser-Jumbo trägt rechts die Beschriftung „Trade mark and design under licence of MAUSERWERKE OBERNDORF GMBH Made in West Germany. Im Gun Digest 41 (1987), S. 407, wird ein Preis von 74,00 $ für die Mauser Jumbo genannt. Im Gun Digest des folgenden Jahres (1988) ist die „Mauser Jumbo" wieder verschwunden, dafür wird die Record Jumbo Deluxe zum Preis von 79,95 $ angeboten. Details siehe unter Record.

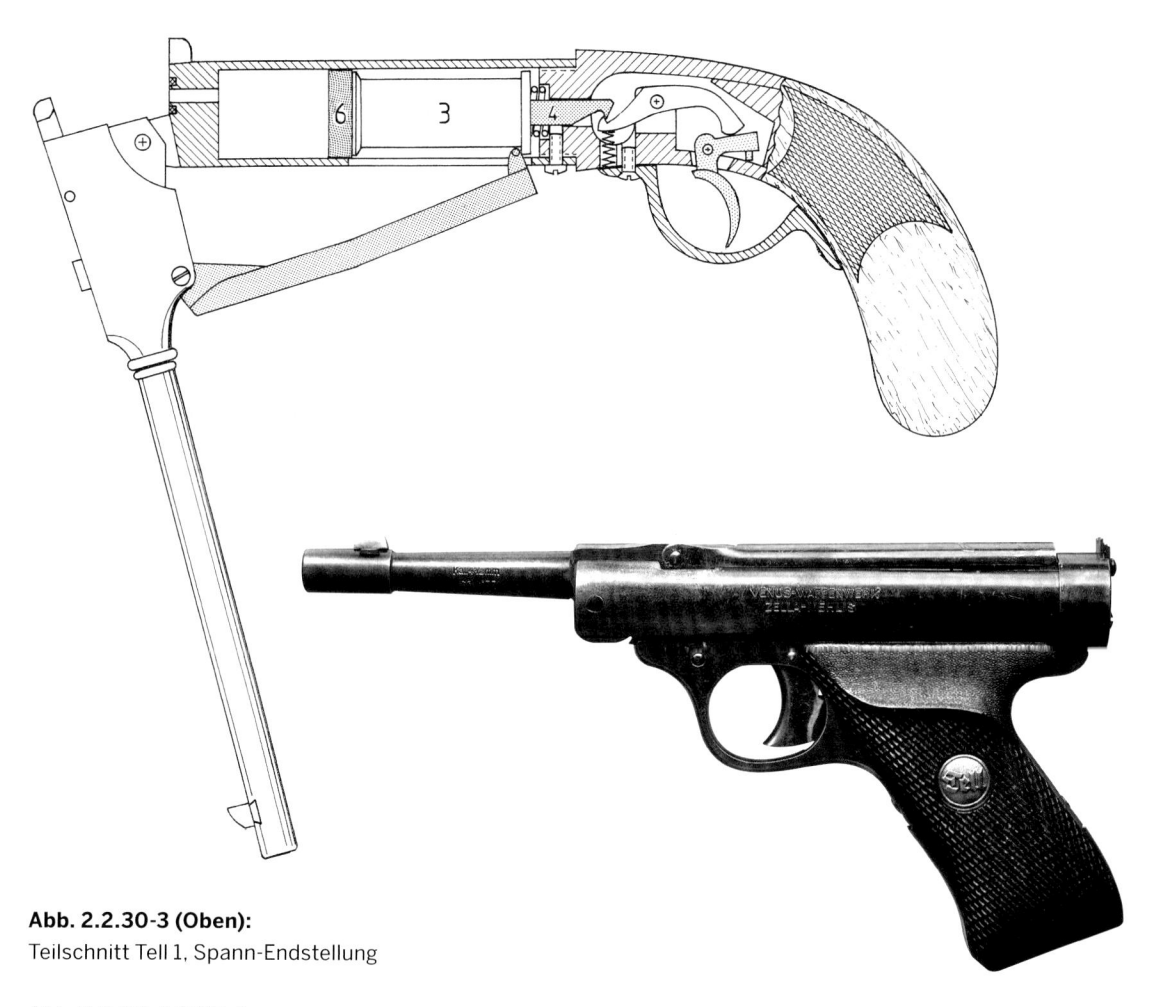

Abb. 2.2.30-3 (Oben):
Teilschnitt Teil 1, Spann-Endstellung

Abb. 2.2.30-4 (Mitte):
VWW Teil 3

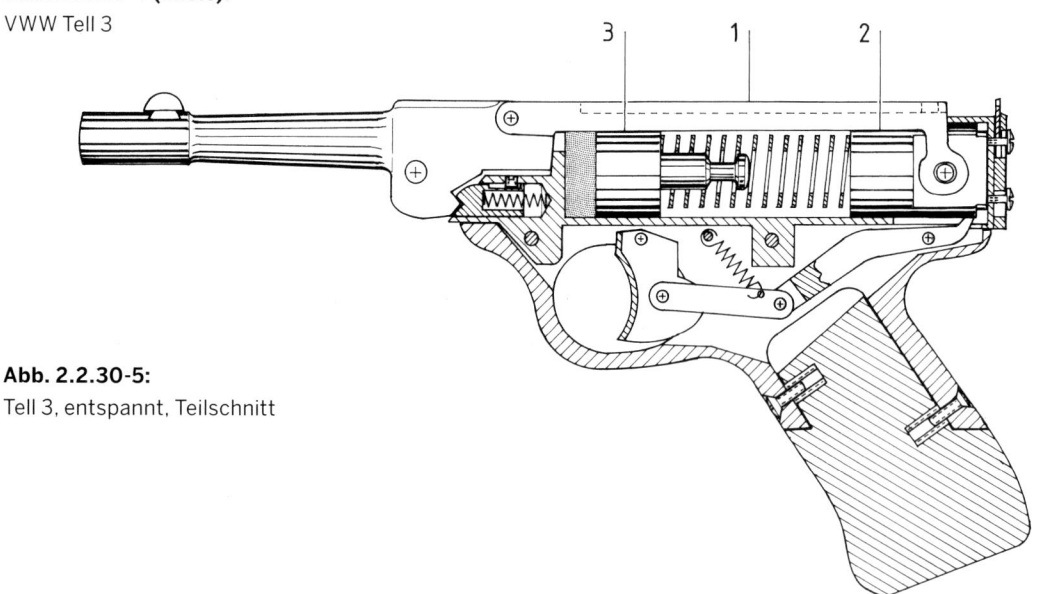

Abb. 2.2.30-5:
Teil 3, entspannt, Teilschnitt

Abb. 2.2.30-6:
Teilschnitt Tell 3, Spann-Endstellung

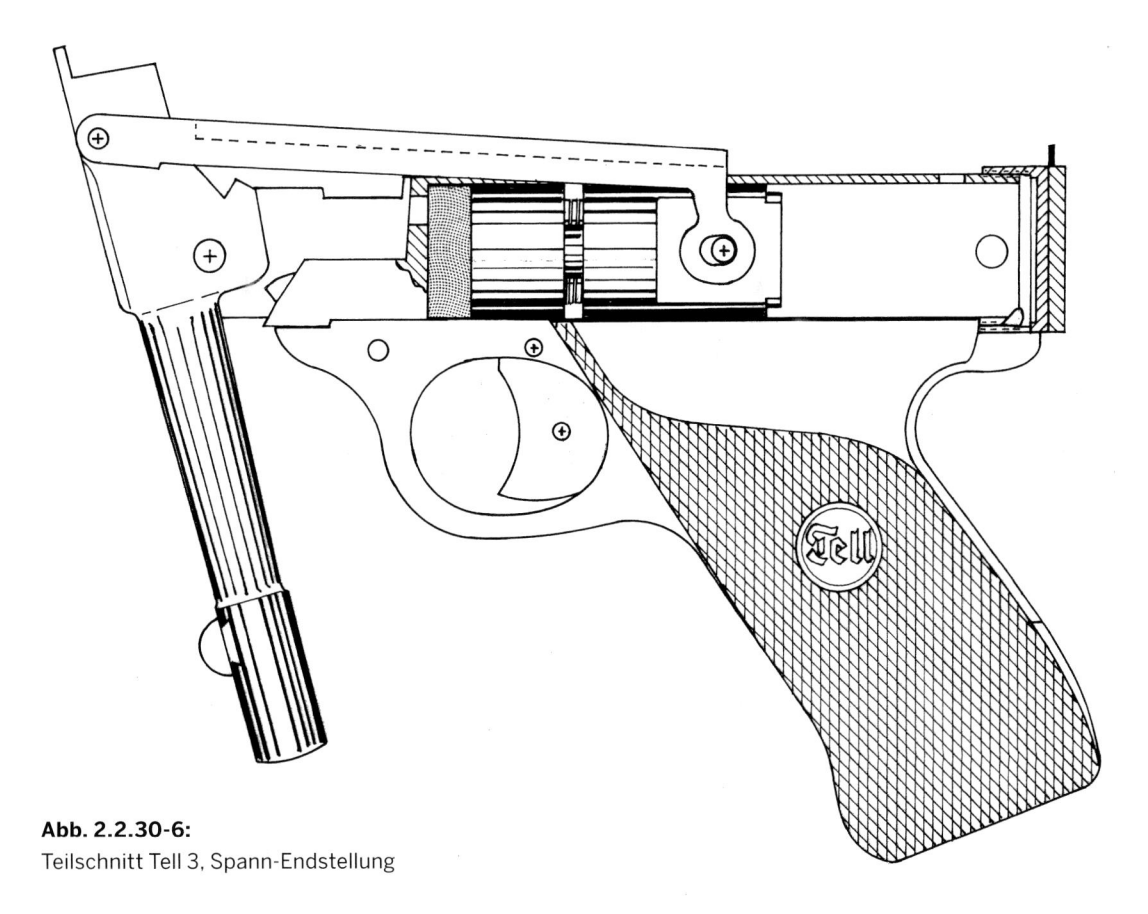

Abb. 2.2.30-7:
Teilschnitt Tell 3, Spann- und Auslösesystem

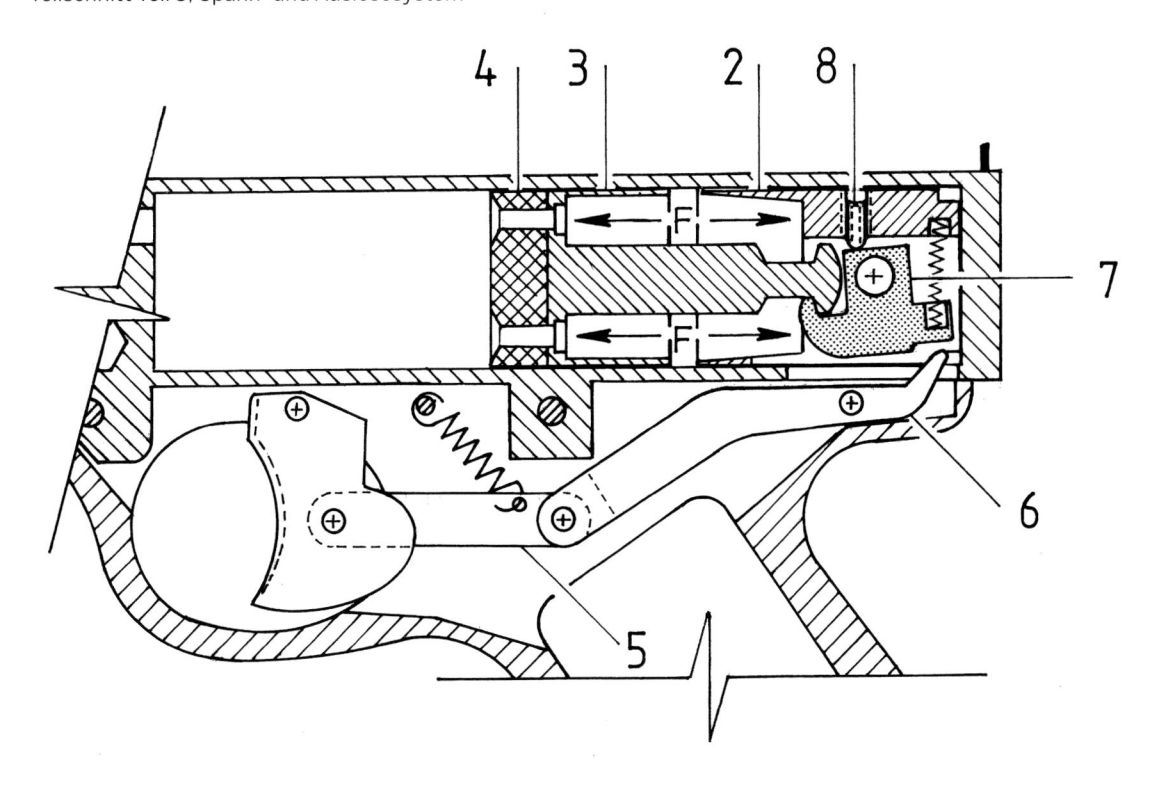

Federluftpistolen

2.3 Die Federluftpistolen mit Massenausgleich

Federluftpistolen mit Massenausgleich erfordern einen höheren konstruktiven Aufwand als normale Luftpistolen. Er ist bei Matchpistolen berechtigt. Diese Pistolen waren bei Sportschützen zu Recht sehr beliebt, denn sie bieten neben der selbstverständlichen hohen Schussgenauigkeit die Vorteile großer Zuverlässigkeit und der weitgehenden Unabhängigkeit von Dichtungen und/oder der Verfügbarkeit von CO_2 oder Druckluft. Das hatte dazu geführt, dass bis etwa 1985 das Gros der Sportschützen diese Pistolenart bevorzugte, wenn auch die Druckluft- und die CO_2-Pistolen ihre Anhängerschaft vergrößern konnten.

Schießt man eine Federluftpistole ab, so bewegt sich der Kolben in der Waffe einige Zentimeter, ehe das Geschoss den Lauf verlassen hat. Da der Kolben recht schwer und seine Geschwindigkeit groß ist, wirkt auf die Luftpistole bei der Schussentwicklung eine Reaktionskraft, deren Richtung der Richtung der Kolbenbewegung entgegengesetzt ist. Läuft der Kolben also in Laufrichtung nach vorn wie bei dem Diana-Modell 5 oder bei der Weihrauch-Luftpistole HW 70, so wirkt die Kraft nach hinten, ähnlich dem Rückstoß, der durch die (nach vorn gerichtete) Bewegung des Geschosses zustandekommt. Läuft hingegen der Kolben nach dem Auslösen nach hinten, etwa wie bei Webley-Luftpistolen, so wird die Pistole nach vorn gestoßen, wie aus Abbildung 2.1-9 ersichtlich. Von Rückstoß kann man hier nicht sprechen; „Vorstoß" wäre treffender.

Bei dem Walther-Modell LP 53 bewegt sich der Kolben nach dem Abziehen im Griff gar nach oben, so dass die Waffe nach unten bewegt wird. Wir sehen, dass eine Federluftpistole nicht unbedingt einen Rückstoß aufgrund der Kolbenbewegung haben muss. Aber Rückstoß oder nicht, die Gegenbewegung der Pistole auf die Kolbenbewegung hat eine große Wirkung auf die Ausrichtung der Pistole. Der eigentliche Rückstoß, der auf der Geschossbewegung im Lauf beruht, ist dagegen sehr klein. Am Ende seines Weges trifft der Kolben auf das Zylinderende und hebt dabei teilweise die Wirkung seiner Bewegung auf die Pistole wieder auf. Da die Zeit des Impulsaustausches beim Auftreffen auf das Zylinderende aber sehr klein ist, ist die wirkende Kraft größer. Der entsprechende Stoß wird als „Prellschlag" wahrgenommen.

Die mit der Kolbenbewegung verbundene Bewegung der Federluftpistole (gleiches gilt natürlich auch für Federluftgewehre) kann auf prinzipiell einfache Weise verhindert werden. Man muss dazu in der Pistole ein Gegengewicht zum Kolben einbauen, das sich nach dem Auslösen in entgegengesetzter Richtung wie der Kolben bewegt. Im einfachsten Fall hält man die Massen und die Wege von Kolben und Gegengewicht gleich groß. Abbildung 2.1-10 zeigt diesen Fall, bei dem zwei identische Kolben nach der Auslösung des Schusses von der Kolbenfeder getrieben im Zylinder auseinanderlaufen. Die von den Kolben ausgeübten Kräfte F 1 und F 2 sind gleich groß, wirken aber in entgegengesetzten Richtungen, so dass sie sich kompensieren und keinerlei Bewegung auf die Pistole übertragen wird.

Die Idee, den Massenausgleich zur Verkleinerung des Prellschlags und des Rückstoßes der Federluftgewehre anzuwenden, ist nicht neu. Die Schotten James Picken und Arthur Allan erhielten z.B. das deutsche Reichspatent Nr. 147216, das ihnen ab 1902 ein Federluftgewehr schützte, „welches große Tragkraft und Durchschlagskraft bei geringem Rückstoß besitzt". Der erste Patentanspruch von Picken und Allan, der das gleichzeitige Spannen der gegenläufigen Kolben, nicht jedoch die Anwendung des Massenausgleichs bei Federluftgewehren betrifft, legt die Vermutung nahe, dass zu diesem Zeitpunkt eben dieser Massenausgleich bei Federluftgewehren bereits bekannt war.

Blow

Die Blow-Luftpistole (Abb. 2.3-1) wird von der Ucyildiz Arms Ind. Co. Ltd., Istambul, hergestellt. Der Zylinderkörper besteht aus Zinkdruckguss, der gezogene Stahllauf ist zinkdruckgussgemantelt. Die Lauf-Zylinder-Einheit ist zur Minderung des Rückstoßes verschiebbar im Griffstück gelagert und wird von einer Druckfeder in der Schusslage gehalten. Die Abbildung 2.3-2 zeigt einen schematischen Schnitt durch die Blow. 1 sind die beidseitig angeordneten Führungsschienen an der Lauf-Zylinder-Einheit, die in Nuten laufen, die in den U-förmigen Verbindungsstücken 3 und 4 angebracht sind. Diese tragen auch die Anschläge für die Nocken 2, die den Weg der Lauf-Zylinder-Einheit nach vorn begrenzen. Der zweiteilige Griff besteht aus Kunststoff. Beide Teile sind mit je zwei Schrauben an den Teilen 3 und 4 befestigt. Das Abschluss-Stück 5 greift über das Zylinderende und wird in Längsrichtung von zwei untenliegenden Fortsätzen im Griff fixiert. Beim Schuss kann die Lauf-Zylinder-Einheit um 5 mm (w) gegen den Druck der Feder nach hinten gleiten.

Kennwerte der Blow-Luftpistole, Modell H 01 (S.-Nr. 53 369)

Gesamtlänge [mm]	325
Höhe [mm]	140, ohne Visier
Breite [mm]	33
Lauflänge [mm]	160
Visierlinie [mm]	126
Abzugabstand [mm]	65
Rücklauf [mm]	5 möglich
Kaliber [mm]	4,5
Masse [g]	958
Spannsicherung	ja

Abb. 2.3-1:
Blow-Federluftpistole, Modell H 01

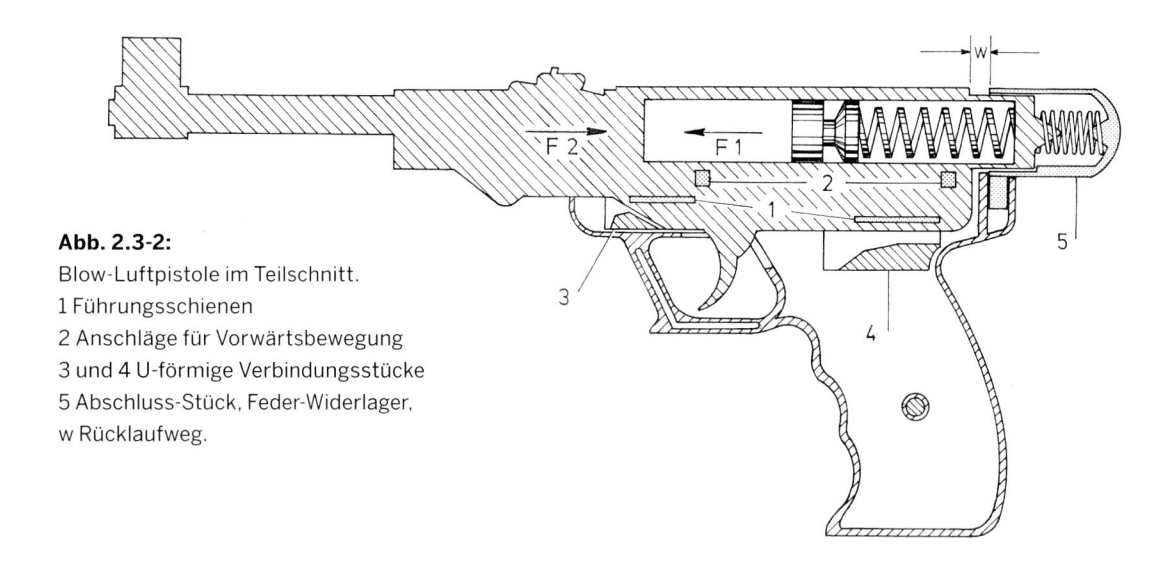

Abb. 2.3-2:
Blow-Luftpistole im Teilschnitt.
1 Führungsschienen
2 Anschläge für Vorwärtsbewegung
3 und 4 U-förmige Verbindungsstücke
5 Abschluss-Stück, Feder-Widerlager,
w Rücklaufweg.

Diana

Als erste Luftpistole mit Massenausgleich erschien 1960 das Diana-Modell 6 auf dem Markt. Diese Pistole hat ganz wesentlich zur Entwicklung des Luftpistolenschießens als selbständige Disziplin beigetragen, die 1961 in das Wettkampfprogramm des Deutschen Schützenbundes aufgenommen wurde. Abbildung 2.3-3 zeigt das Modell 6, an dem die Sportschützen Zuverlässigkeit, Genauigkeit und den Massenausgleich schätzten. Weniger gefiel ihnen die Lage der Pistole, die, lax ausgedrückt, hoch über der Hand thront, und der zwar nicht unbequeme, aber steile Griff. Die hohe Lage hat wahrscheinlich objektiv keinen Einfluss auf das Leistungsvermögen des Gespanns Sportschütze - Pistole. Vielmehr ist die verbreitete Ablehnung eher auf subjektives Empfinden zurückzuführen, das vielleicht auf geschmacklichen Gründen beruht. Die technischen Daten des Diana-Modells 6 finden sich in Tabelle 2.3-1, die den Vergleich verschiedener Match-Federluftpistolen erleichtert.

Das bei den Diana-Pistolen verwendete Verfahren des Massenausgleichs wurde von Kurt Giss (1912 – 1971) entwickelt (Deutsches Patent Nr. 952 874, ausgegeben am 22. 11. 1956, englisches Patent 803,028 vom 15.10. 1958, US-Patent 2,938,513 vom 31. 5.1960, Erfinder jeweils K. Giss, Inhaber Dianawerk Mayer & Grammelspacher). Abb. 2.3-4 zeigt das Wesentliche im Schnitt. Bei a) ist die Pistole entspannt, bei b) gespannt. 1 ist der Kompressionskolben, 2 das gegenläufige Ausgleichsgewicht, die beide über Zahnstangen und Zahnräder in ihrer gegenläufigen Bewegung gekoppelt sind. 3 ist der Zylinder, 4 der Lauf und 5 das Spannstück.

Wie alle Match-Luftpistolen ist das Modell 6 mit einem Visier ausgerüstet, das nach Höhe und Seite mittels Stellschrauben nach Belieben justiert werden kann. Außerdem können die Korneinsätze im Korntunnel ausgewechselt werden. Das eigentliche Kimmenblatt, das den Kimmeneinschnitt trägt, kann im Kimmenträger gedreht werden, wobei eine Drehung um 90° jeweils einen anderen Kimmeneinschnitt nach oben in Gebrauchslage bringt.

Die Sportordnung des DSB schreibt „offene Visierung" vor und verbietet „Visierschutz an Kimme und Korn". Diese Vorschriften bedeuten, daß ein Korntunnel, der das Korn umschließt, nicht erlaubt ist. Bei Kipplaufpistolen ist aber ein Kornschutz erforderlich, den ein Korntunnel ja gewährt, damit man sich beim Spannen nicht verletzen kann. Diana bot deswegen die Nachfolgemodelle des Modells 6 wahlweise mit Korntunnel (als Modell 6 G) oder mit einem schwenkbaren Handschutz (als Modell 6 M) an. Abbildung 2.3-5 zeigt das Modell 6 M, das 1978 herausgekommen ist und die Forderung der Sportordnung erfüllte.

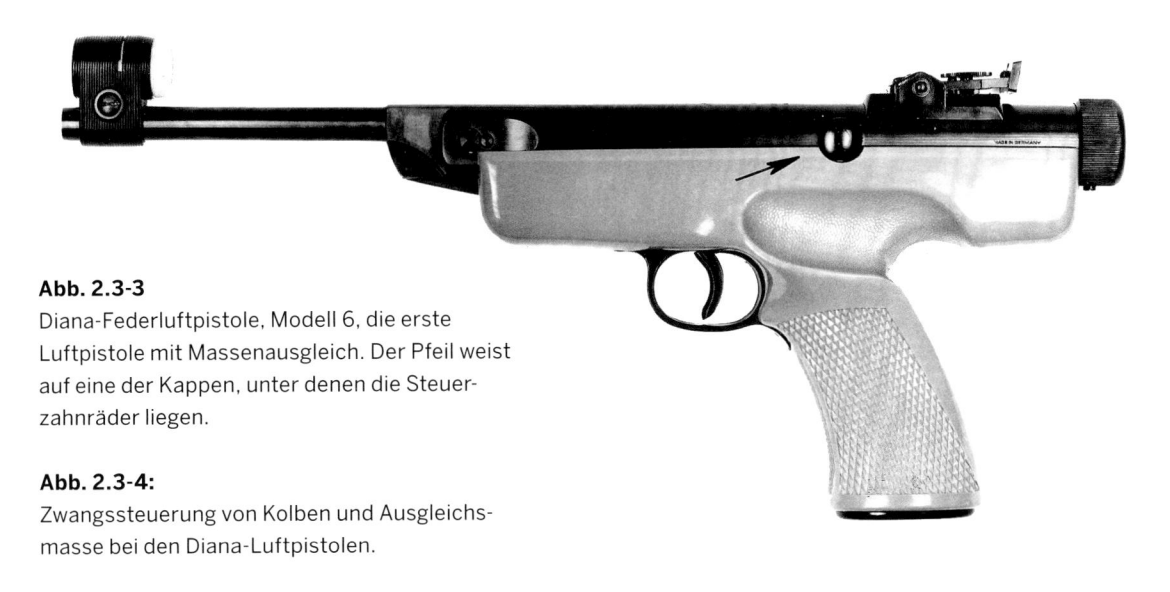

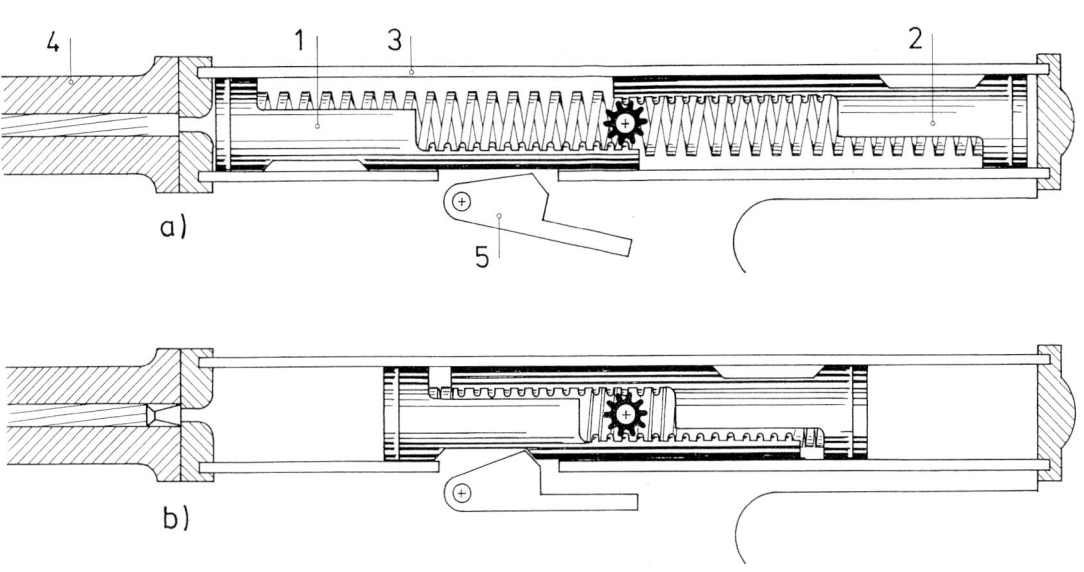

Abb. 2.3-3
Diana-Federluftpistole, Modell 6, die erste Luftpistole mit Massenausgleich. Der Pfeil weist auf eine der Kappen, unter denen die Steuerzahnräder liegen.

Abb. 2.3-4:
Zwangssteuerung von Kolben und Ausgleichsmasse bei den Diana-Luftpistolen.

Dem allgemeinen Trend folgend haben die Modelle 6 G und 6 M schräg angesetzte Griffe. Das Genauigkeitspotential dieser Pistolen wird wohl unterschätzt; sicher ist das Modell 6 M wettkampftauglich und steht in dieser Hinsicht manchen sehr viel teureren Luftpistolen kaum nach. Das Gewicht der Modelle 6 liegt an der oberen Grenze des Bereichs, der für Sportpistolen empfohlen werden kann. Für Damen ist es im allgemeinen bereits zu hoch. Wer die Luftpistole jedoch nur als Trainingsgerät benutzt, trifft mit diesen Diana-Modellen wegen des niedrigen Preises und des großen Gewichts sicher eine gute Wahl.

1974 brachte Diana mit dem Modell 10 (Abb. 2.3-6) eine Matchpistole auf den Markt, die ebenfalls mit zwangsgesteuertem Massenausgleich arbeitet. Wie bei den besseren Matchpistolen heute üblich, verfügt auch das Modell 10 über viele Einstellmöglichkeiten, von denen einige in Tabelle 2.3-1 angegeben sind. Eine Besonderheit der Diana-Modelle 6 M und 10 ist das Korn, dessen wirksame Breite eingestellt werden kann. Im horizontalen Schnitt sieht das Korn wie ein gleichseitiges stumpfes Dreieck aus, dessen lange Seite dem Schützen zugewandt ist. Durch Drehen des Korns um seine vertikale Achse ändert sich die Breite

Federluftpistolen

des Korns, wie vom Schützen aus gesehen. Als weitere Besonderheit besitzt das Modell 10 einen über das hintere Ende des Druckzylinders geschobenen, exzentrischen, drehbaren Hohlzylinder von etwa 4,5 cm Länge. An diesem Kunststoffhohlzylinder liegt die Oberseite der Schießhand hinter Daumen und Zeigefinger an. Durch Drehen des Hohlzylinders kann die Höhe der Anlage eingestellt werden. Seit geraumer Zeit stellt Diana keine Luftpistolen mit Masseausgleich mehr her.

Abb. 2.3-5:
Diana-Federluftpistole, Modell 6 M.

Abb. 2.3-6:
Diana Federluftpistole, Modell 10, Griff für Linkshänder.

Feinwerkbau

Die Firma Feinwerkbau Westinger und Altenburger, Oberndorf, wurde 1951 in das Handelsregister eingetragen. Die Gründer waren die Oberingenieure Karl Westinger (1900-1974) und Ernst Altenburger (1905 – 1991), die zuvor bei der Firma Mauser gearbeitet hatten. Bis 1960 stellte man Präzisionsteile für andere Firmen her, danach entwickelte man bis 1975 elektromechanische Rechenmaschinen für Olympia. Nach der Gründung des Deutschen Schützenbundes 1956 beschäftigte man sich intensiv mit der Entwicklung von Match-Luftgewehren und -Pistolen mit dem Ziel, den Einfluss des Prellschlags auf die Trefferlage zu eliminieren, was auch gelang. Die deutschen Patente Nr. 1140489 (angemeldet am 24. 2. 1961), Nr. 1150906 und Nr. 1150907 (beide am 26. 7. 1961 angemeldet, ausgegeben am 12. 6. 1968 bzw. am 7. 3. 1968), die sämtlich K. Westinger, E. Altenburger und Edwin Wöhrstein als Erfinder nennen, schützen das Wesentliche der Feinwerkbau-Seitenspanner-Rücklauf-Luftgewehre und -Pistolen.

Heute wird die Firma von M. Kötzle und den Nachkommen der Gründer Rolf Westinger und Reiner Altenburger geleitet (2011).

Der Massenausgleich der Feinwerkbau-Matchpistolen beruht nicht wie bei Diana auf der Gegenbewegung eines besonderen Zusatzgewichtes (den zum Kompressionskolben gegenläufigen „Leer"-Kolben), sondern benutzt das aus Kompressionszylinder und Lauf bestehende Oberteil der Waffe als Gegengewicht zum Kompressionskolben. In Abbildung 2.1-11 ist dieses System des Impulsausgleichs vereinfacht kurz nach der Auslösung des Kompressionskolbens dargestellt worden. Die Kolbenfeder wirkt mit gleichen, aber entgegengesetzt gerichteten Kräften auf Kolben (F 1) und Oberteil (F 2). Beim Abziehen werden der Kolben und das Oberteil gleichzeitig freigegeben. Die Kolbenfeder treibt nun Kolben und Oberteil auseinander, wobei sich der Kolben nach vorn und das Oberteil, das verschiebbar auf dem Griffstück gelagert ist, nach hinten bewegt. Auf das Griffstück werden nur durch die Reibung an der Führung des Oberteils Kräfte übertragen, die sehr klein sind. Sobald der Luftdruck im Zylinder durch den sich nach vorn bewegenden Kolben groß genug geworden ist, setzt sich das Geschoss in Bewegung und wird durch den rasch ansteigenden Druck aus dem Lauf getrieben. Dabei wird auch der Geschossimpuls durch das zurückgleitende Oberteil ausgeglichen. Erst nachdem das Geschoss den Lauf verlassen hat, erreicht das Oberteil den Anschlag, der seine nach hinten gerichtete Bewegung begrenzt. Dabei gibt es einen Teil des Impulses an das Griffstück ab. Auf diese Weise wird ein Einfluss der Kolben- und Rückstoßkräfte auf die Treffpunktlage praktisch völlig ausgeschlossen.

Als erste Federluftpistole mit diesem System brachte die Firma Feinwerkbau Westinger & Altenburger (Oberndorf am Neckar), 1964 das Modell 65 (Abb. 2.3-7) auf den Markt (technische Daten siehe Tabelle 2.3-1). Diese bis 1998 angebotene Pistole ist von hervorragender Konstruktion, Fertigungsqualität, Dauerhaftigkeit und Schussgenauigkeit. Zur Kolbendichtung dient nicht wie meist üblich eine Leder- oder Kunststoffmanschette sondern ein Kolbenring aus Stahl, so dass ein Nachlassen der Schussleistung praktisch ausgeschlossen ist. Als weiterer Vorteil kommt noch die Anspruchslosigkeit der Federluftpistolen hinzu, die ja weder CO_2 oder Druckluft benötigen.

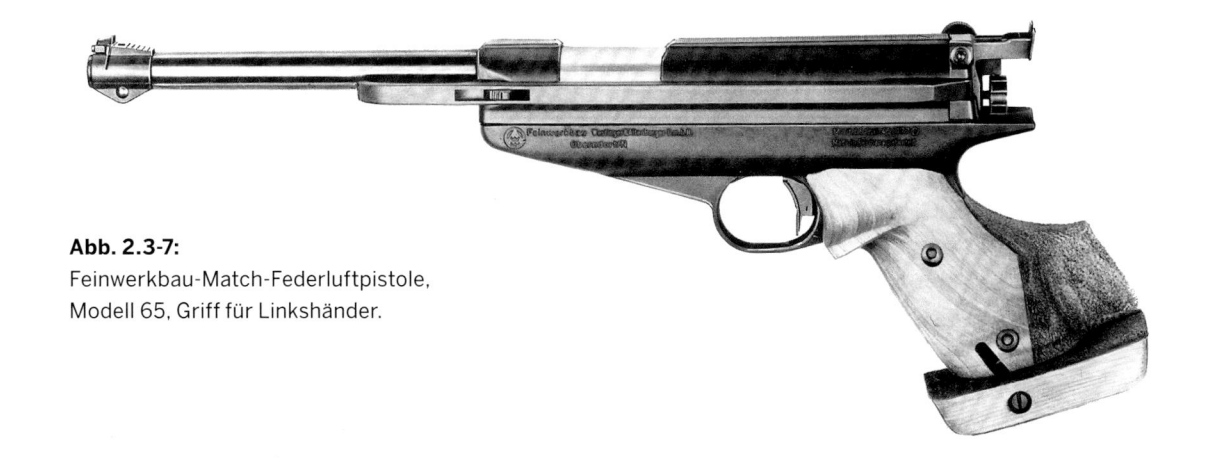

Abb. 2.3-7:
Feinwerkbau-Match-Federluftpistole, Modell 65, Griff für Linkshänder.

Bei den späteren Ausführungen des Modells 65 ist ebenso wie bei den Modellen 80 und 90 die Breite des Kimmeneinschnitts wahlweise zwischen 2,0 und 2,8 mm, 2,5 und 3,3 oder 3,0 und 3,8 stufenlos einstellbar, Korne der Breiten 3,0 und von 3,2 bis 5,0 mm Breite in Schritten von 0,3 mm können leicht gegeneinander ausgetauscht werden, so dass die Visierung problemlos den Wünschen des Schützen angepasst werden kann.

Eine Besonderheit des Modells 65 ist der durch Umlegen eines Stellhebels von etwa 5 N auf etwa 13 N einstellbare Abzugwiderstand. Diese Eigenart erlaubt dem Schützen ein praxisnahes Training mit einem größeren Abzugwiderstand. Außerdem kann der Rücklauf des Waffenoberteils blockiert werden, um den Rückstoß von „scharfen" Waffen zu simulieren. Bei der Konzeption der Pistole wollte Feinwerkbau wohl die Anwendungsmöglichkeiten des Modells 65 erweitern. Das Luftpistolenschießen hat sich aber als so selbständige und beliebte Disziplin erwiesen, dass die Umstelleinrichtung entbehrlich war, was sich daran zeigt, dass die Modelle 80 und 90 von Feinwerkbau (FWB) nicht darüber verfügen. Das Modell 65 wurde auch mit einem fest installierten Laufmantel geliefert, der das Gewicht der Pistole um 80 g erhöht.

Das FWB-Modell 80 (Abb. 2.3-8) gleicht dem Modell 65 weitgehend, weicht jedoch durch die Führung des Abzuges von diesem wesentlich ab. Beim Modell 65 ist der Abzug wie bei vielen anderen Pistolen mittels einer Achse schwenkbar im Rahmen gelagert. Im Modell 80 hingegen wird der Abzug durch eine zweiarmige Schwinge, an deren Verbindungssteg er (verschiebbar) befestigt ist, parallel geführt. Die auf den Abzug beim Abziehen wirkende Kraft wird über den Verbindungssteg in das Abzugsystem eingeleitet. Diese Anordnung bietet den Vorteil, dass der Abzugwiderstand völlig unabhängig von der Stelle des Abzugs ist, auf die man beim Abziehen drückt.

Im Gegensatz dazu ist der Abzugwiderstand bei Abzugsystemen mit um eine Achse schwenkbaren Abzug von der Stelle der Krafteinwirkung abhängig. Drückt man in der Nähe der Achse auf den Abzug, so ist eine wesentlich größere Kraft zum Auslösen des Schusses erforderlich als wenn man in größerer Entfernung von der Achse, etwa am unteren Ende, auf den Abzug drückt. Auch hinsichtlich der Zusatzgewichte unterscheiden sich die Modelle 65 und 80. Für letzteres gibt es Zusatzgewichte von 15 g, 60 g und 85 g Masse, die einzeln oder in beliebiger Kombination an der Pistole angeschraubt werden können.

Abb. 2.3-8:
Feinwerkbau-Match-Federluftpistole, Modell 80, mit montierten Zusatzgewichten

Das Modell 90 electronic (Abb. 2.3-9) unterscheidet sich vom Modell 65 augenfällig durch die kantige Formgebung von Griffstück und Systemhülse, besonders aber durch das Auslösesystem. Mit dem Abzug, dessen Vordruck mit einer Schraube eingestellt werden kann, wird ein Kontakt geschlossen, der einen Transistor auf Durchgang schaltet. Darauf entlädt sich ein Kondensator über einen kleinen Elektromagneten, der die Sperre des Druckzylinders freigibt und so den Schuss auslöst. Der Kondensator wird von einer kleinen Batterie gespeist, deren Energie zu einigen Tausend Auslösungen reicht. Die Kriechströme im System sind so gering, dass auf einen Schalter verzichtet werden konnte. Der Vorteil dieses Systems liegt in der sehr großen Gleichmäßigkeit des Abzugwiderstandes, vorausgesetzt es wird immer genau auf dieselbe Stelle am Abzug gedrückt.

Abb. 2.3-9:
Feinwerkbau-Match-Federluftpistole, Modell 90.

Der Nachteil – wenn es einer sein sollte – liegt in der Verlängerung der Gesamtauslösezeit um etwa 2 ms gegenüber den Modellen 65 und 80. Diese zusätzliche Zeit wird benötigt, um nach der Freigabe des Stromkreises durch den Transistor den Elektromagneten mit genügend Energie zu versorgen. Wie andere Sportpistolen mit „elektronischen" Auslöseeinrichtungen konnte sich das Modell 90 nicht durchsetzen. Die Abmessungen der Pistole finden sich in Tabelle 2.3-1.

Der Spannhebel liegt bei allen Modellen an der linken Seite und ist hinten, etwa über Griffmitte, angelenkt. Die zum Spannen am Spannhebel erforderliche Maximalkraft ist mit etwa 40 N niedrig. Wird die Waffe jedoch beim Spannen am Griff gehalten, so treten dort recht große Kräfte wegen der kleinen Hebellänge (des Griffes, bezogen auf den Drehpunkt des Spannhebels) auf. Kraftsparend spannt man diese Pistolen, wenn man sie mit der rechten Hand (bei Rechtshändern) am Lauf fasst und den Griff auf einer (weichen) Unterlage abstützt.

Tabelle 2.3-1 Match-Federluftpistolen

	Diana-Modell			Feinwerkbau-Modell		
	6	6 M	6 G10	65	80	90
Masse [g]	1350	1350	1470	1150	1260	1320
Gesamtlänge [mm]	400	405	415	415	415	415
Höhe [mm]	165	158		145	158	164
Lauflänge [mm]	180	180	180	190	190	190
Abzugabstand [mm]	64	68	64-69	65	66–79	61–70
Vorwiderstand [N]	3,5; E	ca. 2; E	1,5-2; E			3,5; E
Abzugwiderstand [N]	5; E	5; E	3–10; E	5; E, auch 13	5; E	5
Visierlinie [mm]	360	360 (G) 345(M)	335-355; E	360	360	360
Mündungs-geschwindigkeit [m/s]	120	125	130	125–130		126
Auslösegesamtzeit [ms]	–	9	ca. 10	ca. 10	ca. 10	ca. 12
Jahr der Einführung	1960	1978	1974	1964	1977	1982
max. Kraft am Spannhebel [N]		150		40		

E = einstellbar

Hämmerli

Die Firma Hämmerli wurde 1863 von Johann Ulrich Hämmerli in Lenzburg gegründet und beschäftigte sich nach einiger Zeit auch mit der Herstellung von Scheibengewehren. Vor dem Zweiten Weltkrieg vertrieb (und fertigte?) man auch Scheibenpistolen, die von Hugo Döll, Suhl, konstruiert worden waren. Durch die politischen Umstände bedingt erlangte Hämmerli nach dem Krieg eine führende Rolle bei Freien Pistolen (Konstruktion Döll), Sport- und Schnellfeuerpistolen (Walther-Lizenz) und CO_2-Scheibenpistolen für das Schießen auf 10 m (siehe z. B. Modell Single unter CO_2-Pistolen). Diese Position verlor die Firma jedoch in den 1960er-Jahren: Die Konkurrenz war erstarkt, und Hämmerli verfügte nicht über moderne, erfolgreiche Konstruktionen.

1973 wurde Hämmerli von der SIG übernommen, die die Firma im Jahr 2000 an die Lüke & Ortmeier-Firmengruppe verkaufte. 2006 wurde Hämmerli von der Umarex-Gruppe übernommen.

Bei der von Umarex vermarkteten Kipplauf-Luftpistole „Firehornet" handelt es sich um ein Produkt des türkischen Herstellers Hatsan Arms Company, Izmir. Wie bei der Hatsan-Pistole Mod. 25 kann die Lauf/Zylinder-Einheit im Schuss auf dem Griffstück etwa 6 mm gegen die Kraft einer Zugfeder zurücklaufen, wodurch die Wirkung des Rückstoßes und Prellschlags stark gemindert wird, siehe Teilschnitt Abb. 2.3-11. Die aus Kunststoff gefertigte Kimme kann mittels Rast-Stellschrauben justiert werden. Das Plastik-Korn ist schwenkbar im Kornfuß gelagert und wird beim Spannen leicht von der Hand gegen den Druck einer Feder in den Kornfuß gedrückt. Mit 497 mg schweren Diabolo-Geschossen wurde 1,2 m vor der Mündung eine Geschwindigkeit von 139 m/s erreicht. Zur Pistole gehört ein Spanngriff, den man vorn über den Lauf schiebt. Lauf und Zylinder liegen bei der Firehornet ungewöhnlich hoch über der Hand.

Das gleiche Modell wird von Webley unter dem Namen Typhoon angeboten.

Abb. 2.3-10:
„Hämmerli"-Pistole Firehornet

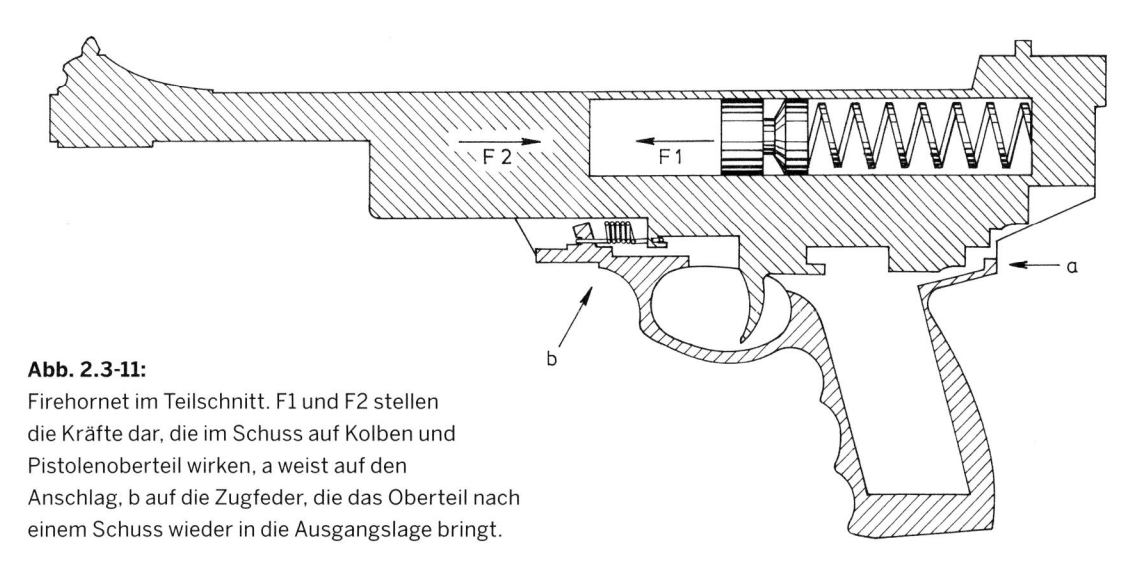

Abb. 2.3-11:
Firehornet im Teilschnitt. F1 und F2 stellen die Kräfte dar, die im Schuss auf Kolben und Pistolenoberteil wirken, a weist auf den Anschlag, b auf die Zugfeder, die das Oberteil nach einem Schuss wieder in die Ausgangslage bringt.

Kennwerte Hämmerli-Modell Firehornet

Gesamtlänge [mm]	372
Höhe [mm]	ca. 165
Breite [mm]	43,5
Lauflänge [mm]	170
Visierlinie [mm]	340
Abzugabstand [mm]	66 am Druckpunkt
Kaliber [mm]	4,5
Masse [g]	1443
Sicherung	Spanns. u. manuell

Federluftpistolen

3. Druckluftpistolen

Druckluftpistolen und besonders Druckluftgewehre haben eine lange Geschichte, in deren Verlauf eine Vielzahl von Konstruktionen ausgeführt worden ist. Dabei handelte es sich z.T. um Waffen, wie etwa das zu Beginn des 19. Jahrhunderts in der österreichischen Armee eingeführte Girandoni-Gewehr. Druckluftpistolen waren im 20. Jahrhundert lange eine Domäne nordamerikanischer Hersteller, besonders von Benjamin und Crosman. Erst 1965 änderte sich mit der Einführung der Walther LP 2, einer Match Druckluftpistole, die Lage. Die LP 2 war jedoch im Gegensatz zu den amerikanischen Produkten eine ausgesprochene Präzisionspistole.

Danach erschienen eine Fülle von guten Druckluftpistolen auf Markt. Aus der Sicht der Benutzer und aus technischen Gründen lassen sich die Druckluftpistolen in zwei Gruppen einteilen. Die erste Gruppe, und zu ihr gehören die eben erwähnten Modelle, umfasst die Pistolen mit eingebauter Luftpumpe, die den Schützen unabhängig von äußeren Druckluftquellen (Druckluftvorrat, Kompressor) macht. Die Pistolen der zweiten Gruppe sind mit einer meist abschraubbaren Druckluftflasche ausgerüstet, die mit Druckluft aus einer externen Quelle gefüllt werden muss. Wir wenden uns zunächst den Pistolen mit integrierter Pumpe zu.

3.1 Die Funktion von Druckluftpistolen mit Pumpe

Im Unterschied zu Federluftpistolen, die sich einer Feder als Energiespeicher bedienen, wird bei Druckluftpistolen komprimierte Luft (Druckluft) als Energiespeicher verwendet. Im einfachsten Fall wird der Pumpenkolben im Druckzylinder nach dem Kompressionshub arretiert und bildet den Abschluss der Druckkammer. Wir wollen Druckluftpistolen dieser Art als einhubig bezeichnen.

Bei einer Reihe amerikanischer Pistolen wird mit der Pumpe Druckluft erzeugt, die in einem kleinen Reservoir (Kammer) für den Schuss gespeichert wird. Da man bei diesen Pistolen den Druck im Reservoir durch wiederholtes Pumpen erhöhen kann, nennen wir sie mehrhubige Druckluftpistolen. Abbildung 3.1-1 zeigt einen vereinfachten Schnitt durch eine solche Pistole. Der Kolben (3) der Pumpe erzeugt im Zylinder (4) Druckluft, die in der Kammer (7) gespeichert wird. Das Reservoir wird durch die Ventile (5 und 6) verschlossen. a zeigt das ungeladene, gespannte System, bei dem sich der Kolben in Endstellung befindet (Pumpenhebel liegt an der Pistole an). b zeigt die Zufuhr von Druckluft in das Reservoir. Der Kolben bewegt sich nach hinten (links), die erzeugte Druckluft schiebt das Ventil aus seinem Sitz und strömt in das Reservoir. Die Pistole ist geladen und gespannt. In c ist der Abzug betätigt worden, das Schlagstück (8) ist von der Schlagstückfeder in Bewegung versetzt worden und auf den Schaft des Ventils (6) getroffen. Dadurch wurde das Ventil geöffnet, die Druckluft ist hinter das Geschoss in den Lauf geströmt, und das Geschoss befindet sich auf seinem Weg durch den Lauf.

Bei geeigneter Ausbildung von Pumpe, Reservoir und Ventilen erbringen Druckluftpistolen recht hohe Geschossenergien. Die normalen amerikanischen mehrhubigen Druckluftpistolen von Benjamin, Crosman, Daisy und Sheridan ermöglichen jedoch auf Grund ihrer Konstruktion keine großen Geschossgeschwindigkeiten. Das einfachste Mittel zur Begrenzung des erreichbaren Luftdruckes (und damit der Geschossgeschwindigkeit) liegt darin, der Pumpe ein gewisses Totvolumen zu geben. Der Enddruck im Reservoir ist nämlich gleich dem Enddruck im Totvolumen der Pumpe bei geschlossenem Einlassventil der Kammer.

Crosman gibt für die Modelle 1322 (Kaliber 5,5 mm) und 1377 (Kaliber 4,5 mm) folgende Mündungsgeschwindigkeiten in Abhängigkeit von der Zahl der Pumphübe an (bei Verwendung von Diabologeschossen):

Zahl der Pumphübe	Durchschnittliche Mündungsgeschwindigkeit [m/s]	
	Modell 1322	**Modell 1377**
3	67	96
6	113	101
10	131	149

Die Firma Sheridan stellte nur Pistolen im Kaliber 5 mm her, für die auch besondere Geschosse geliefert wurden. Für die Druckluftpistole Modell HB gibt Sheridan folgende Geschossgeschwindigkeiten an, die von dem 1,0 g schweren Sheridan-Bantam-Spitz-Geschoss erreicht werden.

Zahl der Pumphübe	Mündungsgeschwindigkeit [m/s]	Mündungsenergie [Joule]
3	73	2,7
4	85	3,6
6	102	5,2
8	113	6,4
10	123	7,6

Wie ein Blick in die Spalte Mündungsenergie zeigt, wird die nach dem Bundeswaffengesetz für freie Waffen zulässige Maximalenergie von 7,5 Joule bei zehnmaligem Pumpen knapp überschritten. Die Energiezunahme flacht auch nicht so stark wie bei den Crosman-Modellen ab, so dass man mit etwas Fleiß zu noch größeren Werten kommen kann. Die in Deutschland 1995 angebotene Ausführung erreichte die hier angeführten Geschwindigkeiten allerdings bei weitem nicht (8 Pumphübe: 45 m/s! Siehe U. Eichstädt, Visier, Ausgabe 8, 1995, S. 59).

Bei den Match-Druckluftpistolen mit Pumpe wird die Druckluft mit einem Pumphub erzeugt. Die Mündungsgeschwindigkeiten liegen zwischen etwa 105 und 125 m/s.

Für die befriedigende Funktion von Druckluft- und CO_2-Pistolen ist eine zuverlässige Abdichtung der Druckkammern sehr wichtig. Heute werden als Dichtelemente meist O-Ringe verwendet. Die Ventile werden so ausgebildet, dass der Gasdruck die Schließkräfte erhöht und dadurch die Abdichtung verbessert wird.

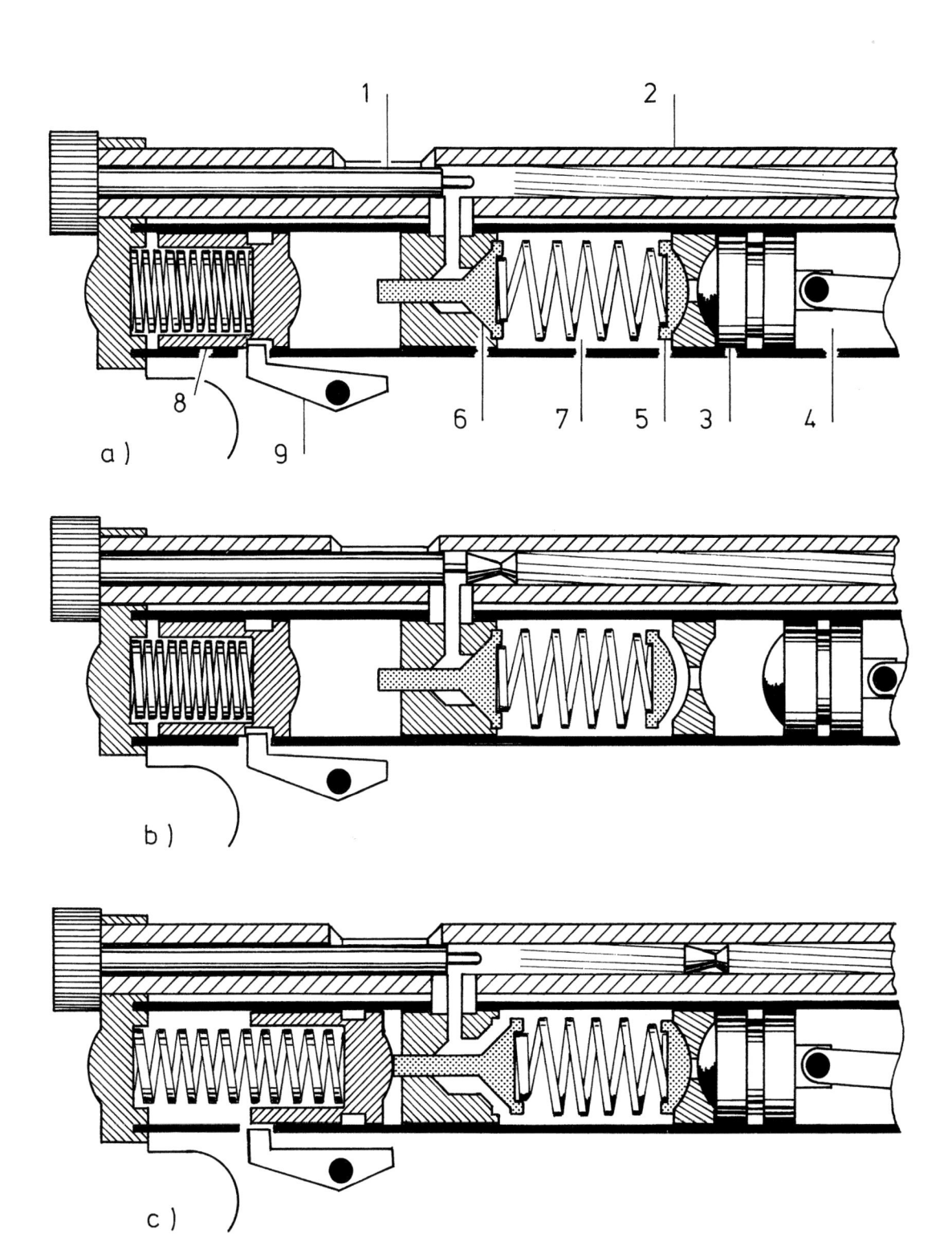

Abb. 3.1-1: Prinzip einer Druckluftpistole mit Druckluftkammer: 1 Verschluss, 2 Lauf, 3 Kolben, 4 Zylinder, 5 Kammerventil, 6 Auslöseventil, 7 Ventilfeder, 8 Schlagstück, 9 Spannstück. a) Pistole leer und gespannt, b) Pistole geladen, gespannt, während des Pumpens (so sollte man auf keinen Fall mit der Pistole umgehen!), c) Pistole im Moment der Schussabgabe.

3.2 Einfache Druckluftpistolen mit Pumpe

Benjamin

Die Firma Benjamin Air Rifle Co. hat ihren Sitz in Racine, Wisconsin (USA). Sie wurde 1887 von Walter R. Benjamin in Grand Tower am Mississippi gegründet und war von 1899 bis 1982 in St. Louis ansässig. Heute gehört die Firma wie auch Sheridan zu Crosman, und die Pistolen werden als Benjamin-Sheridan angeboten.

Die Abbildung 3.2-1 zeigt die Modelle 232 bzw. 237, Abbildung 3.2-2 das Modell 130. Die Modelle 232 und 237 unterscheiden sich nur durch das Kaliber. Ersteres ist für 5,5-mm-Geschosse, das Modell 237 für 4,5-mm-Geschosse eingerichtet. Die Gesamtlänge dieser Pistolen beträgt 290 mm, die Länge der gezogenen Läufe 216 mm und das Gewicht liegt bei 900 g. Mit etwa 0,8 g schweren Diabolos vom Kaliber 5,5 mm wird eine maximale Mündungsgeschwindigkeit von etwa 95 m/s erreicht, was einer Mündungsenergie von 4,5 Joule entspricht. Im Kaliber 4,5 mm beträgt die maximale Mündungsgeschwindigkeit 127 m/s. Das einfache Visier kann horizontal und vertikal verstellt werden.

1988 wurden die Modelle 232 und 237 durch die Modelle 242 und 247 ersetzt, ebenfalls in den Kalibern 5,5 bzw. 4,5 mm. Die Unterschiede sind geringfügig. 1991 wurde die Baureihe durch die Reihe Benjamin Sheridan Pneumatic Pellet Pistol H 17, H 20 und H 22 (vernickelt, HB-Reihe geschwärzt) ersetzt. Auch diese Pistolen ähneln den Ausgangsmodellen. Nach den Katalogangaben sind sie etwas größer und schwerer. Die Zahlen in der Modellbezeichnung weisen auf das Kaliber: 17 steht für 0,177" (4,5 mm), 20 für 0,20" (5,0 mm) und 22 für 0,22" (5,5 mm).

Das Benjamin-Modell 130 (Abb. 3.2-2) wurde von 1942 mit geringen Änderungen bis etwa 1988 nur im Kaliber 4,5 mm gebaut. Bei einer Masse von 900 g, einer Lauflänge von 203 mm und einer Gesamtlänge von 280 mm eignet es sich ähnlich wie die Modelle 232 und 237 zum Übungsschießen. Da der Lauf glatt ist, dürfen allerdings an die Schusspräzision keine hohen Anforderungen gestellt werden. Das Visier kann nach Höhe und in Seitenrichtung justiert werden. Mit 0,5 g schweren Diabolos werden Mündungsgeschwindigkeiten bis über 130 m/s erreicht.

Abb. 3.2-1:
Benjamin-Druckluftpistole, Modell 232, Kaliber 5,5 mm (das Modell 237 unterscheidet sich von diesem Modell durch das Kaliber 4,5 mm).

Abb. 3.2-2:
Benjamin-Druckluftpistole, Modell 130, Kaliber 4,5 mm, glatter Lauf.

Crosman

Die Crosman Air Guns Division (of Coleman Co.) stellt eine große Zahl verschiedener Luftpistolen- und Luftgewehrmodelle her. Die Gesellschaft wurde 1926 in Rochester im Staate New York in den USA gegründet und hat heute ihren Sitz in Bloomfield, N.Y..

Abbildung 3.2-3 zeigt das Modell 1300 Medallist. Die Pistole wurde im Kaliber 5,5 mm hergestellt. Folgende Werte zeigen die Abhängigkeit der Mündungsgeschwindigkeit (MG) von der Zahl der Pumphübe (P) bei Verwendung von 1 g schweren Diabolos:

P = 3, MG = 40 m/s;
P = 6, MG = 88 m/s;
P = 10, MG = 104 m/s.

Die Pistole wiegt etwa 900 g und hat eine Gesamtlänge von 300 mm. Der Lauf ist 185 mm lang und hat 10 Züge mit einer Dralllänge von 405 mm. Das Visier kann mittels Klemmschrauben horizontal und vertikal justiert werden. 1977 wurde das Modell 1300 durch die Modelle 1377 (Kaliber 4,5 mm) und 1322 (Kaliber 5,5 mm) ersetzt. Die Änderungen betreffen das Äußere der Pistole, wenn man von der Hinzunahme des Kalibers 4,5 mm absieht.

Abb. 3.2-3:
Crosman-Druckluftpistole, Modell 1300 Medalist.

Gamo

Industrias El Gamo brachte 1987 mit dem Modell PR-15 ihre erste Druckluftpistole auf den Markt, der eine Reihe ähnlicher Modelle folgten. Die PR-15 verschießt 4,5-mm-Blei-Rundkugeln, von denen 15 in ein Magazin geladen werden können. Das vorn am Rahmen angelenkte Oberteil dient als Pumphebel und kann nach Eindrücken der hinten liegenden Sperre hochgeklappt werden. Nicht nur hierin ist diese Gamo-Druckluftpistole dem F.A.S.-Modell AP 604 sehr ähnlich. Der glatte Lauf ist 175 mm lang, die Gesamtlänge der ca. 1000 g schweren Pistole beträgt 250 mm. 1992 wurde diese Pistole vom ganz ähnlichen Modell AF-10 (Abb. 3.2-4) abgelöst, das bei einer Gesamtlänge von 220 mm einen 175 mm langen gezogenen Lauf besitzt. Das Visier ist seitlich verstellbar. Der Rahmen besteht weitgehend aus Kunststoff, was das niedrige Gewicht von ca. 550 g erklärt. Die Schiebesicherung sperrt den Abzug. Das Magazin fasst 10 Rundkugeln. Vor Abgabe eines jeden Schusses muss durch einmaliges Pumpen Druckluft erzeugt werden. Mit Diabolos, die einzeln geladen werden müssen, werden auf 10 m Entfernung 5-Schuss-Gruppen von ca. 15 mm Durchmesser erreicht. Die Mündungsgeschwindigkeit von Diabolos liegt bei 100 m/s.

Das Gamo-Modell PR-45 (Abb. 3.2-5) unterscheidet sich von den hier beschriebenen durch einen längeren Lauf (210 mm), eine Gesamtlänge von 280 mm und ein Gewicht von ca 700 g. Der Abzugabstand liegt bei 72 mm. Die 4,5-mm-Diabolos werden einzeln geladen und erreichen eine Mündungsgeschwindigkeit von etwa 120 m/s. Da das Visier seitlich und in der Höhe justiert werden kann und der Lauf genau schießt, kann die PR-45 zum sportlichen Schießen benutzt werden, wenn auch nicht auf höherer Ebene.

Das Modell Compact gleicht weitgehend dem Modell PR-45. Es ist mit einem Sportgriff mit verstellbarer Handkantenauflage ausgerüstet, wodurch sich das Gewicht auf ca. 910 g erhöht. Auch ist der Abzugwiderstand mit ca. 7,3 N kleiner als bei der PR-45, und auf die Sicherung wurde verzichtet. Nimmt man die Griffschalen ab, hat man auf der rechten Seite Einblick in das Auslösesystem. Der Rasteneingriff lässt sich mittels Stellschraube einstellen, die unten am hinteren Ende des Abzugbügels zugänglich ist. In der Tabelle sind mittlere Geschossgeschwindigkeiten zusammengestellt worden, die mit Haendler & Natermann-Geschossen erreicht wurden, wobei jeweils vier Messungen vorgenommen wurden.

Geschoss	Finale Match 449 mg	Field & Target Trophy 567 mg	Baracuda Match 679 mg	Silver Point 748 mg
Geschw. $v_{1,2}$ [m|s]	115,0	102,1	94,7	90,9
Energie [J]	2,97	2,95	3,04	3,09

Abb. 3.2-4:
Gamo-Druckluftpistole, Modell AF-10

Abb. 3.2-5:
Gamo-Druckluftpistole, Modell PR-45.

Sheridan

Einer der jüngsten amerikanischen Hersteller von Luftgewehren und -pistolen war die 1945 gegründete Sheridan Products Inc., Racine (Wisconsin). 1977 wurde Sheridan von Benjamin gekauft. Heute gehört Sheridan ebenso wie Benjamin zu Crosman. 1978 erschien die erste Sheridan-Pistole, das Modell E, das CO_2 als Treibmittel verwendet.

1982 brachte Sheridan die Druckluftpistole Modell HB (Abb. 3.2-6) auf den Markt. Bei einer Gesamtlänge von 305 mm wiegt die HB etwa 1000 g. Der Lauf ist für das 5-mm-Sheridan-Kaliber eingerichtet, etwa 240 mm lang und gezogen. Die Drallänge beträgt 305 mm. Die Leistung des Modells HB ist weiter oben in diesem Kapitel beschrieben. Näheres über das Sheridan-Geschoss findet sich im Abschnitt über Luftgewehrkugeln. Das Visier kann seitlich und in der Höhe durch Schrauben justiert werden. Besonders bei Verwendung von 5-mm-Diabolos eignet sich diese Pistole zum Übungsschießen.

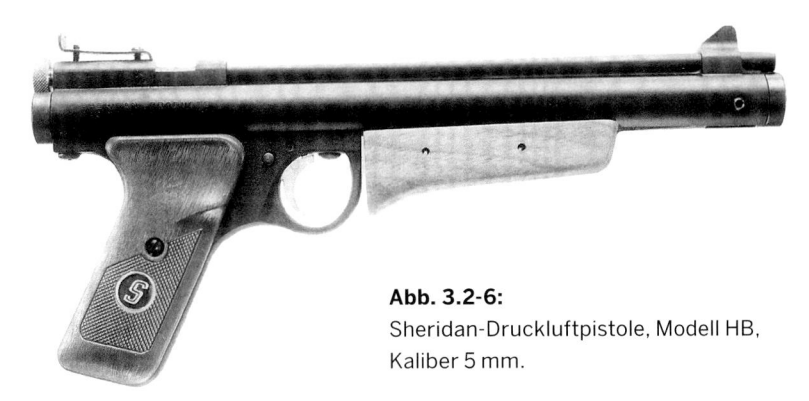

Abb. 3.2-6:
Sheridan-Druckluftpistole, Modell HB, Kaliber 5 mm.

Weihrauch

Modell HW 75

Das Modell HW 75 (Abb. 3.2-7) ähnelt dem Modell HW 45, benutzt jedoch Druckluft als Energiespeicher, während die HW 45 eine Federluftpistole ist. Der Lauf liegt im oben liegenden Pumphebel, der vorn am Rahmen angelenkt ist. Nach Eindrücken einer Sperre links neben dem Hahn wird der Hebel nach oben/vorn geschwenkt. Dabei wird das Laufende zum Laden frei. Die Druckluft wird beim Schließen des Hebels erzeugt, der über eine Stange mit dem im Zylinder gleitenden Kolben verbunden ist. Der Hahn wird nun gespannt. Er schlägt nach Auslösen auf den Ventilschaft des Ventils der Druckluftkammer, und die Druckluft strömt hinter das Geschoss und treibt es aus dem Lauf. Der Abzugwiderstand lässt sich von ca. 4 bis 14 N durch eine Stellschraube regulieren, mit zwei weiteren Vorweg und Auslöseweg. Das ca. 1000 g wiegende Modell 75 hat einen 170 mm langen Lauf.

Modell 40 PCA

1998 brachte Weihrauch das Modell 40 PCA heraus (40 soll eine gewisse Assoziation zum Kaliber 40 S&W wecken, PCA bedeutet Pre Compressed Air = Vorkomprimierte Luft), eine preiswerte, genau schießende Übungspistole (Abb. 3.2-8). Die Anordnung von Lauf, Druckzylinder und Kolbenstange wurde wie bei dem F.A.S.-Modell A.P. 604 gewählt. Das Visier ist in Höhen- und Seitenrichtung einstellbar, das Rechteckkorn 2,0 mm breit. Der Öffnungshebel sieht aus wie der Hahn einer Selbstladepistole und arretiert den vorn am Rahmen angelenkten Pumphebel, in dem auch der gezogene Lauf liegt, am hinteren Ende. Beim Öffnen des Pumphebels wird die Pistole automatisch gesichert. Der Druckpunktabzug ist einstellbar. Die Resultate von Geschossgeschwindigkeits-Messungen sind in der folgenden Tabelle zusammengestellt worden.

Geschoss	449 mg	567 mg	679 mg	748 mg
Geschwindigkeit $v_{1,2}$ [m/s]	121,8	103,6	95,2	93,8
Energie [J]	3,33	3,04	3,07	3,29

Abb. 3.2-7:
Weihrauch-Druckluftpistole, Modell 75.

Abb. 3.2-8:
Weihrauch-Druckluftpistole, Modell 40 PCA.

Webley

Die letzte Webley-Luftpistole ist das Modell Nemesis (Abb. 3.2-9, Nemesis ist die griechische Göttin der Rache). 1994 wurde mit der Herstellung begonnen, die wahrscheinlich 2004 wieder eingestellt wurde. Das Rechteckkorn ist 3,0 mm breit, die Kimme in Höhe und Seite mittels Schrauben justierbar. Die Schiebesicherung liegt am vorderen oberen Ende des Abzugbügels und sperrt, von rechts her eingedrückt, den Abzug. Der Lauf ist gezogen. Der Hebel zum Öffnen von Pumphebel und Lauf liegt unter dem Visier. Für den Verfasser fühlt sich der Griff ausgesprochen grobgeschnitzt an. Die Nemesis wurde in einer ansprechenden Reißverschluss-Tasche angeboten.

Die Daten der Nemesis finden sich zusammen mit denen der HW 40 PCA in der Tabelle. In einer weiteren sind die Ergebnisse von Geschwindigkeitsmessungen festgehalten.

Kennwerte Weihrauch-Modell 40 PCA und Webley Nemesis

Modell	40 PCA	Nemesis
Gesamtlänge [mm]	240	250
Höhe [mm]	ca. 156	ca. 140
Breite [mm]	38	35
Lauflänge [mm]	170	196
Visierlinie [mm]	190	228
Abzugabstand	64	67
Kaliber [mm]	4,5	4,5
Masse [g]	785	1020

Mit einer Nemesis erreichten Geschossgeschwindigkeiten und -energien

Geschossmasse [mg]	449	567	679	748
Geschwindigkeit $v_{1,2}$ [m/s]	117,8	105,1	94,2	91,1
Energie [J]	3,11	3,13	3,01	3,10

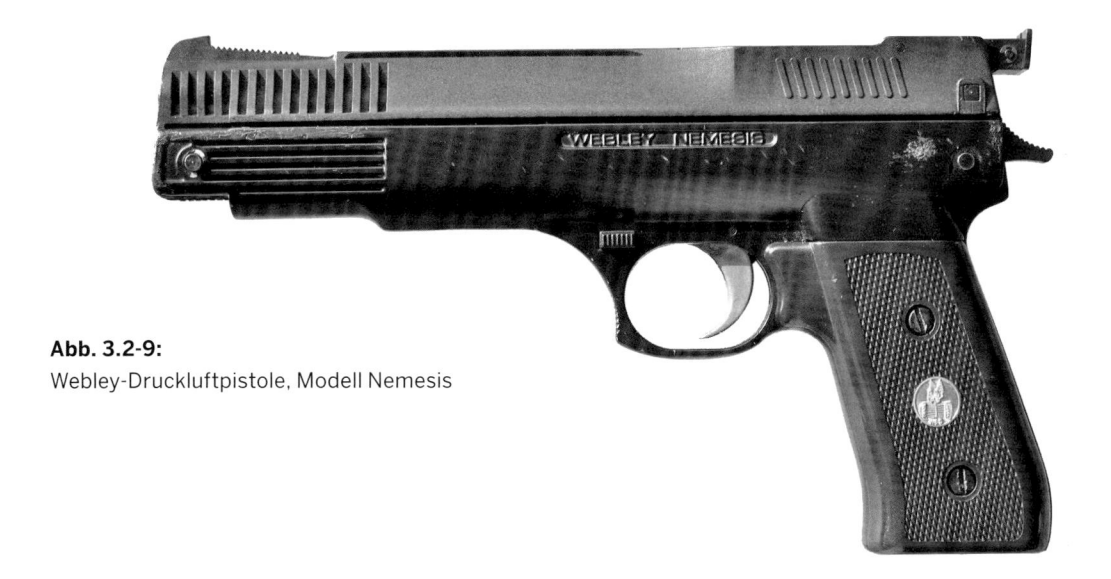

Abb. 3.2-9:
Webley-Druckluftpistole, Modell Nemesis

Maruzen APS-3 (Hämmerli)

Umarex brachte 2007 eine von der japanischen Firma Maruzen gefertigte Airsoft-Pistole auf den Markt, die unter der Bezeichnung Hämmerli APS angeboten wird (Abb. 3.2-10, PTB-Zulassungsliste 930: Nr. 897). Sie gehört zur Gruppe der Airsoft-Pistolen (siehe Kapitel 5), die Plastik-Rundkugeln von nominell 6 mm Durchmesser verschießen. Zum Laden wird der über dem Griff liegende Spannhebel nach oben geschwenkt, wobei der Abzugmechanismus gespannt und die Ladeöffnung freigegeben wird. Nach Einlegen eines BBs wird der Ladehebel in Ausgangsstellung geschwenkt. Mit der unter dem Lauf liegenden Einhub-Pumpe erzeugt man dann die erforderliche Druckluft. Die Pistole ist schussfertig, wenn die Schiebesicherung nach links gedrückt ist. Die Kimme ist mittels Stellschrauben in Höhe und Seite justierbar, der Abzugabstand einstellbar, ebenso die Handkanten-Auflage. Zur Pistole gehören zwei Korne (4,5 und 4,8 mm breit), sowie zwei Magazine, die jeweils 5 BBs aufnehmen können und an der rechten Seite der Pistole angesetzt werden. Aus Messungen der Geschossgeschwindigkeit mit BBs unterschiedlicher Masse ergab sich folgende Abhängigkeit der $v_{1,5}$ vom Geschossgewicht. $v_{1,5}[m/s] = 74,7 - 61,6\ M_{Geschoss}[g]$ bei einem Korrelationskoeffizienten $r = -0,994$. Auf eine Entfernung von 5 bis 8 m ließen sich (freihändig) Streukreise von ca. 5 cm auf „Klebescheiben" (sticky targets) erreichen.

Kenndaten „Hämmerli APS" (Maruzen APS-3)

Länge [mm]	403
Höhe [mm]	ca. 142
Breite [mm]	52
Visierlinie [mm]	317
Abzugabstand [mm]	58 – 69
Kaliber [mm]	6, BB
Masse [g]	936

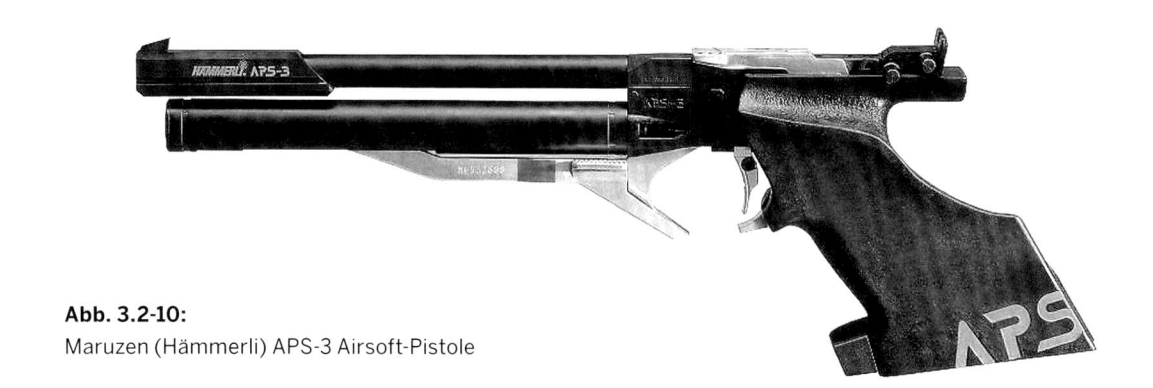

Abb. 3.2-10:
Maruzen (Hämmerli) APS-3 Airsoft-Pistole

3.3 Druckluft-Matchpistolen mit Pumpe

Tabelle 3.3-1 gibt eine Übersicht über die wichtigsten Eigenschaften der älteren dieser Druckluft-Matchpistolen. Die Daisy-Modelle erfüllen nicht alle Forderungen, die man billigerweise an eine Matchpistole stellen muss. Sie wurden aufgenommen, weil sie den ersten Versuch eines der großen amerikanischen Hersteller darstellen, Match-Luftpistolen in Serie zu fertigen.

Bei näherer Betrachtung zeigt sich, dass man bei der Konstruktion wohl zu sehr auf die Herstellungskosten gesehen hat. Mit etwa gleichem Recht könnte man übrigens auch z.B. die Crosman-Mark-II-CO_2-Pistole als Matchpistole einstufen.

Druckluft-Matchpistolen lassen sich billiger als Match-Federluftpistolen fertigen und sind unabhängig von fremder Energiezufuhr (CO_2 oder Druckluft).

Wie bereits bemerkt, handelt es sich bei allen bisher angebotenen Druckluft-Matchpistolen mit Pumpe um einhubige Konstruktionen. Die im Zylinder befindliche Luft wird durch den Kompressionshub des Kolbens im Raum zwischen Kolben und Auslassventil komprimiert. Da kein besonderes Druckluftreservoir vorhanden ist, steht praktisch immer die gleiche Menge Druckluft unter ein und demselben Druck zum Geschossantrieb zur Verfügung (wir sehen hier vom Einfluss des Atmosphärendruckes und der Lufttemperatur ab).

Ein Unterscheidungsmerkmal ist die Anordnung und Form der Pumphebel:

1.) Der Hebel ist seitlich (links, da für Rechtshänder günstig) angebracht und vorn angelenkt, wie bei den Air-Match- und den Power-Line-Daisy-Modellen. Diese Anordnung ist ergonomisch ungünstig, weil beim Pumpen nicht nur die Pumparbeit geleistet werden muss, sondern auch ein Drehmoment von der den Griff haltenden rechten Hand aufgenommen werden muss, wenn man die Pistole nicht abstützt und gänzlich anders hält.

2.) Das Oberteil der Pistole samt Lauf dient als Pumphebel und ist vorn angelenkt, wie bei den F.A.S.-Pistolen und Folgekonstruktionen. Beim Arbeitshub tritt kein störendes Moment auf.

3.) Der Pumphebel ist vorn angelenkt und liegt unter der Pistole. In der ursprünglichen Ausführung ist der Pumphebel immer kurz, wie z.B. bei den Sheridan-Pistolen. Moderne Matchpistolen sind mit langen Hebeln ausgestattet, die bis unter den Griff reichen. Der lange Hebel verringert den Kraftaufwand beim Pumpen (nicht den Arbeitsaufwand). Diese Anordnung ist die ergonomisch beste.

Abbildung 3.3-1 zeigt das Prinzip der einhubigen Druckluftpistolen: a Pistole mit geöffnetem Verschluss (1). Das Spannstück (2) hat das Schlagstück (3) freigegeben, das durch Auftreffen auf den Ventilschaft (4) den Ventilteller (5) aus seinem Sitz gehoben hat. Der Kolben (6) befindet sich in einer mittleren Stellung. In b ist die Pistole geladen und gespannt. Der Verschlussstößel hat das Diabologeschoss in den Lauf bis hinter den Druckluftkanal geschoben. Das Schlagstück wird vom Spannstück in gespannter Stellung gehalten. Im Raum zwischen Kolben und Ventil befindet sich Druckluft. c zeigt den Zustand kurz nach dem Auslösen. Das Schlagstück hat das Ventil geöffnet, Druckluft ist hinter das Geschoss geströmt und bläst es durch den Lauf. Die Entwicklung der modernen, Kompressor-gespeisten Druckluftpistolen hat zum weitgehenden Verschwinden der „autonomen" Druckluftpistolen geführt.

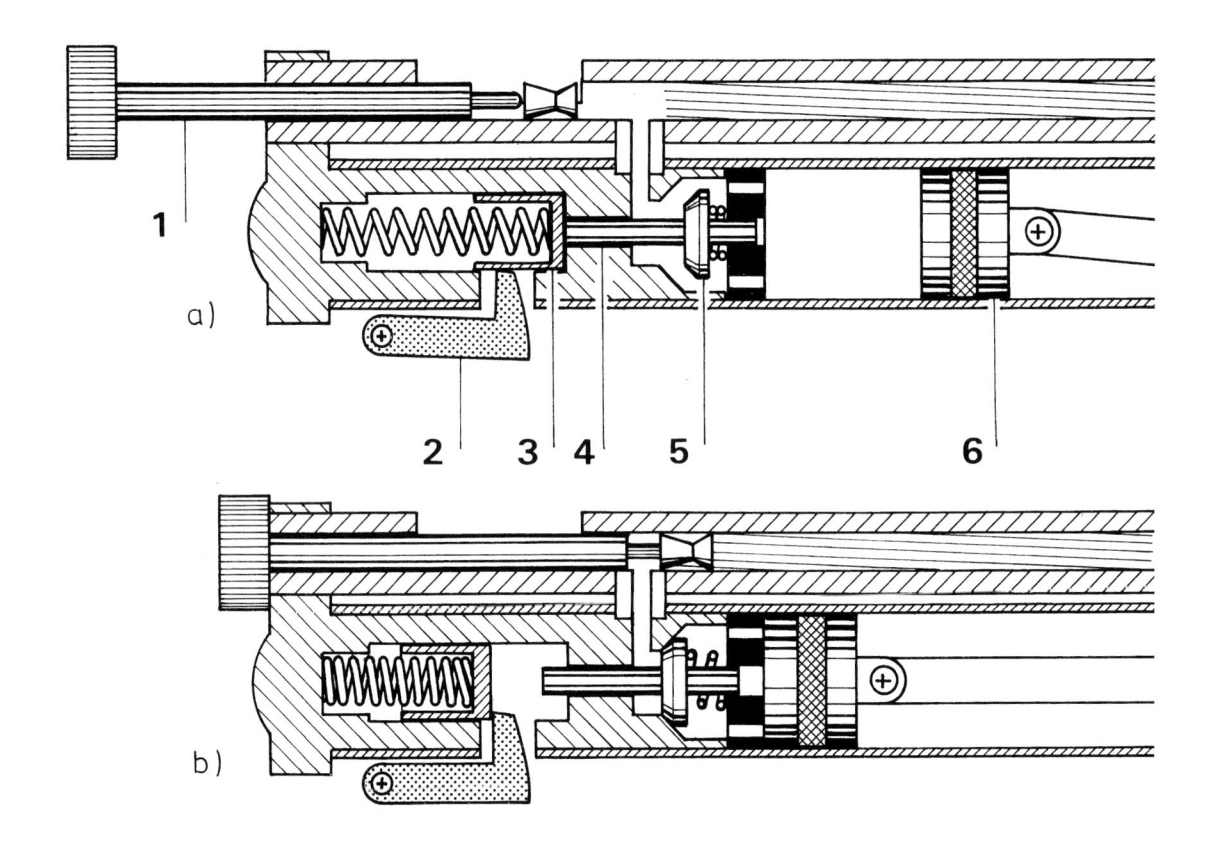

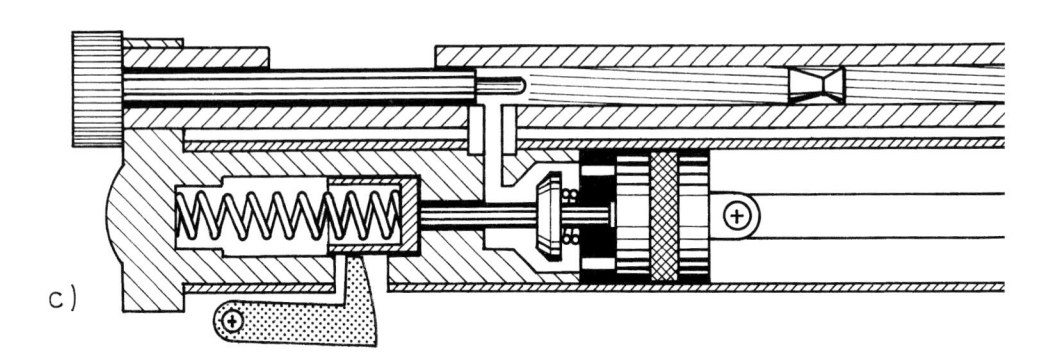

Abb. 3.3-1: Prinzip einer Druckluftpistole mit Druckluftkammer: 1 Verschluss, 2 Lauf, 3 Kolben, 4 Zylinder, 5 Kammerventil, 6 Auslöseventil, 7 Ventilfeder, 8 Schlagstück, 9 Spannstück. a) Pistole leer und gespannt, b) Pistole geladen, gespannt, während des Pumpens (so sollte man auf keinen Fall mit der Pistole umgehen!), c) Pistole im Moment der Schussabgabe.

Tabelle 3.3-1: Ältere Match-Druckluftpistolen mit Pumpe

	Air Match 600	Daisy 717	Daisy 777	F.A.S AP 604	Pardini.-Fiocchi P 10	Waffen-techn. System Joniskeit	Walther LP 2	Walther LP 3	Walther LP 3 Match
Masse [g]	995	1280	1400	990	1050	1250	1300	1270	1350
Gesamtlänge [mm]	335	346	345	290	357	400	332	ca. 335	335
Höhe [mm]	135	146		140	145	160	ca. 160	ca. 160	160
Lauflänge [mm]	225	245	244	190	196	310	241	236	240
Abzugabstand [mm]	62-67, E	68	68	63 E	61 - 68, E	63-83 E	65	63	
Vorwiderstand [N]	E	etwa 0,5	etwa 0,5	etwa 3,5, E	etwa 3, E	etwa 3, E			
Abzugwiderstand [N]	5, E	etwa 15	6 -17, E	5, A	5, E	5, A	5, E	5, E	5, E
Visierlinie [mm]	275	324	324	245	300	330	290	290	290
Mündungsge-schwindigkeit [m/s] in Klammern Geschossmasse	110	118	118	115 (0,49 g)	119 (0,49 g)	121 (0,54 g)	106 (0,54 g)	106	106
Auslöse-gesamtzeit [ms]	4	4	4	6	4	4	5	5	5
max. Kraft am Pumpenhebel [N]	130	75	75	100	80	120			
Fertigung ab	1980	1979	1980		1983	1985	1965	1971	1973
bis							1971	1981	1982

A = (über den) Vordruck einstellbar, E = einstellbar

Air Match C.U. 400 und 600

Die italienische Firma Air Match s.r.l. (Mailand) brachte 1980 das Modell Air Match C.U. 400 (Abb. 3.3-2) heraus. Nach Änderung des Auslösesystems und Einbau einer wenig gelungenen Trockentrainingseinrichtung wurde die Modellbezeichnung in C.U. 600 geändert. Der Hebel der Kompressionspumpe liegt an der linken Seite der Pistole und ist vorn angelenkt. Die Betätigung des Hebels beim Komprimieren der Luft ist unbequem und erfordert recht viel Kraft. Beim Öffnen des Kompressionshebels wird der Lauf axial nach vorn aus dem Gehäuse geschoben, wodurch das hintere Laufende zum Laden gut zugänglich wird. Beim Kompressionshub gleitet dann der Lauf selbsttätig wieder zurück und das Laufende wird gegen die Dichtung der Druckluft-Austrittsöffnung gedrückt.

Zum Lieferumfang gehörten 5 Korne von 4,0 bis 6,0 mm Breite (0,5 mm-Schritte) und 4 Kimmenblätter mit 3,4 bis 4,6 mm breiten Einschnitten (0,4 mm-Schritte). Das Visier kann mittels Rastschrauben seitlich und in der Höhe justiert werden. Der anatomisch geformte Griff hat eine einstellbare Handkantenauflage.

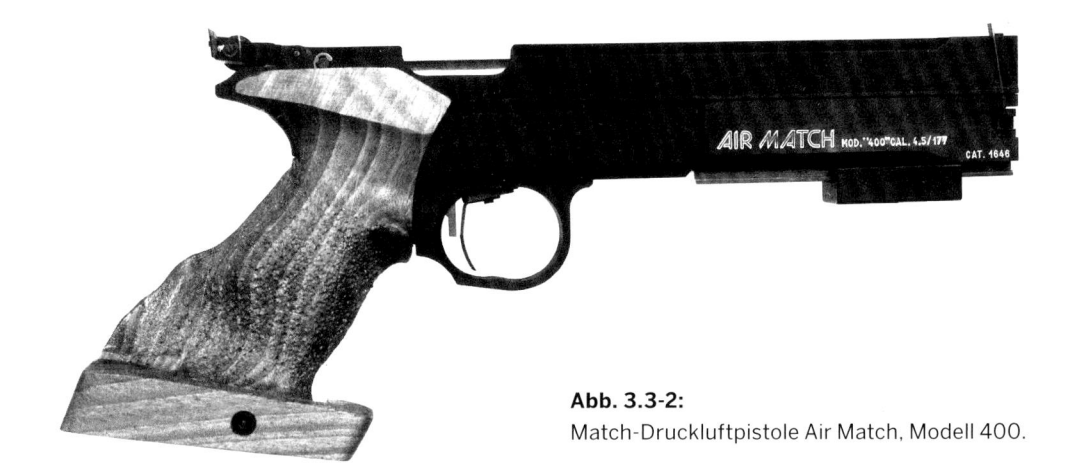

Abb. 3.3-2:
Match-Druckluftpistole Air Match, Modell 400.

Daisy

Die Daisy Manufacturing Co., Rogers (Arkansas), stellt in den USA mit dem Modell 717 Pellet Pistol (Abb. 3.3-3) und 747 (früher 777) Match Pistol zwei nur bedingt matchtaugliche Druckluftpistolen her. Das Modell 717 ist sehr einfach ausgestattet, das Modell 747 berücksichtigt die Anforderungen der Sportschützen besser.

Der Kompressionshebel ist vorn angelenkt, liegt an der linken Seite der Pistole und lässt sich gut betätigen. Der Lauf wird hinten durch einen Schiebeverschluss abgeschlossen, der dem in Abbildung 3.3-1 dargestellten ähnelt. Der Verschluss ist mit einer Sicherung gekoppelt: Solange er geschlossen ist, lässt sich keine Luft komprimieren.

Abzugwiderstand und Abzugcharakteristik sind beim Modell 717 nicht matchtauglich und erfordern sachgerechte Überarbeitung. Die Kimme kann horizontal und vertikal mit Hilfe von Stellschrauben eingestellt werden, das Korn ist etwa 4 mm breit. Das Modell 747 (früher 777) wird im Gegensatz zur einfacheren Ausführung mit Lothar-Walther-Läufen ausgerüstet. Das Balkenkorn ist 3,8 mm breit, das Visier nach Seite und Höhe mit Rastschrauben justierbar. Die Breite des Kimmeneinschnitts kann von 1,5 mm bis 6,5 mm eingestellt werden. Der Abzugwiderstand kann zwischen etwa 7 N und 17 N durch Drehen einer Stellschraube verändert werden. Die Schussgenauigkeit dieser Waffen erscheint hinreichend: Nach einem Bericht im American Rifleman wurden bei Schießversuchen als durchschnittliche Größe von Zehn-Schuss-Gruppen 9,4 mm ermittelt.

Wenn man auch die Qualität der Daisy-Pistolen nicht mit denen von Feinwerkbau, Steyr oder Walther vergleichen kann – sie kosten auch viel weniger – , so kann man doch auch mit ihnen ansehnliche Ergebnisse erzielen.

F.A.S. AP 604

Hergestellt wird die AP 604 (Abb. 3.3-4; AP = Air Pistol = Luftpistole) von der Fabrica Armi Sportive (Sportwaffenfabrik) in Mailand, die unter der Abkürzung F.A.S. bekannt ist.

Zum Ansaugen der Luft wird der vorn angelenkte Pumpenhebel nach Eindrücken einer Sperre, die links neben dem Visier angebracht ist, nach oben/vorn geschwenkt. Durch Zurückdrücken wird die angesaugte Luft komprimiert. Der Pumpenhebel trägt Kimme und Korn. Auf seiner Unterseite ist der Lauf montiert, dessen Ende beim Aufklappen zum Laden freigelegt wird. Wegen der Kürze des Pumpenhebels ist zwar der Widerstand beim Schließen nicht klein, die erforderliche Bewegung ist jedoch ergonomisch günstig und erfordert keine sonderliche Anstrengung.

Abb. 3.3-3:
Druckluftpistole von Daisy, Modell 717.

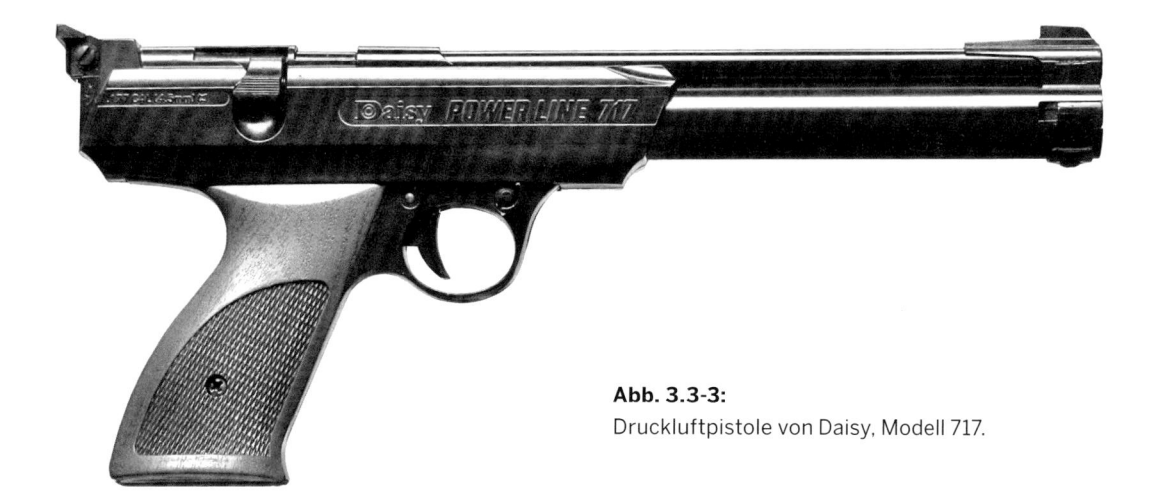

Das Balkenkorn ist 4,2 mm breit, der Kimmeneinschnitt 3,3 mm. Das Visier lässt sich horizontal und vertikal mittels Rastschrauben reproduzierbar einstellen. Die Abzugcharakteristik des Druckpunktabzugs kann so eingestellt werden, dass der eigentliche Auslöseweg sehr kurz ist. Bei Temperaturen unter 10 °C kann es vorkommen, dass die Druckkammer nicht vollständig abgedichtet wird. Bei höheren Temperaturen arbeitet die Pistole hingegen perfekt und hält den Druck auch über viele Tage. Mitunter wird der im Vergleich zu anderen Matchluftpistolen kurze Abstand zwischen Kimme und Korn beanstandet.

Man kann jedoch mit Sicherheit sagen, dass die Visierlänge von 245 mm völlig ausreicht und größere Längen keinen Vorteil bringen. Das liegt daran, dass mit zunehmendem Abstand der Visiermittel zwangsläufig die Schärfe abnimmt, mit der eines von ihnen (Korn oder Kimme) auf der Netzhaut abgebildet wird. Der (scheinbare) Vorteil der größeren Visierlänge wird also durch das Unvermögen des Auges, zwei unterschiedlich entfernte Gegenstände gleichzeitig scharf zu sehen, praktisch wieder aufgehoben. Das geringe Gewicht und die gute Handhabbarkeit machen die AP 604 auch für schwächere Schützen geeignet.

Abb. 3.3-4:
Match-Druckluftpistole von F.A.S., Modell A.P. 604.

Feinwerkbau

Die erste Druckluft-Matchpistole von Feinwerkbau ist das von 1988 bis 1998 angebotene Modell 100, siehe Abbildung 3.3-5. Der Pumphebel ist vorn angelenkt und lässt sich um 120° abschwenken. Bei dieser Öffnungsbewegung springt die Ladeklappe auf, der Schlagbolzen wird gespannt, und Luft wird in den Zylinder gesaugt, die beim Schließen auf ein Volumen von 0,5 cm³ und einen Druck (isotherm) von ca. 110 bar komprimiert wird. Dabei muss eine Kraft von ca. 100 N am Pumphebel aufgebracht werden, ein recht günstiger Wert.

Das Modell 102 (Abb. 3.3-6) hat zwei Pumphebel, von denen der kleinere zum Vorverdichten dient und der zweite den Enddruck von ca. 100 bar in dem dann knapp 1 cm³ großen Druckraum herstellt. Zum Schließen des kleinen Hebels ist eine Kraft von etwa 50 N, des zweiten von ca. 70 N erforderlich. Ungefähr 10 mm vor der Laufmündung ist ein Blech angebracht, das an zwei Stegen einen 2 mm breiten Ring von 5 mm Innendurchmesser trägt, durch den das Geschoss fliegt. Diese Brille ist ein einfacher Vorläufer der später aufwendig ausgebildeten Deflektoren, die das nachströmende Treibgas ablenken und ein Überholen des Geschosses verhindern sollen, um eine präzisionsmindernde Beeinflussung der Flugbahn durch die nachströmende Druckluft zu vermeiden.

Beim Modell 103 (Abb. 3.3-7) kehrte Feinwerkbau wieder zum einfachen Pumphebel zurück, der allerdings abnehmbar ist. Die Pistole ist mit einem Deflektor ausgerüstet, der bei Feinwerkbau als Separator bezeichnet wird. Im Rahmen der Modellpflege wurde das Visier geändert und der Schlagbolzenweg gegenüber den Vormodellen geringfügig verkürzt. Der Hersteller gibt als Schussentwicklungszeit 3,02 ms an, ein sehr kleiner Wert (Messung vom Werk, Messverfahren nicht standardisiert). Der Griffwinkel lässt sich in einem Bereich von 10° einstellen. Bei allen Feinwerkbau-Pistolen kann die Breite des Kimmeneinschnitts justiert werden. Korne werden in Breiten von 3,0 bis 5,0 mm angeboten.

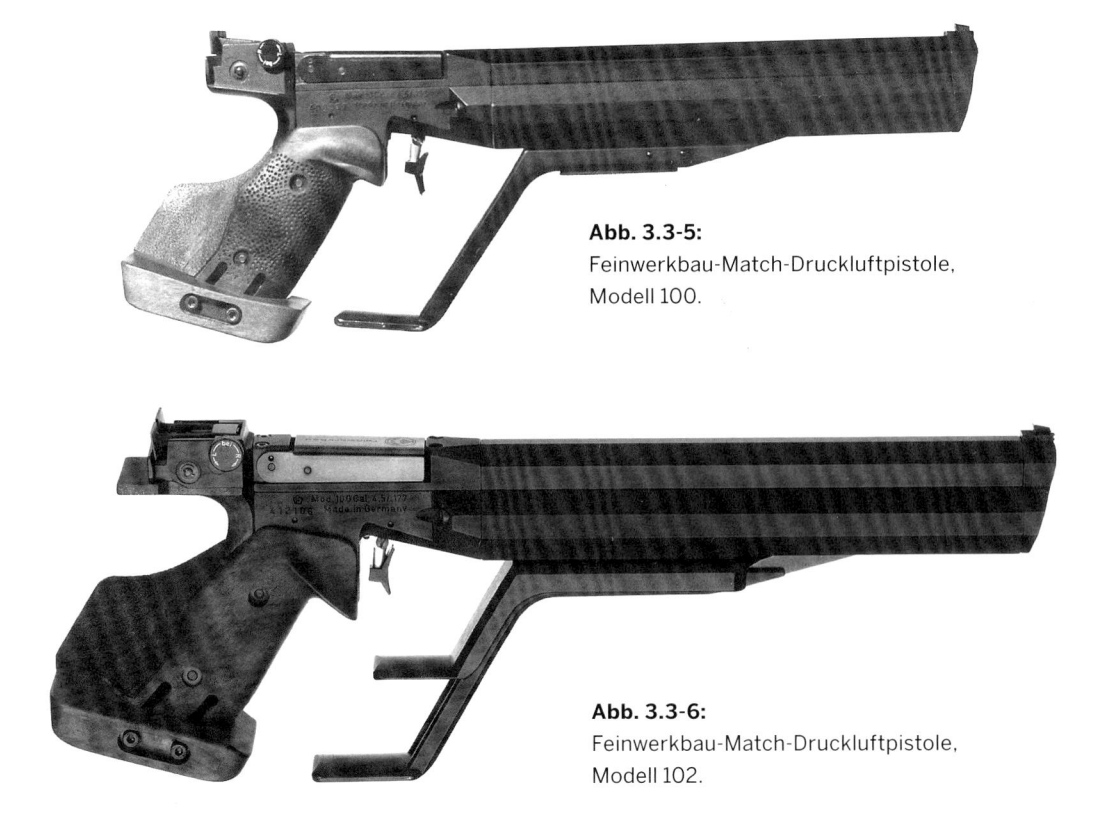

Abb. 3.3-5:
Feinwerkbau-Match-Druckluftpistole, Modell 100.

Abb. 3.3-6:
Feinwerkbau-Match-Druckluftpistole, Modell 102.

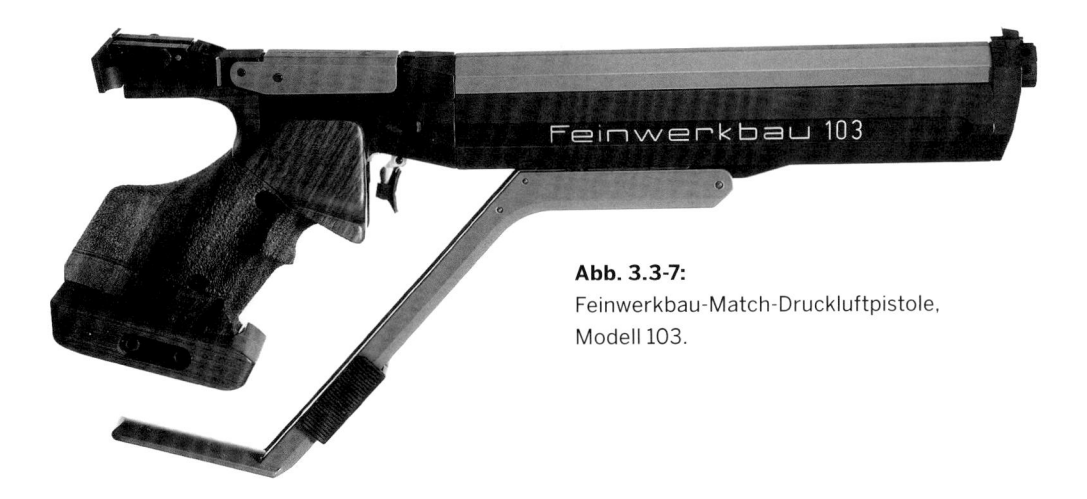

Abb. 3.3-7:
Feinwerkbau-Match-Druckluftpistole, Modell 103.

Ischmech (Warenzeichen Baikal)

Die erste von der Ischewsker Mechanischen Fabrik (Ischmech) herausgebrachte Druckluftpistole für des Scheibenschießen ist das Modell Isch-33, siehe Abbildung 3.3-8. Dieses Modell im Kaliber 4,5 mm hat einen 205 mm langen gechokten Lauf, in der Höhe und seitlich justierbares Visier und eine Spannsicherung. Abzugweg und Abzugabstand können eingestellt werden, der Auslösewiderstand im Bereich von 4,5 bis 7,5 N. Die Mündungsgeschwindigkeit von 0,5 g schweren Diabolos beträgt 90 m/s. Die Isch-33 wurde von 1978 bis 1984 hergestellt, das Nachfolgemodell Isch-33 M (verbesserter Spannhebel) von 1984 bis 1988.

Das Modell Isch-46 von Ischmech zeigt Abbildung 3.3-9. Die Mündungsgeschwindigkeiten für Diabolos liegen etwas über 130 m/s, die Präzision entspricht der anderer Matchpistolen. Im Vergleich zu westeuropäischen Erzeugnissen ist die Isch-46 ein ausgesprochenes Sonderangebot, wenigstens was ihre Matchtauglichkeit betrifft. Die wichtigsten Daten finden sich in Tabelle 3.3-2. Der maximale Widerstand am Pumphebel liegt knapp unter 60 N. Das Modell 46 wurde von 1988 bis 1992 gebaut und in diesem Jahr vom Modell 46 M abgelöst (M steht für modernisiert), welches dem Vorgänger weitgehend gleicht. Die 46 M hat einen längeren Kompressionszylinder und liefert eine höhere Geschossgeschwindigkeit. Das erforderte auch einen modifizierten Pumphebel, der das Pumpen („Spannen") erleichtert. Der sehr gute Abzugmechanismus erlaubt Trockentraining. Die Kimme lässt sich durch Rastschrauben fein einstellen, das Korn auswechseln (Breiten 3,4 mm, 3,9 mm und 4,4 mm). Die 46 M wird noch heute (2011) hergestellt.

Abb. 3.3-8:
Match Druckluftpistole Isch-33 von Ischmech.

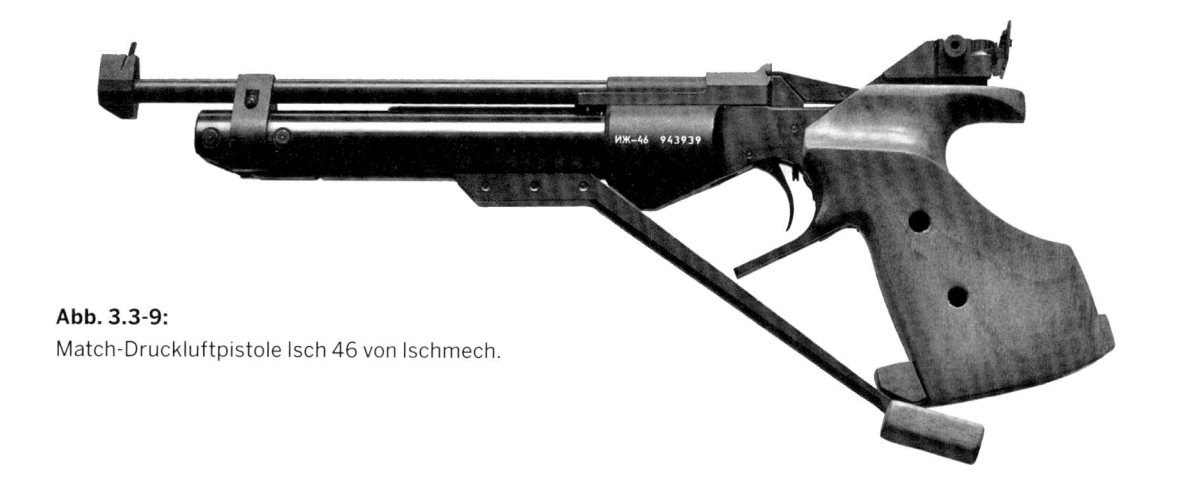

Abb. 3.3-9:
Match-Druckluftpistole Isch 46 von Ischmech.

Pardini-Fiocchi

Der bekannte italienische Munitionshersteller Fiocchi brachte 1983 eine Luftpistole des Konstrukteurs Pardini, das Modell Pardini-Fiocchi P 10, auf den Markt. Der Pumpenhebel ist wie üblich vorn angelenkt. Er endet vor dem Griff und ist recht lang (Abb. 3.3-10). Bei der Kompressionsbewegung muss eine Kraft von etwa 80 N aufgebracht werden. Dieser Wert ist vergleichsweise niedrig und sorgt zusammen mit der ergonomisch sehr günstigen Arbeitsrichtung für die leichte Bedienbarkeit der P 10. Kurz vor Ende des Saughubes des Pumpenhebels wird die Ladeklappe entriegelt und springt auf. Dabei wird das hintere Laufende zum Laden freigelegt. Nach dem Komprimieren der Luft und dem Einsetzen eines Geschosses wird die Ladeklappe hintergedrückt, wobei sie selbsttätig in Schießstellung verriegelt wird. In der Ladeklappe befindet sich ein Kanal, durch den die Druckluft nach dem Auslösen hinter das Geschoss strömt.

Das Korn ist 3,5 mm, der Kimmeneinschnitt 3,2 mm breit. Das Visier kann mittels Rastschrauben in Höhe und Seite justiert werden. Der Lauf wird mit einer Druckschraube von vorn in einen Federsitz gedrückt. Da die entsprechenden Passungen nicht immer eng sind, lohnt es unter Umständen, den Sitz durch geeignete Maßnahmen enger zu machen. Die Abzugcharakteristik kann hinsichtlich Vorzugweg, Vordruck, Auslöseweg, Abzugwiderstand und Weg nach dem Auslösen durch Stellschrauben justiert werden. Auch der Abzugabstand kann in den angegebenen Grenzen (siehe Tabelle 3.3-1) den Wünschen des Schützen entsprechend eingestellt werden. Die konstruktive Ausstattung der Pistole und ihre Handhabungseigenschaften sind sehr gut.

1989 brachte Pardini den Nachfolger des Modells P 10 auf den Markt, das Modell K 58. Die Drallänge beträgt 450 mm, der Lauf ist gechokt. Der größte Widerstand am Pumphebel beträgt ca. 110 N. Wie beim Modell P 10 läßt sich der Enddruck (Kompression) in engen Grenzen durch Drehen eines Exzenters am pumphebelseitigen Lager des Pleuels verändern, wodurch sich die Mündungsgeschwindigkeit im Bereich von ± 3 m/s ebenfalls ändert. Seit 2008 wird dieses Modell nicht mehr gefertigt.

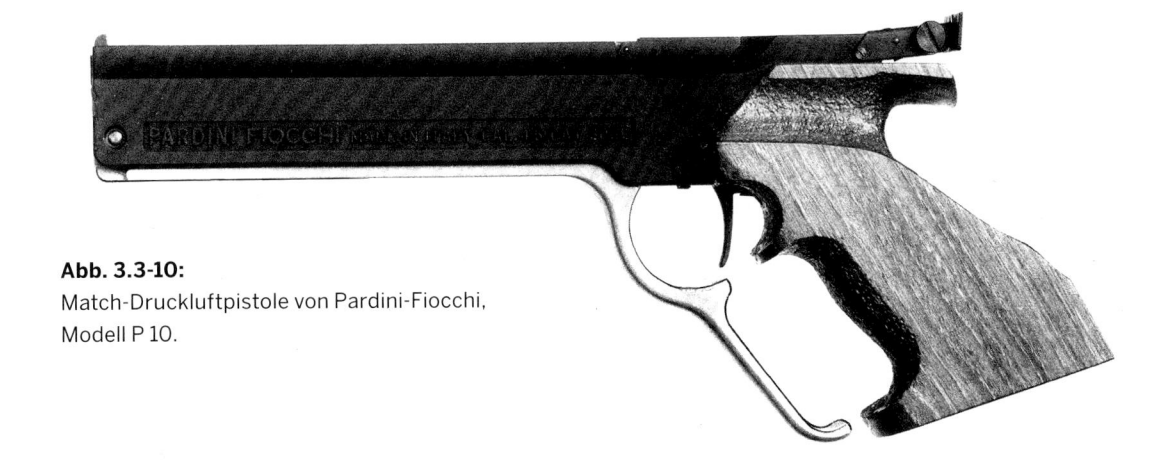

Abb. 3.3-10:
Match-Druckluftpistole von Pardini-Fiocchi, Modell P 10.

Waffentechnik GmbH

Diese von Joniskeit konstruierte Druckluftpistole (Abb. 3.3-11) wurde 1983 vorgestellt und ab 1985 auf dem Markt angeboten. Der Pumpenhebel liegt wie bei der Air Match auf der linken Seite. Beim Öffnen des Hebels wird der Lauf nur knapp 4 mm nach vorn bewegt. Dadurch wird seine Verriegelung gelöst und das hintere Laufende nach oben in Ladestellung gekippt. Beim Kompressionshub klappt der Lauf wieder in Schießstellung, wird verriegelt und mit seiner Dichtung auf die Druckluftaustrittsöffnung gedrückt. Die meisten Teile der Joniskeit-Pistole sind spanend gefertigt, was ihr ebenso wie die äußere Form fast den Charakter eines präzise gearbeiteten Prototyps gibt.

Das auf dem Lauf montierte Korn ist 3,7 mm breit und auswechselbar. Das bei der abgebildeten Pistole unzureichend geführte, wackelige Kimmenblatt ist 35 mm, der Einschnitt 3 mm breit. Es kann horizontal und vertikal mittels einer Rändel- bzw. einer Innensechskant-Schraube verstellt werden. Der Abzugabstand hat einen ungewöhnlich großen Verstellbereich. Der eigentliche Abzugwiderstand kann nur durch Veränderung des Rastenübergriffs reguliert werden, wenn man von der Einstellmöglichkeit des Vordruckes einmal absieht.

Abb. 3.3-11:
Match-Druckluftpistole Waffentechnik, System Joniskeit.

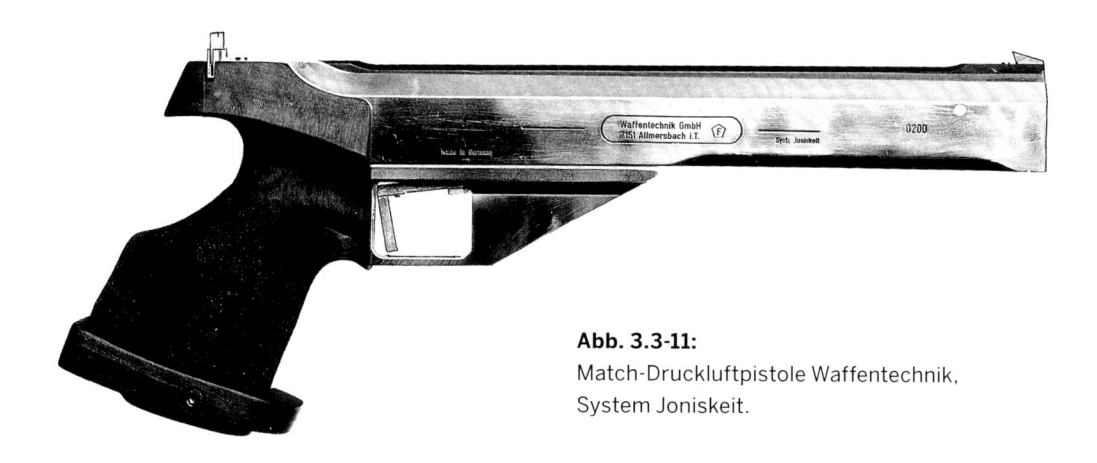

Walther

Die Walther-Modelle LP 2, LP 3 und LP 3 Match, die sich weitgehend ähneln, werden seit langem nicht mehr gebaut. Sie waren aber für die Entwicklung des sportlichen Luftpistolenschießens von Bedeutung. Das Grundmodell war noch von Fritz Walther, dem berühmten Konstrukteur der PP- und PPK-Modelle, erdacht worden (Patentanmeldung vom 12. 12. 1963, Nr. 1 428 627 und Gebrauchsmuster-Anmeldung unter dem selben Datum, Gebrauchsmuster-Nr. 00000 1 969 534 U). Die Vorzüge der LP-Serie lagen in der Abzugcharakteristik und in der kurzen Gesamtauslösezeit von knapp unter 5 ms, ihr Nachteil im empfindlichen Auslöse-Ventil. Abbildung 3.3-12 zeigt das Modell LP 2, Abbildung 3.3-13 das Modell LP 3, hier mit dem optionalen Match-Griff. Der wesentliche Unterschied liegt in der höher angesetzten hinteren, oberen Griffbegrenzung (Horn). Beim Modell LP 2 liegt der (dünne) Stahl-Lauf in einem Buntmetall-Mantel, beim Modell LP 3 bis zur Pistolen-Nr. 39 999. Alle späteren Pistolen sind mit einem stärkeren Stahllauf ausgerüstet, der vorn den Kornfuß trägt und hinten in einer „Haft" eingesetzt ist. Auch das Ventil wurde verändert. Diese neueren Modelle haben auswechselbare Visierungen. Kimmenblätter mit 3,2, 3,5 beziehungsweise 3,8 mm breiten Einschnitten wurden angeboten.

1971 verbesserte Mertel mit einer Walther LP bei den deutschen Meisterschaften den damaligen Rekord auf 577 Ringe (60-Schuss-Programm). Wenn sich diese Pistolen trotzdem nur eine vergleichsweise kleine Anhängerschaft erworben haben, so lag das besonders an der Gewichtsverteilung (recht weit hinten liegender Schwerpunkt) und an der großen Kraft, die zur Betätigung des Pumpenhebels beim Komprimieren der Luft erforderlich ist. Abbildung 3.3-14 zeigt das zuletzt gebaute Modell LP 3 Match.

Bei den Nachfolgern der LP 3 Match ist Pumpe und Druckluftkammer parallel zu und unter dem Lauf angeordnet. Abbildung 3.3-15 zeigt das Modell LP M-1, das sich von der ersten Ausführung durch den in den Kornfuß vor der Laufmündung eingearbeiteten Deflektor unterscheidet. Der Deflektor soll die hinter dem Geschoss mit hoher Geschwindigkeit ausströmende Druckluft seitlich ablenken, so dass das Geschoss nicht die sonst starken Wirbel passieren muss, die einen ungünstigen Einfluss auf die Schusspräzision haben können. In der Pumpe wird ein Anfangsvolumen von 64,5 cm^3 auf 0,38 cm^3 komprimiert, wobei ein isothermer Enddruck von 170 bar resultiert. Die mit der neuen Abzugeinheit ausgerüsteten LPM-1-Modelle sind gute Matchpistolen.

Abb. 3.3-12:
Match-Druckluftpistole, Walther-Modell LP 2

Abb. 3.3-13:
Match-Druckluftpistole, Walther-Modell LP 3

Abb. 3.3-14:
Match-Druckluftpistole,
Walther-Modell LP 3 Match.

Abb. 3.3-15:
Match-Druckluftpistole von Walther,
Modell LPM-1

Tabelle 3.3-2 Neuere Match-Druckluftpistolen mit Pumpe

Hersteller, Modell	Feinwerkbau			Ischmech	Ischmech	Pardini K 58	Walther LPM-1
	LP 100	LP 102	LP 103	Isch-46	Isch-46M		
Masse [g]	1150	1180	970/1140	1140	1190	1070	1115
Gesamtlänge [mm]	420	420	415	420	420	395	400
Höhe [mm]	150	150	190	165	171	145	140
Lauflänge [mm]	263	251	251	280	280	230	240
Abzugabstand [mm]		65–73	65–80	70–80	70–80	62–68	63–83
Vorwiderstand [N]	E	E	E	E	E	E	E
Abzugwiderstand [N]	5, E	5, E	5, E	5, E	4–10, E	5, E	5, E
Visierlinie [mm]	360	320–360	365	360	360	325	360
Mündungsgeschwindigkeit [m/s]	bis 155	bis 158	bis 155	130	142	145	150
Auslösegesamtzeit [ms]	5	5	5	5	5	6	5
Griffwinkel einstellbar	ja	ja	ja	ja	nein	nein	nein
Widerstand am Pumphebel, max [N]	100	70	90	56	78	110	85
Jahr der Einführung angeboten bis	1988 1998	1991 1998	1996 2007	1988 1992	1992 heute	1989 2008	1990 2002

E = einstellbar

3.4 Die Technik der Druckluftpistolen mit Druckluft-Flasche

Die meisten der heute hergestellten Druckluftpistolen ohne Pumpe sind für das sportliche Schießen bestimmt, und nur diese werden hier besprochen. Sie sind mit einer Druckluftflasche ausgerüstet, in der Druckluft von je nach Auslegung max. 300 bar, meist aber 200 bar, gespeichert ist. Die Unterschiede zu den Druckluftpistolen mit Pumpe und zu den CO_2-Pistolen (CO_2 = Kohlendioxid) folgen aus den Unterschieden in der Bereitstellung der Treibgase oder ihrer Eigenschaften.

Bei den Pistolen mit Pumpe wird durch das Pumpen nur die Menge an Druckluft bereitgestellt, die für die Abgabe eines Schusses gebraucht wird. Bei den CO_2-Pistolen wir ein Teil des Treibmittels in flüssiger Form gespeichert. Da bei konstanter Temperatur der Dampfdruck ebenfalls konstant ist (der obendrein in einem für Matchpistolen günstigen Bereich liegt), ist die Dosierung des Treibgases einfach.

Bezieht man die Druckluft aus der mit der Pistole verbundenen – und damit zwangsweise kleinen – Druckluftflasche, muss man durch besondere Maßnahmen dafür sorgen, dass man stets den gleichen Treibdruck zur Verfügung hat.
Die Systeme der Treibgasdosierung von CO_2- und Druckluft-Pistolen sollen anhand der schematischen Darstellung Abbildung 3.4-1 kurz erläutert werden. Im einfachsten Fall a) ist die CO_2-Flasche mit einem Rückschlagventil 1 ausgerüstet, das gleichzeitig als Dosierventil dient. Beim Abziehen wird ein Schlagbolzen ausgelöst, der auf den Ventilschaft stößt und das Ventil gegen die Kraft der Ventilfeder und des CO_2-Druckes kurz öffnet, so dass Kohlendioxid hinter das Geschoss strömen kann. Dieses System ist erfolgreich bei CO_2-Matchpistolen eingesetzt worden.
Einige CO_2-Pistolen sind mit einer Vorkammer ausgerüstet, wie in b) dargestellt. Bei ihnen wird beim Anschrauben der CO_2-Flasche an die Waffe das Rückschlagventil 2 automatisch geöffnet, so dass Kohlendioxid in die Vorkammer 3 strömt. Die Vorkammer ist laufseitig durch das Ventil 5 verschlossen, das bei der Schussabgabe kurzzeitig geöffnet wird. Vorteile scheint das Vorkammer-System (b) gegenüber dem einfachen System (a) nicht zu bieten. Bei vertikal angeordneter CO_2-Flasche wurde es aus konstruktiven Gründen allgemein eingesetzt.

Bei der Verwendung von Druckluft (c) wird zwischen das Flaschenventil 2 (das auch hier bei angeschraubter Flasche stets geöffnet ist) und die Vorkammer 3 ein Druckminderventil 4 gesetzt. Es lässt so lange Druckluft in die Kammer 3 strömen, bis ein vorbestimmter Druck in der Kammer erreicht ist. Darauf schließt das Druckminderventil selbsttätig. Beim Schuss wird die Druckluft über das Ventil 5 der Kammer entnommen. Dieses Prinzip ist schon lange bekannt. So wurde dem Drägerwerk Lübeck bereits ab 1914 ein „Preßluftgewehr mit Vorratsbehälter und Reduzierventil" patentiert (D.R.P. 295918).

Abbildung 3.4-2 zeigt den Aufbau eines Druckminderventils samt Vorkammer 7 und Auslöseventil 5. Die Druckluft strömt bei „Ein" in den Druckluftleinlass und am Ventil 1 vorbei über die Regelkammer 2 in die Vorkammer 7, die durch das Ventil 5 laufseitig abgeschlossen ist. Der steigende Druck in 2 wirkt über einen starken, dicht geführten (Dichtungsring 4), Kolben 3 auf das Tellerfeder-Paket 8 und bewegt den Kolben 3 nach unten. Das von einer schwachen Schraubenfeder belastete Ventil 1 folgt dieser Bewegung. Bei einem bestimmten Druck in der Regelkammer hat sich der Kolben 3 und damit auch das Ventil 1 so weit nach unten bewegt, dass das Ventil den Durchgang schließt und der Druck damit in der Regel- und Vorkammer nicht mehr steigen kann. Wird nun der Vorkammer 7 Druckluft entnommen, sinkt auch der Druck in der Regelkammer 2, und Druckluft strömt nach. Da das Ventil 5 nur für eine sehr kurze Zeit geöffnet wird, steigt der Druck

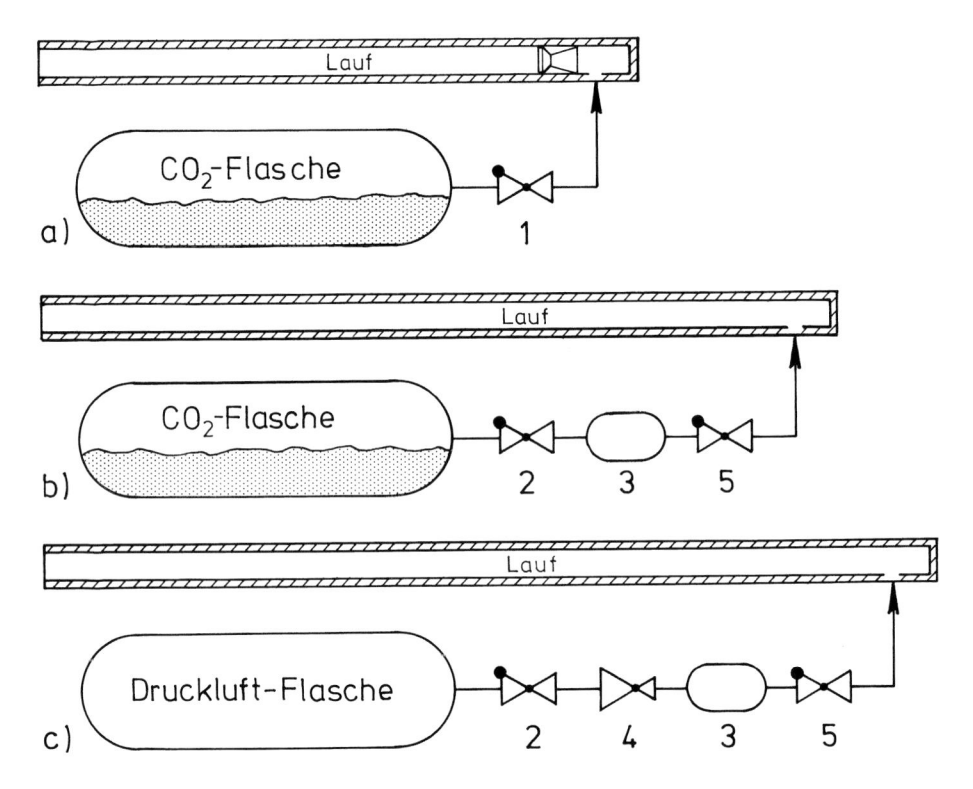

Abb. 3.4-1: Schematische Darstellung der CO_2- und Druckluft-Systeme. a) einfaches CO_2-System, b) CO_2-System mit Zwischenkammer, c) Druckluftsystem. 1, 2 und 5 Rückschlagventile, 3 Zwischenkammer, 4 Druckminderventil.

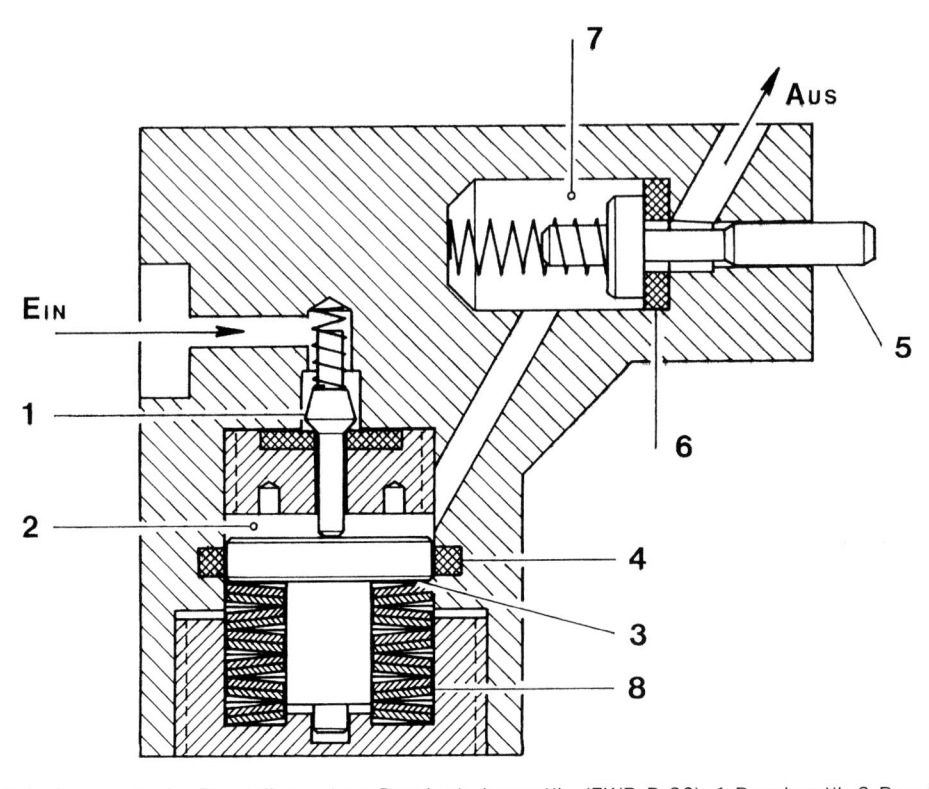

Abb. 3.4-2: Schematische Darstellung eines Druckminderventils (FWB P 30). 1 Regelventil, 2 Regelkammer, 3 Kolben, 4 Dichtungsring, 5 Auslöseventil, 6 Dichtung, 7 Vorkammer, 8 Tellerfederpaket.

in der Regelkammer sofort wieder auf den Sollwert an. Letzterer wird von der Vorspannung und der Kennlinie des Tellerfeder-Pakets bestimmt.

Die meisten Druckluftflaschen sind für einen maximalen Betriebsdruck von 200 bar ausgelegt, der dann durch das Druckminderventil bis in den von Bereich von 50 bis 65 bar je nach Konstruktion abgesenkt wird. Dieser Druck herrscht dann in der Vorkammer. Der am Geschoss wirkende Treibdruck ist niedriger, da ja auf dem Weg von der Vorkammer zum Lauf die Druckluft sich etwas ausdehnt und dabei der Druck entsprechend sinkt. Der in der Vorkammer herrschende Druck bleibt so lange konstant, wie der Druck in der Flasche größer ist, als er vom Minderventil eingestellt wird. Ist die Druckluft so weit verbraucht, dass der Druck in der Flasche dem vom Druckminderventil einzustellenden Druck gleicht, wird Druckluft mit ständig fallendem Druck nachgeliefert, was die Treffpunktlage ebenfalls laufend verändert. Um sich davor schützen zu können, sind die Druckluftflaschen mit einem Manometer ausgerüstet, so dass der Druck kontrolliert werden kann. Die Hersteller geben meist Drucke an, bis zu denen die Geschossgeschwindigkeit konstant bleibt. Im allgemeinen wird man bis zu einem Druck von etwa 80 bar die normale Geschwindigkeit erreichen.

Die Druckluftflaschen müssen mit trockener, ölfreier Druckluft gefüllt werden. Man kann die Druckluft in großen Flaschen beziehen oder mit einem Kompressor oder einer Handpumpe erzeugen. Dabei ist zu beachten, dass die Druckluft unbedingt abgekühlt und getrocknet werden muss, ehe man sie in die (Pistolen-)Flasche füllt. Füllt man die mit der Handpumpe erzeugte Druckluft heiß in die Flasche, so wird praktisch immer in der Flasche Kondensat gebildet.

Die Leistungsfähigkeit eines Druckgases hinsichtlich der Erzeugung von Geschossenergie hängt von seinen physikalischen Eigenschaften ab. Die relative Mol- bzw. Atommasse ist in dieser Hinsicht auch von Bedeutung. Da bei einheitlichen Bedingungen (Druck, Temperatur) ein bestimmtes Volumen eines idealen Gases (und dazu können wir die hier betrachteten rechnen) stets die gleiche Zahl von Molekülen (bzw. bei Edelgasen Atome) enthält, müssen bei der Expansion der Gase je nach deren Molekül- bzw. Atommasse unterschiedliche Massen beschleunigt werden. Schießen wir mit Hilfe von Druckluft, muss außer dem Geschoss eben auch Druckluft beschleunigt werden. Ein Teil der Luft erreicht an der Mündung die Geschossgeschwindigkeit, ein geringer Teil am Ende der Druckkammer wird in Ruhe bleiben.

Das wesentlich leichtere Helium (1 Liter Luft wiegt bei 0°C und 1,013 bar 1,292 g, 1 Liter Helium unter gleichen Bedingungen nur 0,178 g, das entspricht ca. 14 % des Gewichts der Luft) verbraucht deutlich weniger Energie für die eigene Beschleunigung. In beiden Fällen wird die Energie zur Beschleunigung des Treibgases (Luft bzw. Helium) seiner inneren Energie „entnommen". Vom gleichen Energiegehalt ausgehend, kann Helium für die Beschleunigung des Geschosses mehr Energie bereitstellen. Benutzen wir also Helium als Treibgas, so sollte die gemessene Geschossgeschwindigkeit größer als bei Verwendung von Druckluft sein. Versuche mit einem Feinwerkbau-Modell P 30 bestätigen diese Vermutung. Leichte Geschosse (Masse 0,45 g) erreichten mit Druckluft eine v_2 von 167 m/s, mit Helium eine v_2 von 182 m/s. Bei 0,52 g schweren Geschossen waren diese v_2-Werte 153 bzw. 167 m/s (siehe auch Abschnitt über die Abhängigkeit der Geschossgeschwindigkeit von der Masse).

3.5 Match-Druckluftpistolen

3.5.1 Gemeinsame Kennzeichen von Match-Druckluftpistolen mit Druckluft-Flasche

Druckluftpistolen mit Druckluftvorratsflasche sind bereits im 18. Jahrhundert hergestellt worden, also lange vor der Entwicklung der CO_2-Pistolen. Die Match-Druckluftpistolen mit Druckluftreservoir wurden hingegen bald nach 1990 direkt von den vorhandenen CO_2-Matchpistolen abgeleitet. Ihre Technik ist bis auf den Druckminderer weitgehend mit der der CO_2-Pistolen identisch. Dass sie letzteren in kurzer Zeit den Rang abliefen und beinahe völlig vom Markt verdrängen konnten, ist bemerkenswert (siehe Abb. 4.4-15). Die Kennwerte der Pistolen wurden in Tabellen zusammengefasst, um den Überblick zu erleichtern. Nicht aufgenommen wurden Dinge, die bei den Druckluft-Matchpistolen selbstverständlich sind, wie die maximale Breite von 50 mm, die einstellbare Abzugcharakteristik (Vorweg, Auslösewiderstand, Auslöseweg), austauschbare Rechteck-Korne (oder drehbare Korne mit Dreiecksquerschnitt, wobei die Seiten des Dreiecks von unterschiedlicher Länge sind) und entsprechende Kimmen (Breite justierbar oder Kimmenblatt austauschbar), das Kaliber von 4,5 mm, Trockentrainingsmöglichkeit, vielfältig justierbare Griffe verschiedener Größen (für Steyr- und Walther-Matchpistolen werden jeweils 21 unterschiedliche „Ciro"-Griffe angeboten), das Manometer am Drucklufttank und die Verfügbarkeit von Zusatzgewichten. Die Zahl der Anbieter ist, gemessen am Marktvolumen, recht groß, der Modellwechsel erfolgt bisher recht schnell. Dabei werden sich die Druckluft-Matchpistolen der verschiedenen Hersteller naturgemäß immer ähnlicher. Um den Markt abzudecken, bieten einige Hersteller auch unterschiedliche Ausführungen eines Grundmodells an, z. B. Versionen mit mechanischen oder „elektonischen" Abzugsystemen (die mittels Elektromagnet den Schlagbolzen auslösen, der das Schussventil öffnet). Letztere gelten als moderner, weisen aber eine längere Gesamtauslösezeit (Schussentwicklungszeit) von etwa 8,5 bis 10 ms gegenüber guten mechanischen Abzugsystemen mit ca. 6 ms auf. Dieser Unterschied ist allerdings im Vergleich mit der Reaktionszeit des Schützen von ca. 200 ms vernachlässigbar klein. Fragen wie Auslöseweg am Abzug oder Konstanz des Abzugwiderstandes sollten nur bei gleichzeitiger Betrachtung der Elastizität der Fingerbeere des auslösenden Fingers und des Tastsinnes (Empfindung des Widerstandes) betrachtet werden. Wirklich moderne Matchpistolen bieten hier keine Möglichkeit zur Kritik. Hier fehlt es nach meinem Informationsstand an einer eingehenden Untersuchung. Der Wirkungsgrad der Pistolen liegt bei 45%, gemessen als Verhältnis der Geschossenergie zur in der Druckluft (in der Vorkammer) zur Verfügung gestellten Energie.

Viele moderne Match-Druckluftpistolen sind mit einem Deflektor (bei Feinwerkbau „Separator", bei Steyr „Kompensator", bei Walther „Resorber") ausgerüstet, der ähnlich einer Mündungsbremse das nachströmende Treibgas (hier Luft) seitlich bzw. nach oben vom Geschossweg weg leitet und dadurch die Geschossstreuung messbar verringert, wenn der Geschossdurchtritt des Deflektors genau mit der Laufbohrung fluchtet. Einen ähnlichen (aber kleineren) Effekt haben die von oben in den Lauf gebrachten Bohrungen (meist drei, je 2 mm Durchmesser). Die vorderste Bohrung liegt dann ca. 60 mm hinter der Mündung, der Abstand der Bohrungen beträgt jeweils ca. 20 mm (Feinwerkbau).

3.5.1.1 Der Feinwerkbau Deflektor

Abbildung 3.5.1-1 zeigt einen Längs- und einen Querschnitt (darunter) durch den Separator des FWB-Modells P 30. Der Separator 1 ist auf dem Lauf 6 mittels Klemmschraube 4 befestigt und trägt auch das auswechselbare Korn 10 mit Kornschraube 11. 7 ist die vordere der drei Entlastungsbohrungen. Der Separator hat 24 Schlitze, durch die die hinter dem Geschoss aus der Laufbohrung ausströmende Treibluft seitlich austritt. Die Wirkung des Deflektors auf die Schusspräzision wurde geprüft, indem aus eingespannter Pistole auf 10 m Entfernung jeweils drei Fünfschuss-Gruppen mit H&N Finale Match unterschiedlicher Masse (490 mg und 530 mg) geschossen wurden.

Die Mittelwerte der Messungen aus den größten Abständen in jeder Schussgruppe sind in der Tabelle zusammengestellt worden. Der Deflektor erfüllt nach diesen Ergebnissen seine Aufgabe recht gut. Interessant ist auch das bessere Abschneiden der schwereren Geschosse, was sich evtl. daraus erklärt, dass diese weniger von der nachströmenden Luft (den Turbulenzen) „vom rechten Wege" abgelenkt werden können.

Tabelle: mittlerer größter Abstand der Schusslochmitten, 5-Schuss-Gruppen

Geschossmasse [mg]	490	530
Abstand, ohne Separator [mm]	4,4	3,6
Abstand, mit Separator [mm]	3,1	2,6

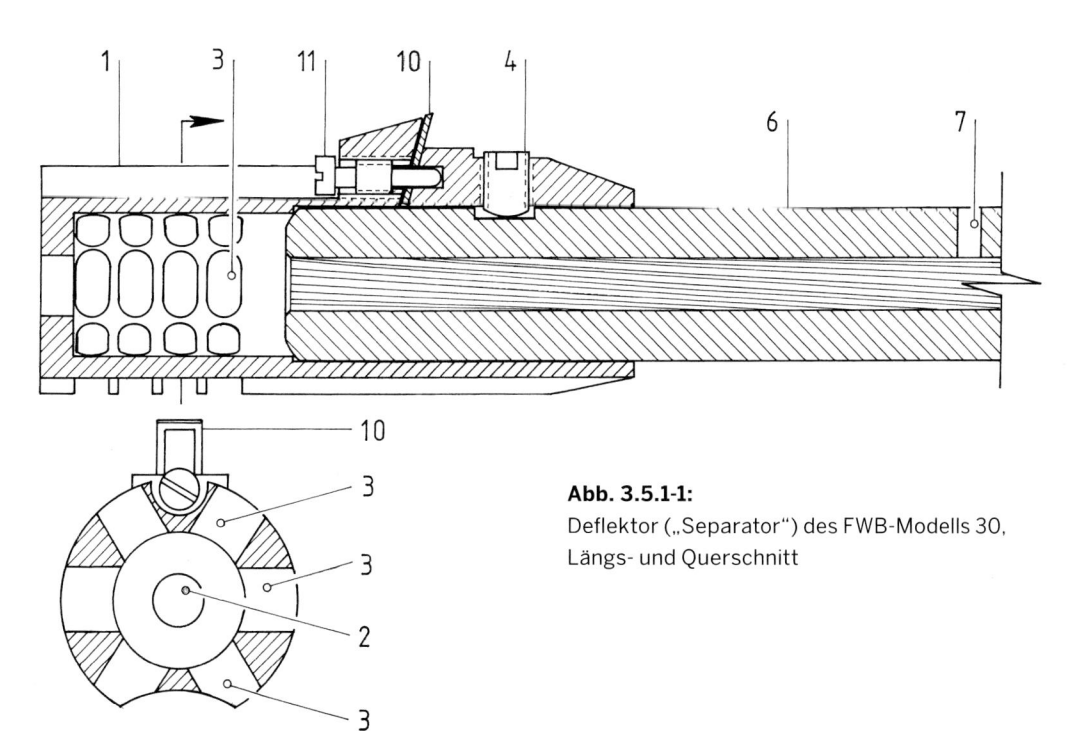

Abb. 3.5.1-1:
Deflektor („Separator") des FWB-Modells 30, Längs- und Querschnitt

3.5.1.2 Der Steyr Deflektor

Abbildung 3.5.1-2 zeigt den Kompensator des Steyr-Modells LP 2. Der Deflektor 1 ist in einen Träger 5 eingesetzt, der auf dem Lauf 6 mittels Klemmschraube 4 befestigt ist. Die aus der Laufbohrung 2 ausströmende Luft wird vom Deflektor 1 aus der Geschossbahn gelenkt und tritt durch die Schlitze 3 im Kompensator schräg nach oben aus. Die

Ausführungen des Kompensators des Steyr-Modells LP 10 zeigt Abbildung 3.5.1-3 in Teilschnitten, wobei das auf dem Deflektor-Träger 5 montierte Korn weggelassen wurde. a) zeigt einen Längsschnitt, b) die Frontansicht der Mündung mit der ersten Ausführung des Deflektors, c) einen Längsschnitt durch den aktuellen Deflektor und d) die Ansicht der Mündung mit diesem Deflektor. Die Deflektoren werden von einer Klemmschraube 4 im Träger 5 gehalten, der im Bereich der Laufbohrungen 7 ausgekehlt ist. Die Entlastungsbohrungen 7 haben am Durchtritt zur Laufbohrung einen Durchmesser von 2,0 mm, kurz darüber einen zur Verringerung des Strömungswiderstandes auf 4,0 mm vergrößerten Durchmesser. Die älteren Deflektoren (1 in a), Frontansicht b)) sind an 4 Seiten abgeflacht, wodurch die Ausströmkanäle 3 entstehen. Die neuere Ausführung des Deflektors weist acht Bohrungen 9 auf, welche die Treibluft schräg aus der Geschossbahn leiten. Der Durchmesser der Geschossdurchtritts-Öffnungen 2 und 8 beträgt 5 mm und muss mit der Laufbohrung konzentrisch sein.

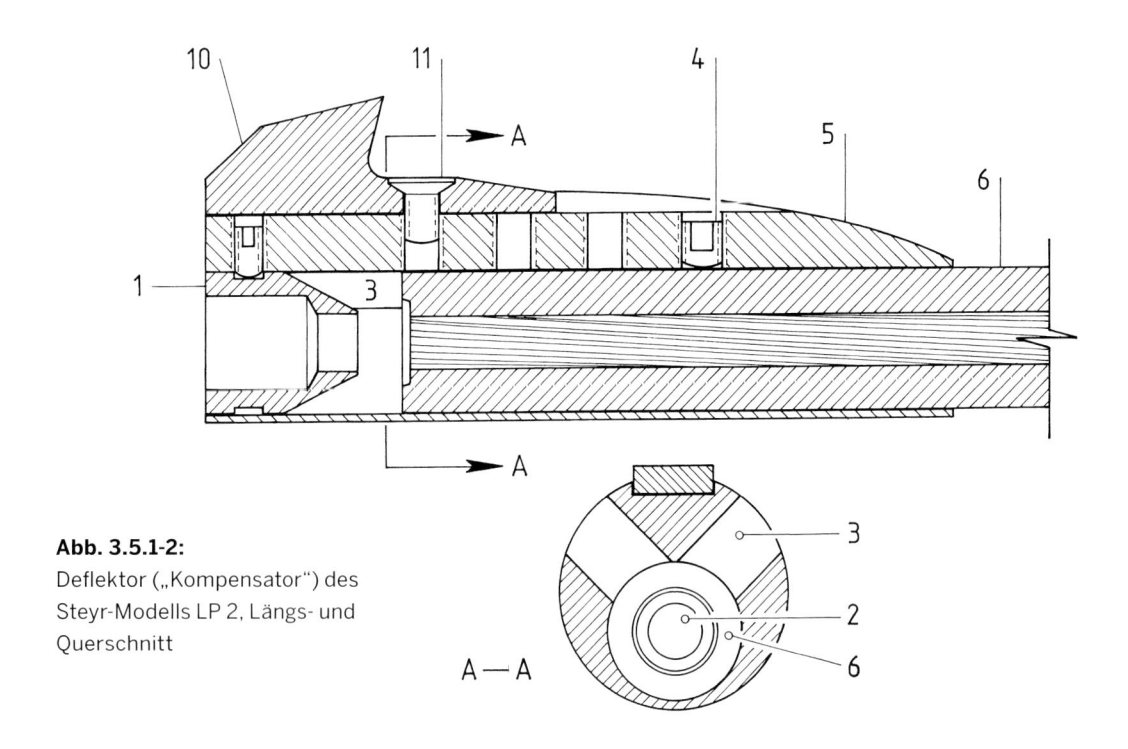

Abb. 3.5.1-2:
Deflektor („Kompensator") des Steyr-Modells LP 2, Längs- und Querschnitt

3.5.1.3 Der Walther LP 400 Deflektor

Der Deflektor der 2010 vorgestellten Walther LP 400 Matchpistolen, von Walther als „Resorber Kompensatorsystem" bezeichnet, ist in Abbildung 3.5.1-4 (oben Längsschnitt, darunter eine verkürzte Frontansicht) dargestellt worden. Das System weist zwei Besonderheiten auf. Erstens lenken zwei Deflektoren 1 und 2 (Abb. 3.5.1-4) die dem Geschoss nachströmende Druckluft aus dem Geschossweg. Zweitens wird die Luft vom Deflektor 2 nicht nach außen sondern nach hinten geleitet. Dazu sind Nuten links und rechts im Träger 8 eingebracht, durch welche die Luft nach hinten in den Raum zwischen Lauf 6 und Laufmantel 7 strömt. Nach dem Druckabfall im Raum zwischen Deflektor 2, vorderem Laufende und Laufbohrung strömt diese Luft dann nach vorn durch den Deflektor 1 ab. Dieser hat neben der Durchtrittsbohrung für das Geschoss 10 zum Lauf parallele Bohrungen 3. Das Korn 10 hat einen dreieckigen Querschnitt und wird mittels Klemmschraube in der gewünschten Stellung im Kornfuß 9 gehalten.

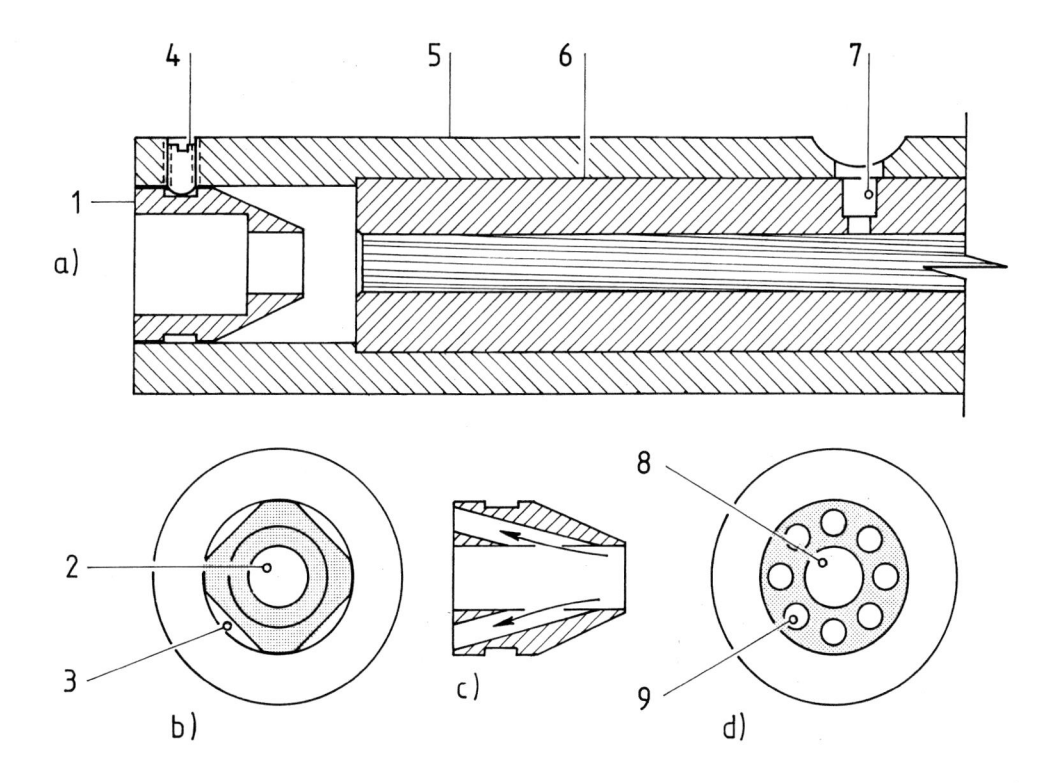

Abb. 3.5.1-3: Deflektoren („Kompensatoren") des Steyr-Modells LP 10. Erklärungen siehe Text

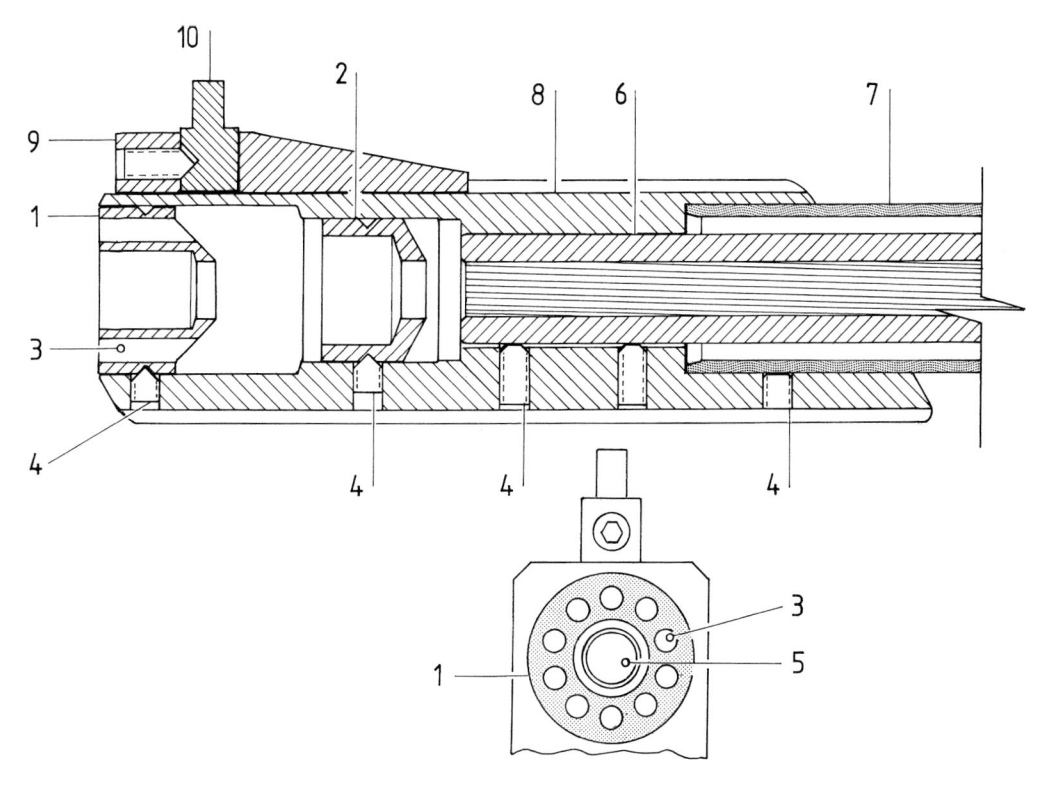

Abb. 3.5.1-4: Deflektor („Resorber Kompensatorsystem") der Walther LP 400-Modelle, Längs- und Querschnitt, Erklärung siehe Text

Druckluftpistolen

Einige Hersteller haben sich auch der Verzögerung der Übertragung des ohnehin kleinen Rückstoßes auf die Matchpistole angenommen (siehe unter 2.1.8, Der Rückstoß und seine Dämpfung). Sollte die Politik die „Gefährlichkeit" der Luftpistole als Thema entdecken, könnte die Stunde der Laserpistole schlagen, womit dann Fragen nach Schussentwicklungszeit und Rückstoß wohl endgültig überflüssig wären. Aber Schießen wäre das dann eigentlich auch nicht mehr.

3.5.2 Morini

Die Firma Morini Competition Arm S. A. wurde 1973 in Italien von Cesare Morini gegründet. Wegen der ständig komplizierter werdenden italienischen Waffengesetzgebung wurde die Firma 1985 zunächst nach Lamone, 1990 nach Bedano, beide im Kanton Tessin, Schweiz, verlegt. Neben Sportpistolen werden sehr gute anatomische Griffe, auch für andere Firmen (z. B. Feinwerkbau, Steyr), hergestellt.

1992 stellte Morini Competition bei der IWA in Nürnberg die erste moderne Druckluft-Matchpistole überhaupt vor, das Modell 162 E, das 1993 den Markt erreichte. Es hat einen Elektromagnetabzug*, und die Druckluftflasche ist fest mit der Pistole verbunden. Die Modelle CM 162 MI und CM 162 MI Short haben seit 1991 mechanische kugelgelagerte Abzüge und abnehmbare Druckluftflaschen, die für einen Gebrauchsdruck von 200 bar ausgelegt sind. In der Modellbezeichnung weist das I (für interchangeable = wechselbar) auf die abnehmbare Druckluftflasche hin. Abbildung 3.5.2-1 zeigt das Modell CM 162 EI mit Elektromagnet-Auslösung und abnehmbarer Flasche. Auch von diesem Modell gibt es ein Kurz-Modell. Die Kurz- (Short-) Modelle hatten eine Lauflänge von 190 mm und sind ca. 100 g leichter als die Standard-Modelle. Hans Aicher hat die Gesamt-Auslösezeit (Schussentwicklungszeit) bei einem 162-E-Modell mit 8,5 ms gemessen (H. Aicher: Morini 162-E, DWJ 29 (1993), Ausgabe 12, S. 1934). Die Daten der z. Zt. gefertigten Modelle finden sich in der Tabelle.

Abb. 3.5.2-1:
Morini-Match-Druckluftpistole, Modell CM 162EI.

Elektromagnet-Abzugsysteme wurden zuerst bei Freien Pistolen und Olympischen Schnellfeuerpistolen eingesetzt. Da sie aber gegenüber mechanischen Abzügen nur Nachteile oder vermeintliche, nicht reale Vorzüge haben, waren sie weitgehend vom Markt verschwunden. Inzwischen sind neue Modelle mit elektronisch genannten (Elektromagnet-) Abzugsystemen auf den Markt gekommen.

Kennwerte der z. Zt. hergestellten Morini Match-Luftpistolen, Stand 2010

Modell	CM 162 EI	CM 162 MI	CM 162 EI Short	CM 162 MI Short
Gesamtlänge [mm]	410	410	370	370
Höhe [mm]	140	140	140	140
Lauflänge [mm]	240	240	200	200
Visierlinie [mm]	310 – 350	310 – 350	310 – 350	310 – 350
Abzugabstand [mm]				
Vorwiderstand [N]	0,5 – 3	0,5 – 3	0,5 – 3	0,5 – 3
Auslösewiderstand [N]	3 – 7	3 – 7	3 – 7	3 – 7
Masse [g]	1020	970	970	920
Einführung	1996	1998	2000	2000

3.5.3 Feinwerkbau

Einschüssige Modelle

1994 ergänzte die Firma Feinwerkbau (FWB) ihr Matchpistolen-Programm mit der Druckluftpistole P 30 (Abb. 3.5.3-1). Der Deflektor, bei Feinwerkbau Separator genannt, war als Extra gegen Aufpreis zu haben. Die Druckluftflaschen sind mit einem Manometer ausgerüstet, eine Praxis, die sich allgemein durchgesetzt hat. Wie andere Hersteller bietet auch Feinwerkbau eine Handpumpe zum Füllen der Druckluftflaschen an.

1998 wurde das Modell P 30 vom Modell P 34 (Abb. 3.5.3-2) abgelöst, das sich durch einige Verbesserungen vom Modell P 30 unterscheidet. So ist der Griff aus der Senkrechten schwenkbar, wenn auch nur um ± 3°, so dass das Verkanten in dem angegebenen Bereich ausgeglichen werden kann. Auch erhielt die Pistole ein bei Feinwerkbau Absorber genanntes Ausgleichsgewicht, das im Schuss von der Druckluft nach hinten bewegt wird, während das Geschoss im Lauf nach vorn gleitet. Dadurch wirkt ein Teil des Rückimpulses während dieser Zeit nicht auf die Waffe. Näheres siehe Abschnitt 2.1.3.1. Außerdem erhielt die Pistole eine auswechselbare Abzug-/Auslöseeinheit und ein anderes Visier, das seit längerem bei der FWB-Kleinkaliber-Sportpistole AW 93 in Gebrauch ist.

2004 wurden die Pistolen P 30, P 34 und P 34 kurz von den Modellen P 40 und P 40 Basic ersetzt, die wiederum 2006 bzw. 2008 von den Modellen P 44 (Abb. 3.5.3-3) und P 44 kurz abgelöst wurden. Technisch unterscheiden sie sich von ihren Vorgängern bis auf die um die Längsachse schwenkbare Visiereinrichtung kaum. Abbildung 3.5.3-4 zeigt eine Draufsicht auf die Kimme, Abbildung 3.5.3-5 schematisch die Ansicht von hinten mit dem Verstellbereich von jeweils 15° nach links bzw. rechts. Diese Einstellmöglichkeit ist aus zwei Gründen nützlich. Einmal neigen Rechtshänder zum Verkanten nach links, Linkshänder nach rechts, was sich aus den anatomischen Gegebenheiten ergibt. Die Oberkante des Visiers lässt sich sehr viel leichter genau horizontal als unter einem (konstanten) Kantwinkel ausrichten. Daher empfiehlt es sich, das Verkanten der Pistole durch Schwenken von Kimmblatt und Korn so zu kompensieren, dass deren Oberkanten (bei korrekt ausgerichteter Visierung) waagrecht verlaufen.

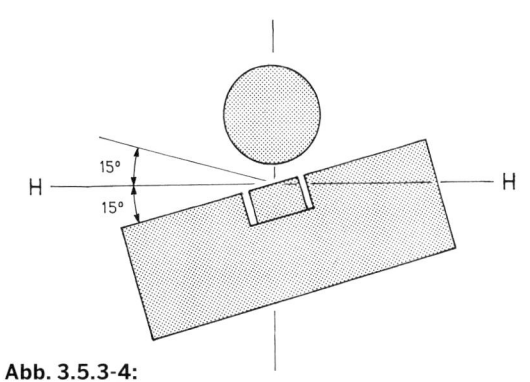

Abb. 3.5.3-1:
Feinwerkbau-Match-Druckluftpistole, Modell P 30.

Abb. 3.5.3-2:
Feinwerkbau-Match-Druckluftpistole, Modell 34.

Abb. 3.5.3-3:
Feinwerkbau-Match-Druckluftpistole, Modell P 44

Abb. 3.5.3-4:
Das schwenkbare Visier des FWB-Modells P 44

Abb. 3.5.3-5: Feinwerkbau-Schwenkvisier, gesehen vom Schützen. Schwenkwinkel gegen die Horizontale H-H jeweils 15° nach links oder rechts.

Kennwerte von Feinwerkbau Druckluft-Matchpistolen (E = einstellbar)

FWB-Modell	P 40	P 40 Basic	P 44	P 44 kurz
Gesamtlänge [mm]	410	410	415	365
Höhe [mm] ca.	150	150	145	145
Lauflänge [mm]	233	233	233	183
Abzugabstand [mm] ca.	60 – 75	60 – 75	60 – 75	60 – 75
Vorwiderstand	E	E	E	E
Abzugwiderstand [N]	5, E	5, E	5, E	5, E
Visierlinie [mm]	342 – 408	333 – 378	360 – 395	310 – 345
Mündungsgeschw. [m/s]	145 – 155	145 – 155	145 – 155	145 – 155
Auslösegesamtzeit [ms]	5,5	5,5	5,5	5,5
Max. Fülldruck [bar]	200	200	200	200
Masse [g] ca.	1120	1060	950	850
Griffwinkel einstellbar	ja	ja	ja	ja
Herstellung von – bis	2004 – 2006	2004 – 2006	2006 – heute	2008 – heute

Fünfschüssige Feinwerkbau-Modelle

Nach den Fünfschüssigen CO_2-Matchpistolen C 5 und C 55 (siehe diese) brachte Feinwerkbau in recht schneller Folge mit Druckluft betriebene fünfschüssige Matchpistolen heraus. Das erste dieser Modelle (P 55) kam im März 2005 auf den Markt und wurde bereits im März 2006 vom Modell P 56 abgelöst, welches wiederum im März 2008 durch das Modell P 58 ersetzt wurde. Abbildung 3.5.3-6 zeigt diese Pistole. Zu den Pistolen gehört neben den 5-Schussmagazinen jeweils ein „Einschussmagazin", mit denen sie dann beim Wettbewerb „Einschüssige Luftpistole" benutzt werden können.

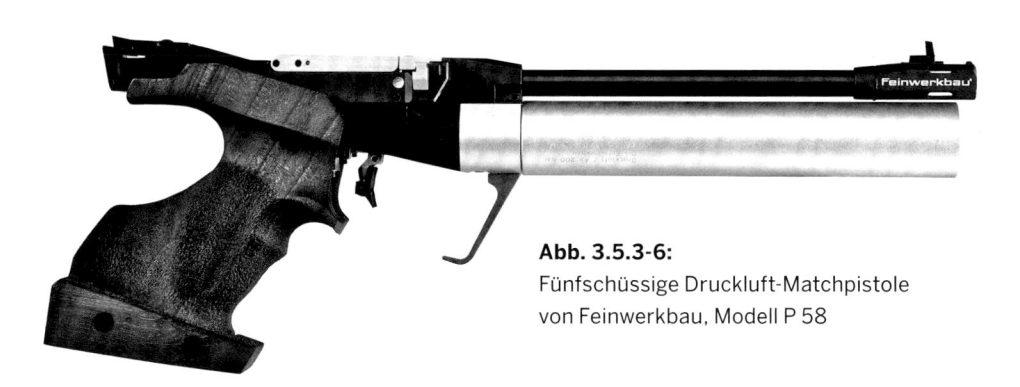

Abb. 3.5.3-6:
Fünfschüssige Druckluft-Matchpistole von Feinwerkbau, Modell P 58

Kennwerte von fünfschüssigen FWB-Druckluft-Matchpistolen (Herstellerangaben)

Modell	P 56	P 58
Masse [g]	ca. 1100 ohne Gew.	1040 ohne Gew.
Gesamtlänge [mm]	420	420
Höhe [mm]	150	150
Lauflänge [mm]	224	224
Abzugabstand [mm]		64 – 79
Abzugwiderstand [N]	1,5 – 4,9	1,5 – 4,9
Visierlinie [mm]	342	365 – 380
Max. Fülldruck [bar]	200	200
Markteinführung	2006	2008

3.5.4 Steyr

Einschüssige Modelle

Die enge Verwandtschaft der Druckluftpistolen mit den CO_2-Pistolen (schließlich sind beide Typen druckgasbetrieben) ist besonders bei den Steyr-Modellen augenfällig. Das von E. Senfter entwickelte Steyr-CO_2-Modell CO_2-Match kann in eine Druckluftpistole umgerüstet werden. Dazu ist der Ersatz der CO_2-Flasche durch eine Druckluftflasche und die Zwischenschaltung eines Druckminderventils erforderlich. Das Steyr-Modell LP 1 P ist von Hause aus für die Verwendung von Druckluft eingerichtet. Es unterscheidet sich im Aussehen von der Steyr-CO_2-Pistole LP 1 nur durch den zwischen Druckluftflasche und Pistole angeordneten Druckminderer, der den gleichen Durchmesser wie die Flasche hat.

Das 1999 erschienene Steyr-Modell LP 10 (Abb. 3.5.4-1) gleicht äußerlich seinen Vorgängern. Es ist jedoch, ähnlich wie das FWB-Modell P-34, mit einem Rückstoß-Ausgleichsgewicht ausgerüstet, das von Steyr Schussstabilisator genannt wird. Die Funktion dieses Schussstabilisators ist in Abschnitt 2.1.3-1 beschrieben worden. Der Abzug der LP 10 ist seit 2007 serienmäßig kugelgelagert. Das der LP 10 äußerlich gleiche Modell LP 10 E ist mit einem elektronischen Abzugsystem ausgerüstet und kam 2009 auf den Markt. Im Laufe der Modellpflege wurden auch die Deflektoren (Kompensatoren) geändert (siehe 3.5.1).

Neben den LP-10-Modellen bietet Steyr seit 2003 das leichtere und technisch etwas einfachere Modell LP 2 an (Abb. 3.5.4-2). Verzichtet wurde auf den langen Laufmantel, den Stabilisator, die Laufbohrungen und die Kugellager für den Abzug (aber nachrüstbar). Vorweg und Auslösewiderstand sind im üblichen Bereich regulierbar. Die Pistole wird mit einem Zusatzgewicht und den gleichen Griffen wie die LP 10 geliefert. Die „Compact"-Version der LP 2 unterscheidet sich von der Standard-Ausführung nur durch kürzeren Lauf, kürzere Visierlinie und das geringere Gewicht. Abbildung 3.5.4-3 zeigt die LP 2 Compact mit dem Universalgriff.

Kennwerte der Steyr-Modelle LP 2 und LP 2 Compact

Modell	LP 2	LP 2 Compact
Masse [g]	905	730
Gesamtlänge [mm]	390	330
Höhe [mm]	148	140
Lauflänge [mm]	228	160
Visierlinie [mm]	311 - 335	268 – 298
Abzugabstand* [mm]	64 - 78	64 - 78
Max. Fülldruck [bar]	200	200
Markteinführung	2003	2004

*bei mittlerer Größe des Griffes

Abb. 3.5.4-1:
Steyr Match-Druckluftpistole, Modell LP 10

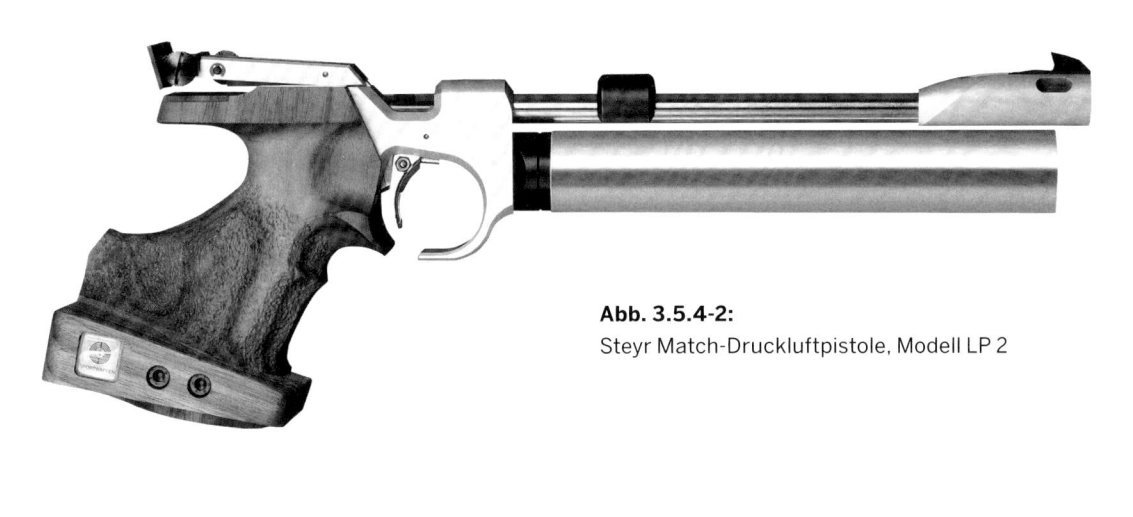

Abb. 3.5.4-2:
Steyr Match-Druckluftpistole, Modell LP 2

Abb. 3.5.4-3:
Steyr Match-Druckluftpistole, Modell LP 2 Compact

Fünfschüssige Modelle

Die fünfschüssigen Druckluft-Matchpistolen von Steyr gleichen den CO_2-Modellen weitgehend (siehe diese).
Abbildung 3.5.4-4 zeigt das Modell LP 50, von dem sich das Compact-Modell nur durch eine ca. 50 mm geringere Länge und eine etwas kleinere Masse unterscheidet. Für diese Pistolen sind „Einschuss-Magazine", Abzugeinheiten mit höherem Abzugwiderstand und Zusatzgewichte verfügbar.

Abb. 3.5.4-4:
5-schüssige Steyr Match-Druckluftpistole, Modell LP 50

Kennwerte der fünfschüssigen Steyr Match-Druckluftpistolen

Modell	LP 50	LP 50 Compact
Masse [g]	1050 (ohne Zusatzgew.)	983
Gesamtlänge [mm]	398	348
Höhe [mm]	148	148
Lauflänge [mm]	235	182
Abzugabstand [mm]	67 – 75	67 – 78
Abzugwiderstand [N]	2 – 5,9	2 – 5,9
	3,9 – 13,7*	3,9 – 13,7*
Visierlinie [mm]	307 – 350	257 – 300
Max. Fülldruck [bar]	200	200
Markteinführung	1999	2010

* Abzugwiderstand mit 2. Abzugsystem für Wettbewerb Einschüssige LP

3.5.5 Walther

Walther, Typ LP 200

Die Walther-Pistolen LP 200 (Abb. 3.5.5-1) und LP 201 (Abb. 3.5.5-2) haben Druckluftflaschen, die für 300 bar Fülldruck ausgelegt sind. Das bedeutet bei gleichem Volumen eine Erhöhung der Schusszahl je Füllung von ca. 70 %, wenn man von einem Druck von 60 bar in der Kammer hinter dem Druckminderventil ausgeht. Liegt der Treibdruck in der Kammer bei 80 bar, ergibt die Rechnung eine Erhöhung der Schusszahl um annähernd 83 %. Während die Druckluftflasche beim Modell LP 200 wie bei anderen Druckluftpistolen parallel zum Lauf angeordnet ist, wurde sie beim Modell LP 201 schräg hängend vor dem Abzugbügel angesetzt. Damit rückt der Schwerpunkt der Pistole deutlich nach hinten. Die letzte Ausführung der LP 200 wurde als LP 200 Air Plus bezeichnet. Im Unterschied zum Vorgänger lässt sich der Griff auch seitlich verstellen, so dass der Schütze trotz Verkanten der Hand die Visieroberkante in die Waagerechte bringen kann.

Abb. 3.5.5-1:
Walther Match-Druckluftpistole, Modell LP 200

Abb. 3.5.5-2:
Walther Match-Druckluftpistole, Modell LP 201

Walther, Typ LP 300

Da Feinwerkbau und Steyr inzwischen ihre Match-Luftpistolen mit Rückstoßabsorbern ausgestattet hatten, brachte Walther im Jahr 2001 mit dem Modell LP 300 eine Pistole auf den Markt, die ebenfalls eine entsprechende Einrichtung aufzuweisen hat. Der Walther-Absorber ähnelt dem der Feinwerkbau-Modelle. Da der Kolben, der die Speichermasse in Bewegung setzt, einen Durchmesser von 3,0 mm (Werksangabe) hat, können so maximal 44 % des Rückstoßes verzögert übertragen werden. Der maximale Fülldruck der Kartuschen von 300 bar ermöglicht ca. 250 Schüsse je Füllung. Eine leichtere Version des Modells war unter der Bezeichnung LP 300 Lightweight erhältlich, die mit einer ca. 40 g leichteren Kartusche bestückt ist. Die Niedrigpreis-Version der LP 300 wird als LP 300 Club (Abb. 3.5.5-3) bezeichnet.

Eine Änderung am Rückstoßabsorber-Puffersystem weisen die 2005 eingeführten Modelle der Reihe LP 300 XT auf. Das Modell LP 300XT (Abb. 3.5.5.-5) ist mit einer unter dem Druckluftbehälter angeordneten Stange ausgerüstet, an der Zusatzgewichte angebracht werden können. Die Version Protouch „5D" ist mit einem Griff ausgestattet, dessen Breite einstellbar ist und mit einer antimikrobiellen Beschichtung (Sterion) versehen ist. Abbildung 3.5.5.-4 zeigt die Leicht-Version dieses Modells, das als LP 300 Ultra bezeichnet wird.

Kennwerte von Walther-Matchpistolen vom Typ LP 300

Modell	LP 300 und Club	LP 300 XT	LP 300 XT Ultra
Masse [g]	1018	1018	850
Gesamtlänge [mm]	405	405	405
Höhe [mm]	135	135	135
Lauflänge [mm]	236	236	236
Abzugabstand* [mm]	min. 62	min. 62	min. 62
Vorwiderstand	einstellbar	einstellbar	einstellbar
Abzugwiderstand [N]	5, einstellbar	5, einstellbar	5, einstellbar
Visierlinie [mm]	350 – 366	350 – 366	350 – 366
Geschossgeschwindigkeit [m/s]	≈ 150	≈ 150	≈ 150
Max. Fülldruck [bar]	300	300	300
Griffwinkel einstellbar	-	±5°	± 5°
Griff schwenkbar	-	± 3°	± 3°
Markteinführung	2001	2005	2005

*bei M-Griff

Abb. 3.5.5-3:
Walther Match-Druckluftpistole,
Modell LP 300 Club

Abb. 3.5.5-4:
Walther Match-Druckluftpistole,
Modell LP 300 XT Ultra

Abb. 3.5.5-5:
Walther Match-Druckluftpistole,
Modell LP 300 XT

Walther LP 400

2010 stellte Walther die Luftpistolen der LP-400-Reihe vor, welche die Pistolen vom LP-300-Typ ablösten. Bei den LP-400-Pistolen ist der Abzug ähnlich wie bei Morini und Steyr in Kugellagern gelagert. Der Kompensator ist mit zwei Deflektoren ausgerüstet (siehe Abschnitt 3.5.1-3). Der direkt vor der Laufmündung liegende Deflektor leitet die austretende Druckluft nach hinten in einen Hohlraum zwischen Lauf und Laufmantel. Der Rückstoßabsorber heißt bei Walther Equalizer-Magnetabsorbersystem, ist federgetrieben und wird vor der Schussabgabe von einem Permanentmagneten in „Fertigstellung" gehalten (siehe Abschnitt 2.1-14) Die Pistolen werden mit zwei verschiedenen Laufmänteln angeboten. Abbildung 3.5.5-6 zeigt das Modell LP 400 Alu mit dem 227-mm-Lauf und einem Zusatzgewicht, das am Leichtmetallmantel festgeklemmt ist.

Die Modelle LP 400 Carbon haben Laufmäntel aus mit Kohlenstofffasern verstärktem Kunststoff und sind leichter als die Alu-Modelle. Abbildung 3.5.5-7 zeigt das Modell LP 400 Carbon Compact mit einer Lauflänge von 187 mm.

Das Modell Carbon Universal (Abb. 3.5.5.-8) ist mit dem 187-mm-Lauf und dem faserverstärkten Laufmantel ausgerüstet. Die Universal-Pistole hat einen deutlich einfacheren Griff als die anderen Ausführungen und ist als Vereinspistole gedacht.

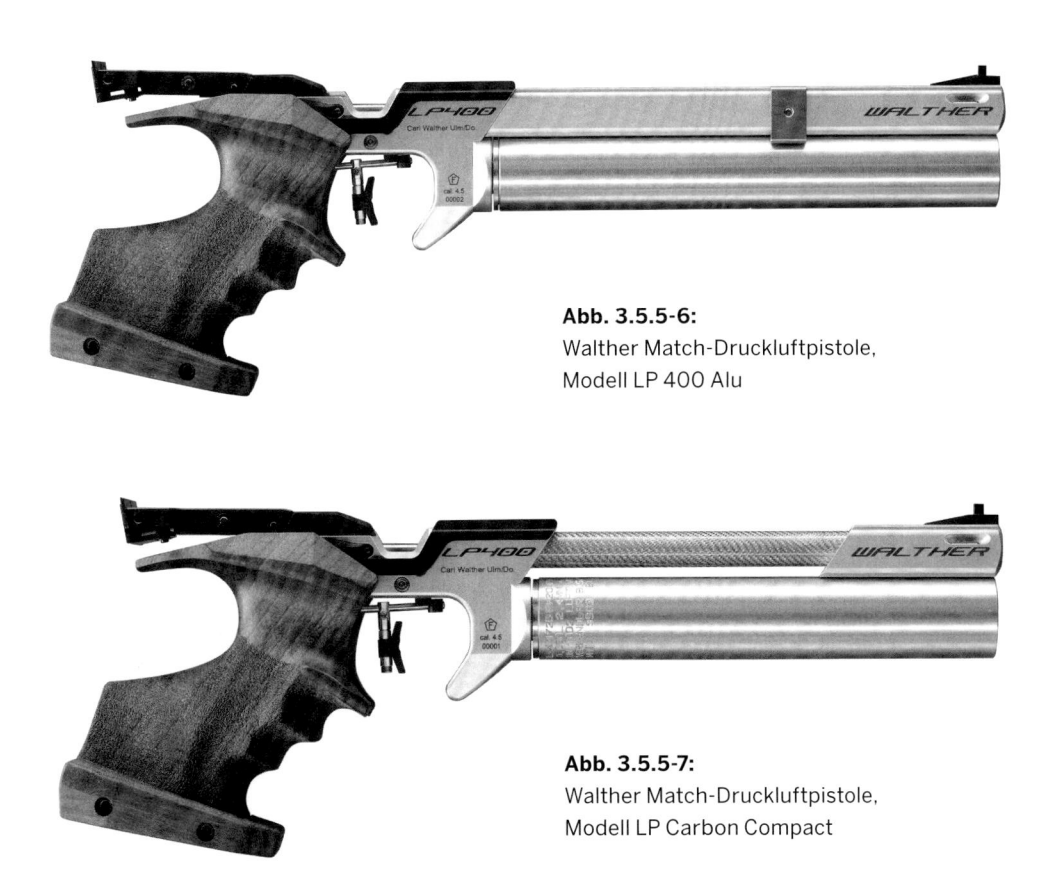

Abb. 3.5.5-6:
Walther Match-Druckluftpistole,
Modell LP 400 Alu

Abb. 3.5.5-7:
Walther Match-Druckluftpistole,
Modell LP Carbon Compact

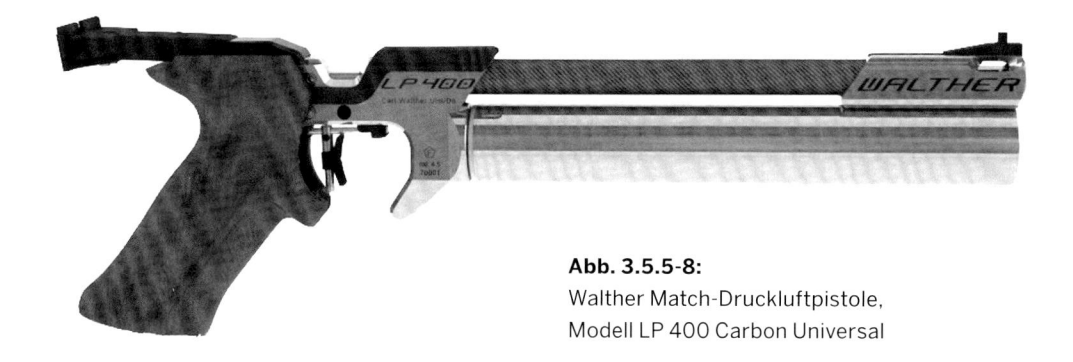

Abb. 3.5.5-8:
Walther Match-Druckluftpistole, Modell LP 400 Carbon Universal

Kennwerte der Walther LP-400-Matchpistolen. E = einstellbar

Modell	LP 400 Alu	LP 400 Alu Compact	LP 400 Carbon	LP 400 Carbon Compact	LP 400 Carbon Compact Universal
Masse [g]	950	910	870	850	850
Gesamtlänge [mm]	410	375	410	375	375
Höhe [mm]	135	135	135	135	135
Lauflänge [mm]	227	187	227	187	187
Abzugabstand	E	E	E	E	E
Vorwiderstand	E	E	E	E	E
Abzugwiderstand [N]	5, E	5, E	5, E	5, E	5, E
Visierlinie [mm]	340 – 400	305 – 365	340 – 400	305 – 365	305 – 365
Max. Fülldruck [bar]	200	200	200	200	200
Markteinführung	2010	2010	2010	2010	2010

3.5.6 Hämmerli

1993 brachte Hämmerli/Lenzburg (Schweiz) nach den zu dieser Zeit veralteten CO_2-Pistolen Single und Master das Matchpistolen-Modell 480 heraus (Abb. 3.5.6-1), das mit einem recht großen, fest installierten Druckgasbehälter ausgerüstet ist. Letzterer besteht aus einer Aluminiumlegierung und ist mit Kohlenstofffaser („Carbon") verstärktem Kunstharz ummantelt. Abzug und Visier sind wie üblich einstellbar. Zur Pistole gehört ein getrenntes Manometer zur Prüfung des Druckes in der Kartusche. Diese kann wahlweise mit Druckluft oder CO_2 befüllt werden. Eine Füllung soll für 320 Schüsse reichen. Als weitere Besonderheit wurde das Modell 480 mit Polygonläufen mit einer Dralllänge von 450 mm ausgerüstet. Bereits 1994 wurde dieses Modell vom Modell 480 k (Abb. 3.5.6-2) abgelöst, welches mit einer abnehmbaren Druckluftkartusche (200 bar, maximal 180 Schüsse) ausgerüstet ist. Die ähnlichen Modelle 480 Junior und 480 k 2 folgten 1996 bzw. 1997.

Die 480-Modelle wurden im Jahr 2000 von den deutlich moderneren Modellen der AP-40-Reihe abgelöst. Diese wiederum erhielten 2007 nach kleineren Änderungen den Zusatz Balance in der Modellbezeichnung. Abbildung 3.5.6-3 zeigt das größere Modell AP 40 Balance, von dem sich die Junior-Ausführungen zunächst durch kürzere Läufe etc. unterschieden. Neuere Ausführungen haben jedoch Läufe von Standardlänge.

Anfang 2006 erwarb Umarex die Nutzungsrechte an der Marke Hämmerli und den Hämmerli-Produkten. Seither werden die neuen Hämmerli-Matchpistolen bei Walther (im Besitz der Umarex-Gruppe) in Ulm gefertigt.

Abb. 3.5.6-1:
Hämmerli-Modell 480, eine Matchpistole, die sowohl mit Druckluft als auch mit CO_2 betrieben werden kann.

Abb. 3.5.6.-2:
Hämmerli-Modell 480 k

Abb. 3.5.6-3:
Hämmerli-Modell AP 40 Balance

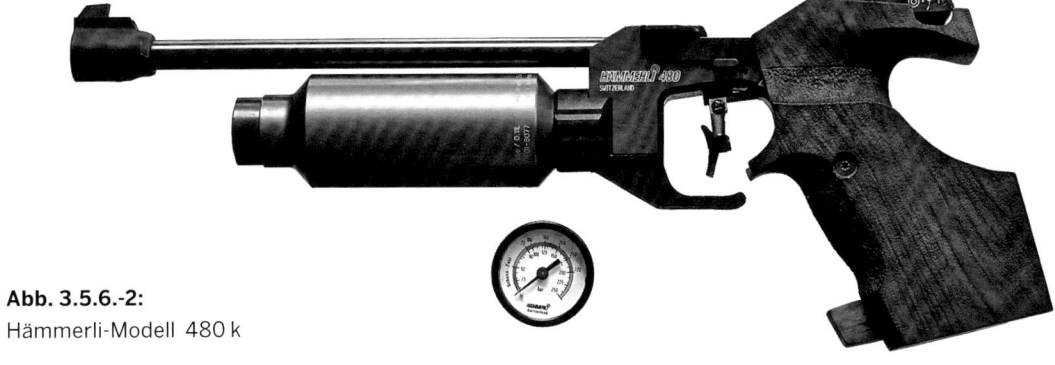

Kennwerte Hämmerli-Match-Druckluftpistolen (Umarex)

Modell	AP 40 Balance	AP 40 Balance Junior
Masse [g]	930	880
Gesamtlänge [mm]	410	380
Höhe [mm]	145	130
Lauflänge [mm]	250	230
Abzugabstand (M-Griff) [mm]	59 – 72	59 – 72
Vorwiderstand	einstellbar	einstellbar
Abzugwiderstand [N]	5, einstellbar	5, einstellbar
Visierlinie [mm]	340 – 360	320 – 340
Max. Fülldruck [bar]	200	200
Griffwinkel einstellbar	± 5°	± 5°
Griff schwenkbar	± 3°	± 3°
Markteinführung	2007	2007

3.5.7 Ischmech/Baikal

Die russische Firma stellt seit 2006 die Matchpistole MP-672 her, siehe Abbildung 3.5.7-1. Der Lauf hat eine Dralllänge von 460 mm und ist gechokt, Visier und Abzug sind wie üblich justierbar, auch ist die Trockentrainingsmöglichkeit gegeben. Der abnehmbare Druckluftbehälter ist mit einem Manometer ausgerüstet, das den Druck in MPa (Mega Pascal, 0,1 MPa ≈ 1 bar) anzeigt.

Kennwerte Baikal-Modell MP-672

Masse [g] mit Zusatzgewichten	1300
Gesamtlänge [mm]	420
Höhe [mm]	200
Lauflänge [mm]	280
Abzugabstand [mm]	72 – 78
Vorwiderstand	einstellbar
Abzugwiderstand [N]	3,9 – 9,8
Visierlinie [mm]	385
Max. Fülldruck [bar]	200
Markteinführung	2006

Abb. 3.5.7-1:
Baikal Matchpistole von Ischmech, Modell MP-672

3.5.8 Pardini

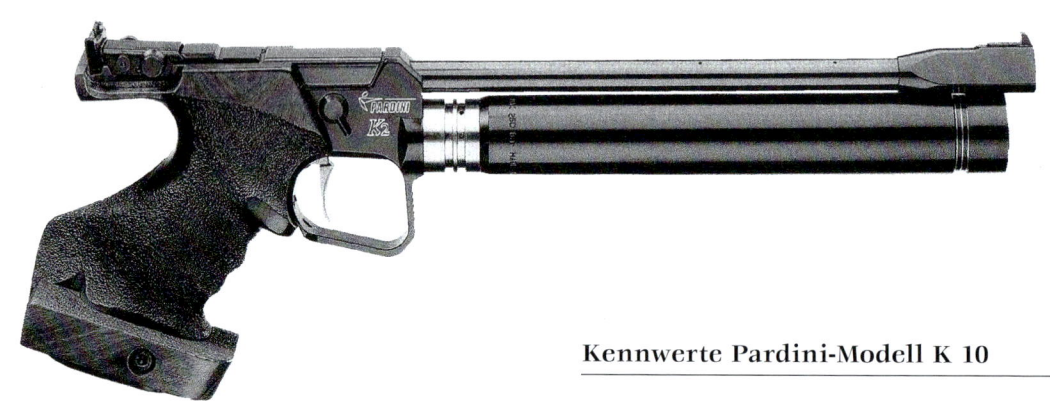

Abb. 3.5.8-1:
Pardini Druckluft-Matchpistole Modell K 2

Das Pardini-Modell K 2 wurde 2008 durch das Modell K 10 ergänzt/abgelöst. Daten siehe Kennwert-Tabelle.

Kennwerte Pardini-Modell K 10

Masse [g]	990
Gesamtlänge [mm]	415
Höhe [mm]	140
Lauflänge [mm]	240
Abzugabstand [mm]	55 – 70
Vorwiderstand	einstellbar
Auslösewiderstand [N]	5, einstellbar
Visierlinie [mm]	345 – 375
Max. Fülldruck [bar]	250
Markteinführung	2008

3.5.9 Röhm

Die Firma Röhm (näheres zur Firma im Kapitel 4.6.8) stellte mit den Modellen Top, Sport und Match preiswerte Druckluftpistolen her, die aufgrund von Schussgenauigkeit und Ausstattung wettkampftauglich sind.

Das einfachste Modell mit der Bezeichnung Top (Abb. 3.5.9.-1) hat eine abnehmbare Trommel, die 7 mm „lang" ist und acht Diabolos aufnehmen kann. Die Trommel kann durch eine enger gepasste Einschuss-Ladeeinrichtung ersetzt werden. Es werden anatomische Griffe der Größen S (klein), M (Mittel) (auch für Linkshänder) und ein Universalgriff angeboten, die um ca. 12 mm parallel verschiebbar sind. Die Pistole kann auch als Abzugspanner benutzt werden. Der Hahn liegt unter einer abnehmbaren Haube. Das 3,5 mm breite Korn ist auf dem Deflektor (Kompensator) montiert, die Kimme mittels Rastschrauben in Höhe und Seite justierbar. Zur Ermittlung der Schusspräzision wurden drei Fünfschussgruppen auf eine Entfernung von 10 m geschossen. Der mittlere Abstand der am weitesten auseinander liegenden Treffer betrug 2,9 mm, gemessen von Schusslochmitte zu Schusslochmitte. Interessant ist, dass anstelle der Druckluftflasche mit Reduzierventil eine Vorrichtung zur Aufnahme einer 12-g-CO_2-Kapsel montiert werden kann. Der CO_2-Kapselhalter wird bei den CO_2-Pistolen beschrieben.

Abb. 3.5.9-1:
Rhöm Twinmaster-Modell Top

Das Twinmaster-Modell Sport wird mit einem 50 g schweren Zusatzgewicht geliefert, welches auf einer vor dem Abzugbügel unter der Druckluftkartusche liegenden Stange verschiebbar angebracht ist. Kimmenblätter und Korne (4,0 und 5,0 mm) können gewechselt werden. Der Separator (Kompensator) ist länger als beim Modell Top, woraus sich die längere Visierlinie ergibt.

Das Modell Match (Abb. 3.5.9-2) ist das Spitzenmodell der Twinmaster-Reihe. Vorweg, Vorwiderstand und Auslösewiderstand lassen sich einstellen, ebenso die Breite des Kimmeneinschnitts. Korne verschiedener Breite gehören zum Programm, ebenso 50-g-Zusatzgewichte. Zum Laden wird wie bei anderen Twinmaster-Modellen das Geschosslager seitlich nach links ausgeschwenkt. Zum Spannen des Hahns dient ein Hebel, der den Hahn auch abdeckt.

Abb. 3.5.9-2:
Rhöm Twinmaster-Modell Match

Kennwerte von Rhöm Twinmaster-Modellen

Modell	Top	Sport	Match
Masse [g]	958	950	1050
Gesamtlänge [mm]	350	400	414
Höhe [mm]	145	144	152
Lauflänge [mm]	210	210	210
Abzugabstand [mm]	64 – 76	64 – 76	65 – 77
Vorwiderstand einstellbar	nein	nein	Ja
Abzugwiderstand [N]	4,4 – 5,9	4,4 – 5,9	4,4 – 5,9
Visierlinie [mm]	300	335 – 355	346 – 366
Mündungsgeschwindigkeit [m/s]	134*	ca. 150	ca. 150
Fülldruck [bar]	200	200	200
Trockentrainingsabzug	ja	ja	ja
Markteinführung	2000	2001	2004

*Eigene Messung mit 490-mg-Geschossen

3.5.10 Tesro

Die Firma Tesro wurde 2001 von Peter R. Römer in Niederstrotzingen gegründet. Tesro steht für Technology, Engineering, Solutions Roemer. Römer war zuvor als Chefkonstrukteur bei der Firma Walther in Ulm tätig, was die Ähnlichkeit der Tesro PA 10-Match-Luftpistole mit den Walther-Modellen der LP-300-Reihe erklärt [5].

Das Modell PA 10 kam 2002 auf den Markt. Es ist mit einem Rückstoßverzögerer ausgerüstet, der wie bei Feinwerkbau- und Walther LP-300-Modellen einen Teil des Rückstoßes über einen Kolben im Zuführstößel verzögert auf die Pistole überträgt. Der Lauf hat Entlastungsbohrungen, das Korn ist auf dem Deflektor angebracht. Zusatzgewichte sind auf der unter dem Druckgasbehälter liegenden Stange verschiebbar angebracht. Das Modell PA 10 wurde 2011 von den ähnlichen Pistolen der Reihe PA 10-2 abgelöst, von denen es drei Varianten gibt.

Abbildung 3.5.10-1 zeigt die einfachste Ausführung, das Modell PA 10-2 ECO. ECO steht für Economy. Der Deflektor hat eine Kammer. Vermissen lässt diese Ausführung die Stange für Zusatzgewichte, sonst fehlt nichts Wesentliches.

Das Modell PA 10-2 Classic unterscheidet sich von der ECO-Ausführung durch die Stange mit den Zusatzgewichten.

Das Modell PA 10-2 Pro (Abb. 3.5.10-2) hat zusätzlich einen Deflektor mit zwei Kammern und einen kannelierten Lauf.

Kennwerte der Tesro-Matchpistolen, E = einstellbar

Modell	PA 10	PA 10-2 Pro	PA 10-2 Classic	PA 10-2 ECO
Masse [g]	1010 – 1030	950 – 1050	950 – 1050	950 – 970
Gesamtlänge [mm]	404	404	404	404
Höhe [mm]	134	134	134	134
Lauflänge [mm]	235	235	235	235
Abzugabstand [mm]	60 – 72			
Vorwiderstand	E	E	E	E
Abzugwiderstand [N]	5, E	5, E	5, E	5, E
Visierlinie [mm]	347 – 364	330/349/368	346/364	346/364
Geschossgeschw. [m/s]	135			
Max. Fülldruck [bar]	300	300	300	300
Griffwinkel einstellbar	ja	ja	ja	ja
Markteinführung	2002	2011	2011	2011

Abb. 3.5.10-1:
Druckluft-Matchpistole Tesro PA 10-2 ECO

Abb. 3.5.10-2:
Druckluft-Matchpistole Tesro PA 10-2 Classic

3.5.11 Anschütz

Die Firma Anschütz (siehe dazu unter 2.2.1) vertrieb zwei Druckluft-Matchpistolen-Modelle der Firma Morini Competition Arm, Bedano (SAM = Swiss Arms Manufacture). Abbildung 3.5.11-1 zeigt das 1996 eingeführte Modell Anschütz-SAM M10, Abbildung 3.5.11-2 das 1997 eingeführte kürzere und leichtere Modell M5 Junior. Als Besonderheit haben diese Pistolen – wohl als erste überhaupt – kugelgelagerte Abzugachsen.

Von 2003 bis 2009 wurde dann das von der Steyr Sportwaffen GmbH hergestellte Modell LP@ Anschütz (Abb. 3.5.11-3) vertrieben. Anschütz ist seit der Gründung der Steyr Sportwaffen GmbH im Jahr 2001 zu 51 % an dieser Firma beteiligt. Die LP@ entspricht in vielen Details dem Steyr-Modell LP 10.

Abb. 3.5.11-1:
Druckluft-Matchpistole Anschütz-SAM M10

Abb. 3.5.11-2:
Druckluft-Matchpistole Anschütz-SAM M5

Abb. 3.5.11-3:
Druckluft-Matchpistole Modell LP@ Anschütz

Tabelle 3-4: Kennwerte von Druckluft Matchpistolen, Stand 2000

	Feinwerkbau		Hämmerli		Morini	
	P 30	P 34/kurz	480	480 K 2	162 E	162 MI
Masse [g]	1100	1100/1000	1050	1140	1020	1060
Gesamtlänge [mm]	420	405/355		410	410	425
Höhe [mm]	150	140		145	140	145
Lauflänge [mm]	240	233/183	250	250	240	240
Vorwiderstand [N]	E	E	E	E	E	E
Abzugwiderstand [N]	5, E	5, E	5, E	5, E	5, E	5, E
Visierlinie [mm]	340	350/300	340	340	310 – 360	310 – 34
Mündungs-geschwindigkeit [m/s]	160	155	145	146	145	150
Auslösegesamtzeit [ms]	6,5	5,5	7	7	8,5	5
max. Fülldruck [bar]	200	200	200	200	300	300
Flaschenvol. [ml]	85		110 *)	110	75	
Griffwinkel einstellb.	ja	ja	ja	ja		ja
Jahr der Einführung	1994	1998	1993	1997	1993	1997

*) nicht abnehmbar

Tabelle 3-4: Kennwerte von Druckluft Matchpistolen, Stand 2000

	Pardini	Anschütz-SAM		Steyr		Walther	
	K 2 air	M 5	M 10	LP-IP	LP 10	LP 200	LP 201
Masse [g]	1070	750	950	1090	950	1110	1110
Gesamtlänge [mm]	410	310	420	390	405	398	398
Höhe [mm]	140			138	141	140	140
Lauflänge [mm]	245	170	240	233	225	232	232
Vorwiderstand [N]	E	E	E	E	E	E	E
Abzugwiderstand [N]	5, E	5, E	5, E	5, E	5, E	5, E	5, E
Visierlinie [mm]	370	265	300 –350	316 – 336	319 – 366	343 – 347	343 – 347
Mündungsgeschwindigkeit [m/s]	158		150	165	160	150	150
max. Fülldruck [bar]	250		300	200	200	300	300
Flaschenvol. [ml]	88			75	75	94	56
Griffwinkel einstellb.		nein	ja	ja	ja	ja	ja
Jahr der Einführung	1997	1997	1996	1995	1999	1995	1996

3.6 Druckluftpatronen

Anstatt Treibmittel (Druckluft, CO_2) und Geschoss erst in der Pistole zusammenzubringen, kann man beides auch in einer Druckgaspatrone zusammenfügen. Die Druckgaspatrone muss einen Druckgasraum haben, der durch ein Ventil verschlossen ist. Außerdem muss die Patrone Platz für das Geschoss bieten, wenn es nicht getrennt in den Lauf eingeführt werden soll. Der Schlagmechanismus der Pistole öffnet nach dem Abziehen das Ventil, und das Treibgas treibt das Geschoss aus dem Lauf.

Paul Giffard konstruierte im 19. Jahrhundert Gaspatronen und entsprechende Gewehre, die z.B. durch das U.S.-amerikanische Patent Nr. 134048 vom 17.12.1872 geschützt waren. In Abbildung 3.6-1 ist das Wesentliche seiner Konstruktion dargestellt worden.

Abbildung 3.6-1 a) zeigt die Druckgaspatrone im Schnitt. In die Hülse P ist unten ein ringförmiger Boden B eingelötet oder luftdicht eingeschraubt. Auf der Innenseite von B befindet sich eine ringförmige Ausnehmung, in der die Gummidichtung D liegt. Das Ventil wird von der Glocke G und dem aufgelöteten Abstandhalter A gebildet. Eine Schraubenfeder hält das Ventil auf der Dichtung. Bei gefüllter Patrone sorgt der Gasdruck für eine gute Abdichtung zwischen G und D. Drei Rippen E zentrieren die Gaspatrone im Lager. Die Pumpe zur Füllung der Gaspatrone wird in die (zur besseren Abdichtung) konische Bohrung im Boden gesetzt. Der Schnitt b) durch die Gaspatrone zeigt die Zentrierscheibe A in Draufsicht. Abbildung c) zeigt einen Teilschnitt durch ein für die Gaspatrone eingerichtetes Gewehr. Der Lauf R kann nach Lösen der Schraubverbindung nach unten geklappt werden. Die Gaspatrone P wird mit der Ventilseite voran in das Lager geschoben. Am hinteren Laufende liegt ein tassenförmiges Stützelement K, auf das sich die geschlossene Seite der Gaspatrone stützt (Pfeile). Rillen in K ermöglichen dem Druckgas den Durchtritt an der Stoßstelle zwischen Patrone und Stützelement. Beim Auslösen fällt der Hahn auf den Schlagbolzen, der wiederum das Ventil der Gaspatrone öffnet. Das Gas strömt nun aus und um die Patrone herum hinter die Kugel. A. Hoff [1] sagt, dass Gewehre dieser

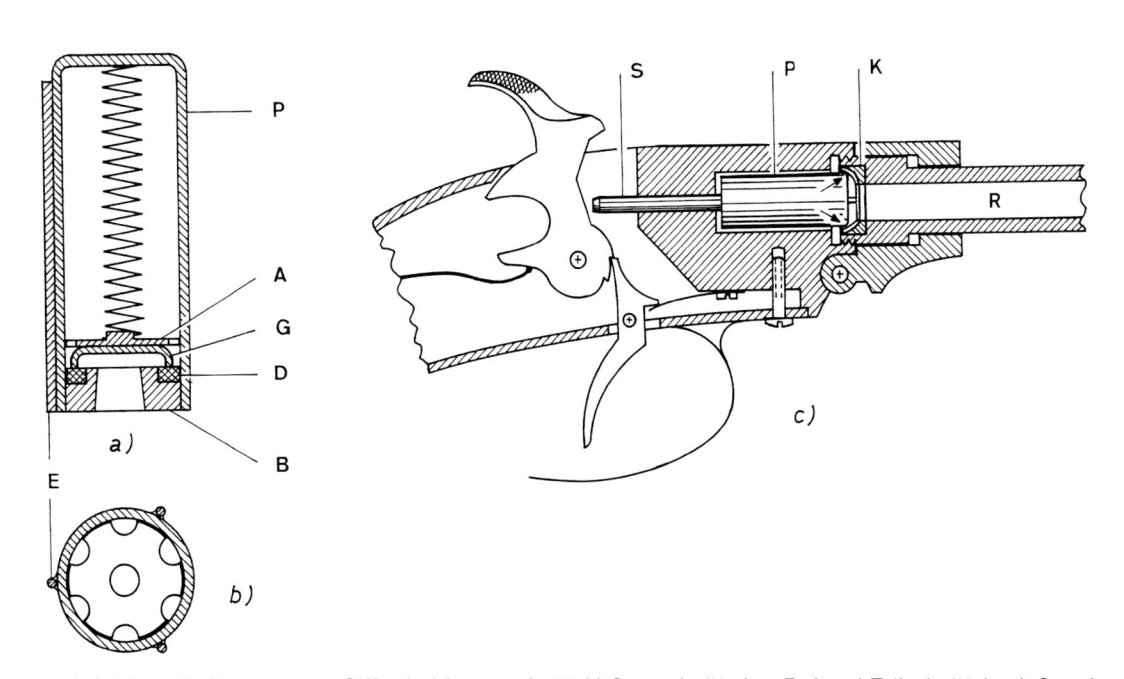

Abb. 3.6-1: Druckluftpatrone von Giffard. a) Längsschnitt, b) Querschnitt ohne Feder, c) Teilschnitt durch Gewehr mit eingelegter Druckluftpatrone P.

Bauart nicht in kommerziellem Maßstab hergestellt worden seien. Eldon Wolff [2] zeigt ein Photo eines solchen Gewehrs. L. Wesley berichtet, er habe für dieses Gewehr einige Gaspatronen angefertigt, mit denen es klaglos funktioniert habe [3].

In neuerer Zeit sind von verschiedenen Herstellern kleine Druckluftpatronen hergestellt worden, die in dafür eingerichtete Pistolen und Revolver passen. Beliebt sind dabei umgerüstete Faustfeuerwaffen, die durch den Umbau zu freien Luftpistolen oder -revolvern wurden. Beim Umbau werden bei Revolvern die Patronenlager für die meist größeren Druckluftpatronen aufgerieben. Der Lauf wird ausgebohrt und ein Futterlauf des neuen Kalibers (4,5, meist 5,5 oder 6,35 mm) eingeklebt. Bei Pistolen reicht die Anpassung von Patronenlager und Lauf. Der eigentliche Grund für die Existenz dieser Umbauten kann man in den restriktiven Waffengesetzen sehen, denn der hohe Preis kann nur emotional durch die Nähe zum Original kompensiert werden – wenn überhaupt.

Da in England CO_2-Pistolen nur mit besonderer Erlaubnis (F.A.C.) erworben werden durften (und von denen gibt es viele, die verschiedenen Waffen äußerlich beinahe zum Verwechseln ähnlich sehen), verwundert es nicht, dass in diesem Land Druckluftpatronen und entsprechend Pistolen und Revolver entwickelt wurden, denn diese sind frei verkäuflich, wenn die maximale Geschossenergie unter 6 ft.lbs. (= 8,1 J) liegt.

Bekannt geworden ist die Brocock-Druckluftpatrone. Brocock leitet sich von Brothers Silcock ab (Nigel and Gary), die die Patrone und dafür geeignetes Zubehör ab 1990 anboten. Abbildung 3.6-2 zeigt das Prinzip der Brocock-Patrone. In a) ist die Patrone mit Druckluft geladen. Die Hülse 2 wird hinten durch den eingeschraubten Ventilboden 1 verschlossen, das Ventil 4 wird von einer Feder nach links gedrückt. Die Abdichtung wird von O-Ringen übernommen. Am vorderen Hülsenende ist ein Ansatz aufgeschraubt, in den ein Geschoss (z.B. Diabolo) eingesetzt wird. Trifft der Zündstift des Revolvers (oder der Pistole) auf den Ventilschaft im Ventilboden, öffnet das Ventil (b) vorn, und die Druckluft treibt das Geschoss an. Diesen Typ von Druckluftpatronen benutzt z.B. die Firma Dewexco, Edemissen/Peine, unter der Bezeichnung L-E-P (Luft-Energie-Patrone) in den Kalibern 5,5 und 6,35 mm in verschiedenen aptierten Originalwaffen. Zum Füllen der Patronen mit Druckluft werden geeignete Handpumpen angeboten. Nach sechs bis acht Pumphüben steigt der Druck in der Patrone kaum noch. Die erreichbaren Geschossgeschwindigkeiten liegen zwischen 90 und 105 m/s bei 6,35-mm-Diabolos.

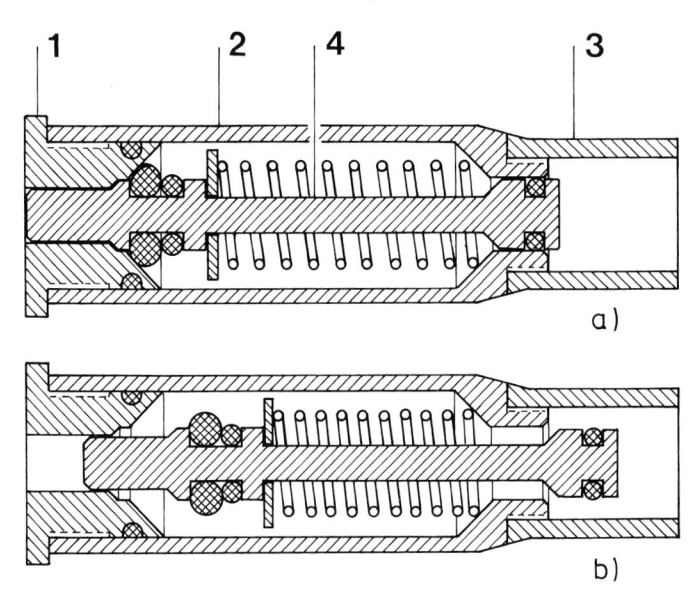

Abb. 3.6-2: Brocock-Druckluftpatrone im Längsschnitt. a) mit Druckluft geladen, b) nach dem Schuss.

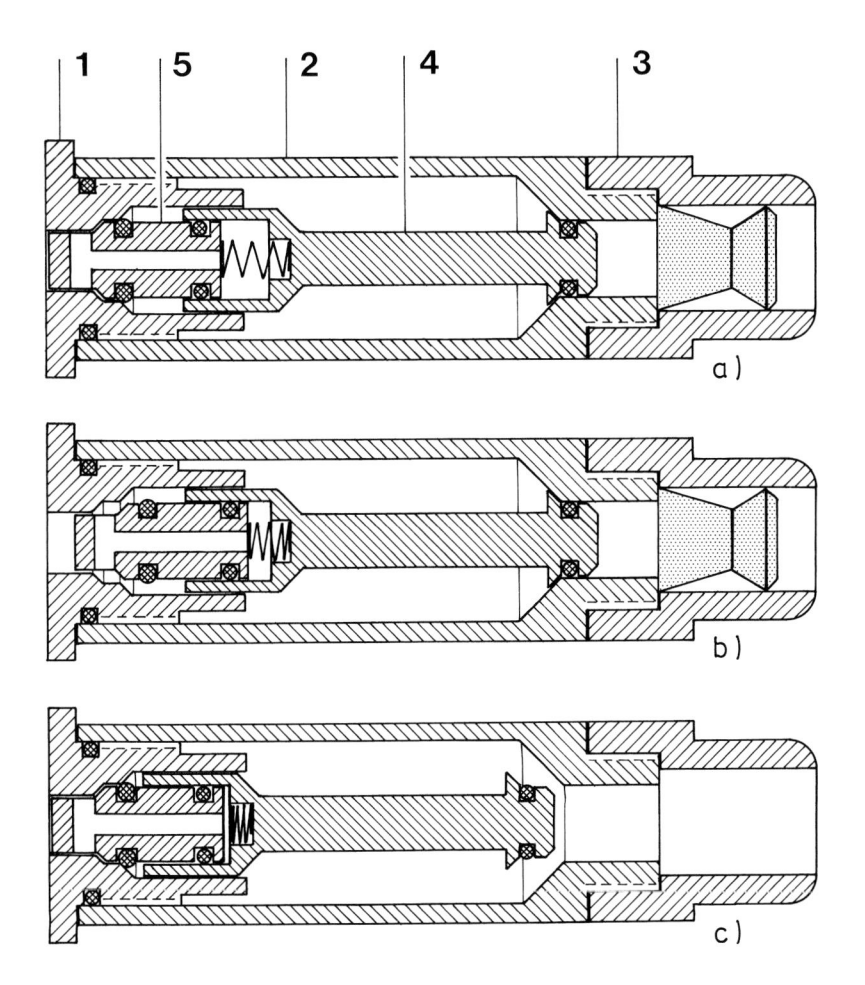

Abb. 3.6-3: Crown-Druckluftpatrone im Längsschnitt. a) Schussfertig, b) kurz nach Auftreffen des Zündstifts auf das Ventil 5 und c) nachdem das Geschoss die Patrone verlassen hat.

Eine interessante Druckluftpatronen-Konstruktion stammt von M. Saxby und H. Holsboer, die sich des Problems der recht großen Masse des Ventils annehmen [4]. Bei den sogenannten Crown-Kartuschen (Abb. 3.6-3 a) ist in Hülse 2 der Patronenboden 1 mit dem hinteren Ventilsitz eingeschraubt. Vorn wird der Geschosshalter 3 auf die Hülse geschraubt. Das Ventil ist zweigeteilt. Hinter dem Geschoss wird die Hülse von einem Ventil 4 mit langem Schaft abgedichtet. Der Schaft hat hinten eine Erweiterung, in der das rückwärtige Ventil 5 untergebracht ist. Eine Feder drückt die beiden Ventile auseinander und hält sie in Position. Wird nun durch den Zündstiftschlag das Ventil 5 in den Patronenboden geschoben, so entweicht Druckluft durch den Ringspalt zwischen 5 und 1 nach hinten, und der Druck hinter dem Ventil 4 fällt beinahe auf Umgebungsdruck. Die unter einem Druck von etwa 200 bar stehende Luft in der Hülse schiebt nun das Ventil 4 nach links, und die Druckluft treibt das Geschoss aus dem Lauf (c). Die Crown-Kartuschen für 4,5-mm-Diabolos liefern Geschossgeschwindigkeiten bis zu 170 m/s.

Literatur

[1] A. Hoff: Windbüchsen und andere Druckluftwaffen. Paul Parey, Hamburg, Berlin, 1977
[2] E.G. Wolff: Air Guns. Milwaukee Public Museum, Publication in History 1, Milwaukee, 1958
[3] L. Wesley: Air Guns and Air Pistols. Cassel, London, 1971
[4] U. Eichstädt, Visier 3/1994, S. 28
[5] H. Aicher, DWJ 7/2002, S. 24

4. CO_2-Pistolen

Bei den Federluftpistolen und den Druckluftpistolen mit Pumpe leistet der Schütze vor jedem Schuss Arbeit, die entweder in einer Feder oder in der Druckluft als Energie gespeichert und bei der Abgabe des Schusses freigesetzt wird. Bei den CO_2-Pistolen dient gasförmiges CO_2 (Kohlendioxid) als Treibmittel, das in der Pistole durch Verdampfen von flüssigem CO_2 entsteht. Das flüssige CO_2 beziehen wir von Fabriken, die uns die Arbeit der CO_2-Gewinnung und der Umwandlung (Verflüssigung) des Treibmittels in eine gut handhabbare Form (das flüssige Kohlendioxid) abnehmen. Dafür müssen wir natürlich einen Preis bezahlen. Schafft man sich eine 2-kg-Flasche an, so zahlte man 2009 bei der Füllung etwa 10 € je Kilogramm CO_2. Bei einem CO_2-Verbrauch von etwa 0,2 g je Schuss kostet das CO_2 für einen Schuss also 0,2 Cent, etwa 1/12 des Preises eines guten Diabologeschosses.

Anders sieht es mit dem Preis aus, wenn man das Kohlendioxid in den für viele Pistolen benötigten 12-g-Kapseln kaufen muss. Diese Einwegkapseln kosten heute (einzeln gekauft) etwa 1,4 €, woraus sich die Treibgaskosten je Schuss von ca. 3 Cent ergeben. Das setzt einen Verbrauch von 0,2 g CO_2 je Schuss voraus. Kauft man jedoch die Kapseln in großen Mengen ein (etwa bei eGun 100 Stück), kostet eine Kapsel frei Haus ca. 40 Cent, entsprechend etwa 0,8 Cent je Schuss.

Dem Ingenieur erleichtert das Treibmittel CO_2 die Aufgabe, handliche CO_2-Pistolen und -Revolver zu konstruieren, weil der Energiespeicher, zum Beispiel die 8-g- oder 12-g-CO_2-Kapsel, klein ist. Das macht verständlich, warum so viele Replikas in der Form von Armeepistolen, Sportpistolen oder Revolvern hergestellt werden. So ähnelt die erste amerikanische CO_2-Pistole, das 1949 auf den Markt gekommene Modell GP 22 von Schimel, der deutschen Parabellumpistole, Modell 08. Crosman-Modelle lehnen sich in ihrem Äußeren ebenfalls oft an Faustfeuerwaffen an: Das Modell 451 ähnelt der Colt-Government-Pistole, die Modelle Mark I und Mark II der Ruger-Pistole Mark I, das Modell 1454 älteren High-Standard-Sportpistolen. Andere Hersteller verfahren ähnlich. Die äußere Verwandtschaft zwischen den Daisy-Modellen 100 und 200 und der Colt Woodsman ist ebensowenig zu übersehen wie die des Modells 790 von Daisy mit der Smith & Wesson-Sportpistole Modell 41. Letztere CO_2-Pistole wurde 1970 sogar von S&W selbst als Modell 79 G verkauft, Fertigung und Vertrieb jedoch später Daisy übertragen.

Auch Revolver dienen nicht selten als Vorbild, wobei der Single-Action-Army-Revolver von Colt besonders oft Modell gestanden hat. Die Reihe der Möchtegern-Peacemaker beginnt 1958 mit dem Hahn 45 von Crosman und führt über den Single Six derselben Firma, den Western Plainsman von Healthways bis zum Daisy-Modell 179 Six Gun. Drei weitere verbreitete Revolver, der Combat Magnum sowie der Masterpiece von Smith & Wesson und der Python von Colt, sind inzwischen von Crosman ebenfalls auf CO_2-Antrieb umgesetzt worden. Zu wahrer Meisterschaft bei der Nachbildung von größeren Selbstladepistolen zeugen die CO_2-Pistolen („Beretta", „Colt", „Walther") der Firma Umarex, die darüberhinaus noch sehr präzise sind.

Während die einschüssigen CO_2-Replikapistolen meist passabel schießen und sich ihr CO_2-Verbrauch in vernünftigen Grenzen hält, sind die CO_2-Revolver etwas weniger präzise und nicht so sparsam. Eigentlich sollte man sie als nicht ungefährliches Spielzeug betrachten, auch wenn sie als Übungsgeräte noch brauchbar sind. Soweit sie über ein Abzugspannersystem verfügen, kann man sich mit ihrer Hilfe sogar die Technik des Abzugspannerschießens aneignen.

4.1 Die Eigenschaften des Treibmittels CO_2

CO_2 entsteht bei der Verbrennung von Kohlenstoff. Der Name von CO_2 ist Kohlendioxid, eine umgangssprachliche, aber falsche Bezeichnung ist Kohlensäure. Hier werden alle drei Bezeichnungen verwendet. Bei Atmosphärendruck und Umgebungstemperatur ist CO_2 gasförmig. Durch Erhöhung des Druckes kann CO_2 verflüssigt werden, wenn die Temperatur nicht über 31 °C liegt. In den Druckbehältern, seien es Syphon-Kapseln oder Gasflaschen, in denen wir CO_2 kaufen, ist das Kohlendioxid bei Temperaturen unter 31 °C zum Teil flüssig, wenn noch so viel vorhanden ist, dass der Gleichgewichtsdruck nicht unterschritten wird.

Wie bei jeder anderen Flüssigkeit, so gehört auch bei flüssigem Kohlendioxid zu jeder Temperatur ein ganz bestimmter (Gleichgewichts-)Dampfdruck. Diese Erscheinung kennen wir alle vom Wasser. Bei 100 °C erreicht der Dampfdruck des Wassers gerade den Wert des normalen Luftdrucks, was wir an den Wasserdampfblasen erkennen, die sich spontan bilden: Das Wasser kocht. Mit abnehmender Temperatur sinkt auch der Dampfdruck des Wassers. Ähnlich verhält sich flüssige Kohlensäure, nur ist ihr Dampfdruck auch bei niedrigen Temperaturen viel größer als beim Wasser, wie ein Blick auf Tabelle 4-1 zeigt.

Am sogenannten Tripelpunkt, bei dem flüssiges und festes mit dampfförmigem Kohlendioxid im Gleichgewicht stehen, beträgt der Dampfdruck noch 5,18 bar, die dazugehörige Temperatur ist –56,6 °C. Da dieser Dampfdruck über dem Umgebungsdruck liegt, verdampft festes Kohlendioxid ohne zu schmelzen. Bringt man flüssige Kohlendioxid an die Atmosphäre, so kühlt sie sich durch Verdampfen so weit ab, dass feste Kohlensäure (Kohlensäureschnee) entsteht. Der Kohlensäureschnee hat zunächst eine Temperatur von –56,6 °C und einen Dampfdruck von 5,18 bar. Da dieser Druck noch über dem Umgebungsdruck liegt, wird weiter schnell Kohlensäure verdampft, wodurch die Temperatur des festen Kohlendioxids weiter sinkt. Bei –78,2 °C ist der Kohlensäuredruck auf Atmosphärendruck gesunken, und die Verdampfung erfolgt nur noch so schnell, wie dem Kohlensäureschnee (Verdampfungs-)Wärme zugeführt wird. Die hier beschriebenen Vorgänge laufen ab, falls beim Schießen flüssige Kohlensäure austritt. War die Menge so groß, dass die Kohlensäure nicht vollständig im Lauf verdampfen konnte, kann man aus der Mündung den austretenden Kohlensäureschnee sehen. Da ihm aus der Umgebungsluft auch bei tiefen Temperaturen schnell Wärme zugeführt wird, verdampft er auch sofort.

Am liebsten schießen wir bei Raumtemperaturen zwischen 15 und 25 °C, weil wir diesen Bereich als angenehm empfinden. Aus Tabelle 4-1 entnehmen wir, dass der Druckunterschied zwischen 15 und 25 °C mit 64,4 - 50,9 = 13,5 bar beträchtlich ist. Anders ausgedrückt bedeutet das, dass der Treibdruck bei einer Temperaturerhöhung von 15 auf 25 °C um etwa 26 Prozent zunimmt. Diese Änderung beeinflusst natürlich die Mündungsgeschwindigkeit und damit auch die Höhe der Treffpunktlage. Um den Einfluss der Temperatur auf letztere gering zu halten, sollte bei CO_2-Pistolen die Geschossgeschwindigkeit möglichst groß sein. Die CO_2-Matchpistolen von z.B. Feinwerkbau, Pardini, Steyr oder Walther erfüllen diese Forderung.

Oberhalb einer Temperatur von 31 °C kann CO_2 nicht mehr verflüssigt werden, auch wenn man noch so hohe Drücke anwendet. Man nennt diese Temperatur daher kritische Temperatur. Auf den nachfüllbaren CO_2-Kartuschen sind maximale Füllmengen angegeben. Diese Mengen dürfen nicht überschritten werden, weil sonst die Gefahr besteht, dass die Kartuschen durch die Wärmeausdehnung von flüssigem CO_2 gesprengt werden. Füllt man zum Beispiel eine Feinwerkbau-Kartusche (zulässige Füllmenge 53 g, Volumen etwa 70 ml) bei 15° vollständig mit flüssigem CO_2, so bringt man etwa 70 x 0,83 = 58,1 g (0,83 g/cm³ = Dichte flüssiger Kohlensäure bei 15 °C, siehe Tabelle 4-1) in der Kartusche unter.

Da sich flüssige Kohlensäure mit zunehmender Temperatur stark ausdehnt und die damit einhergehende Druckzunahme sehr groß ist, darf die Kartusche nur mit einer kleineren Menge, nämlich den in diesem Fall höchstzulässigen 53 g CO_2, gefüllt werden. (Wie man leicht nachrechnet, beanspruchen 53 g Kohlensäure bereits bei 25 °C ein Volumen von knapp 75 cm³, bei Gleichgewichtsdruck also bereits einen größeren als den zur Verfügung stehenden Raum. Dass die zulässige Füllmenge trotzdem nicht kleiner als 53 g ist, liegt an der vergleichsweise großen Kompressibilität (Zusammendrückbarkeit) von flüssiger Kohlensäure – wie auch anderen Stoffen – in der Nähe des kritischen Punktes. Außerdem widerstehen die Kartuschen dem nicht gerade kleinen Prüfdruck von 250 bar.)

Tabelle 4.1-1:
Die Abhängigkeit des CO_2-Druckes und der Dichten der flüssigen und der gasförmigen Phase von der Temperatur

Temperatur [Grad Celsius]	Druck [bar]	Dichte [g/cm³] flüssiges CO_2	Dichte [g/cm³] gasförmiges CO_2
−10	26,5	0,98	0,070
−5	30,4	0,96	0,082
0	34,8	0,93	0,096
+5	39,7	0,90	0,114
10	45,0	0,86	0,135
15	50,9	0,83	0,161
20	57,3	0,78	0,194
25	64,4	0,71	0,242
31	73,8	0,47	0,47

Bei jedem Schuss entnehmen wir der CO_2-Kapsel oder -Kartusche etwa 0,15 bis 0,25 g gasförmiges CO_2. Dadurch sinkt jedesmal der Druck in der Kartusche ein wenig unter den Gleichgewichtsdruck, der durch die Temperatur des flüssigen CO_2 festgelegt ist. Die Drucksenkung wird sofort durch Verdampfen von Kohlensäure ausgeglichen. Da zur Verdampfung aber Wärme benötigt wird, kühlt sich die flüssige Kohlensäure in der Kapsel (Kartusche) etwas ab: Der sich einstellende Dampfdruck entspricht wieder genau der Temperatur des flüssigen CO_2.

Bei Schießbeginn hat die Flasche (Kartusche, bzw. Kapsel) samt CO_2 normalerweise die Temperatur der Umgebung. Während des Schießens sinkt ihre Temperatur durch den Wärmebedarf zum Verdampfen des CO_2. Nach kurzer Zeit hat sich dann ein Gleichgewichtszustand eingestellt, bei dem die Flaschen-(Kartuschen-)Temperatur so niedrig ist, dass die erforderliche Wärme von der Umgebung in die Kartusche und das CO_2 übergeht. Wir sehen also, dass die Antriebsenergie bei CO_2-Pistolen zum Teil der Umgebung entnommen wird, allerdings unter Zuhilfenahme von CO_2, das unter Energieaufwand hergestellt und verflüssigt wurde.

Wie viel Wärmeenergie zur Verdampfung von flüssigem CO_2 bei verschiedenen Temperaturen erforderlich ist, zeigt Tabelle 4.1-2. Um einen Vergleich zu ermöglichen, wurden auch die Verdampfungswärmen von Wasser aufgeführt, die allerdings im Vergleich zu denen vieler anderer Flüssigkeiten recht groß sind.

Tabelle 4.1-2: Verdampfungswärmen L von CO_2 und Wasser bei verschiedenen Temperaturen

Temperatur	L CO_2, [J/g]	L CO_2 [cal/g]	L H_2O [cal/g]
10 °C	195	46,6	590
20 °C	147	35,1	585
30 °C	50	11,9	580

Beim Füllen von CO_2-Kartuschen muss beachtet werden, dass zu tieferen Temperaturen immer der kleinere Dampfdruck gehört. Daher können wir CO_2 immer nur aus einer wärmeren (Vorrats-)Flasche in eine kältere umfüllen. Wir legen daher die zum Schutz gegen Feuchtigkeit in eine Plastiktüte gewickelte Kartusche vor dem Füllen etwa eine Stunde in den Kühlschrank oder eine Tiefkühltruhe. Ist das nicht möglich, so füllen wir bei gleichwarmen Behältern, was immer in die Kartusche geht (es ist dann nicht viel) und kühlen ihren Inhalt, indem wir einen Teil des CO_2 gasförmig ablassen. Der Wärmeentzug durch die Verdampfung kühlt dann die Kartusche so weit ab, dass sie sich ordentlich füllen lässt.

Die Kohlendioxidkapseln werden in zwei Größen angeboten. Die größeren wurden 1957 von Crosman eingeführt und enthalten ca. 12 g CO_2. Die kleineren, älteren, dienten ursprünglich den Heimsyphonflaschen als Kohlendioxidlieferant und haben 8 g Inhalt. Der Kapselhals wird durch ein verschweißtes oder mit einer Überwurfmutter aufgeschraubtes dünnes Blech verschlossen. Die Kapseln mit Überwurfmutter lassen sich bei manchen Pistolen nicht ohne weiteres verwenden. Unter Umständen hilft hier ein geänderter Öffnungsdorn. Abbildung 4.1-1 zeigt die Kapseltypen. Folgende Maße wurden von einer Reihe verschiedener Kapseln abgenommen: a : 80 – 83, b : 59,5 – 60,5, c : 66 – 68,5, d : 18,0 – 18,8, e : 7,5 – 8,5, f : 10,0 – 10,3, g : 18,0 – 18,5 (alle Maße in mm).

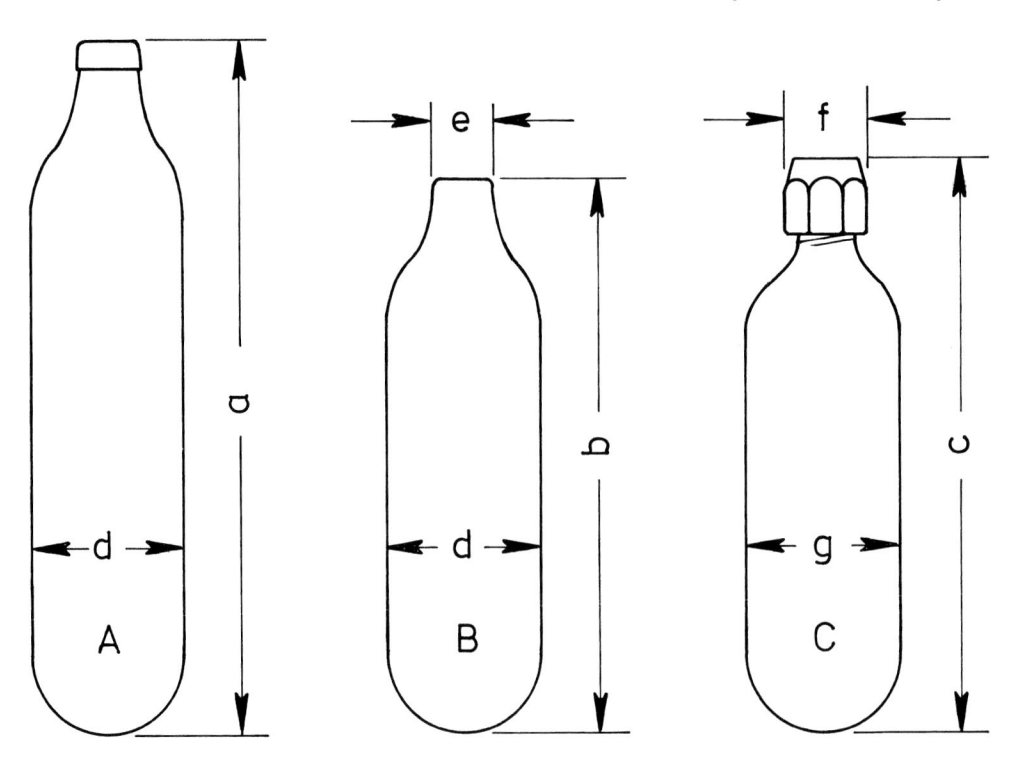

Abb. 4.1-1: CO_2-Kapseln. A 12 g-Kapsel, B 58 g-Kapsel, C 8 g-Kapsel mit Schraubverschluss (veraltet)

Um den Einfluss des Wärmeübergangs auf den Dampfdruck des CO_2 in der Pistole zu zeigen, wurden einige Geschwindigkeitsmessungen mit verschiedenen Pistolen und unterschiedlichen Schussfolgen durchgeführt. Da der Wärmeübergang Zeit beansprucht, hängt die Geschwindigkeitsabnahme u. a. auch von der Schussfolge ab. Lässt man sich zwischen den Schüssen viel Zeit, ist die Abnahme geringer als bei schneller Schussfolge. Zum anderen hängt die Wärmeübertragung von der Umgebung auf das CO_2-Behältnis von Größe und Beschaffenheit seiner Oberfläche und der Isolation gegen die Umgebung ab. So haben die freiliegenden CO_2-Kartuschen der Matchpistolen eine große Oberfläche. Anders bei den Pistolen, die für CO_2-Kapseln eingerichtet sind. Letztere haben eine viel kleinere Oberfläche und sind meist im Griff untergebracht, der die Wärmezufuhr von der Umgebung (auch von einer warmen Hand) verlangsamt. Als Folge ist ein stärkerer Geschwindigkeitsabfall bei rasch nacheinander abgegebenen Schüssen zu beobachten.

In Abbildung 4.1-2 sind die Ergebnisse der Messungen mit drei recht unterschiedlichen Pistolen dargestellt worden. Das Walther-Modell CP 2 steht für Match-Pistolen, das Modell Twinmaster Trainer von Röhm für Einsteiger-Matchpistolen und das Umarex-Modell Walther CP 99 für gute „Freizeit-Pistolen". Verschossen wurden Diabolos mit einer mittleren Masse von 0,465 g (RWS Diabolo Basic). Die Umgebungstemperatur betrug 22 °C, der zeitliche Abstand der Schüsse jeweils eine halbe Minute, also wesentlich weniger als einem Schützen nach den Regeln des DSB zugebilligt wird (ca. 1,5 Minuten). Die Messwerte wurden zur Berechnung der eingezeichneten Ausgleichsgeraden $v_1 = a + b\,n$ benutzt, wobei v_1 die Geschossgeschwindigkeit 1 m vor der Mündung und n die Nummer (Rangfolge) des Schusses angibt. a ist eine Konstante, die Steigung b ein Maß für die Abhängigkeit der Geschossgeschwindigkeit vom Wärmeübergang auf den CO_2-Vorrat. Ist b (absolut) klein, wird die Wärme schnell aufgenommen, wodurch der CO_2-Druck und damit die Geschossgeschwindigkeit von Schuss zu Schuss nur wenig sinkt. Ist b (absolut) groß, wird in der Pause zwischen den Schüssen weniger Wärme vom CO_2 aufgenommen, der Dampfdruck und damit die Geschwindigkeit sinken stärker von Schuss zu Schuss. Die Werte für a und b finden sich in Tabelle 4.1-3 zusammen mit den jeweiligen r-Werten (r ist der Korrelationskoeffizient).

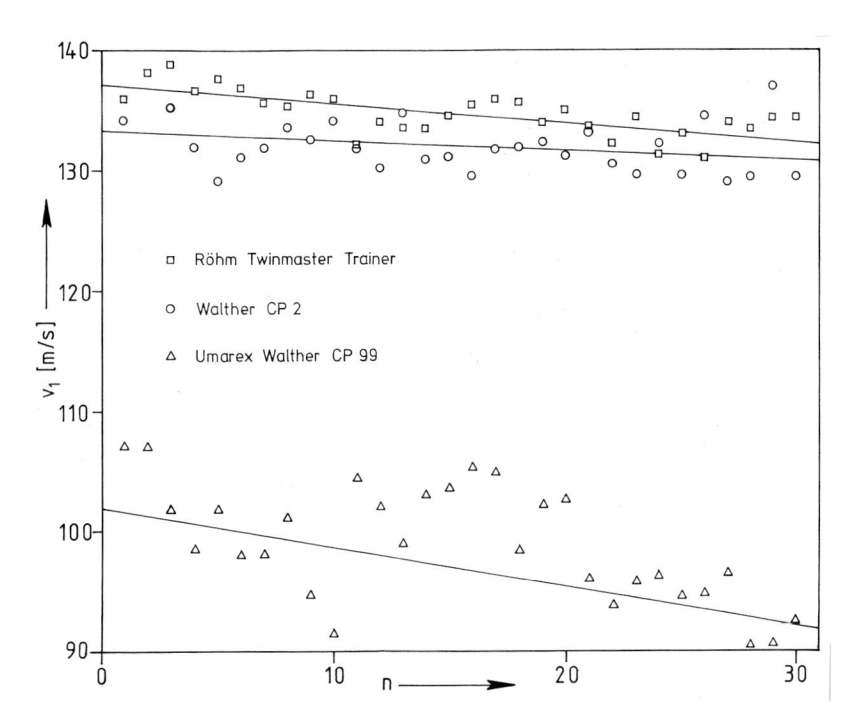

Abb. 4.1-2: Abhängigkeit der Geschossgeschwindigkeit von der Schussnummer, Schussabstand ½ Minute

Tabelle 4.1-3: a-, b- und r-Werte der Ausgleichsgeraden

Modell	a	b	r
Röhm Twinmaster Trainer	137,1	-0,1552	-0,656
Walter CP2	133,5	-0,0859	-0,328
Umarex Walther CP 99	102,2	-0,3400	-0,741
Plainsman	118,4	-0,0633	-0,969
Baikal MP-651 K	126,2	-2,9994	-0,939

Von den geprüften Pistolen zeigt die Walther CP 2 erwartungsgemäß den kleinsten Geschwindigkeitsabfall. Bei der hier realisierten schnellen Schussfolge errechnet sich die Höhendifferenz der Treffpunktlagen zwischen erstem und 40. Schuss bei einer Entfernung von 10 m zum Ziel zu 1,4 mm. Die entsprechende Werte für die Twinmaster Trainer und die CP 99 liegen bei 2,5 bzw. 15,2 mm. Der noch günstige Wert der Twinmaster Trainer ist wahrscheinlich auf die günstige Ausführung des metallenen Kapselgehäuses der Pistole zurückzuführen.

Zu einem Experiment, bei dem die Schüsse sehr schnell hintereinander abgegeben wurden, wurde eine Plainsman und eine MP-651 K benutzt, weil diese Pistolen über eine recht große Magazinkapazität verfügen. Verschossen wurden Crosman Copperhead BBs, aus der Plainsman 30 Stück in 205 Sekunden (mittlerer zeitlicher Abstand 6,8 Sekunden), aus der MP-651 K 26 Stück in 185 Sekunden (mittlerer zeitlicher Abstand 7,1 Sekunden). (Bei der MP-651 K beträgt die maximale Magazinkapazität 26 BBs.) Die Raumtemperatur lag ebenfalls bei 22 °C.

Die Ergebnisse wurden wieder zur Berechnung der Ausgleichsgeraden benutzt und sind in Abbildung 4.1-3 dargestellt. Die Plainsman zeigte einen relativ geringen Geschwindigkeitsabfall, u. U. bedingt durch die weitgehende Umfassung der Kapsel durch den Metallgriff, der die Wärme der Hand gut nach innen leitet. Bei der MP-651 K ist die CO_2-Kapsel hingegen an drei Seiten von dem Plastikgriff umgeben, der ein vergleichsweise schlechter Wärmeleiter ist.

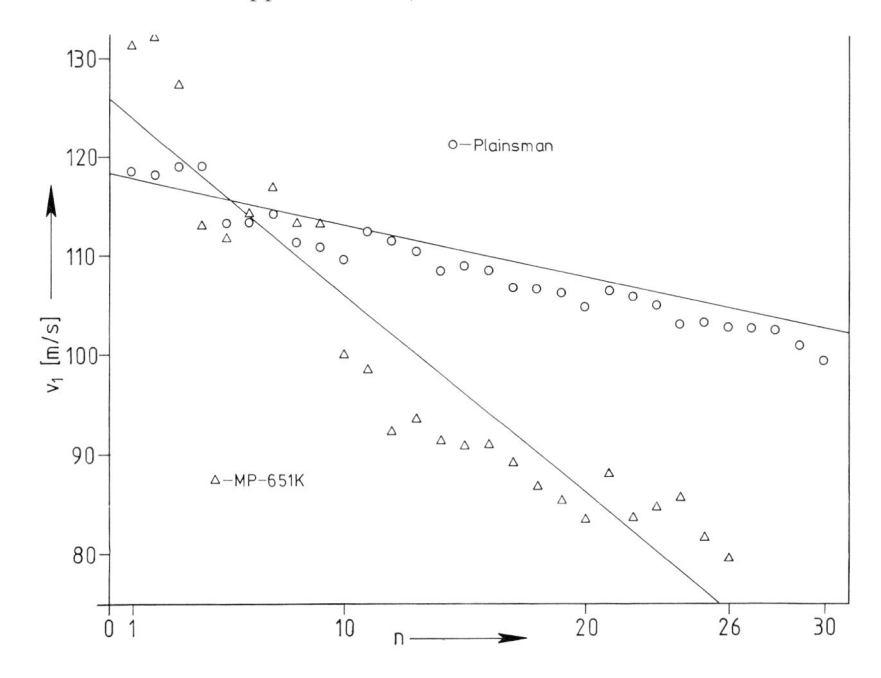

Abb. 4.1-3: Abhängigkeit der Geschossgeschwindigkeit von der Schussnummer. Schussabstand ca. 7 Sekunden

4.2 Lachgas, ein alternatives Treibmittel

Lachgas (Distickstoffoxid, N_2O) erhält man ebenfalls im Haushaltswarenhandel in 8-g-Kartuschen. Hier wird es zur Herstellung von aufgeschäumter Sahne angeboten. Auch in der Instant-Schlagsahne dient es als Treibmittel, und beim Zahnarzt können einem die Begleitumstände bei Reparatur oder Verlust eines Zahnes durch Einatmen eines Lachgas-Sauerstoff-Gemisches erleichtert werden. Dabei kann es zu kurzzeitigen rauschähnlichen Zuständen kommen (daher der Name). Den Liebhaber von Revolvern mag es interessieren, dass Samuel Colt um 1832 im Osten der USA und in Kanada die Wirkung von Lachgas bei öffentlichen Vorführungen demonstrierte, die nach Zeitungsberichten gut besucht waren und dem jungen Erfinder dringend benötigte Mittel einbrachten. Dabei trat S. Colt als Dr. Coult auf. (Charles T. Haven and Frank A. Belden: A History of The Colt Revolver, Bonaza Books, New York, 1978)

Die 8-g-Lachgaskartuschen sind genauso groß wie die 8-g-CO_2-Kartuschen, und da heute letztere nicht immer zu haben sind, kann ein Ersatz willkommen sein. Die physikalischen Eigenschaften beider Stoffe sind recht ähnlich. Zu beachten ist, dass der Dampfdruck von flüssigem N_2O kleiner ist und dass deswegen die Geschossgeschwindigkeiten ebenfalls kleiner sind als die, die mit Kohlensäure erreicht werden. In Tabelle 4.2-1 sind die Dampfdrucke für dieselben Temperaturen wie in Tabelle 4.1-1 für CO_2 zusammengestellt worden.

Tabelle 4.2-1

Temperatur [Grad Celsius]	Dampfdruck von N_2O [bar]
− 10	22,7
− 5	26,1
0	29,9
+ 5	34,1
10	38,7
15	43,7
20	49,1
25	55,0
31	62,7

Die kritischen Daten von N_2O und CO_2, letztere in Klammern, sind: kritische Temperatur: 36,4 °C (31,0), kritischer Druck: 71,6 bar (73,8), kritische Dichte: 0,453 g/cm^3 (0,468).

Mit einer Hämmerli-Single-Pistole wurden sowohl mit CO_2 als auch N_2O als Treibgas die Geschwindigkeiten von H&N-Finale-Match-Geschossen (mittlere Masse 449 mg) beinahe über den gesamten Kartuscheninhalt gemessen, wobei zwischen der Schussabgabe jeweils eine halbe Minute gewartet wurde. Die Kohlendioxidkapsel enthielt 8,8 g CO_2, die Lachgaskapsel 7,6 g N_2O. In Abbildung 4.2-1 sind die Ergebnisse graphisch dargestellt worden. Zunächst steigt in beiden Fällen die Geschossgeschwindigkeit schwach an. Etwa ab dem 40. Schuss fällt sie dann drastisch ab. (Der schwache Anstieg ist auch bei anderen Kapsel-CO_2-Pistolen beobachtet worden.)

CO_2 und N_2O sind in Gummi recht gut löslich. Sie bewirken in Gummidichtungen eine geringe Gewichtszunahme und eine beträchtliche Volumenvergrößerung, die dazu führen kann, dass bei abfallendem Druck die Dichtungen aus ihren Sitzen quellen und dann nicht mehr dichten. Lässt man die gequollenen Dichtungen eine Weile an der Luft liegen, so diffundiert das gelöste Gas heraus, und die Dichtung wird meist wieder funktionstüchtig.

Auch bei der Verwendung von Lachgas zeigt sich eine gesetzmäßige Abhängigkeit der Geschossgeschwindigkeit von der Geschossmasse. Eine entsprechende Untersuchung, durchgeführt mit einer Hämmerli-Single-Pistole, CO_2 sowie N_2O als Treibgas und H&N-Geschossen unterschiedlicher Massen ergaben einen Zusammenhang, der in Abbildung 4.2-2 dargestellt worden ist. Die Geraden sind durch Ausgleichsrechnung aus den Messergebnissen errechnet worden und kommen in der Darstellung durch den Maßstab der waagerechten Koordinate zustande.

Für CO_2 als Treibgas ergab sich der Zusammenhang

$$v_{1,2} = 57{,}0 + 24937/M;\ r = 0{,}999$$

und für N_2O:

$$v_{1,2} = 40{,}8 + 29376/M;\ r = 0{,}994,$$

wobei M die Geschossmasse in mg ist. r ist der jeweilige Korrelationskoeffizient, der angibt, wie genau die Formel die gemessenen Werte wiedergibt. Bei r = 1 wäre die Übereinstimmung vollkommen, hier ist sie hervorragend.

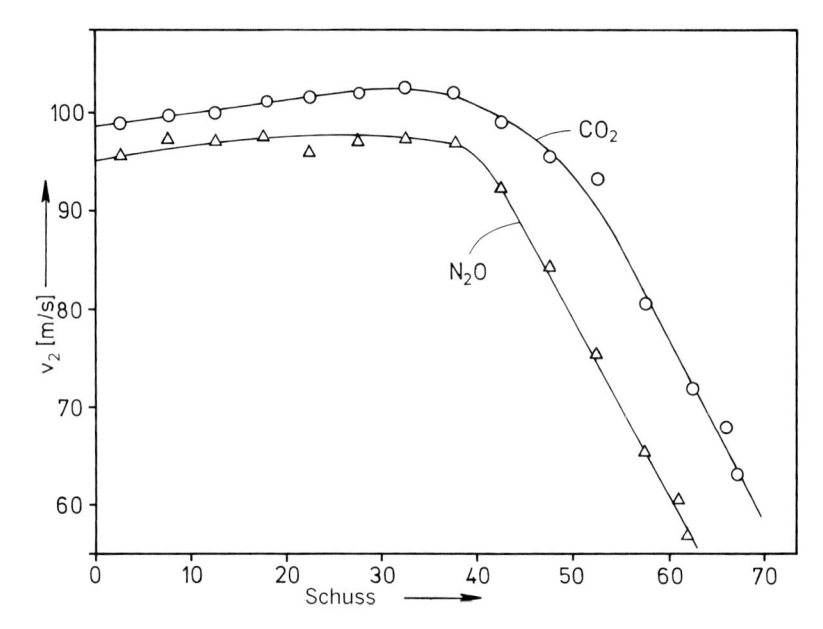

Abb. 4.2-1: Abhängigkeit der Geschossgeschwindigkeit von der Schussnummer für CO_2 und N_2O, Schussabstand jeweils ½ Minute, Hämmerli Single

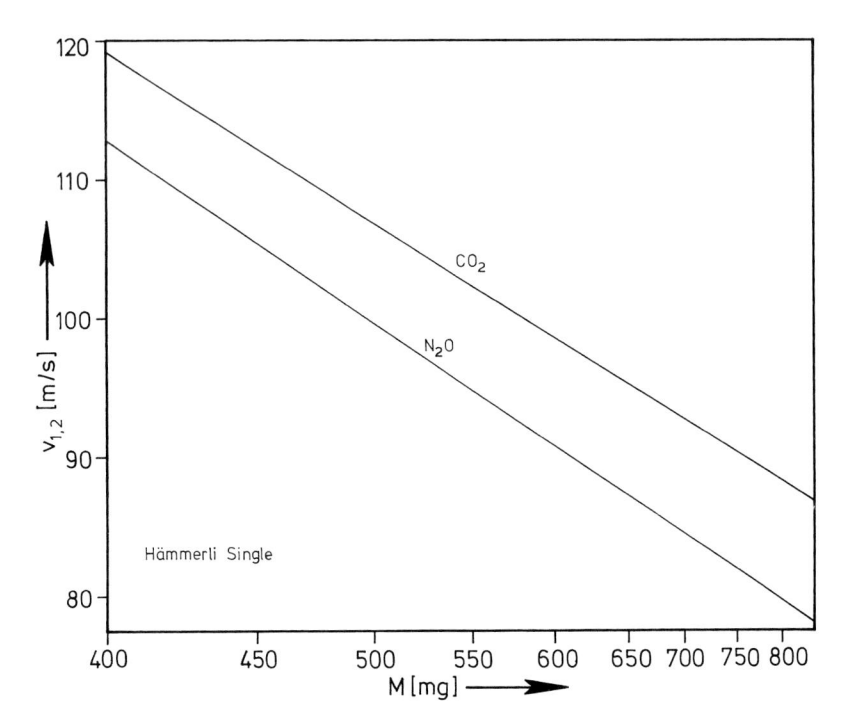

Abb. 4.2-2: Abhängigkeit der Geschossgeschwindigkeit von der Geschossmasse bei CO_2 und N_2O

4.3 Aufbau und Funktion von CO_2-Pistolen

CO_2-Pistolen ähneln im Aufbau den Druckluftpistolen. Anstelle der Luftpumpe und/oder des Druckluftreservoirs besitzen sie entweder eine meist abnehmbare CO_2-Kartusche oder einen Druckraum zur Aufnahme von CO_2-Kapseln. Mitunter wird die CO_2-Kapsel auch nur am Hals abgedichtet und in der Pistole, meist im Griff, gehalten. Abbildung 4.3-1 zeigt einen schematischen Schnitt durch das System einer CO_2-Pistole mit Druckraum für CO_2-Kapseln: a) zeigt das gespannte System. Durch Betätigen des Abzuges wird das Spannstück etwas nach unten (links) gedreht, wodurch das Schlagstück freigegeben wird. Darauf wird das Schlagstück durch die Schlagstückfeder nach vorn (rechts) bewegt, wo es auf den Ventilschaft des CO_2-Ventils stößt. Der Stoß öffnet das Ventil gegen den Druck des Kohlendioxids und der Ventilfeder. Nun strömt gasförmiges CO_2 durch das geöffnete Ventil hinter das Geschoss (Abb. 4.3-1 b) und treibt das Geschoss aus dem Lauf. CO_2-Kapseln werden verschlossen in die Druckkammer eingeschoben. Ihr Verschluss, der den Kapselhals abschließt, besteht aus einem dünnen Blech. Der Ventilschaft ist in unserem Beispiel auf der Druckseite verlängert und endet in einer Spitze, die beim Abschlagen des Schlagstückes das Abschlussblech durchstößt. Darauf strömt das CO_2 aus der Kapsel in den Druckraum.

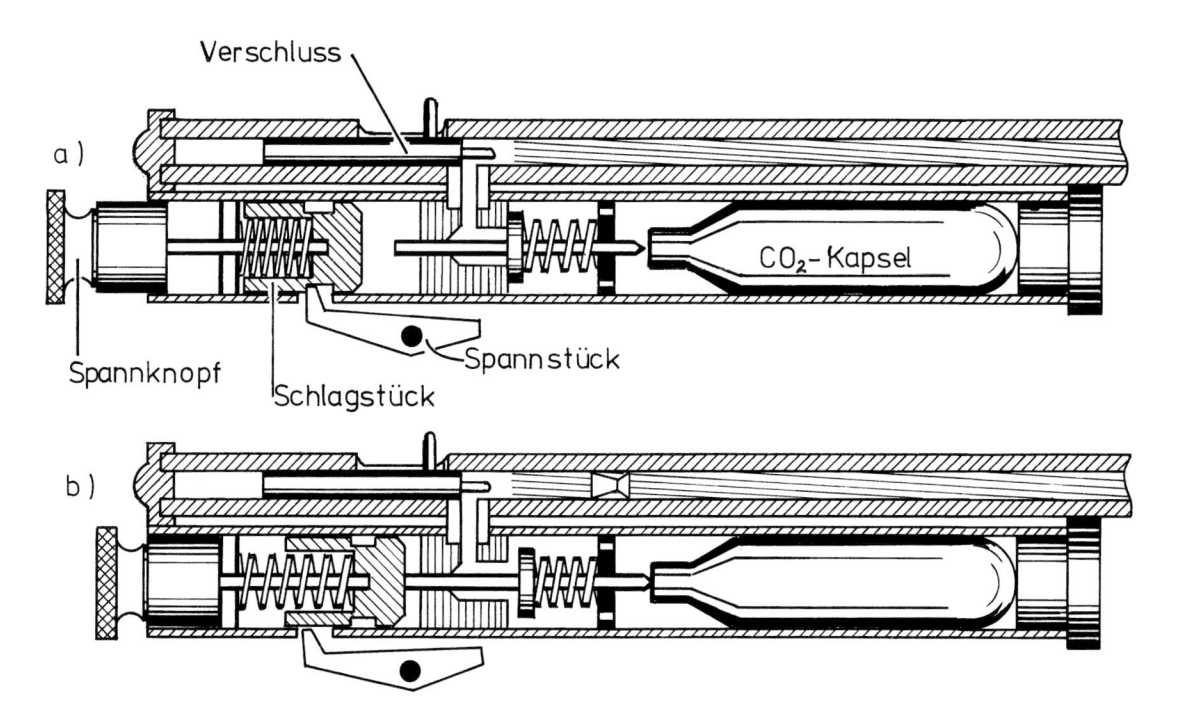

Abb. 4.3-1: Vereinfachter Teilschnitt, CO_2-Pistole für Kapseln

Bei einer Reihe von älteren Konstruktionen wird die CO_2-Kapsel in die Druckkammer eingelegt und beim Ein- oder Aufschrauben des Verschlusses der Druckkammer durch einen Dorn geöffnet, gegen den der Kapselverschluss gedrückt wird. Dieser Dorn kann am Ende der Kammer liegen oder am Kammerverschluss angebracht sein. Abbildung 4.3-2 zeigt verschiedene Ausführungen der Anstechdorne. a) ist wohl die ursprüngliche Form, b) die im Lov-Modell 21 benutzte, c) der sehr große Dorn der Hämmerli Single. Wird ein konischer Dorn, wie in a) gezeigt, nicht nach dem Anstechen zurückgezogen, kann das CO_2 nur langsam aus der Kapsel entweichen, so dass schlappe Schüsse auftreten können. Hier hilft ein geringes Zurückschrauben (etwa eine Vierteldrehung) der Verschlussschraube. Um diesen Nachteil zu vermeiden, hat der Dorn der Lov 21 eine Verjüngung bei h-h (Abb. 4.3-2, b)). Nach dem Anstechen wird der Verschluss etwas weiter eingeschraubt, so dass das Gas zwischen Anstichloch und dem verjüngten Teil des Dorns ausströmen kann.

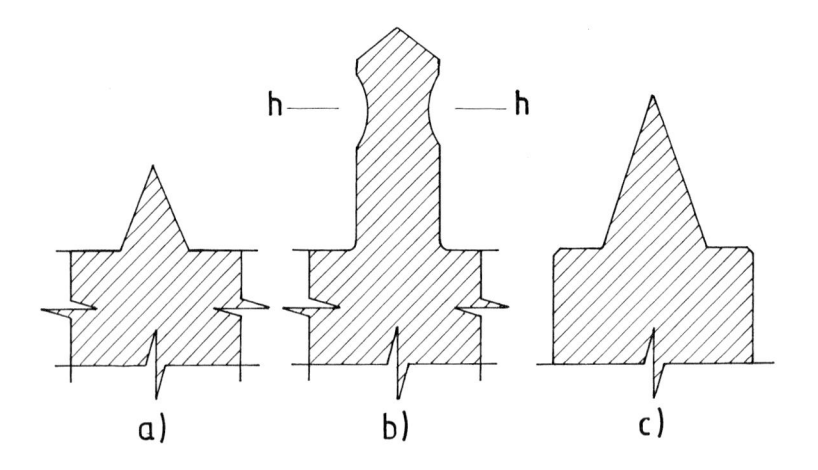

Abb. 4.3-2: Anstechdorne

Mit der 1957 erschienenen Plainsman-Pistole fand dann ein anderes System weite Anwendung, das sich inzwischen durchgesetzt hat. Abbildung 4.3-3 zeigt das Wesentliche im Teilschnitt. Angestochen wird mit einer Hohlnadel a, die in das Ventilgehäuse c eingesetzt ist. Dabei wird der Hals der Kapsel d gegen die Dichtung b gedrückt. Da die Dichtfläche klein und die Anpresskraft (bezogen auf die Dichtfläche) groß ist, ist die Abdichtung gut. Im Teilschnitt Abbildung 4.3-4 werden die entsprechenden Teile, wie sie bei Umarex-Modellen eingesetzt werden, zusammen mit dem Kapselhals dargestellt. 1 ist die „Anstechplatte" mit der schräg angeschliffenen Nadel, 2 die Dichtung, 3 die Mutter, welche die Teile 1 und 2 im Ventilgehäuse hält und den Hals 4 der Kapsel führt.

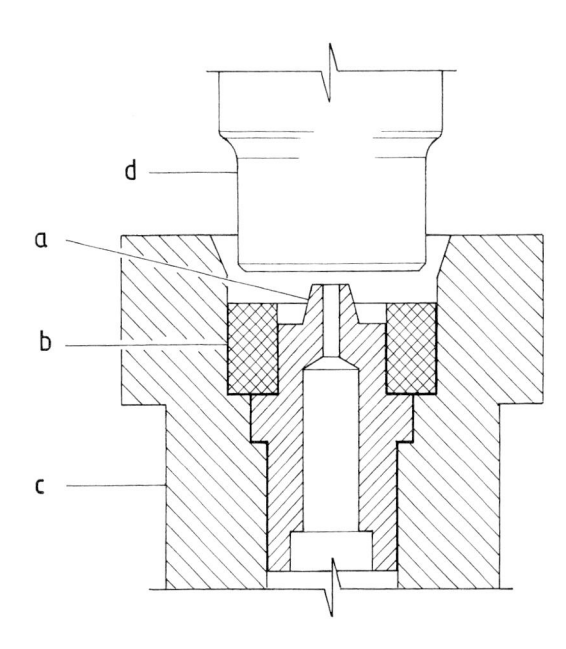

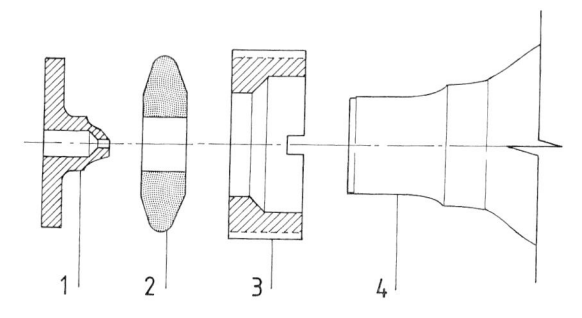

Abb. 4.3-4 (oben): „Anstechplatte" und Kapsel-Dichtung der Umarex-Pistolen

Abb. 4.3-3 (links): Anstechkanüle der Plainsman, 1957

Das Anstechen eines Druckluftbehälters mittels einer Hohlnadel (Kanüle) wird bereits in den US-Patenten Nr. 765,022 (1904), Nr. 2,021,603 und Nr. 2,016,113 (beide 1935, Anwendung bei Druckluftgewehren) erwähnt. Das US-Patent Nr. 3,261,341, „Gas-powered Gun" vom 19. 7. 1966, Erfinder Rudolf Merz, Inhaber Crosman Arms Co., beschreibt u. A. „a generally conically shaped piercing point having therethrough an axial bore,..." (einen allgemein konischen Anstechpunkt, der eine durchgehende axiale Bohrung besitzt).

Abbildung 4.3-5 zeigt einen Schnitt durch das Ventil samt Anstechnadel und Kapseldichtung des Crosman-Modells C 40 nach dem US-Patent 5,160,795 vom 3. 11. 1992. 1 ist das Ventilgehäuse, 2 der Ventildichtungshalter, 3 der Ventilschaft (Stößel), 4 die Halterdichtung, 5 die Ventildichtung, 6 eine Unterlegscheibe, 7 eine weitere Ventildichtung, 8 die Anstechnadel, 9 die Kapseldichtung und 10 die Mutter mit derselben Funktion wie 3 in Abbildung 4.3-4.

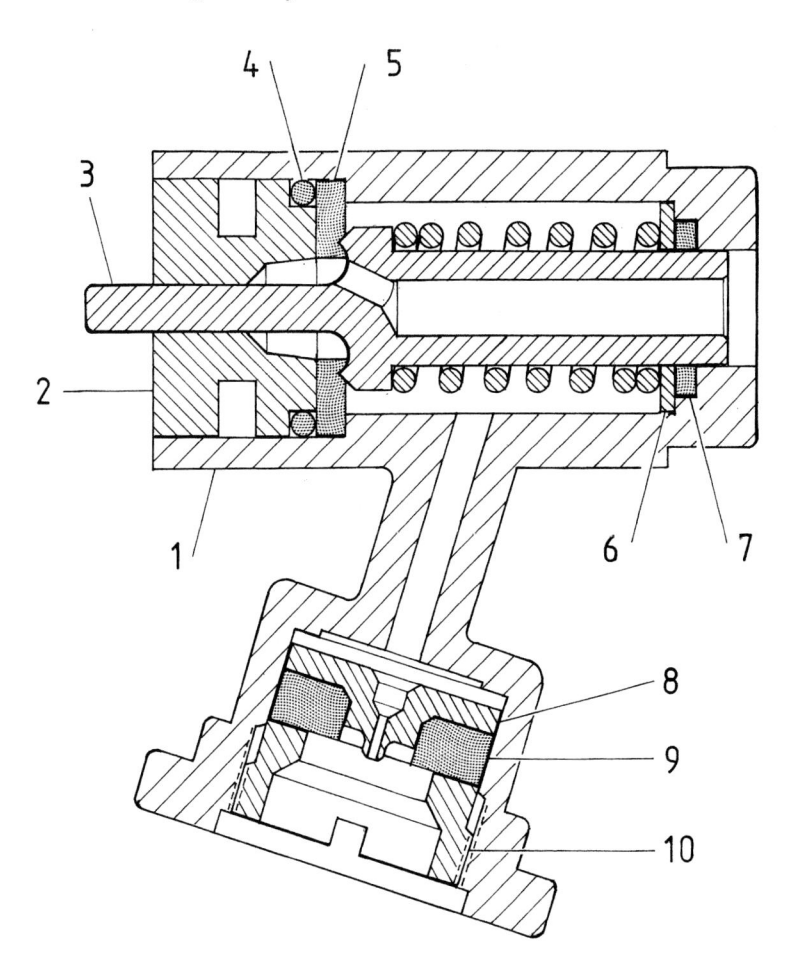

Abb. 4.3-5: Schießventil, Anstechkanüle und Kapseldichtung beim Crosman-Modell C 40

Um das Anstechen der Kapseln zu erleichtern, werden bei einigen neueren Konstruktionen Hebel verwendet, mit denen der Anstechwiderstand überwunden wird. Umarex benutzt in vielen Modellen einen Anstechhebel, beginnend mit dem Modell Walther CP 88, das 1996 auf den Markt kam (Europäisches Patent Nr. 0 861 412 B1, Anmeldedatum 21. 09. 1996, Erfinder D. Emde, Umarex). In den Teilschnitten Abbildung 4.3-6 a) und b) ist das Wesentliche dieser Konstruktion dargestellt worden. A) zeigt die Stellung der Teile beim Einlegen der CO_2-Kapsel. Der Anstichhebel 5 („Kapselspanner" bei Umarex) ist aufgeklappt, das Kapselgegenlager 4 befindet sich in unterer Lage, die Kapsel 3 ist ganz nach unten geschraubt und die CO_2-Kapsel ist mit dem Hals nach oben bis zum lockeren Anschlag in ihr Lager im Griff der Pistole eingeschoben. Zum Vorbereiten des Anstechens wird nun die Kapselschraube nach oben geschraubt, bis sie sicher am Kapselende anliegt und die Kapsel kein Spiel in Längsrichtung hat. Darauf schwenkt man den Öffnungshebel 5 in Pfeilrichtung bis an das Griffende, wie in b) dargestellt, wodurch die Kapsel um ca. 1,2 mm angehoben, der Kapselverschluss vom Anstichröhrchen durchstoßen wird und das CO_2 vor das Schießventil strömen kann.

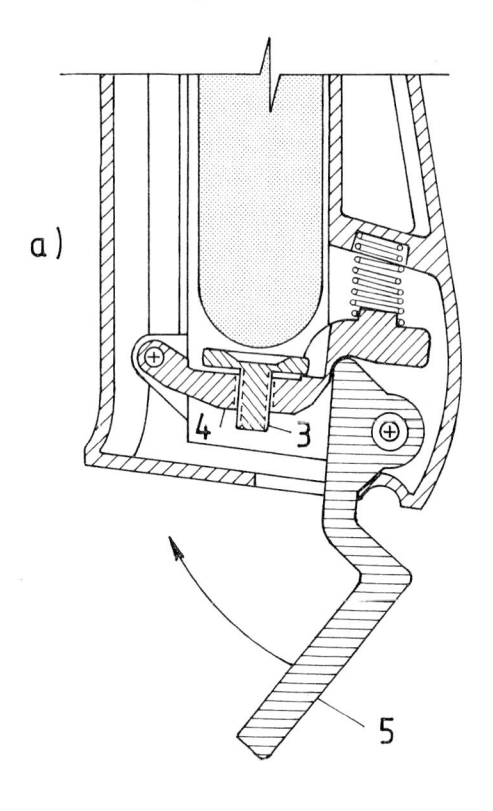

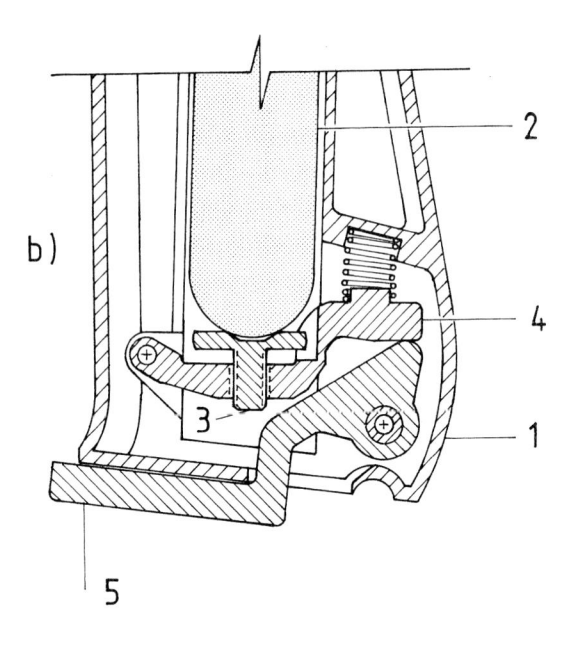

Abb. 4.3-6: Umarex Anstechhebel

Den Anstichhebel des Crosman-Modells C 40 zeigt Abbildung 4.3-7 schematisch. Die obere Darstellung zeigt eine Seitenansicht. Die Kapsel 1 mit dem Halsende 2 befindet sich in einem Kapselhalter 3, der längs verschiebbar im Griff der Pistole liegt. Die Positionierungsschraube hält das Halsende an der Anstechnadel. Dabei ist der Anstichhebel 5 so weit aus dem Griff gehoben wie eine seitlich angebrachte Markierung anweist. Wird nun der Hebel 5 in Pfeilrichtung an den Griff geschwenkt (siehe mittlere Darstellung), so wird die Kapsel um die Strecke d (ca. 1,5 mm) nach links verschoben und der Kapselabschluss durchstoßen. Die untere Zeichnung zeigt den Schieber 3 und den Anstichhebel 5 im Teilschnitt (Draufsicht) mit den im Griffstück eingelegten Achsen 6, um die der Anstichhebel geschwenkt wird.

Die Firma Röhm verwendet bei ihrem Modell Trainer ebenfalls einen Anstechhebel und verwendet diese Konstruktion auch bei einem Wechselsystem, das es erlaubt, die Druckluftpistolen der Firma auf den Gebrauch mit 12-g-CO_2-Kapseln umzurüsten. Abbildung 4.3-8 zeigt dieses Wechselsystem im Teilschnitt. Die CO_2-Kapsel 2 liegt im Gehäuse 1 zwischen der Führung für den Kapselhals und der Positionierungsschraube 3, die im Gleitstück 4 eingeschraubt ist. Der Anstechhebel 5 ist mit dem Gehäuse 1 durch eine Achse verbunden. Schwenkt man den Hebel 5 in Pfeilrichtung, wird die Kapsel um ca. 1,1 mm nach links verschoben und der Kapselverschluss durchstochen. In der Aufnahme ist die Anstechnadel („Anstechdüse" bei Röhm) gelagert. Zum Anschrauben an die Pistole hat die Aufnahme ein Außengewinde.

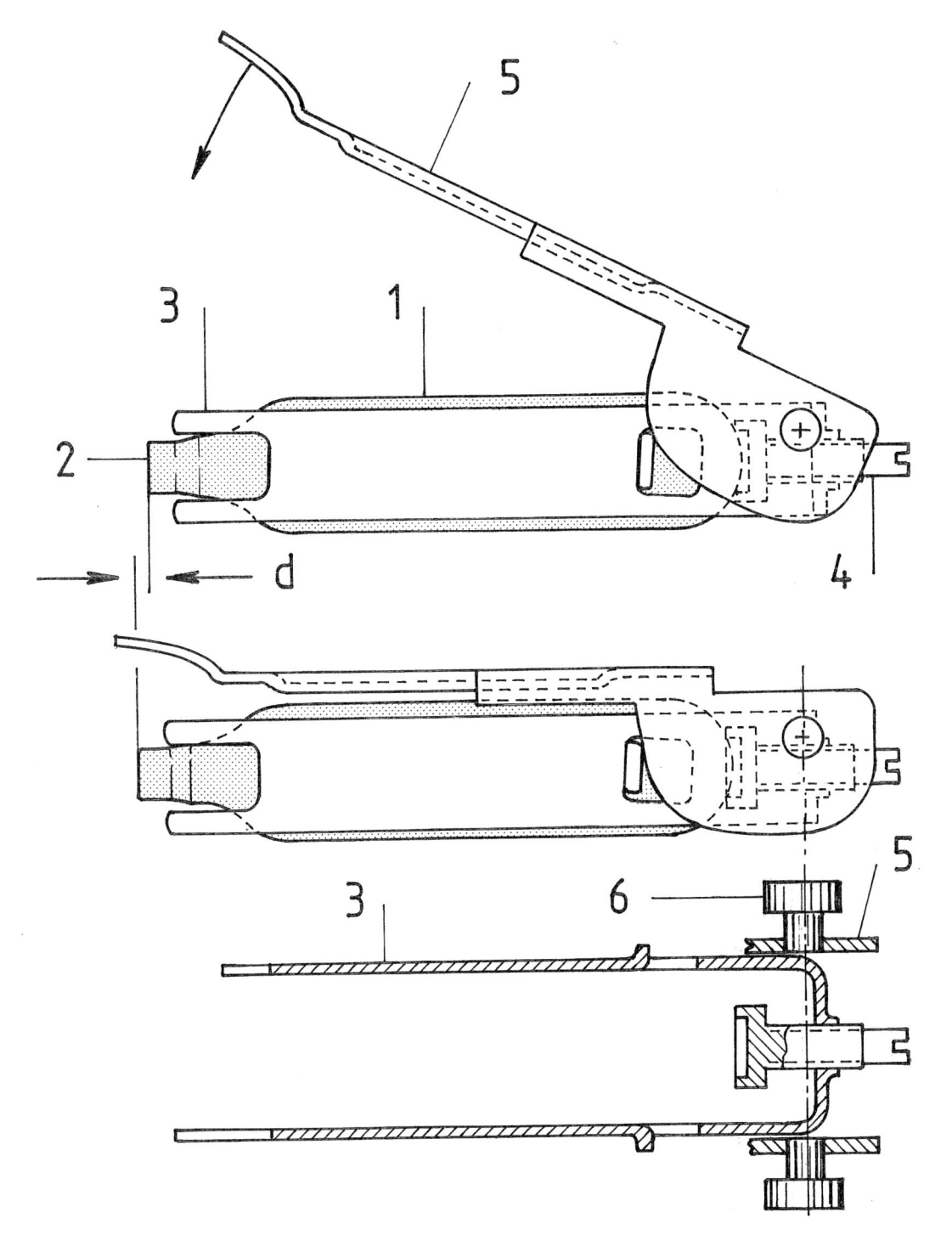

Abb. 4.3-7: Crosman Anstechhebel, C 40

Abb. 4.3-8:
Röhm Anstechhebel, Twinmaster

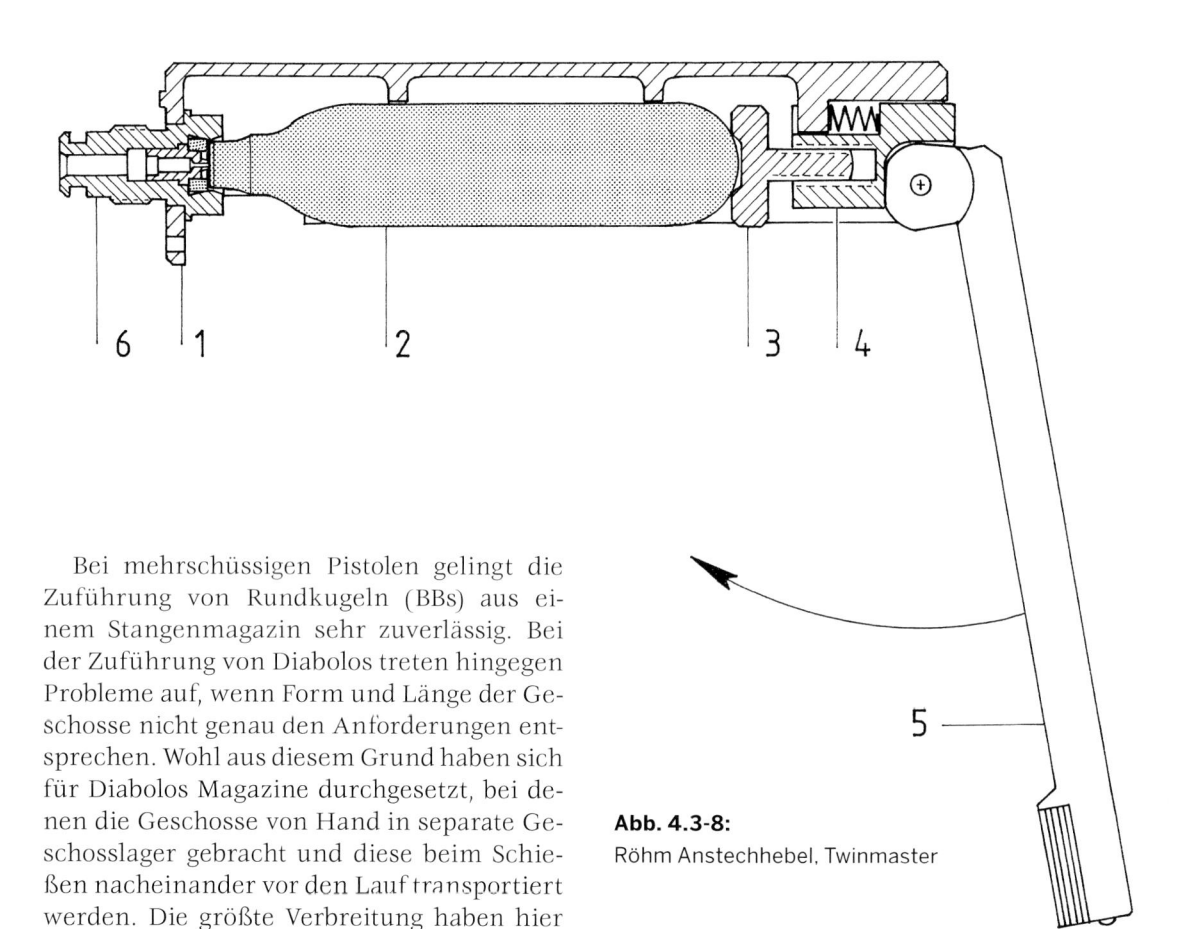

Bei mehrschüssigen Pistolen gelingt die Zuführung von Rundkugeln (BBs) aus einem Stangenmagazin sehr zuverlässig. Bei der Zuführung von Diabolos treten hingegen Probleme auf, wenn Form und Länge der Geschosse nicht genau den Anforderungen entsprechen. Wohl aus diesem Grund haben sich für Diabolos Magazine durchgesetzt, bei denen die Geschosse von Hand in separate Geschosslager gebracht und diese beim Schießen nacheinander vor den Lauf transportiert werden. Die größte Verbreitung haben hier die trommeähnlichen, scheibenförmigen Magazine erlangt. In vielen mehrschüssigen CO_2-Pistolen werden kleine 8-kammerige Trommeln verdeckt verwendet. Auch bei CO_2-Revolvern werden meist kurze „Trommeln" eingesetzt, die dann vor der starren (angegossenen) „Trommel" liegen. (Einzige mir bekannte Ausnahme sind die El Gamo CO_2-Revolver der R-77-Reihe.)

Abbildung 4.3-9 zeigt drei verschiedene Ausführungen von flachen Trommeln. Die aus einem Thermoplast hergestellte Trommel a) des Crosman-Modells M 357 hat eine Geschosslager-Länge von 8 mm. Die Metalltrommel der Umarex-Walther CP 88, b), ist 7 mm lang. c) zeigt die Rückansicht der BB-Trommel des Baikal-Modells MP-651K, welches ebenfalls aus Metall besteht. In d) ist die Trommel 1 und ein kleiner Teil der Pistole im Teilschnitt dargestellt worden. Die Geschosslager sind vorn so weit, dass sich Rundkugeln leicht einlegen lassen. Der hintere Teil der Trommelbohrung hat einen Durchmesser von 4 mm, so dass die Kugel nicht nach hinten rollen kann. 2 ist die verschiebbare Trommelachse, 3 der Kunststoffrahmen der Pistole, 4 der Lauf und 5 der federbelastete Zubringer des röhrenförmigen BB-Magazins. Die Magazinfeder schiebt über den Zubringer jeweils eine Kugel in die bei der Trommeldrehung vorbeikommende leere Kammer. Diese und ähnliche Mehrladeeinrichtungen funktionieren mit Rundkugeln dank ihrer Eigenschaften (keine Kanten, keine Ecken, größte Symmetrie, hohe Festigkeit) sehr zuverlässig.

Eine andere interessante Lösung für Diabolo-Mehrlader stammt von A. L. Petrosjan und A. B. Schipatschew (EP 1 265 049 A2, angemeldet am 21. 11. 2001), die bei Anics-CO_2-Pistolen eingesetzt wird. In den Teilschnitten Abbildung 4.3-10 ist das Wesentliche des Anics-Systems dargestellt worden. Die Ge-

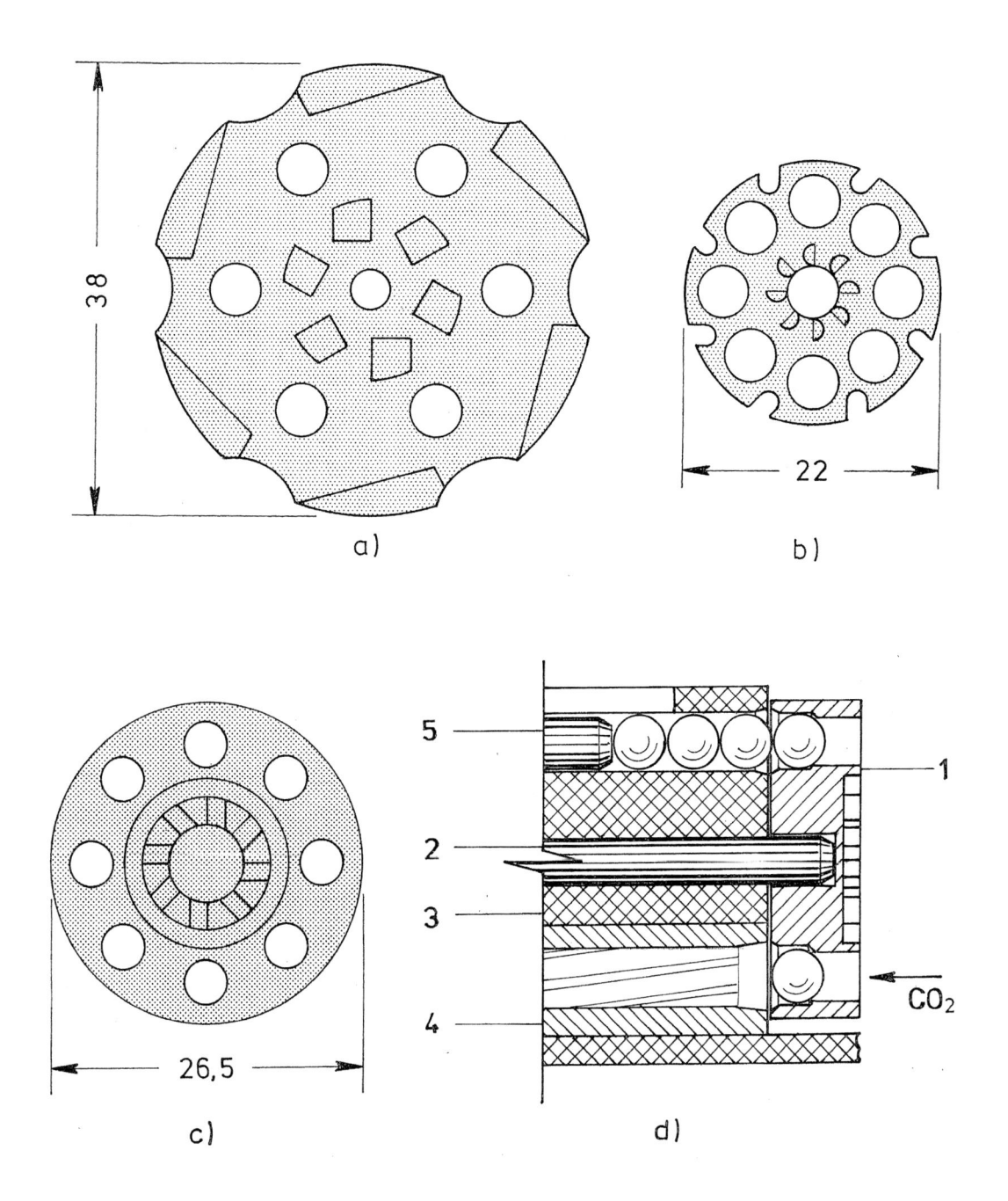

Abb. 4.3-9: Trommel-Magazine: a) Crosman-Revolver M 357, b) Umarex-Walther CO_2-Pistole CP 88 etc., c) und d) Baikal-Pistole MP 651K

schosse (praktisch beliebige Diabolos oder auch Rundkugeln) werden von Hand in Hülsen 2 eingesetzt, die aus glasfaserverstärktem Polyamid bestehen. Diese Hülsen sind in einem Magazin 1 (Polycarbonat, durchsichtig) in einem endlosen Gang angeordnet und werden von einem hier nicht gezeigten Transporteur nacheinander vor den Lauf 5 geschoben. Der obere Magazinabschluss 3 wird von einer Feder schwach gegen die obere Hülse gedrückt, positioniert aufgrund seiner Form die Hülse und bewirkt, dass alle Hülsen tangential Kontakt haben. Beim Spannen wird der Lauf 5 gegen Federdruck nach vorn (links) geschoben und beim Abziehen wieder freigegeben. Die Feder treibt den Lauf dann in Pfeilrichtung, er schlägt auf die Hülse 2, die wiederum auf die Blattfeder 4 trifft. Diese überträgt den Stoß auf den (nicht gezeigten) Ventilschaft und öffnet damit das Ventil. Die Innenflächen der Hülsen sind mit jeweils 5 schmalen und flachen Längsstegen versehen, welche die Geschosse halten. Man erreicht so einen sicheren Sitz, ohne den Startwiderstand der Geschosse durch zu große Reibung zu erhöhen.

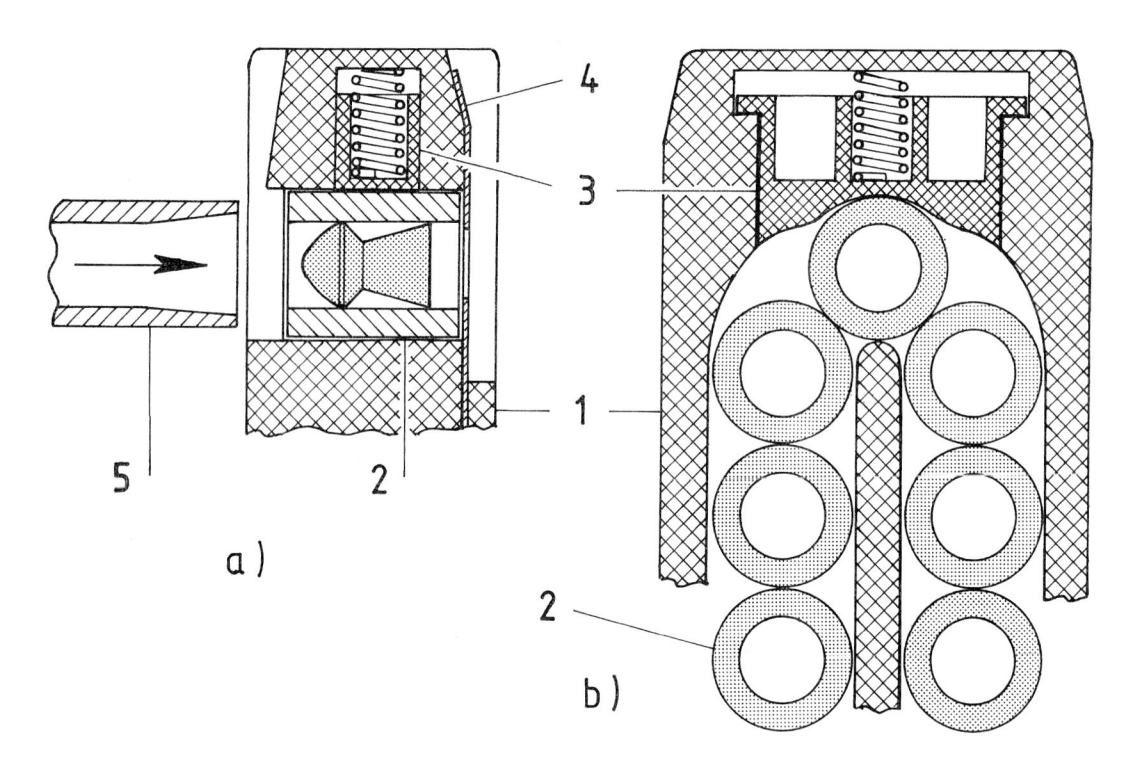

Abb. 4.3-10: Magazin der Anics-CO_2-Pistolen in Teilschnitten, a) Längs-, b) Querschnitt

Als Beispiel für eine CO_2-Sebstladepistole soll hier das in Japan von Maruzen für Daisy gefertigte Modell Power Line 45 dienen. Abbildung 4.3-11 zeigt den in diesem Zusammenhang interessierenden Bereich in Teilschnitten. a) Das stabförmige Magazin 1 liegt über dem Lauf 3. Die Geschosse werden von einer schwachen Feder in Richtung des Pfeils F nach hinten geschoben, wobei das im Magazin am Ende liegende Geschoss in eine Ausnehmung im Zuführschieber 2 gelangt ist. Beim Spannen des Hahns wird zunächst der Zuführschieber nach unten bewegt, bis er die in b) gezeigte Lage erreicht hat. Das Geschoss liegt nun vor der hinteren Lauföffnung.

Beim Abziehen wird der Hahn (Schlaghebel) freigegeben und trifft in Richtung H auf den Ventilstößel 5, so dass Druckgas hinter das Geschoss strömen kann und das Geschoss aus dem Lauf treibt. Wird der Abzug freigegeben gleitet der Zuführschieber durch Federkraft nach oben und das nächste Geschoss wird in das Geschosslager im Schieber geschoben. Nun kann der ganze Vorgang für den nächsten Schuss wiederholt werden. A) zeigt auch die Anordnung des Schussventils mit Gehäuse 4 und Anstechkanüle 6, Pfeil K zeigt die Richtung, in der die CO_2-Kapsel an Kanüle und Dichtung gedrückt wird.

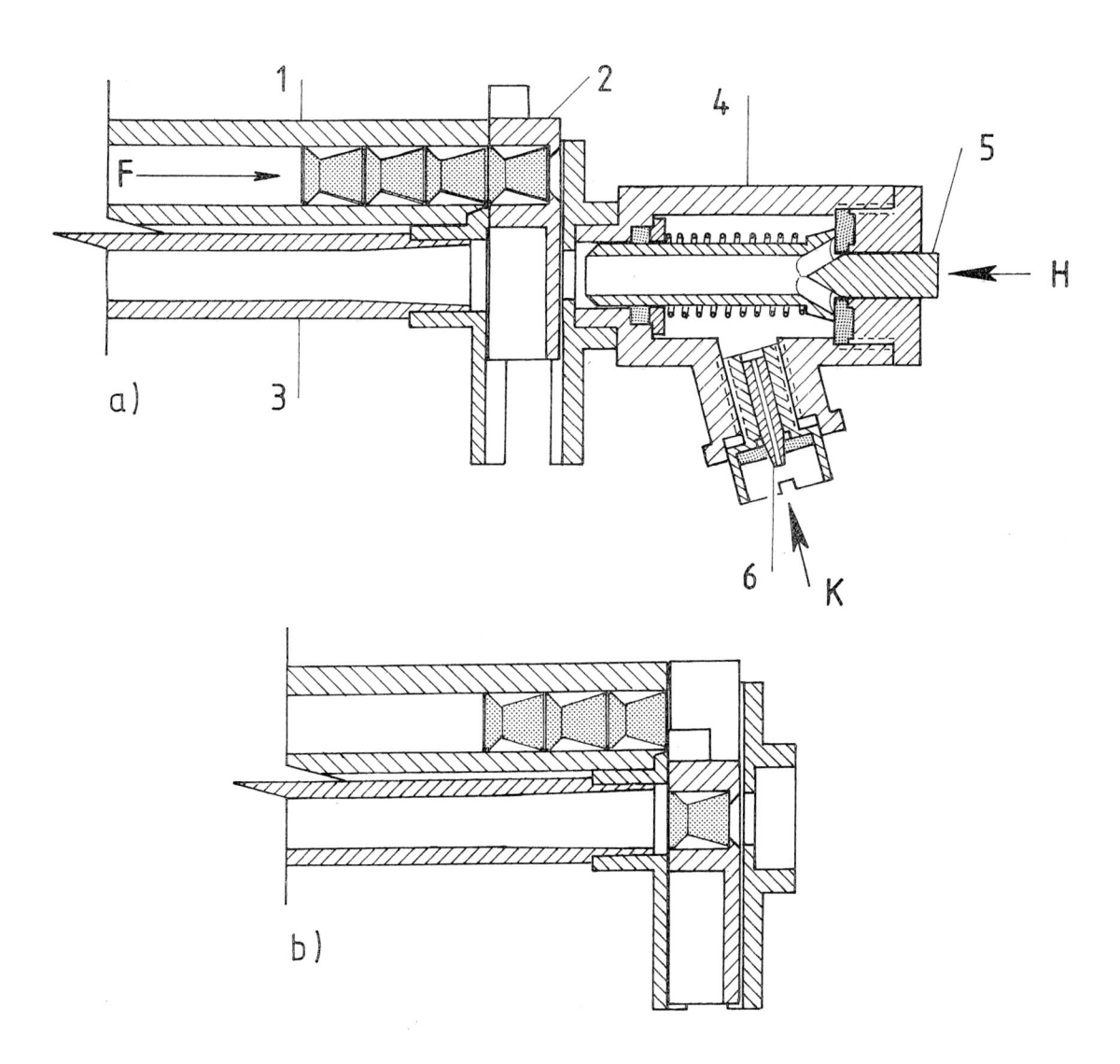

Abb. 4.3-11: Nachladeeinrichtung des Daisy-Modells Power Line 45

4.4 Kohlendioxid und CO_2-Pistolen, ein wenig Technikgeschichte

Die CO_2-Pistolen verdanken ihre Existenz der industriellen Erzeugung von flüssigem Kohlendioxid (CO_2) und basieren zu einem beträchtlichen Teil auf den Konstruktionen des französischen Ingenieurs Paul Giffard. Die Verflüssigung von CO_2 war bereits 1823 M. Faraday gelungen. Allerdings war verfahrensbedingt die Menge so klein, dass eine wirtschaftliche Anwendung ausgeschlossen war. 1845 stellte Faraday mittels eines hydraulischen Kompressors schon größere Mengen flüssigen Kohlendioxids her. Ihre interessanten Eigenschaften legten verschiedene Verwendungen nahe, und so arbeitete man in einigen Ländern am Bau von Kompressoren, die für die Verflüssigung von großen Mengen Kohlendioxid geeignet sind. Für Deutschland sind besonders J. Natterer und W. Raydt (Hannover) zu nennen. Ersterer entwickelte 1843 einen Kompressor, einen Vorläufer moderner Mehrstufenkompressoren. W. Raydt konstruierte ebenfalls einen Kompressor und gründete 1884 die erste Fabrik zur Herstellung flüssiger Kohlensäure. Das D.R.P. 33168 (1885) schützt Raydt die „Verwendung tropfbarer flüssigen Kohlendioxids beim Heben und Ausschenken von Bier". Von dieser Erfindung haben auch – allerdings etwa 100 Jahre später – die Schützen profitiert, die die CO_2-Kartuschen ihrer Pistolen beim Vereinswirt aufgefüllt haben.

Zuerst verwendete man natürliche (Quell-) Kohlensäure. Da Vorkommen und Ergiebigkeit der Quellen aber begrenzt ist, nutzte man bald die breite Rohstoffbasis, die Rauchgase von Kohlefeuerungen oder die Abgase von Kalköfen bieten. Die erste Flüssig-CO_2-Anlage auf Abgasbasis ging 1889 in Berlin in Betrieb.

Der erste erfolgreiche Konstrukteur von CO_2-Gewehren und -Pistolen war Paul Giffard (1837–1897). (Etwa 1830 soll bereits Peter Rasmussen an einem Gewehr gearbeitet haben, das ein verflüssigtes Gas als Treibmittel nutzt. Anscheinend wurde das Gewehr aber nicht fertiggestellt [1]). Im englischen Patent No. 21 vom 3.1.1872 über „Compressed Air or Gas Cartridges and Fire-Arms" (etwa: Druckluft- oder Druckgas-Patronen und -Feuerwaffen) erwähnt Giffard erstmalig ein Treibgas, das in der Patrone so weit komprimiert wird, dass es verflüssigt wird. Unter Betracht aller Eigenschaften und der verfügbaren Technik kann hier nur CO_2 gemeint sein.

Bei der Entwicklung der CO_2-Waffen konnte Giffard seine Erfahrungen nutzen, die er bei der Konstruktion und der Herstellung von Druckluftwaffen gewonnen hatte. Sein englisches Patent No. 2931 aus dem Jahre 1862 beschreibt ein Druckluftgewehr, bei dem die Pumpe längs unterhalb des Laufes eingebaut ist und in einem Druckluftreservoir endet, das pumpen- und laufseitig durch je ein Ventil verschlossen ist. Als Dichtungen dienen Gummischeiben. Das pumpenseitige Ventil wird durch eine Schraubenfeder und dem Druck der Luft auf seinen Sitz gedrückt. Ein Nocken auf der Hahnachse hält das laufseitige Ventil gegen den Druck der Luft in geschlossener Stellung. Beim Abziehen wird der Nocken so weit gedreht, dass das Ventil dem Druck der Pressluft ausweichen und die Druckluft hinter das Geschoss strömen kann. Der Hahn hat nur die Funktion eines Bedienhebels. Diese Ventilhalterung wurde offenbar bald geändert, wie aus dem kleinen Buch „Nouvelles Armes Giffard" [2] und einer wohl noch früheren Anleitung zum Gebrauch und zur Wartung der Giffardschen Druckluftwaffen hervorgeht. Abbildung 4.4-1 zeigt einen Schnitt durch das frühe Giffard-System, das bei den Druckluft-Gewehren und -Pistolen verwendet wurde.

Die Zeichnung wurde aus einer sehr frühen (etwa 1865) Gebrauchsanweisung kopiert. Die Druckluft wird mittels der unter dem Lauf angeordneten Pumpe erzeugt (P Handhabe, L Lederdichtung, die zwischen zwei Muttern gehalten wird) und strömt über ein Ventil

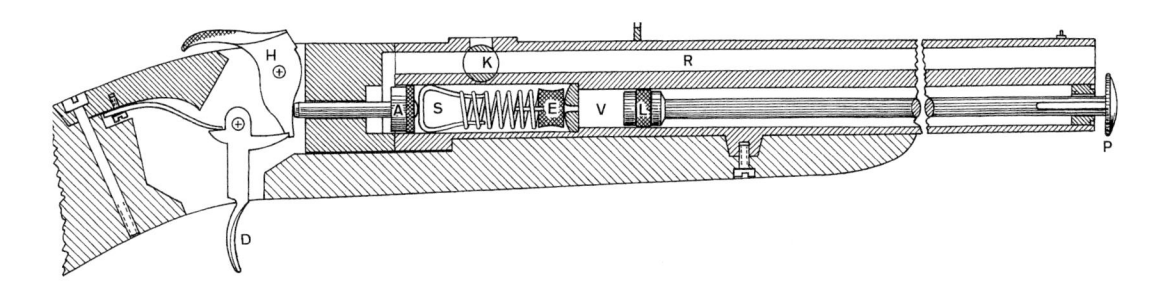

Abb. 4.4-1: Schnitt durch das Giffard-Druckluft-System in gespanntem Zustand.

(E ist die federbelastete Gummidichtung) in den Druckluftspeicher S. Laufseitig wird der Speicher durch das Ventil A mit Gummidichtung abgeschlossen. Der Ventilschaft wird in Geschlossen-Stellung vom Hahn gehalten, der sich wiederum in seiner Spannrast an der Stange des Abzuges D abstützt. Beim Auslösen wird der Hahn freigegeben und das Ventil seiner Stütze beraubt. Die Druckluft schiebt das Ventil zurück, so dass ihr Weg hinter das Geschoss frei wird. Das Geschoss wird durch das Küken K des Ladeventils in den Lauf R gebracht.

Gegenüber der Beschreibung in seinem Patent von 1862 änderte Giffard die Fixierung des Auslassventils bei gespannter Waffe; alle anderen Konstruktionsdetails blieben erhalten. Abbildung 4.4-2 zeigt eine Giffard-Salon-Luftpistole.

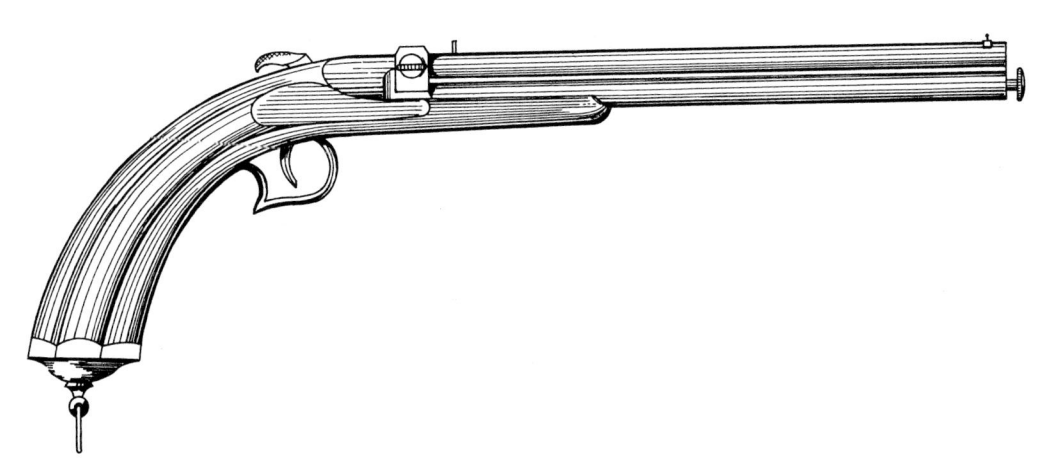

Abb. 4.4-2: Giffard-Druckluft-Salonpistole. (Darstellung in enger Anlehnung nach einer Bedienungsanleitung aus der Zeit um 1865) Die Pistolen wurden in den Kalibern 5, 6 und 8 mm Rundkugel angeboten.

Die allgemeine Anordnung von Druckluftbehälter bzw. Pumpe und Lauf blieb bis heute unverändert, abgesehen von den bei einigen Modellen senkrecht oder schräg angebrachten Druckgasflaschen, die wie die kugelförmigen Druckluftbehälter bei den frühen Windbüchsen hängend angeordnet sind.

Die heute noch öfter anzutreffenden CO_2-Waffen von Giffard basieren auf ganz ähnlichen Patenten, was den technischen Inhalt betrifft (Englisches Patent No. 11050 vom 9.7.1889, D.R.P. No. 52537 vom 2.8.1889 und U.S.P. No. 452882 vom 6.8.1890, jeweils Datum der Einreichung). Im englischen Patent mit dem Titel „Improvements in and relating to Guns" (Verbesserung an und in Bezug auf Waffen) heißt es: „Für den Zweck meiner Erfindung benütze ich vorzugsweise verflüssigtes Kohlensäuregas, nicht nur wegen seines niedrigen Preises und seiner Harmlosigkeit, sondern auch wegen der schrecklichen dynamischen Kraft, die es entwickelt, wenn es z.B. von Null auf 300 °C ausgedehnt wird."

Man mag einwenden, dass hier ein physikalischer Vorgang eher phantasievoll als genau beschrieben wird. Schließlich sollte aber Kohlendioxid auch als Treibmittel in Geschützen eingesetzt werden. Da waren wohl starke Worte angezeigt.

Im amerikanischen und im deutschen Patent fehlt immerhin der Hinweis auf Kanonen und Mitrailleusen. Warum Giffard CO_2 als Treibmittel wählt, wird im deutschen Patent so dargelegt: „Ich wähle flüssig gemachte Kohlensäure, weil sie die günstigsten Bedingungen darbietet, sowohl hinsichtlich ihres billigen Preises, ihrer Unschädlichkeit, als auch ihrer dynamischen Kraft, welche sie entwickelt, sei es, wenn sie z.B. von 0° auf 300° oder noch höher erhitzt wird, wenn diese Expansion durch Elektrizität oder das plötzliche Verbrennen von Pulver oder eines anderen Explosivstoffes im Innern des flüssig gemachten Gases erzeugt wird." Diese zusätzliche Erwärmung des Gases wird hier zwar erwähnt, ihre praktische Anwendung in einer entsprechenden Waffe wurde wahrscheinlich aber nicht realisiert. Auch Giffard beließ es bei der normalen Verdampfung. Der wesentliche Unterschied dieser Erfindung gegenüber der 1872 patentierten Gaspatronenwaffe besteht darin, dass die neue Gaspatrone größer und von außen am System unter dem Lauf angeschraubt ist, insbesondere aber darin, dass der Gasweg vom Ventil bis hinter das Geschoss stark verkürzt ist, was den Wirkungsgrad des Treibgases wesentlich erhöht. Dieser Effekt ist vergleichbar mit einer Vergrößerung der Kompression bei Verbrennungsmotoren, die ja auch den Wirkungsgrad des Treibstoffes verbessert.

Nach 1890 wurden von Rivolier et Fils in St. Etienne, später bei der Manufacture Française D'Armes et Cycles de Saint-Etienne zunächst Giffard-CO_2-Gewehre gebaut. Etwas später wurde die Konstruktion der Ladeeinrichtung und des Ventils der CO_2-Kartusche verbessert und das Programm um CO_2-Pistolen erweitert. Abbildung 4.4-3 zeigt eine bemaßte Zeichnung der „modernen" Giffard-CO_2-Pistole mit der Herstellungsnummer 836. Obwohl der glatte Lauf ein Innenkaliber von 8,0 mm hat, ist er mit CAL. 4,5 gekennzeichnet. Die CO_2-Kartusche trägt die Nummer 2893 und am Gewindekopf die Aufschriften poids vide 159 Grmes und poids plein 176 Grmes (Leergewicht 159 g, Gewicht gefüllt 176 g). Eine Kontrolle des Leergewichts ergab allerdings 163 g.

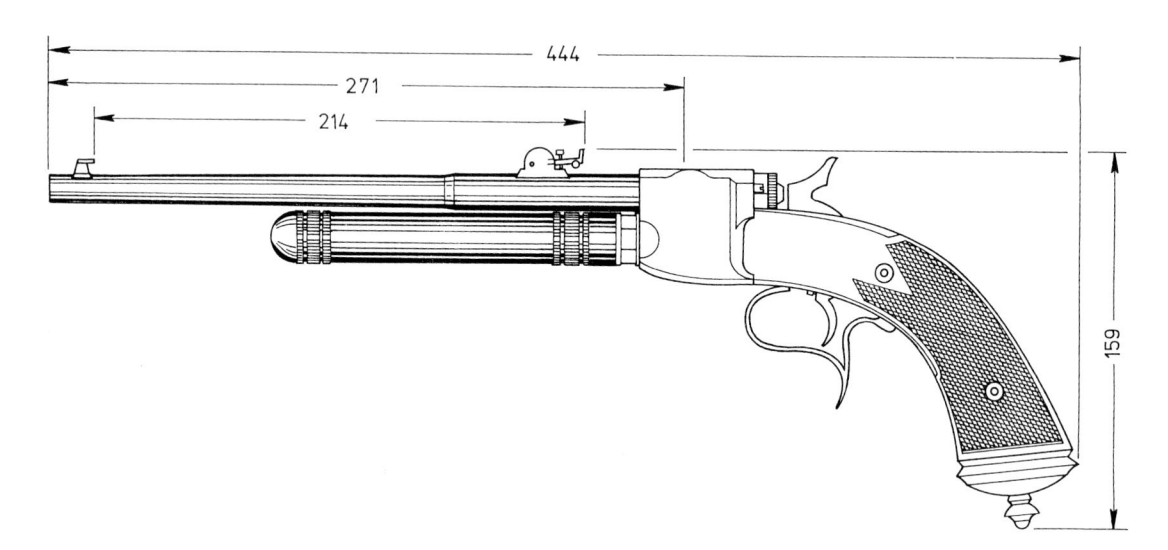

Abb. 4.4-3: Giffard-CO_2-Pistole „Carbona" mit Maßen, die vom Realstück abgenommen wurden. Masse der Pistole 1180 g (leer).

Abbildung 4.4-4 zeigt die CO$_2$-Flasche und das Wesentliche der Pistole im Schnitt. Zum Laden wird der Verschluss h um ca. 100° bis zu einem Anschlag nach links gedreht (von hinten gesehen), wodurch die Ladeöffnungen von Verschluss und Lauf zum Fluchten gebracht werden. Darauf wird eine Rundkugel eingelegt und der Verschluss nach rechts zurückgedreht. Nach dem Auslösen trifft der Hahn auf einen Stößel, der den Schlag auf den Kopf des Ventils überträgt, wodurch das Ventil kurzzeitig öffnet und Gas hinter die Kugel strömt. Der Weg des Hahnes wird durch die Regelschraube r begrenzt; Hineindrehen verlängert den Hahnweg und vergrößert damit die Öffnungszeit des Ventils und die Geschossgeschwindigkeit. Der Hahnfederweg wird durch einen Stift begrenzt, so dass der Hahn die letzten 5,5 mm (gemessen vor der Mitte der Regelschraube r, wenn sie ganz eingeschraubt ist) „fliegend" zurücklegt. Die Visierung besteht aus Perlkorn und einer in Höhe und Seite verstellbaren Halbrundkimme.

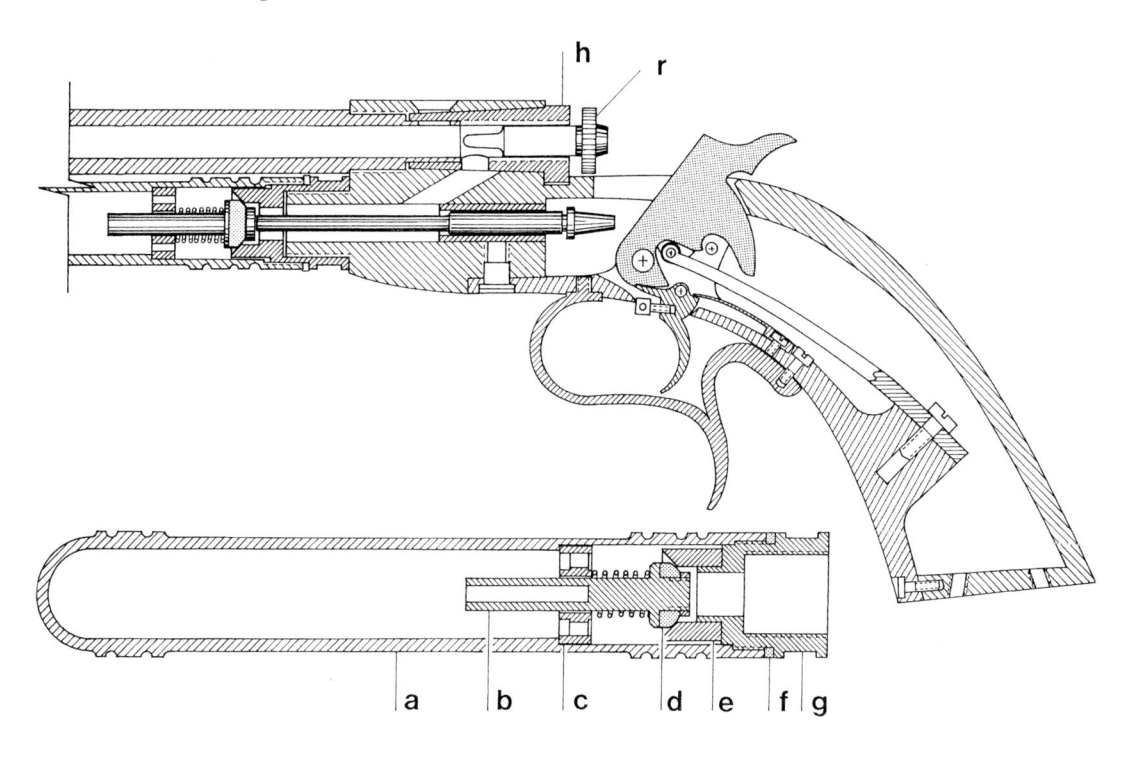

Abb. 4.4-4: Schnitt durch die Kartusche der Giffard-CO$_2$-Pistole: a) Hülse, b) Ventil mit Dichtung d), c) Ventilführung, e) Ventilsitz, f) Dichtung, g) Kartuschenkopf, h) Verschluss mit Ladeöffnung (hier ist der Verschluss i geschlossener Position dargestellt, die Ladeöffnung liegt hinter der Zeichnungsebene), r) Regulierschraube.

In einem Katalog der Manufacture Française d'Armes & Cycles de Saint Etienne aus der Zeit von 1911–1914 werden die Pistolen unter der Bezeichnung Carbona in den Kalibern 4,5 und 8 mm angeboten, jeweils mit gezogenen Läufen. Die 4,5-mm-Pistolen haben sämtlich verstellbare Visiere und kosten je nach Ausstattung (Fischhaut, Gravur) 15, 25 oder 40 Francs. Die 8-mm-Pistole wird als Pistolet d'Assaut „Carbona" (Angriffspistole „Carbona") bezeichnet und mit einem Handschutz für das unblutige Duell nach Dr. Devillers („Kontraschießen" nach Bock, wenn man will ein Vorläufer des Paintball-Schießens). 100 Stück 8-mm-Wachs-Rundkugeln nach Devillers wurden für 2,80 Francs angeboten. Die 4,5 mm „Präzisionskugel" kosteten 1,25 Francs je 1000, das Füllen der Kartuschen 0,75 Franc je Füllung. Eine Füllung sollte für ca. 250 Schuss „auf 6 m" reichen. Die Pistolen wurden mit zwei Kartuschen, einem Schlüssel zum An- und Abschrauben der Kartuschen, 100 Kugeln und einer Bedienungsanleitung geliefert.

Der glatte 8-mm-Lauf des Realstückes, der mit 4,5 gezeichnet ist, lässt vermuten, dass er später auf 8 mm aufgebohrt wurde. Giffard-Gewehre wurden sowohl mit gezogenen 6- bzw. 8-mm-Läufen als auch mit glatten 8-mm-Läufen (für Schrot) angeboten.

Bei Schießversuchen mit Spezial-Rundkugeln von Haendler & Natermann (Durchmesser 8,02 mm, Masse 3,12 g im Mittel) lieferte die Pistole bei maximaler Leistung eine mittlere Geschossgeschwindigkeit von 113,3 m/s zwei Meter vor der Mündung (Temperatur 21 °C), was einer Energie von 20 J entspricht. Der von A. Preuß [4] beschriebene Beschuss von Stahlplatten wurde wiederholt. Dabei werden die Rundkugeln aus etwa 2 m Entfernung auf eine schwere Stahlplatte geschossen. Abbildung 4.4-5 zeigt links mit den frischen Rundkugeln beginnend die mit steigender Geschwindigkeit aufgetroffenen Kugeln. In der oberen Reihe ist die Auftreffseite, in der unteren die Rückseite der Geschosse zu sehen.

Abb. 4.4-5: Von links nach rechts: 8 mm-Rundkugel, 8-mm-Rundkugeln nach Aufprall auf eine Stahlplatte. Entfernung von Pistole zur Platte ca. 1,5 m; völlig eingeschraubte Regulierschraube ergab das ganz rechts gezeigte Resultat. Obere Reihe: Aufprallseite, untere Reihe: Rückseite.

Bei ihrem Erscheinen im Jahre 1889 erregten die CO_2-Gewehre von Giffard großes journalistisches Interesse, wie aus der Fülle der Erwähnungen und Beschreibungen hervorgeht, die in diesem Jahr erschienen. Damals wie heute gab es schelmische, gründliche und weniger kenntnisreiche Schreiber, und schon damals ärgerten sich fachkundige Leser über bisweilen verbreitete Torheiten, wie die folgenden Beispiele zeigen mögen.

Zuerst ein Beispiel für einen Bericht, wie er amüsanter nicht sein kann. Er erschien 1890 in der Allgemeinen Militär-Zeitung [5] unter der Überschrift „Das neuerfundene Giffard'sche Gewehr" (wir zitieren auszugsweise):

„In den letzten Tagen erregte in Berlin eine neue Handfeuerwaffe Aufsehen, welche in der Geschichte der Waffenentwicklung einen abermaligen Fortschritt verzeichnen soll. Erfinder derselben ist der französische Ingenieur Pierre Giffard aus Bordeaux. Das Treibmittel, verflüssigte Luft, schließt die bisher übliche Vereinigung desselben mit dem Geschoss zu einer Patrone aus. Für jeden Schuss ist nur ein neues Geschoss in den Lauf einzuführen. Dennoch war der Erfinder lange Zeit um ein Mittel verlegen, um die nöthige Anzahl von Geschossen in einem möglichst kleinen Magazin zu vereinigen. Seine Versuche ließen ihn schließlich dem Verfahren der Bienen, die zum Zwecke der besseren Raumausnützung ihrer Zellen schon längst die Gestalt sechsseitiger, durch eine niedrige dreiseitige Pyramide abgeschlossener Säulen geben, näher treten. So sind nun auch die Geschosse des neuen Gewehrs gestaltet.

Die Seele des Rohres hat dementsprechend einen sechseckigen Durchschnitt... Bekanntlich erhalten die Geschosse unserer gezogenen Gewehre auch bei der bisherigen Beschaffenheit der Züge durch den Schuss häufig die Gestalt einer kantigen Säule, so daß die erwähnte Neuerung nicht so bedeutend ist, als es auf den ersten Blick erscheinen möchte. Die Geschosse bestehen vorläufig noch aus Wolfram...

Der Apparat, welcher zur Verflüssigung der treibenden Luft dient, muß selbstverständlich dem Schützen jederzeit zur Hand sein; er ist deshalb ebenso wie bei den bekannten Windbüchsen im Kolben des Gewehres angebracht. Eine große, vom Erfinder mit Glück überwundene Schwierigkeit besteht nun darin, daß zur Verflüssigung eines Gases ein starkes Zusammenpressen desselben nicht genügt; das Gas muß gleichzeitig unter eine gewisse Temperatur abgekühlt werden... Aus dem eben Gesagten ist ersichtlich, dass der Gewehrkolben so kalt ist, daß nur eine dichte in ihm angebrachte Auskleidung aus Schlackenwolle die Finger des Schützen vor dem Erstarren schützen kann.

Diesen dem Gewehr noch anhaftenden Mangel hofft aber der Erfinder in sein Gegentheil umzukehren; läßt sich sein Gedanke verwirklichen, so werden jedenfalls sehr bedeutende Umwälzungen im Kriegswesen die Folge sein. Der Erfinder ist mit Versuchen beschäftigt, seine Geschosse aus Quecksilber herzustellen. Die oben gemachten Temperatur-Angaben beweisen, daß durch die im Büchsenkolben entwickelte Kälte Quecksilber auf 80-100° unter seinen Gefrierpunkt abgekühlt werden kann, so daß es in eine harte, schwere Metallmasse verwandelt wird. Die Munition würde demnach in Zukunft nur in flüssigem Quecksilber bestehen, welches der Schütze in zwei Stahlblechflaschen mit sich führt und nach Bedarf in den im Kolben befindlichen Gefrier-Apparat einfüllt. Die Kältezufuhr wird in der Weise geregelt, daß das Geschoss erst im Ladungsraum des Gewehrs erstarrt, kurz bevor es durch den Luftstrom von mehr als 100° Kälte herausgepustet wird. Es paßt sich deshalb der Form der Seele auf's genaueste an, wodurch die Streuung erheblich vermindert, die Treffsicherheit entsprechend vermehrt wird. Daß durch die geringe Reibung im Rohr und nachher in der Luft das Quecksilber-Geschoss bis zum Schmelzen erwärmt wird, ist nach den Ergebnissen vorläufig angestellter Versuche ausgeschlossen, auch von vornherein wenig wahrscheinlich. Erst im Körper des Getroffenen wird es schmelzen und der Wunde zunächst heilsame Kühlung bringen und dann, seiner beweglichen Natur folgend, sich durch den Wundkanal entfernen. Da giftige Eigenschaften nur dem dampfförmig eingeatmeten Quecksilber zukommen, dieses Metall aber weder in einer offenen Wunde, noch im Verdauungscanal Schaden bringt, so wird durch Einführung der neuen Schusswaffe der Krieg Manches von seiner Grausamkeit verlieren..."

(Dieser Bericht stammt wahrscheinlich von dem für seinen Humor schon damals berühmten General A. v. Pril.).

Das Militär-Wochenblatt [6] zitiert die in Paris erschienene Revue Scientifique vom 23.8.1890 u.a. wie folgt:
„Eine neue Waffe, das Ergebnis langwieriger und mühsamer Arbeit ihres Erfinders, des Herrn Paul Giffard, macht seit einiger Zeit in der wissenschaftlichen Welt viel Lärm – ein Ausdruck, welcher indessen nur bildlich zu nehmen ist –

und beschäftigt mit Recht die Aufmerksamkeit der Sachverständigen. Es handelt sich dabei um eine vollständige Umgestaltung des gesamten Schießwesens. Nicht ohne Besorgnis fragt man sich, ob nicht das Lebelgewehr Gefahr läuft, entthront zu werden und ob nicht die Bewaffnung des Heeres binnen Kurzem von Grund aus geändert werden muß...."

In einer Reihe zeitgenössischer Artikel zeigt man sich vom geringen Knall des Giffard-Gewehres beeindruckt, daher hier wohl die Anspielung auf den vielen Lärm. Dass geringer Knall ursächlich mit der geringen Leistung des CO_2-Gewehres zusammenhängt, scheint man oft übersehen zu haben.

Dagegen lesen wir in den Jahresberichten 1890 [7]: *„Das von P. Giffard erfundene Gasgewehr hat nicht verfehlt, Aufsehen zu erregen. Daß dasselbe aber gegenwärtig noch eine für Kriegszwecke nicht verwendbare Waffe ist, wird von der zum Zwecke ihrer Herstellung gebildeten „Société stéphanoise d'armes" zugegeben. Die Gesellschaft veröffentlicht nämlich in den Zeitungen von St. Etienne nachstehende Mitteilung: Die Gesellschaft läßt augenblicklich nur Ziel- und Salon-Büchsen, sowie Pistolen aller Art fertigen. Sie erhebt nicht den Anspruch, Kriegswaffen Giffarschen Systems herzustellen, denn bis jetzt berechtigt nichts zu der Annahme, daß man dieses Ziel erreichen könne, weil die Gasspannung für Gewehre ungenügend ist, welche mit Anfangs-Geschwindigkeiten von 600 m schießen. P. Giffard ist aber bemüht, Gasspannung und Anfangs-Geschwindigkeiten zu vergrößern. Es ist zu hoffen, daß es ihm gelingen werde, aber gegenwärtig ist das Problem einer Kriegswaffe noch nicht gelöst."*

Diese und ähnliche Äußerungen über die Giffard-CO_2-Waffen haben sicher manchen Kundigen geärgert. In der Allgemeinen Militär Zeitung [8] macht Professor Hebler unter der Überschrift „Humbug im Waffenfache" seinem Ärger so Luft: *„Das Giffard-Gewehr"* (Wiener Tagblatt vom 10. November 1889 und auch in anderen Zeitungen): *„Das Giffard-Gewehr ist nämlich eine Art Windbüchse, bei welcher nicht comprimirte Luft, sondern ein durch Druck flüssig machtes Gas das Treibmittel bildet, indem beim Schusse ein Theil desselben aus dem Behälter austritt und nun durch Rückkehr in den luftförmigen Zustand das Geschoss aus dem Laufe treibt.*

Bei offiziellen Versuchen in Belgien hat sich jedoch herausgestellt, daß die Wirkung des Giffard-Gewehres noch weit unter derjenigen einer guten Windbüchse steht (Durchschlagskraft des Giffard-Gewehrs, auf 10 Meter Distanz, kaum 1,5 Centimeter weiches Holz, was beim gewöhnlichen kleinkalibrigen Infanterie-Geschoss etwa einer Anfangsgeschwindigkeit von 70 Metern entspricht), so daß es wohl als Salonwaffe oder als Spielzeug, aber nicht als Jagdgewehr, geschweige denn als Militärgewehr verwertet werden kann.

Es ist wirklich betrübend zu sehen, wie das Publikum und alle diejenigen, welche keine gebildeten Techniker sind, durch solchen von Ignoranten oder Schwindlern herrührenden Humbug irre geleitet werden, und wie dadurch die wirklichen Errungenschaften und Fortschritte zeitweise in den Hintergrund gedrängt und discreditirt werden können." Ende des Zitats.

Heute wird allgemein anerkannt, dass CO_2 ein gutes Treibgas für Salonpistolen – pardon – Sportpistolen ist und dass es darüber hinaus nicht reicht. Daran ändert auch nicht, dass in England CO_2-Pistolen verboten waren. Ignoranten und Schwindler finden sich eben auch in demokratisch gewählten Gesetzgebungsversammlungen.

Ob sich Giffard der Illusion hingegeben hat, ein Militärgewehr auf der Basis des Treibmittels Kohlendioxid entwickeln zu können, ist ungewiss. Sicher ist, dass er lange und erfolgreich an der Perfektion der CO_2-Salonpistolen und -gewehre arbeitete und dass seine Pläne nicht eng gefasst waren. Davon zeugt auch die Gründung der International (Giffard) Gun and Ordnance Co., Ltd., in London. Das D.R.P. No. 59653 vom 30.1.1891 dieser Gesellschaft schützt „Eine Druckgas als Treibmittel verwendende Schusswaffe, bei welcher der Hahn oder ein anderer bewegter Theil des Schlosses mit einem Zählwerk verbunden ist, mittels welches die Anzahl der abgegebenen Schüsse bzw. der in dem Gasbehälter noch vorhandene Druck angezeigt wird".

Nach Wesley [3] waren entsprechende Gewehre, für Langgeschosse vom Kaliber 7,5 mm (0,295 Zoll) eingerichtet, von hervorragender Fertigungsqualität. Abbildung 4.4-6 zeigt das Mittelteil des Gewehres mit dem Schusszähler in der Darstellung des D.R.P. No. 59653. Die Zeichnung lässt die enge Verwandtschaft des Zählwerk-Gewehrs mit den zuvor patentierten CO_2-Gewehren und -Pistolen erkennen.

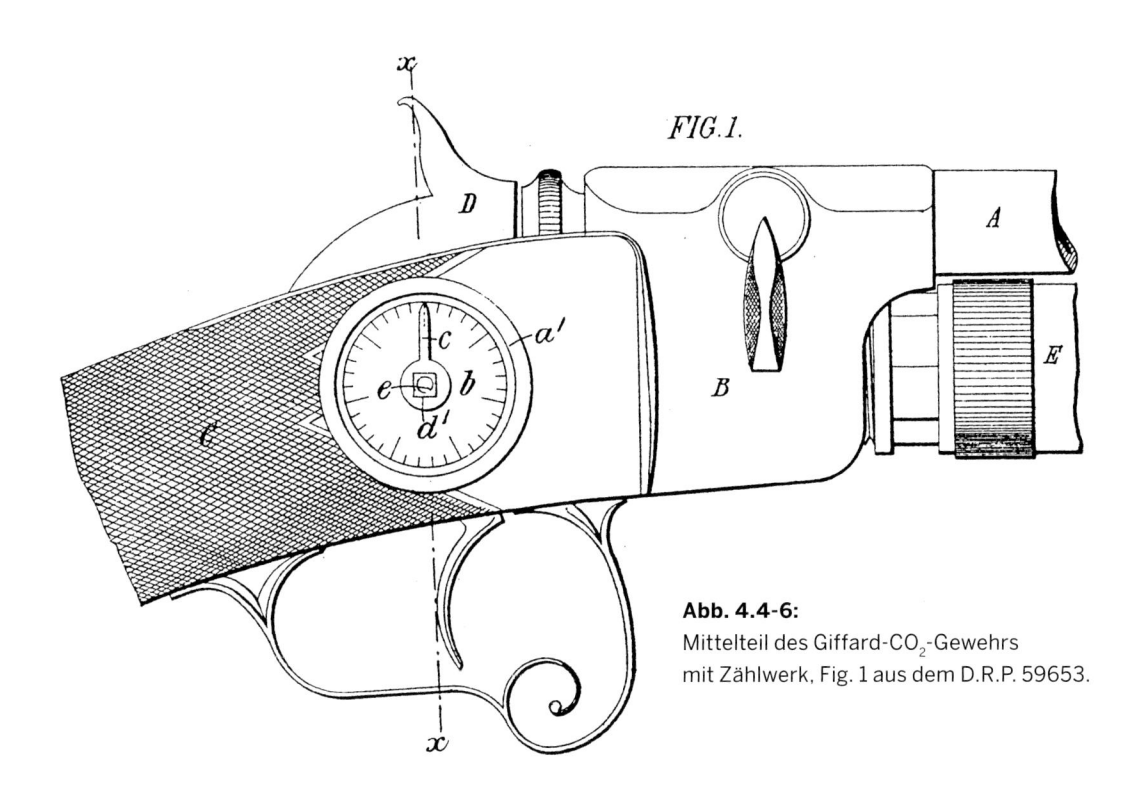

Abb. 4.4-6:
Mittelteil des Giffard-CO_2-Gewehrs mit Zählwerk, Fig. 1 aus dem D.R.P. 59653.

Zur Zeit der Anmeldung des Patents scheinen die Inhaber der International (Giffard) Gun and Ordnance Co. die Hoffnung auf den Durchbruch zu großer ballistischer Leistung noch nicht aufgegeben zu haben, denn das Patent beginnt mit den Worten: „Die Erfindung bezieht sich auf Geschütze und Gewehre...". Das ist eigentlich verwunderlich, waren doch die Eigenschaften des CO_2 genau bekannt, die für seine Anwendung als Treibgas wichtig sind.

Durch die Verfügbarkeit von flüssigem Kohlendioxid und/oder die funktionierenden Giffard-Gewehre ausgelöst, wurden ab 1890 eine Reihe von Patenten angemeldet, die eine Verbesserung der Waffen oder der Wirksamkeit des Treibmittels zum Ziel hatten. Wenn auch keines der Patente zu einer direkt nutzbaren Anwendung führte, sind sie doch nicht uninteressant.

So wurde Alois Leik aus Ingolstadt ab 21.9.1890 im D.R.P. No. 56016 ein „Drehblock-Verschluss für eine, flüssig gemachtes Gas als Treibmittel verwendende Schusswaffe, bei welchem ein Handgriff bei seiner Abwärtsbewegung... ...den mit Geschosskammer versehenen Block nach aufwärts dreht und gleichzeitig den Hahn spannt, bei seiner Rückwärtsbewegung jedoch den Block wieder in die schussfertige Lage bringt." geschützt. Bei dem „flüssig gemachtem Gas" kann es sich wiederum nur um Kohlendioxid handeln. Die Anordnung von Lauf und CO_2-Reservoir sowie die Konstruktion der Auslöseeinrichtung folgt der Vorgabe von Giffard. Eigentlich neu ist hier nur die Anwendung einer Repetiervorrichtung bei einem CO_2-Gewehr.

Einheitspatronen mit CO_2 als Treibmittel wurden von Armand Mieg aus Leipzig vorgeschlagen (D.R.P. No. 58322 ab 4.10.1890). Im Prinzip besteht die Mieg-Patrone aus einer starkwandigen Patronenhülse, die eine CO_2-Kapsel, das Geschoss, ein Zündhütchen und eine Heizladung (Pulver) aufnimmt. Im Schuss wird durch die Zündung die CO_2-Kapsel gesprengt, das CO_2 durch die freiwerdende Verbrennungswärme des Pulvers verdampft und das Geschoss durch den Druck des gasförmigen CO_2 und der Verbrennungsgase aus dem Lauf getrieben. Als Vorteile nennt Mieg: „Eine wesentliche Verkürzung der Patrone, ein weit geringerer Gasdruck im Rohre, ein weit geringerer Knall, eine vollständige Reinhaltung der Laufbohrung beim Schuss, Beseitigung jeglicher Erwärmung und der starken Erhitzung des Laufes, Beseitigung der mit der Fabrikation des Schießpulvers und dessen Lagerung verknüpften großen Umständlichkeiten und Gefahren und endlich wesentlich billigere Herstellung der Patrone." Da sage noch einer, die übertreibende Werbung fände sich nur im Fernsehen.

Die Leistung normaler CO_2-Waffen ist besonders durch den recht geringen Dampfdruck flüssigen Kohlendioxids begrenzt. So beträgt der Dampfdruck (und damit der Treibdruck) bei 10 °C 45 bar, bei 20 °C 57 bar und bei 31 °C 74 bar. 31 °C ist die „kritische Temperatur" des CO_2, oberhalb derer kein flüssiges CO_2 existieren kann, es existiert nur noch als Dampf. Erhöht man die Temperatur über den kritischen Punkt hinaus, so steigt auch der Druck der im Reservoir eingeschlossenen CO_2-Menge und damit ihre Antriebskraft weiter. Diesen Effekt wollten W. Bergmann und G. Knaak nutzen (D.R.P. Nr. 73670, gültig ab 26.7.1893). Ihr Patent schützt eine „Schusswaffe, bei welcher als Triebmittel erwärmte Kohlensäure benutzt wird". In den Patentzeichnungen sind Gewehre dargestellt, bei denen im Systemkasten ein Spiritusbrenner eingebaut ist und die Spiritusflamme das CO_2-Reservoir direkt beheizt. Abbildung 4.4-7 zeigt eine prinzipgenaue Wiedergabe der 1. Patentzeichnung. Besonders im Winter sollte der Umgang mit einem Bergmann-Knaak-Gewehr angenehm sein, könnte man sich doch am Systemkasten die klammen Finger wärmen.

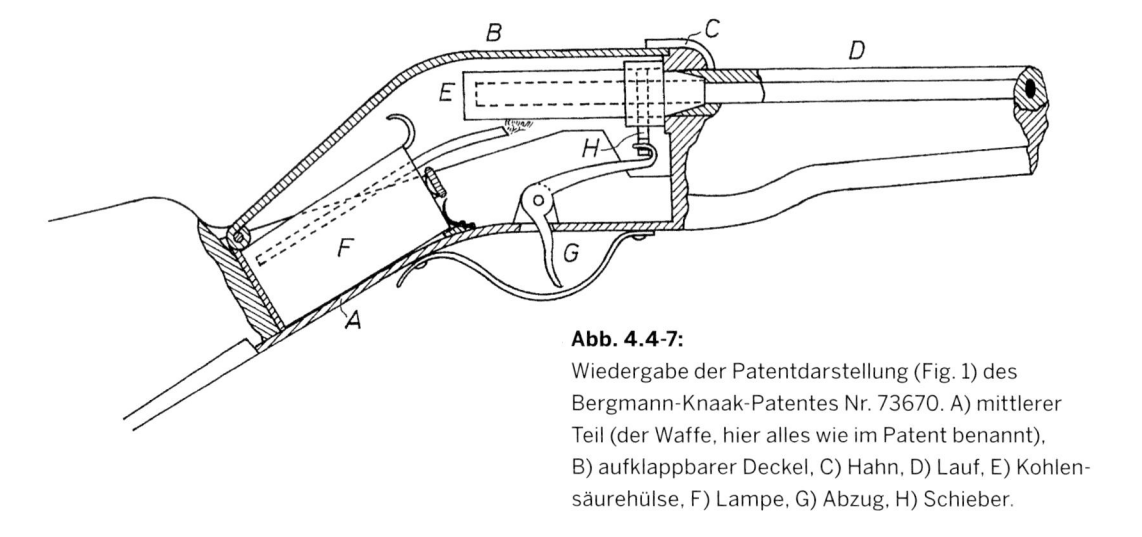

Abb. 4.4-7:
Wiedergabe der Patentdarstellung (Fig. 1) des Bergmann-Knaak-Patentes Nr. 73670. A) mittlerer Teil (der Waffe, hier alles wie im Patent benannt), B) aufklappbarer Deckel, C) Hahn, D) Lauf, E) Kohlensäurehülse, F) Lampe, G) Abzug, H) Schieber.

In Schweden wurde 1913 ein CO_2-Gewehr (Excellent-Gasgewehr) im Heer als Übungswaffe eingeführt [10]. Der Lauf hatte ein Kaliber von 6 mm, war hinten glatt und im vorderen Drittel gezogen. Geschossen wurde mit Rundkugeln. Das Kohlendioxid wurde aus 8 kg fassenden Flaschen für jeden Schuss separat über ein Füllventil geladen. Dazu wurde das gewehrseitige Ventil auf das an die Flasche angeschlossene Ventil gedrückt, wodurch letzteres öffnete und der Vorratsraum im Gewehr gefüllt wurde. Beim Abnehmen des Gewehrs schloss das Füllventil automatisch. Die CO_2-Übertragung erfolgte also wie die Druckluft-Befüllung der Behälter für die Reifendruckkontrolle an den Tankstellen. Der CO_2-Verbrauch wurde mit ein Gramm je Schuss angegeben (einschließlich der Füllverluste).

In der Zeit von 1914 bis 1945 war das Interesse an dem Treibgas Kohlendioxid allem Anschein nach erloschen. 1945/46 erschien dann in den U.S.A. mit der kurzlebigen Schimel „.22 Caliber Gas Pistol" die erste CO_2-Pistole, die für die Verwendung von Syphonkapseln eingerichtet war. Andere amerikanische Hersteller ließen weitere CO_2-Kapsel-Pistolen folgen. Hier sollen nur einige Eckpunkte der Entwicklung erwähnt werden.

Crosman führte 1957 größere, 12 g fassende CO_2-Kapseln, die sogenannten Powerlets ein – eine Verbesserung gegenüber den vorher gebräuchlichen Sparklets = Soda Cartridges (= kurze CO_2-Kapseln), die ca. 8 g CO_2 enthalten. Die Bezeichnung Powerlet knüpft an Sparklet für Syphonkapseln an, wobei Sparklet an das Perlen von Sodawasser (=Sauerbrunnen) erinnern soll (to sparkle = perlen) und Powerlet an Kraft (= power). Diesseits des Atlantiks wurden später von Hämmerli Pistolen für Syphonkapseln (kurze CO_2-Kapseln) und auch für Powerlets gebaut (lange CO_2-Kapseln). Erinnert sei auch an die erste Hämmerli-CO_2-Pistole Sparkler, deren Name wohl von Sparklet abgeleitet wurde.

1946 hatte Crosman das CO_2-Gewehr 101 CG herausgebracht, dessen fest installierter CO_2-Tank aus einer CO_2-Flasche gefüllt wurde, die ca. 280 g aufnehmen konnte. In den Gewehrtank passen ca. 40 g CO_2, genug für 70 Schüsse (0,58 g CO_2 pro Schuss, Kaliber des Gewehrs 5,5 mm, Geschossgewicht ca. 1 g, Mündungsgeschwindigkeit ca. 180 m/s).

Ab 1961 wurden von Hämmerli CO_2-Pistolen für das sportliche Schießen hergestellt, die zuerst für 8-g-CO_2-Kapseln, später für 12-g-CO_2-Kapseln eingerichtet waren. Aus verschiedenen Gründen waren diese als Single bzw. Master bezeichneten Modelle den konkurrierenden Feder-Luftpistolen unterlegen, so dass ihre Fertigung 1978 eingestellt wurde.

Gegenüber Feder-Luftpistolen und -Luftgewehren sowie mit Pumpe ausgerüsteten Druckluftpistolen/Gewehren bieten CO_2-betriebene den Vorteil der Bequemlichkeit, das Fertigmachen für den Schuss erfolgt mühelos. Es mag dieser Vorteil gewesen sein, der E. Senfter bewog, sich in den 1960er-Jahren mit der Konstruktion einer Match-CO_2-Pistole zu beschäftigen. Abbildung 4.4-8 zeigt den ersten von Senfter 1966 gefertigten Prototypen, der in Anbetracht der weiteren Entwicklung als Ahn der modernen Match-CO_2-Pistolen gelten muss. Abbildung 4.4-9 zeigt das 4. Modell von Senfter aus dem Jahre 1972, das den späteren CO_2-Pistolen der bekannten Hersteller schon recht nahe kommt.

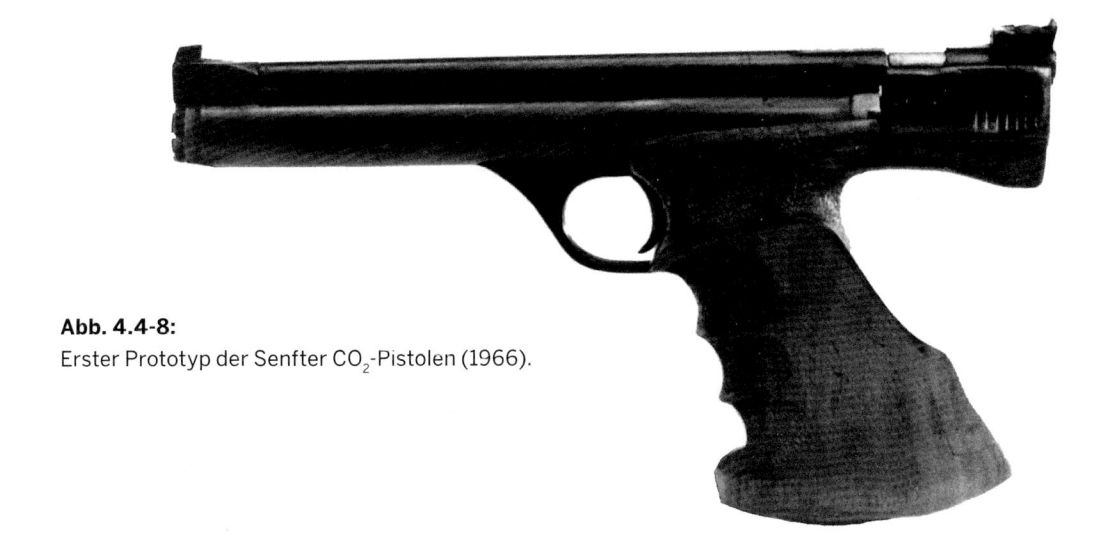

Abb. 4.4-8:
Erster Prototyp der Senfter CO_2-Pistolen (1966).

Abb. 4.4-9:
Das vierte Versuchsmuster von Senfter aus dem Jahre 1972 zeigt bereits den Aufbau und die Abmessungen der modernen CO_2-Pistolen und Druckluftpistolen.

1979 nahm Senfter die Herstellung einer CO_2-Matchpistole in Kleinserie auf, als Modell 1 oder Modell 79 bezeichnet. Das Modell 2 (oder Modell 84, Abb. 4.4-10) folgte 1984. Es unterscheidet sich vom Modell 79 nur durch die um 8 mm tiefer liegende Visierlinie. Die Maße der Pistole sind der Abbildung 4.4-11 zu entnehmen, das vorliegende Realstück wiegt 1120 g. Das schwarze Dreieck gibt die Lage des Schwerpunktes an.

Das gespannte System der Senfter-Pistolen M 79 und M 84 zeigt Abbildung 4.4-12. Es handelt sich hier um ein Auslösesystem mit Stecher. Der Stecher wird automatisch beim Anheben des Spann-/Ladehebels von einem Winkelhebel gespannt, siehe Abbildung 4.4-13, der auf den Schläger S (Abb. 4.4-12) in Richtung des kleinen Pfeils wirkt. Lade- und Winkelhebel liegen auf der linken Seite des Rahmens.

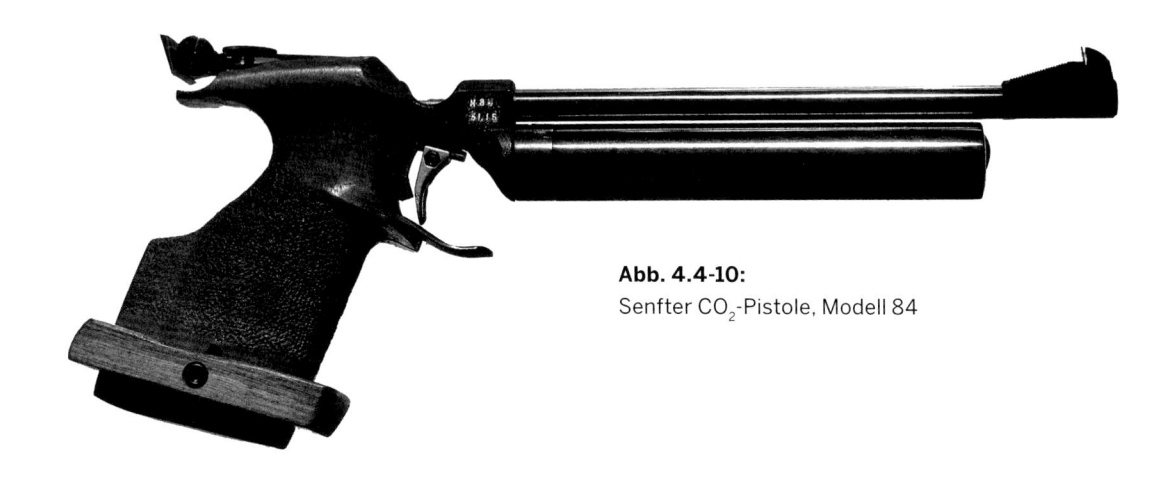

Abb. 4.4-10:
Senfter CO_2-Pistole, Modell 84

Der Auslösewiderstand, der Vorweg, der Auslöseweg, die Lage des Abzuges, der Restweg (Weg des Abzugs nach dem Auslösen) und der Eingriff an der Stecherrast können durch Stellschrauben reguliert werden. Außerdem lässt sich der Abzugabstand in gewissen Grenzen justieren. Wie man leicht erkennt, wird der Abzugwiderstand über den Vorwegwiderstand reguliert (Stellschraube N). Neuere Ausführungen gestatten die unabhängige Justierung des Widerstandes, der nach Überwindung des Vorwegs verbleibt, so dass Vorweg- und Auslösewiderstand beliebig eingestellt werden können.

Abb. 4.4-11:
Senfter CO_2-Pistole M. 84, bemaßte Skizze.
Das Dreieck gibt die Lage des Schwerpunktes an.

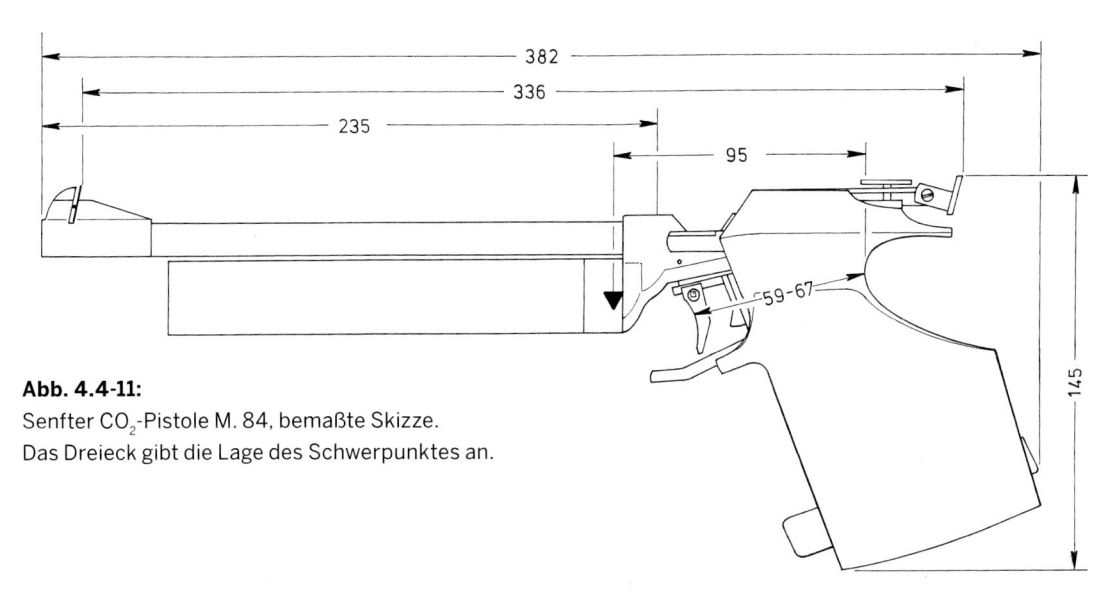

Abb. 4.4-12:
Senfter CO_2-Pistole, Teilschnitt

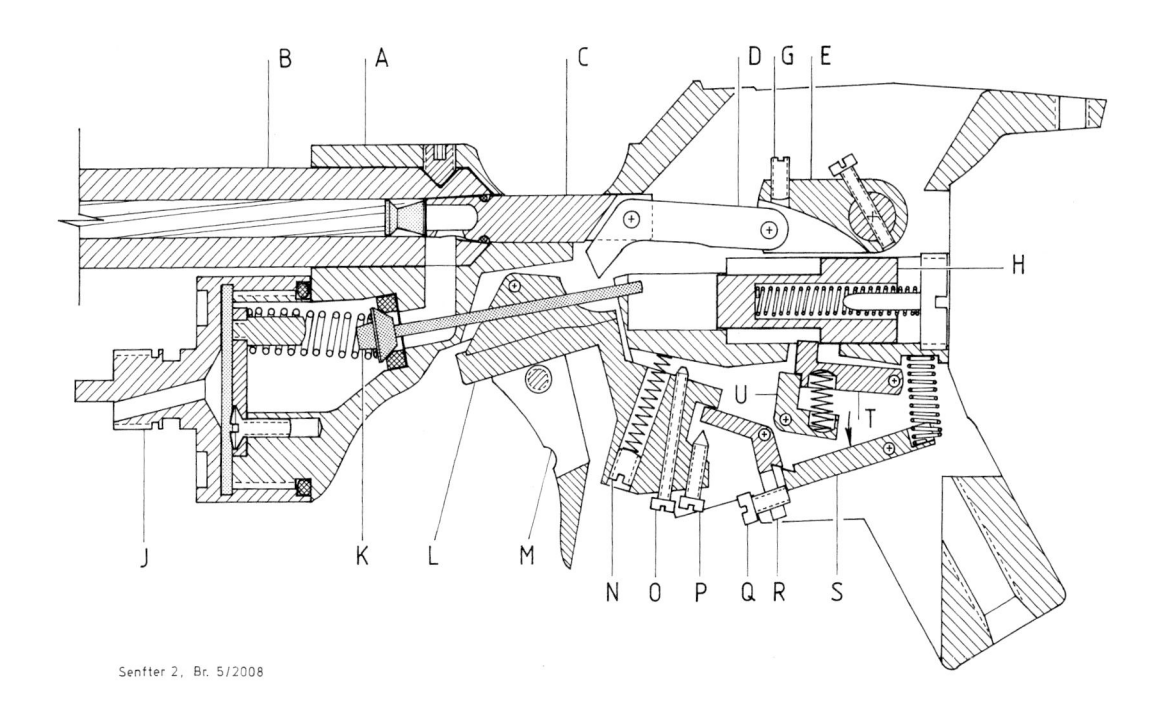

Abb. 4.4-13:
Senfter CO$_2$-Pistole, Spann- und Öffnungshebel

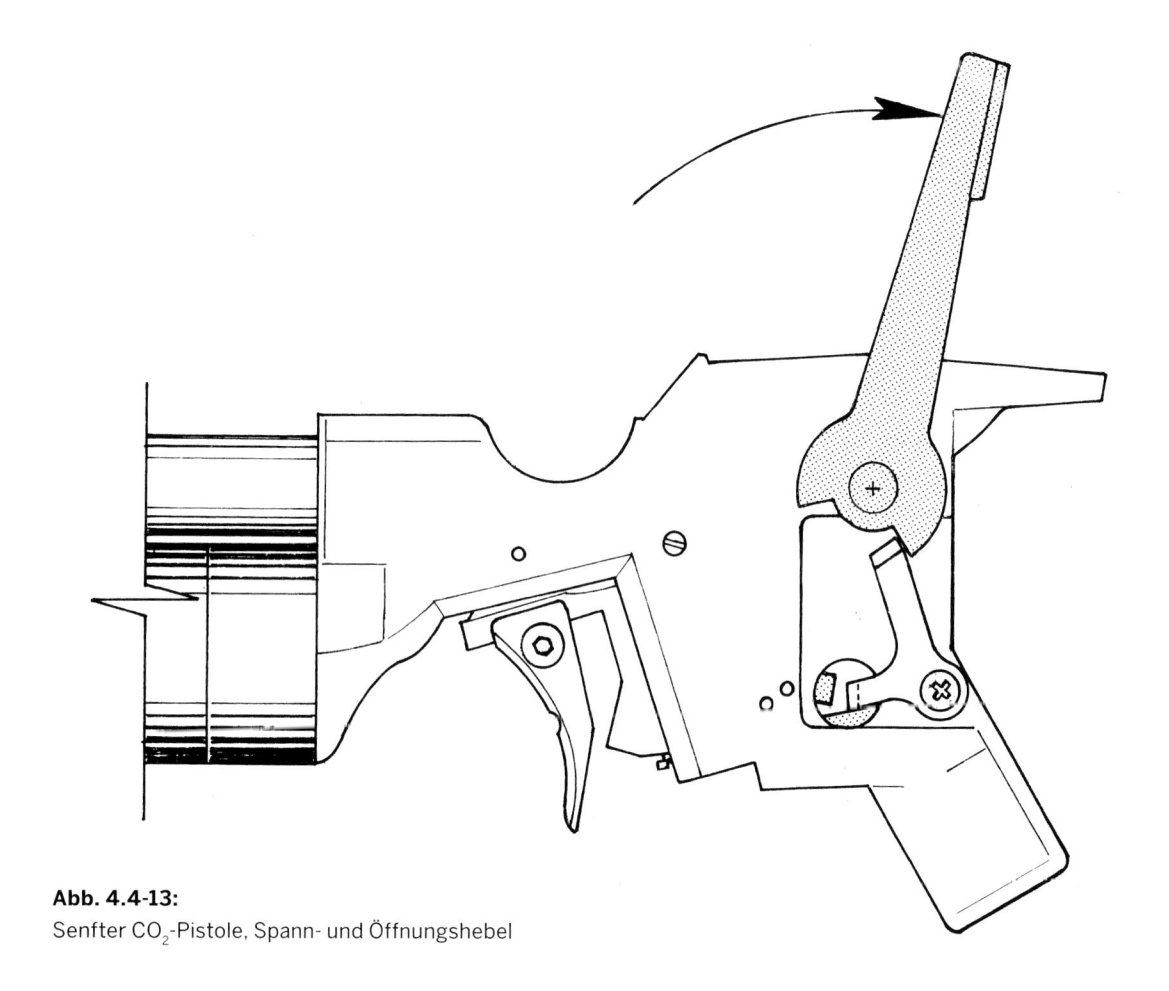

Zeitweise arbeitete Senfter mit V. Idl zusammen, der ebenfalls in Lienz, Osttirol, lebt. 1978 stellte Idl eine CO$_2$-Pistole in Kleinserie her, die ebenfalls mit einem Stecher ausgerüstet ist, der über den Ladehebel gestochen wird, eine Konstruktion, der man bei dem Walther-Modell CP-1 (1980) wieder begegnet.

Die Firma Feinwerkbau brachte 1982 ihre erste CO$_2$-Pistole, das Modell 2 „System Idl" auf den Markt. Im Unterschied zu den Idl-Pistolen der Null-Serie hat das Modell 2 ein hauseigenes Auslösesystem vom Stützhebel-Typ, das in Abbildung 4.4-14 schematisch dargestellt ist. Heute finden sich ähnliche Konstruktionen in vielen Match-CO$_2$- und Druckluft-Pistolen.

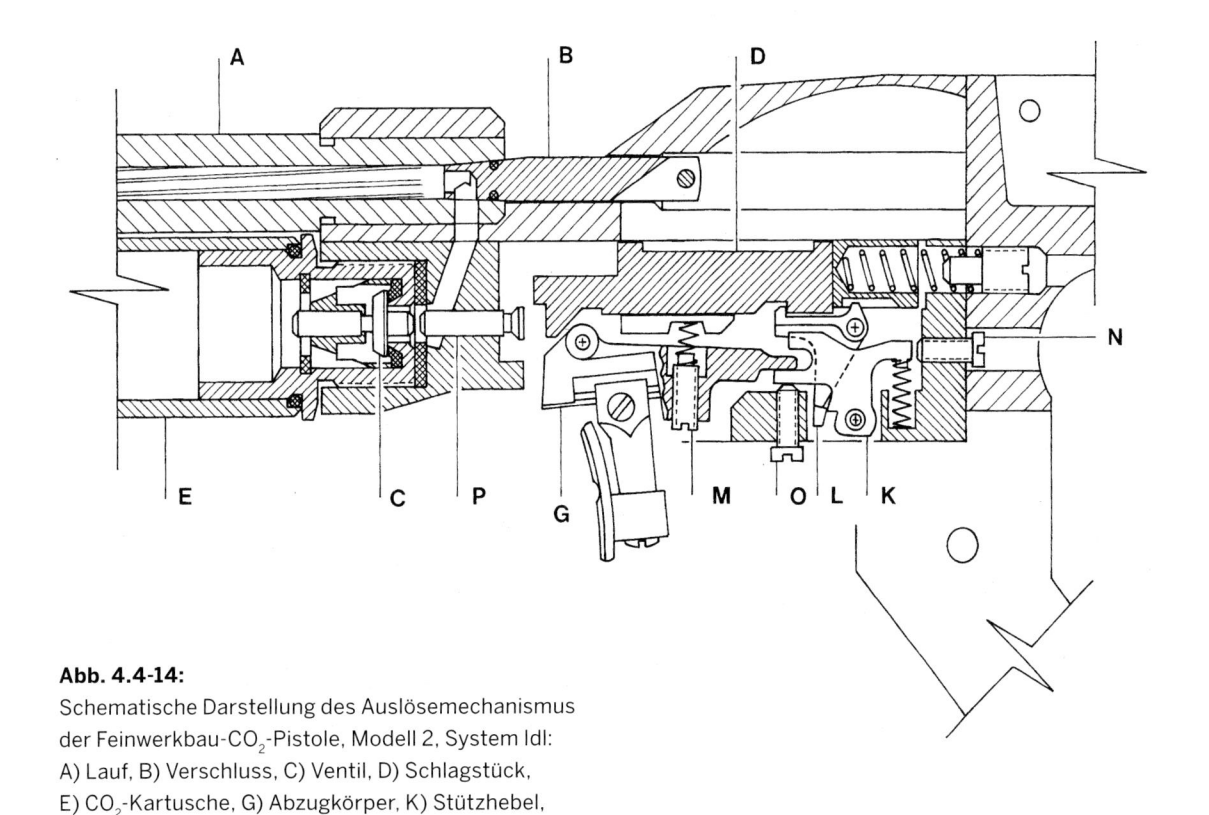

Abb. 4.4-14:
Schematische Darstellung des Auslösemechanismus der Feinwerkbau-CO_2-Pistole, Modell 2, System Idl:
A) Lauf, B) Verschluss, C) Ventil, D) Schlagstück, E) CO_2-Kartusche, G) Abzugkörper, K) Stützhebel, L) Spannstück, M) Abzugwiderstand-Regulierschraube, N) Abzugweg-Begrenzer, O) Auslöseweg-Regulierschraube, P) Stößel.

Der Einsatz von Druckluft anstelle von CO_2 wurde bereits im frühen Entwicklungsstadium in Betracht gezogen. Dass zuerst CO_2-Pistolen gebaut wurden, liegt möglicherweise an ihrer einfacheren Bauweise, benötigen sie doch kein Reduzierventil.

Ein Vergleich des allgemeinen Aufbaus heutiger CO_2- und Druckluftpistolen mit dem der ersten CO_2-Pistole zeigt, daß Paul Giffard richtungsweisende Arbeit geleistet hat. Ein größeres Kompliment kann man einem Konstrukteur eigentlich nicht machen. Daneben darf aber auch die Leistung derer nicht vergessen werden, die vor Giffard Windbüchsen bauten und die später die Giffardsche Vorgabe wieder aufgenommen haben und den modernen CO_2- und Druckluftpistolen ihre heutige Gestalt gaben. Die Bilder sprechen für sich.

Den bis etwa 1995 so erfolgreichen CO_2-Matchpistolen erwuchs mit dem Aufkommen der Druckluft-Matchpistolen eine mächtige Konkurrenz. Das hatte zwei Gründe: Einmal fürchteten viele Schützen die Abhängigkeit der Geschossgeschwindigkeit von der Temperatur, wie sie bei CO_2-Pistolen gegeben ist. Dass das beim Schießen auf den normalen, hierzulande überdachten 10-m-Ständen mit meist nur um $\pm 3°$ von 20 °C abweichenden Temperaturen kaum von Bedeutung ist, steht auf einem anderen Blatt. Zum anderen schafften sich viele Schützenvereine Kompressoren an, so dass man sich die leergeschossenen Kartuschen ohne Umstände wieder mit Druckluft füllen kann. Die verständliche Folge war, dass die CO_2-Matchpistolen weitgehend verdrängt wurden. Diesen Zusammenhang für die Zeit von 1989 bis 2006 zeigen die Zahlen der in den Frankonia-Katalogen angebotenen Matchpistole-Modelle, siehe Abbildung 4.4-15.

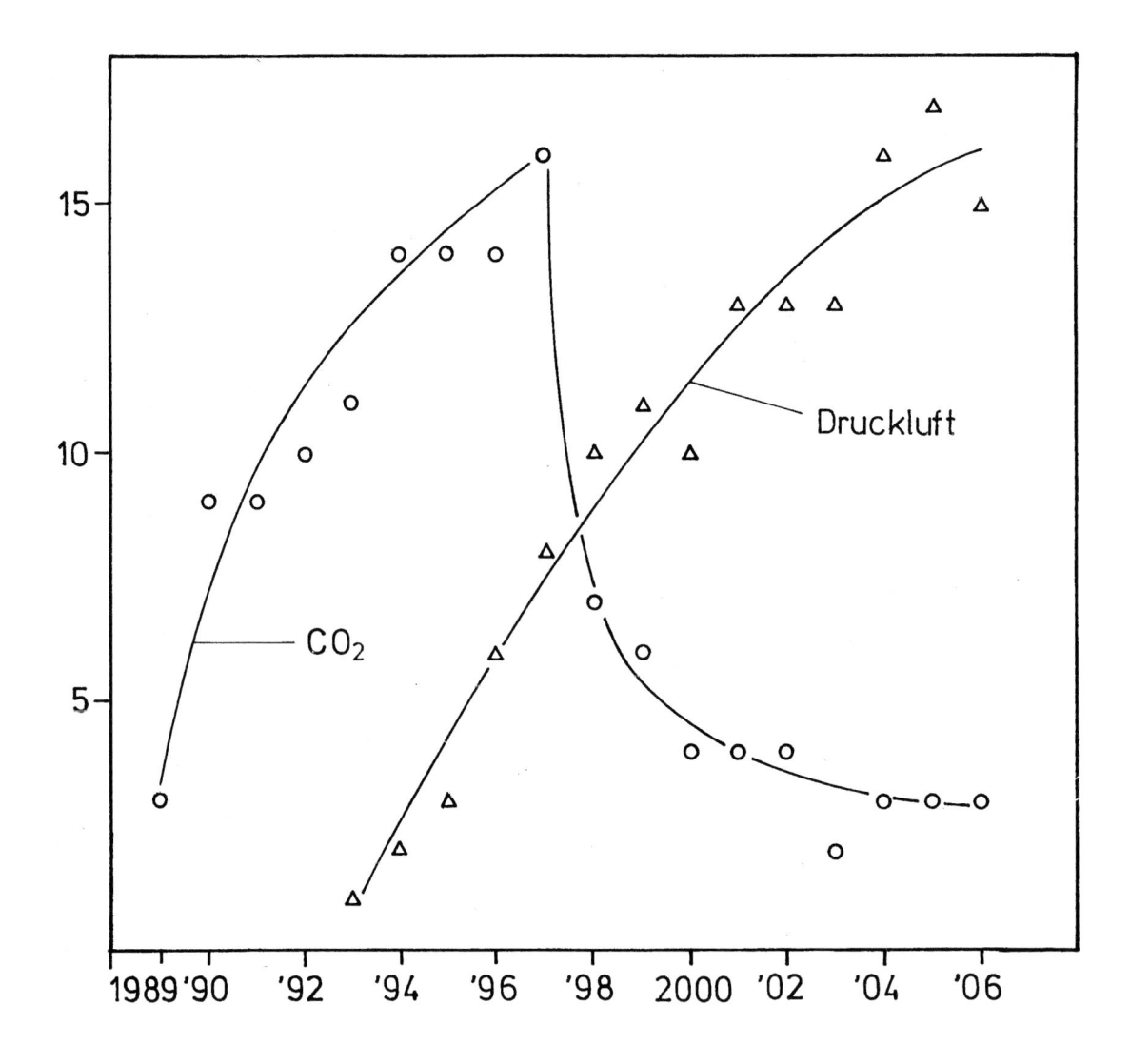

Abb. 4.4-15: Der Verlauf der Angebotszahlen von CO_2-Match-Pistolen und Druckluft-Match-Pistolen in den Frankonia-Katalogen

Literaturverzeichnis

[1] Arne Hoff: Windbüchsen und andere Druckluftwaffen, Paul Parey, Hamburg und Berlin, 1977

[2] Paul Giffard: Nouvelles Armes Giffard, Th. Sazonoff, Lüttich und Leipzig 1868

[3] L. Wesley: Air-Guns und Air-Pistols, Cassell, London, 6. Auflage 1971

[4] Schuss und Waffe Bd. 4 (1910), S. 103-105

[5] Allgemeine Militär-Zeitung 65 (1890), Nr. 29, S. 227-229

[6] Militär-Wochenblatt 75 (1890), Bd. 2, S. 2610-2613

[7] Jahresberichte über die Veränderungen und Fortschritte im Militärwesen, 17 (1890), S. 363

[8] Allgemeine Militär-Zeitung 65 (1890), S. 683/684

[9] Eldon G. Wolff: Air Guns, Milwaukee Public Museum Publications in History, zweite Auflage, Milwaukee 1968

[10] Waffentechnische Versuchsstation Neumannswalde-Neudamm: Ein neues Übungsgewehr mit Kohlensäure als Treibmittel, Schuss und Waffe 6 (1913), S. 321

4.5 Einfache CO_2-Pistolen und -Revolver

Einfache CO_2-Pistolen und -Revolver waren eine Domäne der amerikanischen Hersteller. Inzwischen sind sie hinsichtlich Qualität und Vielfalt von europäischen und asiatischen überholt worden. Einige der hier als einfach bezeichneten Pistolen sind sogar für das sportliche Schießen geeignet, wenn sie auch nicht für die DSB-Disziplin „Luftpistole" taugen. Hier eine geeignete Disziplin zu schaffen, wäre eine lohnende Aufgabe. Alle „einfachen" CO_2-Pistolen und -Revolver benutzen 8 g- bzw. 12 g-CO_2-Kapseln. Bei einem CO_2-Verbrauch von etwa 0,17 g je Schuss reicht eine Kapsel maximal für etwa 45 bzw. 70 Schuss. Viele der mehrschüssigen Pistolen sind im eigentlichen Sinn Revolver: Sie verbergen eine kleines Trommelmagazin im Inneren. Die im Folgenden beschriebenen CO_2-Pistolen geben einen Überblick über dieses Feld, der aber bei weitem nicht alle Produkte umfasst.

4.5.1 Crosman

Die Firma Crosman wurde 1924 unter der Bezeichnung Crosman Rifle Company in Fairport, NY, gegründet. Von 1971 bis 1989 war Crosman eine Sparte der Coleman Company, später wechselte der Eigentümer mehrfach. Crosman fertig(e) eine Vielzahl verschiedener CO_2-Pistolen und -Revolver. Die ersten CO_2-Pistolen der Firma kamen bereits 1950 auf den Markt und waren mit nachfüllbaren CO_2-Tanks ausgerüstet. Das Modell No. 111 war für 4,5 mm Diabolos eingerichtet, das ebenfalls einschüssige Modell 112 für das Kaliber 5,6 mm. Äußerlich sind diese frühen CO_2-Pistolen dem Modell No. 157 Pellgun (siehe Abb. 4.5.1-1) ähnlich.

Crosman-Modell 157 Pellgun

Dieses Modell wurde 1954 zusammen mit der 12-g-CO_2-Kapsel (von Crosman Powerlet genannt) eingeführt. Die Pistole hat einen gezogenen Lauf und eine Schiebesicherung, die den Abzug blockiert. Der Spannknopf wird zum Spannen nach hinten gezogen. Er hat zwei Rasten, von denen die zweite die höhere Geschwindigkeit liefert.

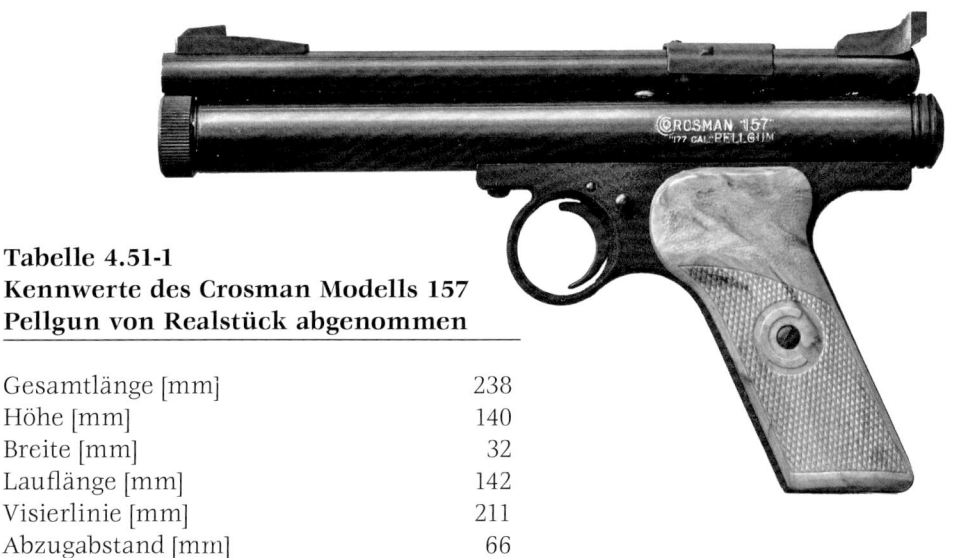

Tabelle 4.51-1
Kennwerte des Crosman Modells 157 Pellgun von Realstück abgenommen

Gesamtlänge [mm]	238
Höhe [mm]	140
Breite [mm]	32
Lauflänge [mm]	142
Visierlinie [mm]	211
Abzugabstand [mm]	66
Kaliber [mm]	4,5
Masse ohne Kapsel [g]	800

Abb. 4.5.1-1: Crosman, Modell No. 157 Pellgun

Crosman CO_2-Revolver

Von Crosman stammt auch der erste CO_2-Revolver, das 1958 eingeführte Modell Hahn 45 (benannt nach Frank Hahn, dem damaligen Besitzer der Firma). Es ist für Rundkugeln eingerichtet und besitzt eine Nachladeeinrichtung, die insgesamt 18 Kugeln aufnimmt. Bereits 1959 erschien der Single Six, wie der Hahn 45 dem Colt-Single-Action-Army-Revolver äußerlich ähnlich, jedoch für 5,5-mm-Geschosse eingerichtet und ohne Nachladeeinrichtung. Einen weiteren Revolver dieses Musters, den Crosman Peacemaker 44, zeigt Abbildung 4.5.1-2. Geschwindigkeitsmessungen mit 778 mg schweren Diabolos ergaben 1,5 m vor der Mündung eine mittlere Geschwindigkeit von 84 m/s.

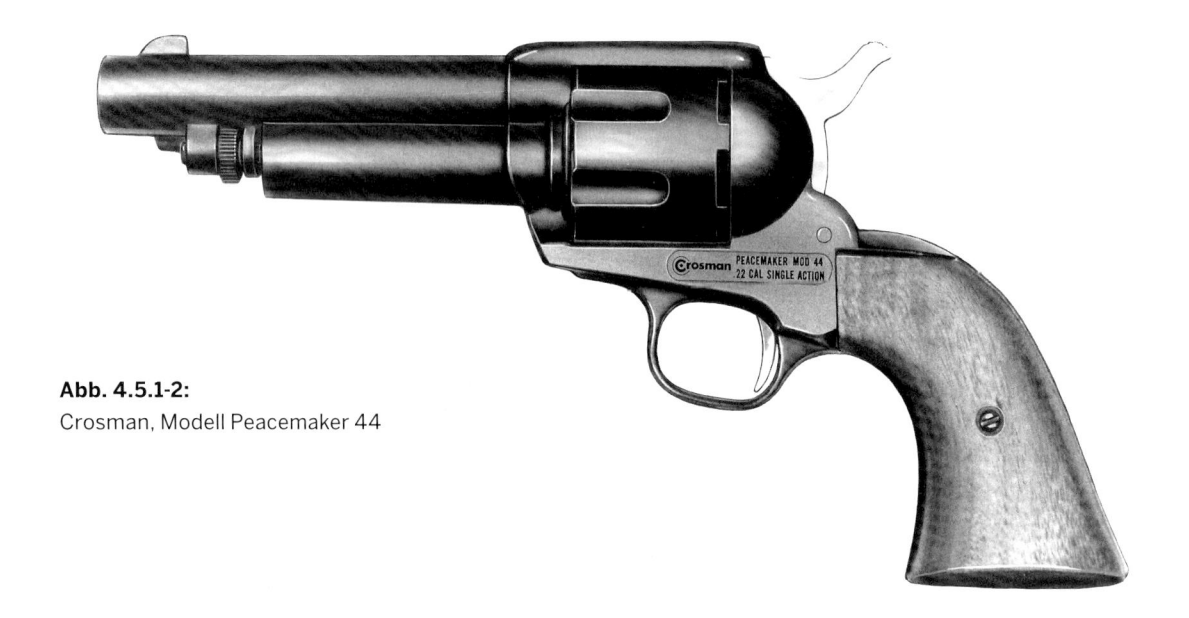

Abb. 4.5.1-2:
Crosman, Modell Peacemaker 44

Die Nachfolge des Peacemaker 44 hat das Crosman-Modell 1861 Shiloh im Kaliber 4,5 mm angetreten, das zur Abwechslung nicht dem Colt-Revolver, sondern dem Remington-Revolver Modell 1861 ähnelt. Ein gemeinsames Kennzeichen dieser Crosman-Revolver ist die unter dem Lauf freiliegende CO_2-Kapsel, die von einer Klemmschraube am Halsstück gegen eine Dichtung gedrückt wird.

Aber auch modernere Revolver dienten Crosman als Vorlage. Die S&W-Revolvern ähnlichen Modelle 38C (Combat, Lauflänge 95 mm, Abb. 4.5.1-3) und 38T (Target, Lauflänge 150 mm) wurden von 1976 bis 1983 (38C) bzw. bis 1985 (38T) hergestellt und bestehen weitgehend aus Druckguss. Die CO_2-Kapsel liegt wie üblich im Griff, die Anstechschraube ragt unten aus dem Griff und ist mit einem Schlitz für Münzen versehen. Die Trommel ist knapp 9 mm lang und nimmt sechs Geschosse auf. Auf der dahinterliegenden Ansscheintrommel befindet sich links der Ladeschieber. Zieht man ihn zurück, wird die Lademulde frei, in die das Geschoss eingelegt und dann mit dem Schieber in eine Trommelkammer befördert wird. Der Lauf ist gezogen, die Rechteckkimme höhen- und seitenverstellbar. Bei frühen Ausführungen besteht das Visier aus Metall, bei späteren aus Kunststoff. Die Revolver können sowohl als Hahn- wie auch als Abzugspanner benutzt werden.

Abb. 4.5.1-3: Crosman-Revolver, Modell 38 C

Abbildung 4.5.1-4 zeigt als neueres Beispiel eine Python-Nachahmung, das Modell 357 Four (Four = 4, nach der Lauflänge in Zoll, 357 nach dem Kaliber .357 S & W Magnum des Python). Entsprechendes ist auch mit 6-Zoll-Lauf zu haben und heißt dann 357 Six. Die erste Variante dieser Revolver wurde von 1983 bis 1997 hergestellt. Danach wurden sie von den weitgehend identischen Modellen 3574 GT und 3576GT abgelöst (GT = Gold Trim).

Von 1984 bis 1996 wurde auch eine Version mit 8"-Lauf angeboten. Die CO_2-Kapsel ist wiederum im Griff untergebracht. Der Revolver kann als Hahnspanner und als Abzugsspanner betätigt werden. Der Rahmen mit angegossener Schein-Trommel besteht aus Druckguss, der Lauf aus Stahl ist in ein nach vorn abklappbares Kunststoffteil eingesetzt. Die eigentliche Trommel besteht ebenfalls aus Kunststoff, hat sechs zylindrische Löcher („Bohrungen") zur Aufnahme der BB-Geschosse und ist 9 mm „lang". Das Visier lässt sich mittels Stellschrauben horizontal und vertikal einstellen. Direkt unter dem Visier liegt eine Schiebesicherung, die in Gesichertstellung verhindert, dass der Hahn den Ventilschaft des CO_2-Ventils erreichen kann. Mit 150 mm langem Lauf wiegt dieser Revolver etwa 880 g und hat eine Gesamtlänge von etwa 290 mm.

Kennwerte der Crosman-Revolver 38C und 357 Six

Modell	38C	357 Six
Gesamtlänge [mm]	240	285
Höhe [mm]	ca. 155	ca. 152
Breite [mm]	40	38
Lauflänge [mm]	96	151
Visierlinie [mm]	142	192
Abzugabstand [mm]	56	65
Kaliber [mm]	4,5	4,5
Masse [g]	999	887

Mit glattem 150 mm langem Lauf, für 4,5-mm-Rundkugeln eingerichtet, hat dieser Revolver die Modellnummer 1357. Geschwindigkeitsmessungen bei 21 °C ergaben im Mittel aus 12 Messungen eine $v_{1,5}$ von 115,1 m/s bei einer mittleren Geschossmasse von 348 mg (Daisy Quick Silver).

Abb. 4.5.1-4:
Crosman-Revolver, Modell 357 Four

Crosman-Modell 600 Semi Automatic

1957 meldete die Crosman Company ein Patent auf eine Magazin-Pistole (Magazine Gun) an, erfunden von Rudolf Merz. Das US-Patent wurde unter der Nummer 2,940,438 am 14. 6. 1960 erteilt und ist zusammen mit dem US-Patent Nr. 3,103,212 vom 10. 9. 1963 (angemeldet am 21. 1. 1959) die Basis für die erste in Serie gefertigte Selbstlade-CO_2-Pistole überhaupt. Das Modell 600 wurde von 1960 bis 1970 gebaut. Abbildung 4.5.1-5 zeigt eine frühe Ausführung der Pistole, bei der die CO_2-Kapsel mit dem Boden voran in die unter dem Lauf liegende Aufnahme eingesetzt wird. Die Verschlussschraube trägt bei dieser Ausführung den Anstichdorn. Bei einer später hergestellten Pistole (Nr. 636 302) wird die Kapsel mit dem Hals voran in die Aufnahme eingelegt, Dorn und Dichtung befinden sich am Ende der Aufnahme und die Anpressschraube hat eine zentrale Ausnehmung, durch die man den Boden der Kapsel sieht. Das Magazin ist links an der Pistole hinter dem Lauf und parallel zu ihm angeordnet. Es nimmt 10 Diabolos des Kalibers 5,5 mm auf. Aus dem Magazin werden sie von der Magazinfeder nach dem Spannen einzeln in eine schwenkbare Ladekammer geschoben, die beim Abziehen so vor den Lauf geschwenkt wird, dass die Bohrung der Kammer mit dem Lauf fluchtet. Nun kann das Geschoss in den Lauf geblasen werden. Etwa in der Mitte des Laufes wird durch eine Bohrung beim Schuss CO_2 abgenommen, welches das automatische Spannen der Pistole übernimmt. Bei der Auswahl der Geschosse ist darauf zu achten, dass sie nicht länger als 6,7 mm sind (Länge der Ladekammer) und einen flachen Kopf haben. J. E. House (CO_2 Pistols & Rifles, Krause Publications, Iola, WI, 2003) gibt Geschossgeschwindigkeiten für 927 mg schwere Diabolos an. Der Mittelwert beträgt 116,1 m/s, entsprechend einer mittleren Geschossenergie von 6,25 J. Die Pistole hat ein 2,8 mm breites Balkenkorn, die Kimme ist in Höhe und Seite mittels Schrauben einstellbar.

Kennwerte des Crosman-Modells 600 (Realstück Nr. 071 674)

Gesamtlänge [mm]	244
Höhe [mm]	ca. 152
Breite [mm]	44
Lauflänge [mm]	128
Visierlinie [mm]	221
Abzugabstand [mm]	61
Kaliber [mm]	4,5 Diabolo
Masse ohne Kapsel [g]	1167

Abb. 4.5.1-5:
Crosman-Modell 600 Semi Automatic

Crosman-Modelle Mark I und Mark II

Abbildung 4.5.1-6 zeigt das Modell Mark I (äußerlich gleich Mark II). Diese den Ruger-Sportpistolen nachgebildeten Modelle unterscheiden sich nur durch das Kaliber: Mark I hat 5,5 mm, Mark II 4,5 mm. Die Gesamtlänge der Mark-Modelle beträgt etwa 280 mm, die Lauflänge etwa 180 mm, das Gewicht etwa 1200 g. Im Kaliber 5,5 mm wird eine Mündungsgeschwindigkeit von maximal etwa 105 m/s erreicht. Das Ventil-Schlagstück kann in zwei Stufen gespannt werden. In der ersten Stufe erreicht die Mark II eine Mündungsgeschwindigkeit von etwa 85 m/s mit Diabolos, in der zweiten Stufe knapp 130 m/s. Griff, Lage des Abzugs und Gewichtsverteilung der Mark-Modelle sind gut, und so lassen sich mit ihnen respektable Ergebnisse beim Scheibenschießen erreichen. Schießt man aus zweiter Stufe, so zeigt die Mark II eine Auslösegesamtzeit von etwa 7 ms. Wer mit einer ungewöhnlichen Pistole an den Start gehen will, bei einem formellen Wettkampf, wohlgemerkt, der sollte sich ein Stück guten Laufes in eine Mark II setzen und Abzug und Visierung überarbeiten (lassen). Die Konkurrenz muss er dann in den wenigsten Fällen fürchten, wenn rechtzeitig an den unter Umständen erforderlichen Wechsel der CO_2-Kapsel gedacht wird. Die ersten Varianten der Modelle Mark I und Mark II wurden von 1966 bis 1980 hergestellt, die zweiten Varianten von 1981 bis 1983 bzw. von 1981 bis 1986.

Abb. 4.5.1-6:
Crosman, Modell Mark I

Crosman-Modell 1600 BB-Matic

Der Vorgänger des Modells 1600 BB-Matic (von Crosman auch Powermatic genannt) ist das Modell 454, hergestellt von 1972 bis 1982. Die Unterschiede sind klein: Das Modell 454 hat eine Magazinkapazität von 16 BBs und eine mittels Schrauben justierbare Kimme. Das Modell 1600, siehe Abbildung 4.5.1-7, hat eine um ein BB erhöhte Magazinkapazität und eine starre Visierung. Es wurde von 1979 bis 1990 gefertigt. Die BB-Matic basiert auf dem US-Patent Nr. 3,824,981 vom 23. 7. 1974 der Crosman Arms Co., Erfinder J. W. Crane und D. R. Hand, angemeldet am 13. 12. 1972. Warum sich die Fertigungszeiträume der Modelle 454 und BB-Matic überschneiden ist unklar. Eine mögliche Erklärung liegt in den unterschiedlichen Herstellungsländern: Die 454 wurde in den U.S.A. gefertigt, die 1600 BB-Matic jedoch in Spanien (meine BB-Matic trägt auf der linken Seite außer der Adresse von Crosman Airguns, ebenfalls eingegossen, den Hinweis Made in Spain).

Die Ladeöffnung befindet sich auf der Oberseite etwas hinter dem Lauf. Zum Laden schiebt man den linksseitig heraustretenden Griff des Zuführers nach vorn und arretiert ihn in einer Raste, worauf die BB-Rundkugeln eingefüllt werden können. Nach Lösen des Zubringers ist die Abzugspanner-Pistole schussbereit. Vor dem Abzug befindet sich eine Schiebesicherung, die den Abzug sperrt. Zum Wechseln der CO_2-Kapsel wird die rechte Griffschale abgehoben, die mittels Klemmfeder an der eingelegten Kapsel gehalten wird. Befindet sich keine Kapsel im Griff, ist die Griffschale nicht fixiert. Geschwindigkeitsmessungen mit 333 mg schweren BBs ergaben eine mittlere v_1 von 114,3 m/s. J. I. Galan erwähnt in einem Artikel in Guns, Seite 17, dass das Modell 1600 von der U. S. Marine Corps Sniper School in Quantico, Va., beim Pistolen-Training eingesetzt wird.

Kennwerte des Crosman-Modells 1600 BB-Matic, Realstück Nr. 57885, made in Spain

Gesamtlänge [mm]	282
Höhe [mm]	ca. 156
Breite [mm]	43
Lauflänge [mm]	ca. 200
Visierlinie [mm]	238
Abzugabstand [mm]	71
Kaliber [mm]	4,5 BB
Masse ohne Kasel [g]	835

Abb. 4.5.1-7:
Crosman-Modell 1600 BB-Matic

Crosman-Modell 338

Neben berühmten Revolvern dienen auch verbreitete Pistolen – vorzugsweise Armeewaffen – äußerlich als Vorbilder für CO_2-Pistolen. So liefert Crosman eine für 4,5 mm Rundkugeln eingerichtete CO_2-„P 38", das Modell 338, welches von 1986 bis 1991 hergestellt wurde, siehe Abbildung 4.5.1-8. An der linken Seite glaubt man den Zerlegehebel und den Verschlussfang zu sehen, hinten den Hahn. Alles Täuschung. Einzig die Drehhebelsicherung ist beweglich und funktioniert.

Die Ladeöffnung liegt oben vor dem hinteren „Laufende" und ist mit einem Schieber verschließbar. Die CO_2-Kapsel ist im Griff untergebracht, die linke Griffschale ist mit einer Federklammer an der Kapsel befestigt und kann allein oder nach Lockern der Anstichschraube (bei leerer Kapsel!) zusammen mit der Kapsel abgenommen werden. Das Magazin fasst 20 Rundkugeln. Messungen bei einer Temperatur von 22 °C ergaben mit Copperhead BBs eine mittlere v_1 von 138,4 m/s. Nach Crosman Angaben reicht eine 12-g-CO_2-Kapsel je nach Temperatur für 80 Schuss.

Im DWJ 6/1986 wurde die 338 als Messeneuheit für 149,- DM angeboten, im American Rifleman vom April 1987 wird ein Preis von 30 U.S.-$ genannt.

Kennwerte des Crosman-Modells 338
Realstück Nr. 597802975

Gesamtlänge [mm]	217
Höhe [mm]	ca. 149
Breite [mm]	38
Lauflänge [mm]	ca. 135
Visierlinie [mm]	182
Abzugabstand [mm]	67
Kaliber [mm]	4,5 BB
Masse [g]	665

Abb. 4.5.1-8,:
Crosman Modell 338

Crosman-Modelle 1008 RepeatAIR und C40

Das Modell 1008 Repeatair kam 1992 auf den Markt und wurde bis 1997 hergestellt. Es ist wohl der erste Revolver, der die Gestalt einer Selbstladepistole angenommen hat. In der RepeatAIR (siehe Abb. 4.5.1-9) ist nämlich ein kleines Trommelmagazin verdeckt untergebracht, das 8 Diabologeschosse vom Kaliber 4,5 mm aufnehmen kann. Zum Einsetzen der CO_2-Kapsel wird die rechte Griffschale abgenommen, die mittels Klemmfeder auf dem Griffstück fixiert ist. Bei heruntergeschraubtem Anpressteller wird die Kapsel eingelegt, worauf die Anpress-Schraube so weit eingeschraubt wird, dass der Kapselhals gegen die Dichtung gepresst und die Kapsel angestochen ist (siehe Abschnitt CO_2-Pistolen Technik). Auf der Oberseite der Pistole befindet sich über dem Abzug der Öffnungsschieber. Schiebt man ihn nach vorn, klappt das hintere Laufende mit der Trommel nach oben. Die Trommel wird zum Laden abgenommen. Die Schiebesicherung blockiert den Abzug. Zum Schießen kann der Hahn vorgespannt werden, oder man schießt per Abzugspannung. Die Kimme ist seitlich und in der Höhe durch Stellschrauben justierbar, das Rechteckkorn ist 3,2 mm breit. Rahmen, Laufaufnahme und Griffschalen bestehen aus Kunststoff.

Die Pistole basiert auf dem US-Patent Nr. 5.160.795 vom 3. 11. 1992 der Crosman Corporation, eingereicht am 29. 7. 1991, Erfinder ist K. L. Milliman.

1998 brachte Crosman das Modell C40 (Abb. 4.5.1-10) heraus, welches konstruktiv weitgehend dem abgelösten Modell 1008 RepeatAIR gleicht. Abweichend sind jedoch Rahmen und Laufaufnahme aus Metall gefertigt, was das viel höhere Gewicht bedingt. Außerdem verhindert die Sicherung der C40, dass der Hahn den Ventilschaft erreicht, und der Öffnungsschieber liegt hier an der linken Seite des Rahmens oberhalb des Abzugs. Das Trommelmagazin liegt an der gleichen Stelle wie beim Modell 1008 und wird wie dort geladen (Abb. 4.5.1-11). Zur Erleichterung des Anstechens der CO_2-Kapsel dient ein Hebel unter der rechten Griffschale, der die Anstecharbeit erleichtert (siehe Abschnitt über CO_2-Pistolen Technik, Abb. 4.3-7). Bei 22°C mit 465 mg schweren Diabolos durchgeführten Geschwindigkeitsmessungen ergaben eine mittlere v_1 von 108,6 m/s.

Kennwerte der Crosman-Modelle 1008 RepeatAIR (Realstück Nr. 395810002) und C40 (Realstück Nr. 499901302)

Modell	1008 RepeatAIR	C40
Gesamtlänge [mm]	219	217
Höhe [mm]	ca. 152	147
Breite [mm]	33	36
Lauflänge [mm]	109	105
Visierlinie [mm]	178	177
Abzugabstand [mm]	66	66
Kaliber [mm]	4,5 Diabolo	4,5 Diab.
Masse ohne Kapsel [g]	512	1185
Trommeldurchmesser [mm]	22,2 (Plastik)	22,2 (Plastik)
Länge Trommelkammer [mm]	7,1	7,1

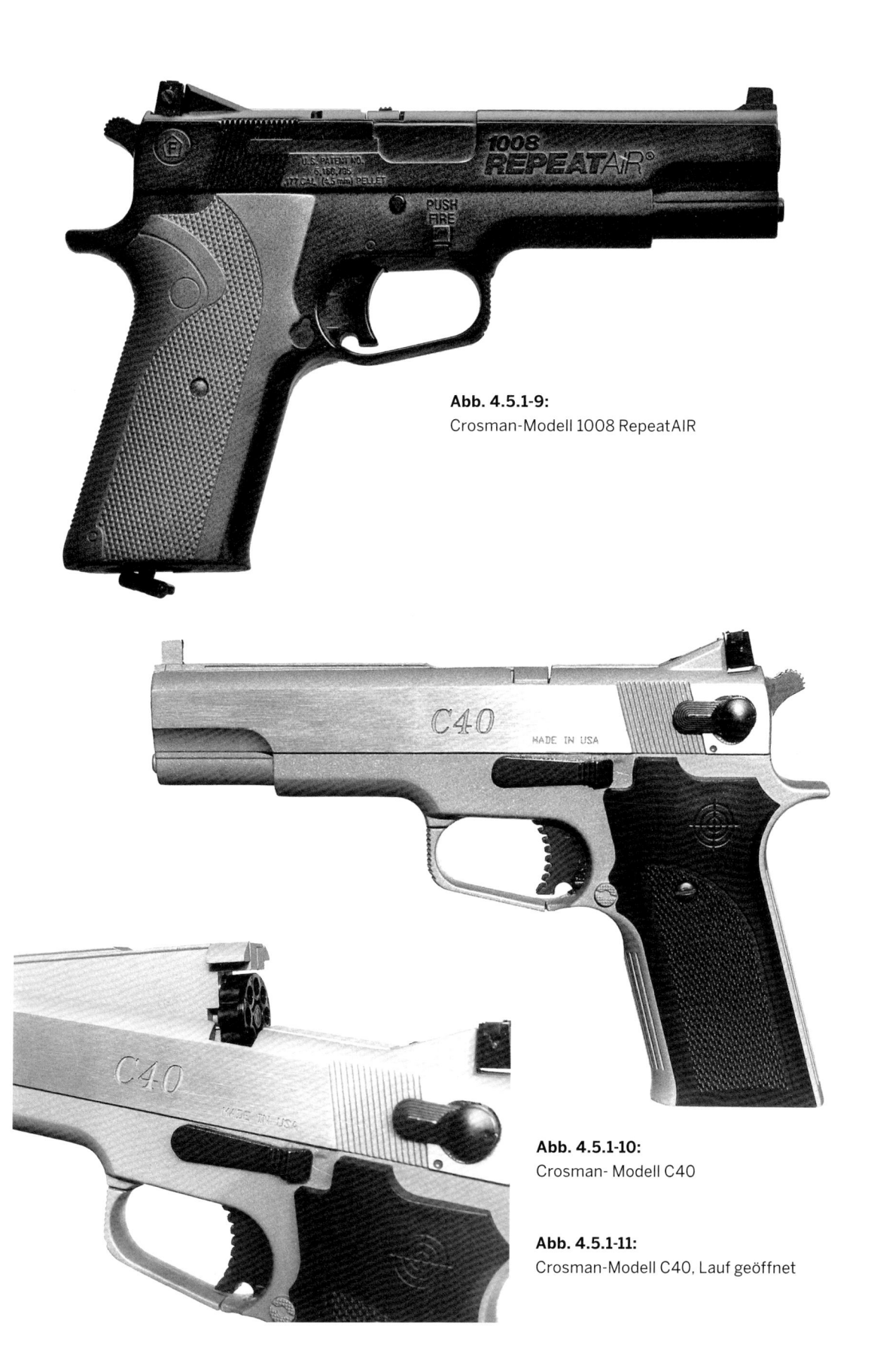

Abb. 4.5.1-9:
Crosman-Modell 1008 RepeatAIR

Abb. 4.5.1-10:
Crosman- Modell C40

Abb. 4.5.1-11:
Crosman-Modell C40, Lauf geöffnet

Crosman-Modell Auto Air II

Während die Form der Modelle 1008 RepeatAIR und C40 stark an S & W-Pistolen erinnert, ähnelt die Auto Air II dem AMT-Modell Auto Mag II. Die erste Ausführung der Auto Air II, gefertigt von 1991 bis 1996, hat ein hellgraues Äußeres, die ab 1997 hergestellte Version ist schwarzgrau. Was wie ein außenliegender Hahn aussieht, ist nur Attrappe. Nach Zusammendrücken der beidseitigen Rasten kann der Lauf hinten nach oben geschwenkt werden, worauf ein Geschoss eingesetzt werden kann. 17 Rundkugeln lassen sich über eine Öffnung (unterhalb des Laufes, vor dem Abzugsbügel) in das Magazin laden, nachdem man den rechtsseitigen Zubringer nach vorn geschoben und dort in einem Schlitz arretiert hat. Nach Freigabe des Zubringers ist die Pistole schussfertig, wenn man eine CO_2-Kapsel im Griff eingelegt und durch Anziehen der Öffnungsschraube angestochen hat. Die Schiebesicherung blockiert den Abzug, die Rechteck-Kimme lässt sich mittels Stellschrauben seitlich und in der Höhe justieren und hat rechts und links neben dem Ausschnitt weiße Zielmarken, das Korn ist auf der dem Schützen zugewandten Seite rot gefärbt. Crosman gibt eine Mündungsgeschwindigkeit von 119 m/s für Rundkugeln an.

Kennwerte der Auto Air II
Realstück-Nr. 497410152

Gesamtlänge [mm]	275
Höhe [mm]	ca. 147
Breite [mm]	32
Lauflänge [mm]	168
Visierlinie [mm]	234
Abzugabstand [mm]	68
Kaliber [mm]	4,5
Masse ohne Kapsel [g]	348

Abb. 4.5.1-12:
Crosman-Modell Auto Air II

Crosman-Modelle 1740 und 2240

Das einschüssige Modell 1740, Abbildung 4.5.1-13, ist für 4,5-mm-Diabolos eingerichtet und kam 2000 auf den Markt. Der gezogene Lauf ist 190 mm lang, die Pistole 283 mm. Sie wiegt ca. 820 g. Die Mündungsgeschwindigkeit liegt nach Katalog bei 170 m/s.

Das Visier ist in Höhe und Seite justierbar. Das äußerlich gleiche Modell 2240 (Markteinführung 1999) verschießt 5,5 mm Diabolos. Nach Katalog soll hier die Mündungsgeschwindigkeit bis zu 130 m/s betragen.

Abb. 4.5.1-13:
Crosman-Modell 1740

4.5.2 Daisy Manufacturing Co.

Die Daisy Manufacturing Co. entstand 1895 in Plymouth, Michigan, aus der Plymouth Iron Windmill Company, die mit ihren Windrädern kaum Erfolg hatte. Eines Tages kam Clarence J. Hamilton, ein Angestellter der Windmill Co., zu seinem Direktor L. C. Hough und zeigte ihm ein selbstgebautes Feder-Luftgewehr mit dem Hinweis, man könne doch solche einfachen Gewehre bauen und den Farmern als Zugabe anbieten, wenn sie ein Windrad kaufen. Hough war recht skeptisch, gab aber mit dem Gewehr einen Schuss (4,5 mm BB) auf eine alte Schindel ab. Als er sah, dass das Geschoss die Schindel durchschlagen hatte, soll er überrascht gesagt haben „Boy, that´s a daisy" („Junge, das ist eine Gänseblümchen", wobei man im Deutschen sicher eine andere Blume zum Vergleich genommen hätte.). Da hatte er den Namen für die späteren Produkte und die Firma vorweggenommen.

1958 wurde der Sitz der Firma von Plymouth nach Rogers, Arkansas, verlegt, wo der Welt ältester Hersteller von Luftgewehren und Luftpistolen noch heute seinen Sitz hat. Heute vertreibt Daisy auch Luft- und CO_2-Pistolen unter der Bezeichnung Powerline (gefolgt von der Modell-Nummer).

Daisy-Modell CO_2 200

Das von 1963 bis 1977 gebaute Modell CO_2 200 ähnelt äußerlich stark den High Standard-Pistolen, die etwa zur selben Zeit auf dem Markt waren. Die CO_2 200 liegt ebenfalls sehr gut in der Hand. Die Schiebesicherung sperrt den Abzug. Da sich die Rechteck-Kimme mittels Stellschrauben in Höhe und Seite justieren lässt, kann das Präzisionspotential der BB-Rundkugeln ausgenutzt werden. Bei der in Abbildung 4.5.2-1 gezeigten Pistole wurde der Lauf vom Vorbesitzer fachmännisch gekürzt, ein neues Korn samt Rampe aufgesetzt und der untere Teil der Anpressschraube samt Ring abgenommen.

Die Rundkugeln werden durch eine Öffnung oben am hinteren Ende der Pistole geladen, nachdem die Abdeckung der Ladeluke zur Seite geschwenkt ist. Es sollen bis zu 175 BBs in das Reservoir passen. Vor dem Schießen müssen BBs in das eigentliche, 5 Rundkugeln fassende Magazin gebracht werden. Dazu wird die Pistole zunächst nach unten geneigt (ca. 45°), dann langsam in senkrechte Lage gebracht. Darauf wird der Zubringer, der links über dem Abzug liegt, nach vorn geschoben, worauf 5 BBs in das eigentliche Magazin gelangen und die Pistole schussfertig ist. Fünf Schüsse können jetzt nacheinander abgegeben werden. Dabei wird die Pistole automatisch nach jedem Schuss vom Druckgas gespannt. Nach Abgabe des letzten Schusses sperrt der Zubringer den Abzug.

Das Modell CO_2 200 hat einen großen Nachteil: Die Abdichtung zwischen der angestochenen Kapsel und der Anstechnadel (die eine zentrale Bohrung hat, durch die das Treibgas hinter das Schießventil strömt) beruht allein auf der Selbstdichtung der Anstichstelle zwischen Nadel und Kapselverschluss. Warum an dieser Stelle auf die erforderliche kleine Dichtung – heute allgemein üblich – verzichtet wurde, ist rätselhaft. Meist entweicht CO_2 an der Anstichstelle recht schnell. Auf diesen Fehler wird schon im Testbericht im American Rifleman vom Januar 1964 hingewiesen.

Die Konstruktion der CO_2 200 wurde durch die US-Patente Nr. 3 000 371, angemeldet am 10. 6. 1958, Erfinder F. D. Hyde und Nr. 3 269 379, angemeldet am 30. 6. 1964, Erfinder G. E. Braughler und R. W. Joyce geschützt.

Kennwerte des abgebildeten Daisy-Modells CO_2 200

Gesamtlänge [mm]	212
Höhe [mm]	ca. 145
Breite [mm]	36
Lauflänge [mm]	ca. 120
Visierlinie [mm]	176
Abzugabstand [mm]	63
Kaliber [mm]	4,5 BB
Masse (ohne Kapsel) [g]	672

Abb. 4.5.2-1:
Daisy-Modell CO_2 200,
(hier leider mit gekürztem Lauf)

Daisy-Modell Power Line 1200

Das Power Line Modell 1200 (Abb. 4.5.2-2) wurde von 1977 bis 1996 gefertigt und in den USA als Custom Target Pistol bezeichnet, was soviel wie „auf Bestellung angefertigte Scheibenpistole" bedeutet. In Wirklichkeit handelt es sich eher um eine in Großserie hergestellte CO_2-Spielzeugpistole interessanter Konstruktion. Das Modell 1200 ist etwa 285 mm lang, wiegt etwa 850 g und ist mit einer Schiebesicherung ausgerüstet. Das Visier kann horizontal und vertikal mittels Stellschrauben justiert werden. Es können nur Stahlrundkugeln vom Kaliber 4,45 mm verschossen werden, von denen 60 durch die hinten liegende Ladeöffnung auf einmal geladen werden können. Die CO_2-Kapsel ist im Griff untergebracht.

Um die Pistole schussfertig zu machen, wird die Mündung kurz nach oben gehalten, dann wird der unten im Vorderschaft liegende Spannschlitten nach vorn geschoben. Dadurch wird der Lauf gegen den Druck einer Feder ebenfalls nach vorn bewegt, wo er durch die Spannklinke gehalten wird. Druck auf den Abzug gibt den Lauf frei, der nun von einer Feder nach hinten bewegt wird und mit seinem Ende auf das CO_2-Ventil stößt und dieses öffnet, so dass die Rundkugel abgeschossen wird. 12,5 g CO_2 sollen für über 100 Schuss reichen, was einen spezifischen CO_2-Verbrauch von 0,12 g/Schuss ergibt. Die 0,36 g schweren Stahlrundkugeln erreichen eine Mündungsgeschwindigkeit von etwa 130 m/s.

Abb. 4.5.2-2:
Daisy- Modell Power Line 1200

Daisy Powerline Modell 44 CO$_2$

Daisy nahm sich für seinen CO$_2$-Revolver, Modell 44, das Smith & Wesson-Modell 29 (Kaliber 44 Magnum) zum äußeren Vorbild. Das Modell 44 (Abb. 4.5.2-3) hat eine seitlich ausschwenkbare, für sechs 4,5-mm-Diabolos eingerichtete 11,3 mm lange Trommel, einen glatten Lauf (4, 6 oder 8 Zoll lang), justierbares Visier und besitzt eine Schiebesicherung. Die Trommel ist für CO$_2$-Revolver recht lang, so dass auch lange 4,5-mm-Geschosse geladen werden können. Lauf samt Laufmantel können ausgewechselt werden. Das Modell 44 wurde von 1984 bis 2001 hergestellt.

Kennwerte des Daisy-Modells 44 (Realstück Nr. 7 C 01896)

Gesamtlänge [mm]	296
Höhe mm	175
Breite [mm]	42
Lauflänge [mm]	152
Visierlinie [mm]	202
Abzugabstand [mm]	62
Kaliber [mm]	4,5
Trommel-Länge [mm]	11,3
Masse (ohne Kapsel) [g]	1090

Abb. 4.5.2-3:
Daisy Modell Power Line 44

Daisy-Modell Power Line M 92

1986 brachte Daisy das Modell M 92 (Abb.4.5.2-4) auf den Markt, das der Beretta-Pistole 92 F nachgebildet ist. Die in Japan hergestellte Pistole hat ein unter dem gezogenen 126 mm langen Lauf liegendes Röhrenmagazin für maximal zwölf 4,5 mm-Diabolos, ist 216 mm lang und wiegt ca. 780 g ohne CO_2-Kapsel. Das Schloss ist als Hahn- und Abzugsspanner ausgebildet, die Drehhebel-Sicherung verhindert, dass der Hahn den Ventilschaft erreicht. Die CO_2-Kapsel ist im Griff untergebracht. Das Rechteckkorn ist 3,6 mm breit, die entsprechende, seitlich mittels einer Schraube einstellbare Kimme hat einen nur ca. 1,5 mm tiefen Einschnitt. Die Fertigung dieses Modells wurde 1994 beendet.

Abb. 4.5.2-4:
Daisy-Modell Power Line M 92

Daisy-Modell CK 92

Das Modell CK 92 ist wie das Modell M 92 der US-amerikanischen Armeepistole M 9 (Modell 92 F von Beretta) nachgebildet und kam 1999 auf den Markt. Es ist für 4,5-mm-Diabolos eingerichtet, von denen acht in einer kleinen, völlig verdeckten Trommel Platz finden. Der Lauf ist im vorderen Oberteil der Pistole montiert, das auch die Trommelachse trägt und vorn am Rahmen unterhalb der Mündung angelenkt ist. Zum Laden wird der linksseitige Schieber betätigt, wodurch das Oberteil aufklappt, so dass eine Trommel aufgesetzt werden kann. Wie üblich ist die 12-g-CO_2-Flasche im Griff untergebracht. Ein durch einen Hebel bewegliches Widerlager für das untere Ende der Flasche drückt den Flaschenhals gegen den Öffnungsdorn und die Dichtung. Die Lage des Widerlagers kann mittels einer Stellschraube unterschiedlichen Längen von 12-g-CO_2-Flaschen angepasst werden. Bei einer anderen Ausführung wurde auf den Hebel verzichtet und die verbreitete Anstechschraube eingesetzt. Das Visier ist in Höhe und Seite einstellbar. Das Gewicht beträgt ca. 1180 g und entspricht damit dem einer vollständig geladenen Beretta 92 F.

Die Power Line Modelle 617X (Kaliber 4,5 mm) und 622X (Kaliber 5,5 mm) unterscheiden sich vom Modell CK 92 durch Leuchtvisiere und im Fall des Modells 622X durch das größere Kaliber.

Daisy-Modell 93

Das ebenfalls in Japan hergestellte Daisy-Modell 93 wurde ab 1991 einige Jahre lang angeboten. Im Unterschied zum Modell 92 ist es für 4,45-mm-Rundkugeln eingerichtet, von denen das herausnehmbare Magazin 15 fasst. Der glatte Lauf ist 105 mm lang, die Gesamtlänge beträgt 210 mm und das Gewicht 850 g. Das Modell 93 ähnelt äußerlich der Smith & Wesson-Modellreihe 459, hat eine Griffsicherung, wie Abbildung 4.5.2-5 zeigt, und ein starres Visier. Die Rundkugeln erreichen eine Mündungsgeschwindigkeit von ca. 100 m/s.

Abb. 4.5.2-5:
Daisy-Modell 93

Daisy-Modell 790

Nachdem Smith & Wesson die Fertigung der Modelle 78 G und 79 G 1980 eingestellt hatte, vertrieb Daisy diese Pistolen von 1981 bis 1986. Die Modellbezeichnungen wurden in M 780 (Kaliber 5,5 mm, hergestellt bis 1983) bzw. M 790 (Kaliber 4,5 mm, hergestellt bis 1986) geändert. Bis auf die Beschriftungen gleichen sich die Modelle beider Hersteller. Beschreibung siehe Abschnitt 4.5.10, Abbildung 4.5.10-1 zeigt das S & W-Modell 79 G.

Abb. 4.5.2-6:
Daisy-Modell 400 (Desert Eagle)

Daisy-Modell 400

Die sehr große und schwere Desert-Eagle-Pistole der Isreal Military Industries bzw. Magnum Research (USA) ist für besonders starke Kaliber eingerichtet. Das Daisy-Modell 400 aus dem Jahre 1994 entspricht im Aussehen und Abmessungen diesem Riesen, nur das Gewicht von 720 g bleibt bei ca. einem Drittel des Originals. Die Daisy-Pistole (Abb. 4.5.2-6) ist 270 mm lang und für 4,45 mm-Rundkugeln, von denen das Magazin 20 fasst, eingerichtet. Es liegt über dem glatten Lauf. Die Visierung ist starr, die Flügelsicherung sperrt den Abzug. Um die Pistole schussfertig zu machen, wird der Hahn entweder direkt oder durch „Repetieren" des Schlittens gespannt. Beim Schießen spannt die Schlittenbewegung den Hahn automatisch. Die Kugeln werden nacheinander vor das Laufende geschoben, wo sie durch einen kleinen Permanentmagneten am vorzeitigen Verlassen des Laufes gehindert werden. Die Herstellung dieser „Desert Eagle" wurde 2002 eingestellt.

Abb. 4.5.2-7:
Daisy-Modell 454 Repeater

Daisy-Modell 454 Repeater

Die neueren Daisy-Pistolen kopieren nicht alle das Erscheinungsbild von Waffen sondern sind von eigenständiger Form. Als Beispiel zeigt Abbildung 4.5.2-7 das von 1994 bis 1999 gefertigte Modell 454 Repeater (= Nachlader), das technisch dem Modell 400 ähnelt. Das Magazin ist ebenfalls für 20 Stück 4,45-mm-Rundkugeln eingerichtet. Die Mündungsgeschwindigkeit liegt bei 125 m/s. Die Pistole ist 265 mm lang und wiegt leer 730 g. Die Schiebesicherung sperrt den Abzug, das Visier ist starr. Beim Schuss wird der Schlitten nach hinten geschoben, wobei der verdeckte Hahn gespannt wird.

Daisy-Modell 807 Critter Gitter

Das Modell 807 von Daisy mit dem Beinamen Critter Gitter wurde nur 1988 von Daisy hergestellt (manche Quellen nennen Umarex als Hersteller). Critter Gitter eine laxe Form des englischen Creature Getter (etwa Kreatur-Erleger) und soll wohl den Zweck der Pistole, das Erlegen von Mäusen und Spatzen (?) andeuten. Selbst dafür dürfte sie aber kaum geeignet sein. Abbildung 4.5.2-8 zeigt die Pistole

Das Modell 807 verschießt als wahrscheinlich einzige CO_2-Pistole Schrote, die hier einen Durchmesser von etwa 2,5 mm haben. Die Schrotladung ist in einer „Patrone" untergebracht, bestehend aus einem ca. 16 mm langen Plastikröhrchen mit einem Außendurchmesser von 13,6 mm und einem Innendurchmesser von ca. 9,7 mm, passend zum Innendurchmesser des Laufes von 9,5 mm. Vorn und hinten wird das Plastikröhrchen von tassenförmigen Papp-Formstücken verschlossen, zwischen denen die Ladung von etwa 25 Schroten liegt. Die Patrone wird mit den Tassenböden in Schussrichtung in das Patronenlager eingelegt. Dazu wird der links liegende Verschlussgriff nach hinten gezogen, wodurch das Patronenlager zugänglich und das Schlagstück gespannt wird. Abbildung 4.5.2-9 zeigt einen Teilschnitt durch die Pistole im Bereich des Lagers und die Patrone. 1 ist der Lauf, 2 das Plastikröhrchen und 3 der Verschluss. Geschwindigkeit der Schrote an der Mündung ca. 75 m/s, Gewicht der Schrotladung etwa 2,2 g, Energie etwa 6,2 Joule.

Die Pistole hat eine Schiebesicherung, die den Abzug sperrt. 1988 wurde die Critter Gitter hier zum Preis von 198,- DM angeboten.

James Dale erhielt auf die Konstruktion am 29. 01. 1974 das US-Patent Nr. 3 788 298.

Abb. 4.5.2-8:
Daisy-Modell 807 Critter Gitter

Kennwerte der Critter Gitter, Realstück Nr. 8 E 01062

Gesamtlänge [mm]	306
Höhe [mm]	105
Breite [mm]	38
Lauflänge [mm]	131
Visierlinie [mm]	216
Abzugabstand [mm]	64
Kaliber [mm]	9,5
Masse [g]	1043

Daisy Power Line Modell 45 CO_2

Das Äußere des Modells 45 ähnelt stark dem Colt Government-Modell 1911, wie Abbildung 4.5.2-10 zeigt. Die „Hülle" besteht aus schwarzem Plastik, eingeformt sind z. B. der Verschlussfang, die Griffsicherung und der Magazinknopf – alles starr und ohne eigentliche Funktion. Drückt man auf den Knopf, der im Original die vordere Führung des Laufes hält, so kann man das Magazin, das oben über dem Lauf liegt, herausnehmen. Bis zu 13 Flachkopf-Diabaolos können geladen werden. Bei herausgenommenem Magazin ist die Pistole automatisch gesichert. Der seitliche Sicherungshebel lässt sich nur nach Zurückziehen einer Sperre in die Entsichert-Stellung schwenken. Hergestellt wurde dieses Modell von Maruzen in Japan von 1992 bis 1997. Das aktuelle Power-Line-Modell 45 (Katalog) ähnelt den S & W-Modellen der 5900-Reihe, die Technik entspricht dem Modell 45.

Kennwerte des Daisy-Modells 45

Gesamtlänge [mm]	214
Höhe [mm]	ca. 155
Breite [mm]	33
Lauflänge [mm]	126
Visierlinie [mm]	173
Abzugabstand [mm]	73
Kaliber [mm]	4,5
Magazinkapazität	13
Masse [g]	578

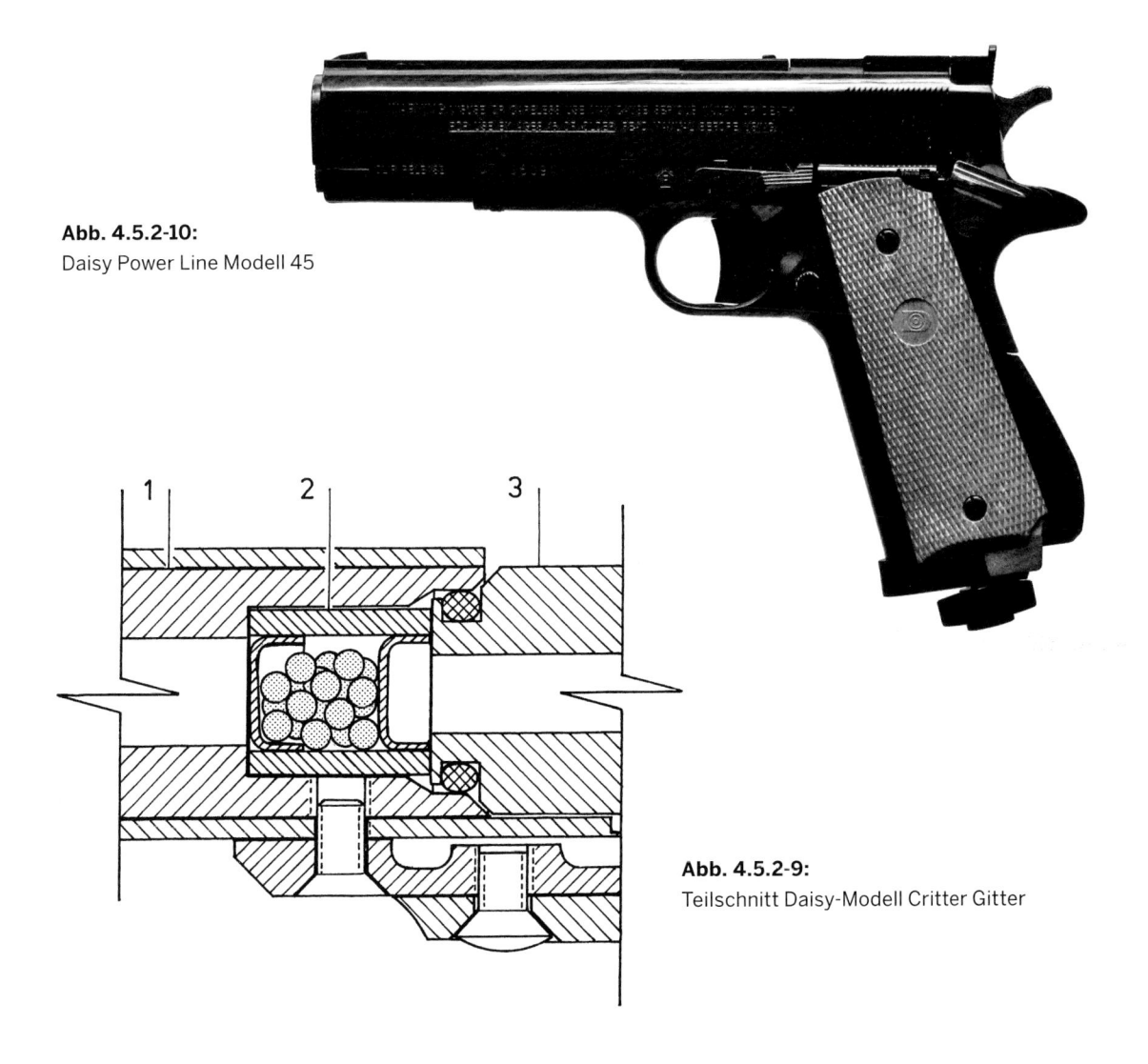

Abb. 4.5.2-10:
Daisy Power Line Modell 45

Abb. 4.5.2-9:
Teilschnitt Daisy-Modell Critter Gitter

Daisy Powerline Modell 2003

Das Modell 2003 ist dem Modell 454 ähnlich. Abbildung 4.5.2-11 zeigt diese von 1995 bis 2001 gefertigte Pistole, die mit einem oben über dem Griff angeordneten Magazin für 35 Diabolos ausgerüstet ist. Die Schiebesicherung blockiert den Abzug. Zur Abgabe des ersten Schusses wird der Mechanismus durch Zurückziehen des Schlittens gespannt. Danach können die folgenden Geschosse ohne weiteres verschossen werden. Da das Modell 2003 so eingerichtet werden kann, dass die Schussabgabe automatisch erfolgt (Dauerfeuer), stellte Daisy die Fertigung ein (Blue Book of Airguns, 7. Ausgabe).

Kennwerte des Daisy-Modells 2003

Gesamtlänge [mm]	274
Höhe [mm]	179
Breite [mm]	36
Lauflänge [mm]	121
Visierlinie [mm]	225
Kaliber [mm]	4,5 Diabolo
Magazinkapazität	35
Masse [g]	755

Abb. 4.5.2-11:
Daisy Powerline Modell 2003

4.5.3 Diana

Diana baut zwar selbst keine CO_2-Revolver oder -Pistolen, vertrieb aber unter eigenem Namen einen von El Gamo hergestellten achtschüssigen CO_2-Revolver (Modell R 357) vom Kaliber 4,5 mm, der mit gezogenem Lauf und einstellbarem Visier ausgerüstet ist (Abb. 4.5.3-1) und dessen Form weitgehend dem Smith & Wesson-Revolver K-22 Masterpiece (Modell 17) entlehnt wurde. Er wiegt ca. 650 g, der Lauf ist 150 mm lang, die Mündungsgeschwindigkeit liegt bei 100 m/s. Im Unterschied zu CO_2-Revolvern von Crosman oder Daisy besitzen die El-Gamo-Revolver eine lange Trommel, in die die Geschosse hinten eingesetzt werden. Das hat zur Folge, dass einerseits das Treibgas besser ausgenutzt wird, andererseits aber höhere Anforderungen an das Fluchten von Lauf und Trommelbohrungen gestellt werden, da die Geschosse mit höherer Geschwindigkeit in den Lauf eintreten und entsprechend bei nicht präzisem Fluchten stärker verformt werden.

Abb. 4.5.3-1:
Diana-CO_2-Revolver

4.5.4 Healthways, Inc.

Die Firma Healthways, Inc., Los Angeles, stellte von 1957 bis 1980 äußerlich geringfügig verschiedene Ausführungen der Plainsman-CO_2-Pistole her. Wahrscheinlich 1980 wurde Healthways von Marksman Products, Torrance, CA, übernommen, welche die Herstellung von Plainsman-Pistolen bis 1991 beibehielt.

Healthways-Modell Plainsman

Die Plainsman CO_2-Pistole wurde von Richard M. Kline und Kenneth R. Pitcher anfangs der fünfziger Jahre des vorigen Jahrhunderts entwickelt (US-Patent Nr. 3,048,159 der Entwickler, eingereicht am 6. 10. 1955, patentiert am 7. 8. 1962; deutsches Patent Nr. 1 114 121, ausgegeben am 5. 4. 1962). Diese klassische Pistole kam 1957 auf den Markt und wurde bis 1991 angeboten. Eine Nebenbemerkung: 1957 kostete die Plainsman 12,95 $, 1991 bereits 47,95 $. Aus diesen Daten ergibt sich eine jährliche mittlere Preissteigerung von 3,9 % (Inflationsrate?).

Die erste Plainsman benutzte noch 8-g-CO_2-Kapseln, spätere Ausführungen, wie beispielsweise die in Abbildung 4.5.4-1 gezeigte Pistole sind für 12,5-g-Kapseln eingerichtet. Die Pistole hat einen glatten Lauf und verschießt Stahl-Rundkugeln im Kaliber 4,5. An der Rückseite befindet sich ein Schieber, dessen Oberseite die Kimme bildet. Nach oben geschoben gibt er eine Öffnung frei, durch die man ca. 100 BBs laden kann. Durch diese Öffnung kann die Pistole auch entladen werden, wobei zu beachten ist, dass eine Kugel von einem Permanentmagneten im Zuführer festgehalten wird, die zum völligen Entladen verschossen werden muss. Aus der Unterseite des Griffes ragt eine Schraube mit Münzschlitz, die in drei Stellungen rastet. Jede Stellung entspricht einer anderen Geschossgeschwindigkeit. Ganz „eingeschraubt" erreicht man eine Geschossgeschwindigkeit von ca. 130 m/s, in der mittleren Stufe ca. 125 m/s. Da das innenliegende Schlagstück beim Abziehen gespannt werden muss und die Geschossgeschwindigkeit von der Vorspannung der Schlagfeder abhängt, spürt man die unterschiedlichen Einstellungen deutlich am Abzugwiderstand. Die Abzugcharakteristik ist für eine Abzugspanner-Pistole hervorragend: sehr gleichmäßig mit Druckpunkt direkt vor dem Auslösen. Die Schiebesicherung liegt links hinter dem Abzug. Wie im Abschnitt über CO_2-Ballistik dargestellt, sinkt die Geschossgeschwindigkeit bei normaler Abfolge der Schüsse recht wenig. Bei schneller Schussfolge (Abstand zwischen den Schüssen im Mittel 6,8 Sekunden) ergab die Auswertung v_1 (m/s) = 118,4 – 0,603 N, wobei N die Nummer des Schusses ist. Mit r = - 0,969 ist die Wiedergabe der Messwerte durch die Formel als sehr gut zu bewerten.

Abb. 4.5.4-1:
Healthways-Pistole Plainsman: Auf der rechten Griffschale steht MARKSMAN und Huntington Beach, ca. 92649

Kennwerte des Modells Plainsman (Realstück Nr.91099900)

Gesamtlänge [mm]	242
Höhe [mm]	166
Breite [mm]	42
Lauflänge [mm]	ca. 150
Visierlinie [mm]	203
Abzugabstand [mm]	70
Kaliber [mm]	4,5 BB
Masse [g]	734

4.5.5 Industrias Gamo

Gamo-Modell R-77

Industrias Gamo brachte 1995 einen achtschüssigen CO_2-Revolver mit ausschwenkbarer Trommel auf den Markt, der einen 63 mm langen Lauf hat und äußerlich an Smith & Wessons Combat-Magnum-Revolver erinnert. Wenig später folgte diesem Modell R-77 eine Variante mit 103 mm langem Lauf, das Modell R-77 Combat (Abb.4.5.5-1). Der Rahmen besteht aus einer Zink-Druckgusslegierung, die Schlossplatte, der Laufmantel, die Trommel und der Abzug bestehen aus Kunststoff, der gezogene Lauf und die Trommelhülsen aus Stahl. Der S&W-Öffnungsschieber an der linken Seite ist ohne Funktion. Zum Ausschwenken der bei den Gamo-Modellen langen, achtkammerigen Trommel wird der vor dem Kran unter dem Lauf liegende Knopf nach vorn geschoben. Das Visier lässt sich mittels Schrauben in Höhe und Seite justieren. Der sauber gefertigte Revolver kann als Hahn- oder Abzugspanner benutzt werden. Der Hahnschlag öffnet das Ventil über eine Schlagstange, die mit dem Abzugkörper verbunden ist und erst bei fast ganz gezogenem Abzug vor dem Ventilschaft liegt, eine Sicherheitseinrichtung, die auf Iver Johnson zurückgeht. Zusätzlich sind die Gamo-Revolver mit einer Schiebesicherung ausgerüstet, die eingeschaltet verhindert, dass der Hahn die Schlagstange erreichen kann. Die CO_2-Kapsel liegt im Griff und wird mittels Schraube an das Anstechröhrchen und die Dichtung (am Kapselhals) gedrückt. Das Modell R-77 Combat wiegt 590 g. Diabolos erreichen eine Mündungsgeschwindigkeit von ca. 100 m/s. Das Visier ist mittels Stellschrauben in Höhe und Seite einstellbar.

Kenndaten des Gamo-Modells R-77

Gesamtlänge [mm]	191
Höhe [mm]	ca. 148
Breite [mm]	37
Lauflänge [mm]	60
Visierlinie [mm]	111
Abzugabstand [mm]	66
Kaliber [mm]	4,5
Masse [g]	540

Abb. 4.5.5-1:
Gamo-Modell R-77

Gamo-Modell P-23

Die CO_2-Pistolenmodelle P-23 und Auto 45 von Gamo gleichen sich technisch. Die P-23 (Abb. 4.5.5-2) ähnelt äußerlich dem SIG-Sauer-Modell P 230, die Auto 45 dem Glock-Modell 23 C. Der gezogene Stahllauf ist in einem Gehäuse aus Zink-Druckguss untergebracht, das vorn am Plastikrahmen angelenkt ist und nach Lösen einer Sperre zum Laden hochgeklappt wird. 4,5-mm-Diabolos können dann in den Lauf eingesetzt werden. Das Magazin für 12 Rundkugeln (4,45 mm) liegt unter dem Lauf. Der Zubringer schiebt die Kugeln nach hinten, wo sie nacheinander in ein Loch in einen Schieber gedrückt werden. Beim Abziehen – die Pistolen verfügen nur über ein Abzugspannersystem – wird dieser Schieber so weit angehoben, dass die Kugel vor dem Lauf liegt. Am Ende der Abzugbewegung wird der Hahn freigegeben, der kurzzeitig das Ventil öffnet, und die Kugel wird durch den 110 mm langen Lauf getrieben. Auf diese Weise können alle Kugeln aus dem Magazin (Kapazitität 10 – 13 Geschosse) nacheinander verschossen werden. Das Visier kann seitlich nach Lösen einer Klemmschraube verschoben werden. Die Drehhebelsicherung sperrt den Abzug. Das seit 1998 angebotene Modell P-23 soll mit Diabolos eine Mündungsgeschwindigkeit von ca. 95 m/s, mit Blei-Rundkugeln eine solche von ca. 80 m/s liefern. Die Messung der Geschwindigkeit von Stahlrundkugeln mit der P-23 des Verfassers ergab 1 m vor der Mündung allerdings nur 40 m/s. Das Modell Auto 45 wiegt leer 500 g, Diabolos erreichen ca. 105 m/s, Bleirundkugeln ca. 95 m/s. Eine 12-g-CO_2-Kapsel reicht für ca. 50 Schüsse, ehe die Geschwindigkeit abfällt.

Kennwerte der Gamo-Pistole P-23

Gesamtlänge [mm]	192
Höhe [mm]	ca. 138
Breite [mm]	32
Lauflänge [mm]	110
Visierlinie [mm]	136
Abzugabstand [mm]	76
Kaliber [mm]	4,5
Masse [g]	451

Abb. 4.5.5-2:
Gamo-Modell P-23

4.5.6. Isch, Baikal, Waffenfabrik Ischjewsk

Die Waffenfabrik Ischjewsk (Ischmech) stellt seit 1998 CO_2-Pistolen her, die für das informelle Übungsschießen gedacht sind. Das Modell Isch-67 Kornet hat einen 150 mm langen Lauf, die Abmessungen über alles betragen 240 mm x 160 mm x 32 mm und das Gewicht liegt bei 800 g. Das Trommelmagazin ist für acht Diabolos eingerichtet, die Mündungsgeschwindigkeit beträgt etwa 100 m/s. Die Pistole ist für CO_2-Kapseln von 8 bzw. 12 g eingerichtet, die im Griff untergebracht sind.

Baikal-Modell MP-654 K (Makarow)

Das Modell Baikal MP-654 K (Abb. 4.5.6-1) ist von der modernisierten Version der Makarow-Pistole abgeleitet worden. Die Ähnlichkeit mit dieser Waffe geht weit über Äußerlichkeiten hinaus, denn viele Teile der CO_2-Pistole gleichen denen des Originals. Die 12-g-CO_2-Kapsel wird in einem Einsatz (Abb. 4.5.6-2) gehalten, der oben durch die Ventilgruppe abgeschlossen und in den Magazinschacht der Pistole wie ein Magazin eingesetzt wird. An der Vorderseite des Einsatzes befindet sich das Magazin für die dreizehn 4,45-mm-Rundkugeln, die aus der Pistole nacheinander verschossen werden können. Die Pistole hat das Hahn- und Abzugspanner-System des Vorbilds. Die 4,45-mm-Rundkugeln nutzen bei weitem nicht die Präzision des gezogenen Laufes und sind eher zum Üben der Abzugspann-Technik geeignet (Streukreis auf 10 m ca. 20 cm). Das Laden von 4,5-mm-Diabolos ist zwar mühsam, man wird aber durch eine anständige Schusspräzision belohnt (ca. 15 – 20 mm auf 10 m). Zunächst arretiert man dazu den Verschluss mit dem Verschlussfang in hinterer Lage und nimmt dann den Kapsel-/Ventil-Einsatz heraus. Diese Abfolge empfiehlt sich bei jeder Entnahme des „Magazins". Das Diabolo-Geschoss setzt man am besten mit einer gewinkelten Pinzette in den Lauf. Das alles ginge bei größerem Auswurffenster wesentlich leichter, allerdings würde die Ähnlichkeit zur modernisierten Makarow durch ein vergrößertes Auswurffenster leiden. Wegen dieser Ähnlichkeit auch in technischer Hinsicht ist das Modell MP-654 K für Sammler interessant.

Kennwerte des Baikal-Modells MP-654 K Realstück T 9956921

Gesamtlänge [mm]	167
Höhe [mm]	ca. 133
Breite [mm]	35
Lauflänge [mm]	95
Visierlinie [mm]	130
Abzugabstand [mm]	62
Kaliber [mm]	4,5
Masse ohne Kapsel [g]	811

Abb. 4.5.6-1 oben:
Baikal-Modell MP-654 K (Makarow)

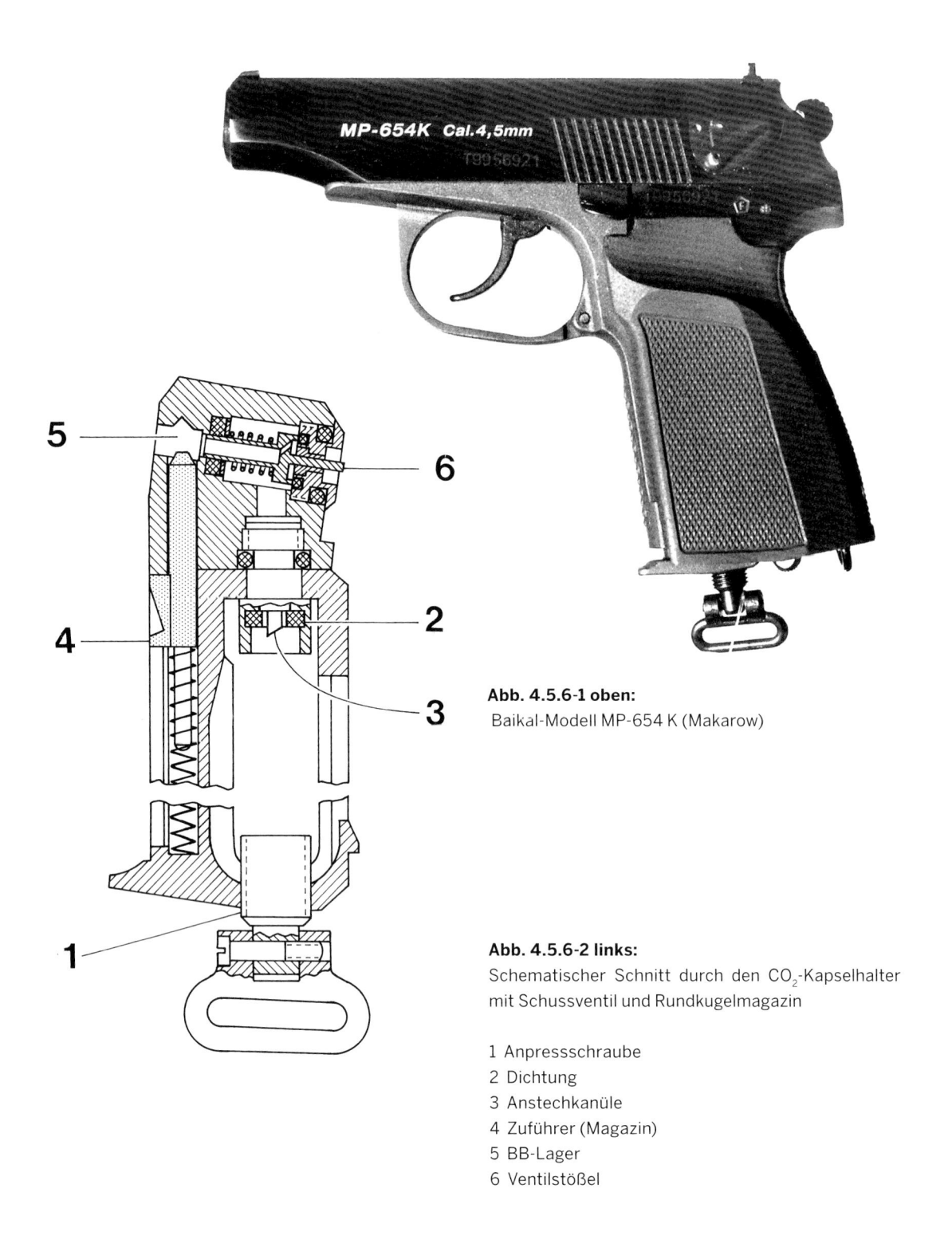

Abb. 4.5.6-2 links:
Schematischer Schnitt durch den CO_2-Kapselhalter mit Schussventil und Rundkugelmagazin

1 Anpressschraube
2 Dichtung
3 Anstechkanüle
4 Zuführer (Magazin)
5 BB-Lager
6 Ventilstößel

Baikal-Modell MP-651 K

Das seit 1998 gefertigte Modell MP-651 K (Abb. 4.5.6-3) ist im Stil einer Sportpistole gehalten, es ahmt keine scharfe Pistole nach. Zur Pistole gehören zwei Trommeln, von denen eine zum Verschießen von Diabolos, die andere von Rundkugeln eingerichtet ist. Längs über dem Lauf ist ein Magazin angeordnet, das bis zu 18 Rundkugeln aufnehmen kann. Beim Schießen werden die Geschosslager der Trommel nacheinander am Magazinausgang vorbeigeführt. Ist das Geschosslager leer, wird eine Rundkugel aus dem Magazin in das Lager geschoben. Es lassen sich so 18 + 8 (Trommelkapazität) Schüsse ohne nachzuladen abgeben.

Man kann mit vorgespanntem Hahn oder per Abzugspanner schießen. Im Abzug ist eine Schiebesicherung eingebaut, die zum Sichern nach links geschoben wird. Die 12-g-CO_2-Kapsel ist im Griff untergebracht. Zum Wechseln der Kapseln wird die hinten am unteren Griffende liegende Schraube gelöst, worauf der Griffmantel nach hinten abgezogen werden kann. Eine neue Kapsel wird mit dem Hals nach oben vor Anstechröhrchen und Dichtung eingelegt und wie üblich mittels Anpressschraube geöffnet.

Die Rechteckkimme ist höhen- und seitenjustierbar, der Lauf ist gezogen und gechokt. Der Griff ist sehr ergonomisch, was zusammen mit der guten Abzugcharakteristik (bei Hahnspannung) recht genaues Schießen ermöglicht.

Geschwindigkeitsmessungen bei 22 °C ergaben mit Diabolos (497 mg) eine v_1 von 113,4 m/s, mit Rundkugel (341 mg) 130,5 m/s (Mittelwerte aus jeweils 8 Messungen).

Kennwerte des Modells MP-651 K, Realstück 25924

Gesamtlänge [mm]	235
Höhe [mm]	160
Breite [mm]	30
Lauflänge [mm]	151
Visierlinie [mm]	195
Abzugabstand [mm]	63
Kaliber [mm]	4,5
Länge der Trommel [mm]	6,9
Masse ohne Kapsel [g]	512

Abb. 4.5.6-3:
Baikal-Modell MP-651 K

Baikal-Modell MP-655 K

Das ebenfalls für die Verwendung von 12-g-CO_2-Kapseln eingerichtete Modell MP-655K (Abb. 4.5.6-4) gleicht äußerlich weitgehend der russischen Armeepistole Yarygin, die 2003 in die Bewaffnung des russischen Militärs aufgenommen wurde. Auch hinsichtlich der Handhabung bestehen Ähnlichkeiten: beidseitig zu bedienende Sicherung und „Magazin"-Halter. Die CO_2-Kapsel ist im Magazinschacht (im „Magazin") untergebracht, angestochen wird per Kanüle, abgedichtet am Halsende. Das Visier ist mittels Stellschrauben justierbar, der Lauf gezogen und gechokt. Die Trommel hat acht Bohrungen zur Aufnahme von Diabolos, das Magazin für Stahl-Rundkugeln kann bis zu 100 BBs fassen. Die Abzugeinrichtung funktioniert als Hahn- und Abzugspanner. Als Abmessungen werden 200 mm Länge, 150 mm Höhe und 40 mm Breite, als Masse 0,7 kg angegeben.

Abb. 4.5.6-4:
Baikal-Modell MP-655 K

4.5.7 Lovena Vyrobni Druzstvo

Die einschüssige CO_2-Pistole Lov 21 (Abb. 4.5.7.-1) wurde von Uhrincak konstruiert, von dem auch die Modelle Tau 7 und Du 10 stammen. Gefertigt wurde die Lov 21 von Lovena Vyrobni Druzstvo, Prag (Jagdartikel Produktions-Genossenschaft).

Im Aufbau weist die Lov 21 gewisse Ähnlichkeiten mit frühen Crosman-Pistolen auf. Sie ist für 8-g-CO_2-Kapseln eingerichtet, die im Griff untergebracht werden. Anstechdorn 3 (siehe Abb. 4.5.7-2) mit Kammerdichtring 4 sind mittels Sprengring mit der Kammerschraube 2 verbunden. Zum Anstechen wird die Kammerschraube auf die Kammer 1 geschraubt. Es soll auch Kammerschrauben geben, welche die Verwendung von 12-g-CO_2-Kapseln erlauben.

Das Geschoss wird nach Zurückziehen des Verschlusses in die Lademulde eingelegt und der Verschluss wieder nach vorn geschoben. Vorn über dem Abzug liegt beidseitig der Spanngriff, der zum Spannen nach vorn gezogen wird. Die Abzugcharakteristik ist für eine Pistole dieser Preisklasse sehr gut, ebenso die justierbare Visierung. Der Lauf ist gezogen und recht leicht. Das gesamte System ist in einem zweischaligem Kunststoffgehäuse untergebracht.

Kennwerte der Lov 21

Gesamtlänge [mm]	250
Höhe [mm]	ca. 165
Breite [mm]	35
Lauflänge [mm]	207
Visierlinie [mm]	271
Abzugabstand [mm]	69
Kaliber [mm]	4,5
Masse [g]	755

Abb. 4.5.7.-1:
CO_2-Pistole Lov 21

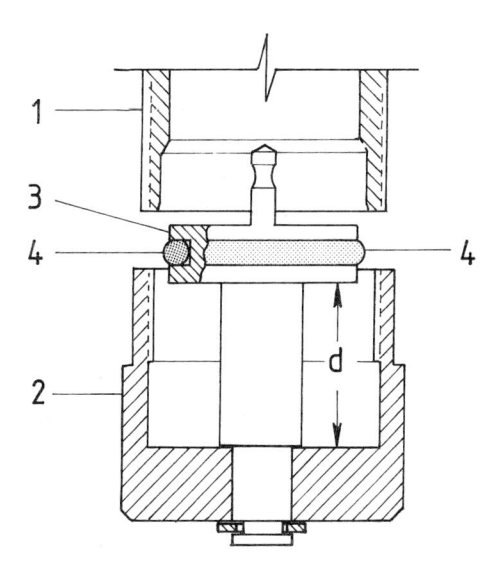

Abb. 4.5.7-2:
Anstechnadel und Kammerschraube der Lov 21

CO_2-Pistolen

4.5.8 Sheridan

Von 1979 bis 1989 wurde das Sheridan-Modell EB, Nachfolger des Modells E (1978 erschienen) angeboten. Die Konstruktion erinnert stark an ältere Benjamin-Modelle. Das Modell EB (Abb.4.5.8- 1) wiegt 760 g, hat eine Länge von etwa 230 mm und einen etwa 160 mm langen, gezogenen Lauf mit dem Kaliber 5,0 mm (Näheres zum Kaliber und den Geschossen siehe Sheridan-Druckluftpistole). Das einfache, recht kleine Visier lässt sich mittels Stellschrauben justieren. Eine 12,5-g-CO_2-Kapsel reicht für maximal 40 Schuss, woraus sich ein spezifischer Verbrauch von 0,31 g/Schuss ergibt. Die Mündungsgeschwindigkeit der etwa 1 g schweren Sheridan-Bantam-Geschosse wird mit 115 m/s angegeben, so dass die Mündungsenergie mit etwa 6,6 Joule noch unter der bei uns für freie „Waffen" zulässigen Grenze liegt.

Abb. 4.5.8-1:
Sheridan-CO_2-Pistole, Modell EB, Kaliber 5,0 mm

4.5.9 Anics/Skif

Die Aktiengesellschaft Anics-Gruppe hat ihren Sitz in Moskau und stellt seit 1995 CO_2-Pistolen her, angefangen mit dem Modell Skif A-3000.

Anics-Modell Skif A-3000 S

Abbildung 4.5.9-1 zeigt die von A. L. Petrosjan und A. B. Borisowitsch konstruierte Pistole (EP 1 184 639 B1, Unionspriorität 9. 3. 2000 Ru und EP 1 265 049 A2, Unionspriorität 13. 12. 2000 Ru). Das Magazin fasst 28 Geschosse, auch Rundkugeln. Die Geschosslänge darf 10 mm nicht überschreiten, aber selbst die mit 0,75 g recht schweren H&N-Silverpoint-Geschosse sind nur ca. 7,5 mm lang. Wie in Abschnitt 4.3 beschrieben, sind im herausnehmbaren Magazin Geschosshülsen untergebracht, die eng aneinander liegen und nacheinander von einem Transportmechanismus vor den Lauf geschoben werden. In eine Hülse kann jeweils ein Geschoss geladen werden. Beim Spannen der Pistole (per Abzug oder Hahn) wird der Lauf (gezogen) gegen Federdruck nach vorn geschoben. Beim Auslösen des Schusses schnellt der Lauf nach hinten und trifft auf die Hülse, die dadurch weiter nach hinten auf den Stößel des Schussventils schlägt und das Ventil öffnet. Die gut verarbeitete Pistole hat eine Drehhebel-Sicherung und ein sehr gutes, mittels Stellschrauben justierbares Visier. Die CO_2-Kapsel ist im Griff untergebracht. Angestochen wird mittels Hebel und einer Kanüle, die Abdichtung erfolgt am Kapselhals.

Bei 18 °C durchgeführte Geschwindigkeitsmessungen 1,5 m vor der Mündung ergaben folgende Werte (jeweils Mittel aus 5 Messungen, in Klammern die jeweilige Geschossmasse in mg): 155,5 m/s (304), 137,0 (449), 130,4 (567), 113,9 (748). Die Ausgleichsrechnung ergab folgende Abhängigkeit der Geschwindigkeit von der Geschossmasse M : $v_{1,5}$ [m/s] = 181,1 − 0,0907 M[g], Korrelationskoeffizient r = − 0,991.

Kennwerte des Anics-Skiff-Modells A-3000, Realstück Nr. 0001015

Gesamtlänge [mm]	185
Höhe [mm]	145
Breite [mm]	36
Lauflänge [mm]	120
Visierlinie [mm]	149
Abzugabstand [mm]	62
Kaliber [mm]	4,5
Masse (ohne Kapsel) [g]	707
Magazin-Kapazität	28

Abb. 4.5.9-1:
Skif-Modell A-3000, daneben Magazin

Anics-Modell Beretta A-9000 S

Das Beretta-Modell 9000 S (Design von Giugiaro, Kaliber 9 mm Para oder .40 S&W) diente als Vorlage für das Anics-Modell A-9000. Die Umsetzung (in Lizenz) in die CO_2-Version erfolgte sehr genau, wie Abbildung 4.5.9-2 zeigt. Die Pistole ist mit einer beidseitig bedienbaren Sicherung und einer Dreipunktvisierung ausgerüstet, das Korn ist 3,3 mm breit. Um das Oberteil abnehmen zu können, wird der kleine, über dem Abzug liegende Hebel von rechts etwa 1,5 mm herausgedrückt und um 90° nach unten geschwenkt. Nun kann bei entladener und gesicherter Pistole das Oberteil nach hinten gezogen und nach oben abgenommen werden. Die CO_2-Kapsel ist im Griff untergebracht und wird mittels Hebel und Anstechkanüle geöffnet. Am unteren Ende des Griffes liegt ein kleiner Schieber, der zum Ausklappen des Spannhebels nach hinten gezogen wird. Das Magazin ist dem des Anics-Modells A-3000 ähnlich und mit 22 Geschosshülsen bestückt. Um es aus der Pistole zu nehmen, wird der Knopf hinter dem Abzugbügel eingedrückt. Das Schussventil wird nicht wie beim Modell A-3000 durch den Schlag des Laufes sondern durch den des Hahnes geöffnet. Die Pistole kann als Hahn- oder Abzugspanner geschossen werden. Daten siehe Tabelle. Geschwindigkeitsmessungen mit verschiedenen H & N-Geschossen ergaben im Mittel folgende $v_{1,5}$-Werte, wobei die Geschossmassen in mg jeweils in Klammern hinter den Geschwindigkeiten stehen. 112,5 m/s (449), 103,1 m/s (567), 91,6 m/s (679).

Abb. 4.5.9-2:
Anics-Modell Beretta A-9000S

Anics-Model A-2002 Berkut

Technisch gleicht das Modell A-2002 Berkut dem Modell Beretta A-9000 S bis auf den längeren Lauf völlig. Berkut ist das russische Wort für Königsadler. Das Oberteil der sehr gut gearbeiteten Pistole besteht aus Metall, das Griffstück aus glasfaserverstärktem Kunststoff. Wie bei den anderen Anics-Pistolen können aus der Berkut Rundkugeln (BBs) und Diabolos bis zu einer Länge von 7,6 mm verschossen werden. Der Rahmen hat vorn eine Schiene zur Aufnahme von Zubehör. Das Rechteck-Korn ist 3 mm breit, die Kimme lässt sich nach Lösen einer Klemmschraube seitlich justieren. Wie beim Modell A-3000 bei 18 °C durchgeführte $v_{1,5}$-Messungen ergaben folgende Mittelwerte: 116,1 m/s (449), 103,3 m/s (567) 101,6 m/s (679). Als zugehörige Formel für die Ausgleichsgerade ergibt sich: $v_{1,5}$ = 142,8 − 0,06332M [mg], wobei r = − 0,9199 ist.

Kennwerte der Anics-Modelle A-9000 S Beretta (Nr. 9501704) und A-2002 Berkut (Nr. 9714042)

Modell	A-9000 S Beretta	A 2002 Berkut
Gesamtlänge [mm]	169	194
Höhe [mm]	123	140
Breite [mm]	42	42
Lauflänge [mm]	116	140
Visierlinie [mm]	124	141
Abzugabstand [mm]	66	65
Kaliber [mm]	4,5 Diab./ BB	4.5 Diab./ BB
Masse [g]	491	749
Magazin-Kapazität	22	22

Abb. 4.5.9-3:
Anics-Modell A-2002 Berkut

4.5.10 Smith & Wesson

Das Modell 79 G ähnelt dem Smith & Wesson-Modell 41, Kaliber .22 l.r., wie Abbildung 4.5.10-1 zeigt. Die Pistole hat das Kaliber 4,5 mm, das äußerlich gleiche Modell 78 G das Kaliber 5,5 mm. Beide Modelle haben 215 mm lange gezogene Läufe, Schiebesicherung und ein Visier, das horizontal und vertikal mittels Stellschrauben justiert werden kann. Das Schlagstück kann aus zwei Stellungen ausgelöst werden, so dass man die Wahl zwischen niedriger und hoher Geschossgeschwindigkeit hat. Bei niedriger Geschwindigkeit soll man bis zu 125 Schuss je 12,5-g-CO_2-Kapsel, bei hoher bis zu 65 Schuss abgeben können (CO_2-Verbrauch je Schuss 0,10 g bzw. 0,19 g). Obendrein lässt sich die Vorspannung der Schlagstückfeder verstellen, so dass man viele Möglichkeiten hat, mit Geschossgeschwindigkeiten zu experimentieren. Die Pistolen sind 290 mm lang und wiegen etwa 1200 g. Der Abzugabstand von über 70 mm ist sehr groß und machen die Modelle, die sonst gute Übungspistolen sind, für Schützen mit kleinen Händen ungeeignet. Die Pistolen wurden von 1971 bis 1980 von Smith & Wesson hergestellt.

Kennwerte des Smith & Wesson-Modells 79 G, Realstück Nr. Q 014861

Gesamtlänge [mm]	288
Höhe [mm]	ca. 161
Breite [mm]	40
Lauflänge [mm]	195
Visierlinie [mm]	258
Abzugabstand [mm]	70
Kaliber [mm]	4,5
Masse [g]	1222

Abb. 4.5.10-1:
Smith & Wesson-CO_2-Pistole, Modell 79 G

4.5.11 Die Modelle der Firma Umarex

Die Firma Umarex geht auf die 1972 gegründete Firma „Uma Mayer & Ussfeller GmbH" zurück, die nach Übernahme der Reck Sportwaffenfabrik zunächst in Umareck und bald darauf in Umarex umbenannt wurde. Unter der Leitung von Wulf-H. Pflaumer und Franz Wonisch und deren Söhnen stellt die in Arnsberg ansässige Firma u. A. eine Reihe von guten achtschüssigen CO_2-Pistolen her, bei denen es sich wegen ihrer 7 mm „langen" Metall-Trommelmagazine eigentlich um verkappte Revolver handelt. Diese Pseudopistolen sind äußerlich sehr genau großkalibrigen Waffen nachgebildet, deren Bezeichnung und Form von den Inhabern der Namens- und Gestaltungsrechte lizensiert wird. Die Tabelle gibt einen Überblick über die von Umarex gefertigten Modelle und die Zeit der Markteinführung. Diese CO_2-Pistolen definieren in ihrer Klasse wohl den jeweils höchsten Qualitätsstandard.

Modell	Jahr
Walther CP 88	1996
Walther CP 88 Competition	1996
Colt Government M 1911	1997
RWS	1997
Beretta M 92 FS	1998
S & W-Modelle 586/686	1998
Walther PPK/S	1999
Walther CP 99	2000
Umarex CP Sport	2001
Red Storm	2004
Beretta XX-Treme	2005
Beretta PX 4 Storm	2007
S&W-Modell M&P	2008
Heckler & Koch P 30	2009
Makarow BB	2009

Walther CP 88 und CP 88 Competition

Bis auf die Lauflänge und die durch diese bedingten Unterschiede gleichen sich diese beiden Modell völlig. Abbildung 4.5.11-1 zeigt das Modell CP 88 (Vorbild ist die Walther-Pistole Modell P 88 Compact, Kaliber 9 mm P), Abbildung 4.5.11-2 das Modell CP 88 Competition. Schwenkt man den über dem Abzug auf der linken Seite liegenden Hebel nach unten, gleitet das Vorderteil des „Verschlusses" nach vorn und gibt die 8-kammerige Trommel frei. Hat man die Trommel geladen und wieder eingelegt, wird der Verschluss bis zum Anschlag nach hinten geschoben. Dort wird er automatisch arretiert. Wenn der Verschluss geöffnet ist, ist der Abzug blockiert. Die für Walther-Pistolen typische Drehhebelsicherung schwenkt hier beim Sichern einen Schlagüberträger aus dem Weg des Schlaghebels (Hahns), so dass der Hahnschlag nicht den Ventilstößel erreichen kann. Die CO_2-Kapsel ist im Griff untergebracht. Der Anstechmechanismus ist in Abschnitt 4.3 beschrieben worden, siehe auch EP 0 861 412 B1. Lade- und Sicherungseinrichtung sind durch das EP 0861411 B1 vom 21. 9. 1996, Erfinder D. Emde, geschützt. Die Pistolen sind für 4,5 mm Diabolos eingerichtet und haben gezogene Läufe. Das Korn ist 3 mm breit, die Kimme lässt sich seitlich verschieben.

Kennwerte der Modelle CP 88 und CP 88 Competition

Modell	Walther CP 88	Walther CP 88 Competition
Gesamtlänge [mm]	181	230
Höhe [mm]	139	139
Breite [mm]	33	33
Lauflänge [mm]	92	141
Visierlinie [mm]	140	190
Abzugabstand [mm]	63	62
Kaliber [mm]	4,5	4,5
Masse (ohne Kapsel) [g]	1030	1130

Das Abzugsystem ist als Hahn- sowie Abzugspanner ausgelegt. Geschossgeschwindigkeiten verschiedener Geschosse wurden 1,5 m vor der Mündung gemessen. Die Resultate (Mittelwerte aus jeweils fünf Messungen) sind in folgender Tabelle zusammengestellt worden.

Geschossgeschwindigkeiten, Modell CP 88 und CP 88 Competition

Geschossmasse M	$v_{1,5}$ CP 88	$v_{1,5}$ CP 88 Comp.
0,304 g	123,4 m/s	150,0 m/s
0,449 g	104,2 m/s	126,4 m/s
0,679 g	83,9 m/s	97,9 m/s

Die Werte für die Geschossgeschwindigkeiten und Geschossmassen wurden für die Errechnung der Formeln für die Ausgleichsgeraden ($v_{1,5}$ = a – bM) benutzt. Zur Erinenrung: Der Korrelationskoeffizient r gibt an, wie gut die Ausgleichsgerade den Sachverhalt beschreibt, wobei r = ±1 perfekte Wiedergabe bedeutet. Die hier angcgebenen Werte zeigen eine sehr gute Wiedergabe der Messwerte durch die Formeln an.

Tabelle a-, b- und r-Werte

Modell	CP 88	CP 88 Comp.
a	153,37	190,43
b	-103,78	-137,56
r	-0,994	-0,997

Abb. 4.5.11-1:
Walther Modell CP 88 von Umarex

Abb. 4.5.11-2:
Walther-Modell CP 88 Competition von Umarex

Colt Government M 1911

Die US-amerikanische Armeepistole M 1911 ist wahrscheinlich die am häufigsten kopierte Pistole. Ihre Form wurde von einigen CO_2-Pistolen übernommen, so auch von dem ca. 1110 g schweren Umarex-Modell Colt Government 1911 A1, siehe Abbildung 4.5.11-3. Seit 1997 auf dem Markt gibt es inzwischen verschiedene Ausführungen: vernickelt oder mit schwarzer Kunststoffbeschichtung, jeweils mit verschiedenen Griffschalen. Drückt man den linksseitigen Hebel über dem Abzug (der ebenso aussieht wie der Schlittenfanghebel beim Original) nach unten, gleitet der vordere Schlitten vor, so dass die Metall-Trommel entnommen werden kann. Sie kann acht Diabolos des Kalibers 4,5 mm aufnehmen. Der gezogene Lauf ist 125 mm lang. Das Abzugsystem ist als Hahn- und Abzugspanner konzipiert, die Griff- und die Schwenkhebelsicherung sind wie beim Original funktionell. Die CO_2-Kapsel ist im Griff untergebracht und wird mittels Hebel („Kapselspanner") an Dichtung und Anstichkanüle gedrückt. Die Schusspräzision der Pistole ist gut, die Hahnspanner-Abzugcharakteristik durchaus befriedigend.

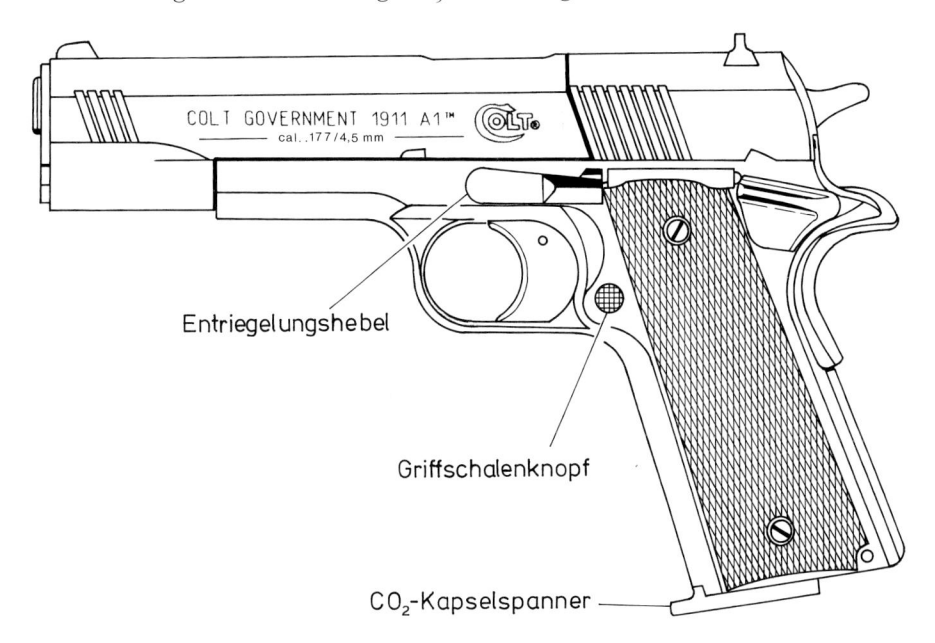

Abb. 4.5.11-3: Colt Government M 1911 A1 von Umarex

Beretta Modell 92 FS

Nach eingehender Prüfung verschiedener Modelle entschied sich die amerikanische Armee 1984, eine moderne Pistole als Standardausrüstung einzuführen. Die Wahl fiel auf das Beretta-Modell 92 SB-F. Seit 1998 stellt Umarex mit dem Modell Beretta 92 FS (Abb. 4.5.11-4) eine CO_2-Pistole her, die äußerlich weitgehend der Armeepistole gleicht. Andererseits gleicht das Umarex-Modell 92 FS technisch der CO_2-Version der Colt-Pistole. Die Metall-Trommel (8 Geschosslager) wird nach Öffnen des Schlittens nach Schwenken des links über dem Abzug liegenden Hebels herausgenommen. Was wie der Schlittenfanghebel des Originals aussieht, ist hier ohne Funktion. Drückt man den Knopf der „Magazinsperre" ein, wird die rechte Griffschale gelöst, und der Raum für die CO_2-Kapsel wird zugänglich. Letztere wird bequem per Hebel und Kanüle angestochen. Das Rechteckkorn ist 3 mm breit, die Kimme lässt sich nach Lösen einer Innensechskantschraube seitlich justieren. Das Gewicht der CO_2-Pistole ist mit ca. 1300 g deutlich größer als das des Vorbilds, siehe Tabelle der Kennwerte.

Kennwerte des Umarex-Modells 92 FS und der Beretta-Pistole 92 SB-F

Modell	Umarex-Beretta 92 FS	Beretta 92 SB-F
Gesamtlänge [mm]	214	217
Höhe [mm]	143	137
Breite [mm]	39	38
Lauflänge [mm]	114,5	125
Visierlinie [mm]	153	155
Abzugabstand [mm]	61	62
Kaliber [mm]	4,5	9x19
Masse [g]	1303	975

Abb. 4.5.11-4.
Beretta Modell 92 FS von Umarex

Walther PPK/S von Umarex

Das Umarex-Modell PPK/S (Abb. 4.5.11-5) kam 1999 auf den Markt, ist für das Verschießen von 4,45-mm-Rundkugeln eingerichtet und hat einen glatten 88 mm langen Lauf. Das Vorbild dieser Pistole ist das in den USA gefertigte Walther-Modell PPK/S, bei dem es sich um eine Kombination von PPK-Lauf und -Schlitten mit dem PP-Griffstück handelt. Um die 12-g-CO_2-Kartusche im Griffstück unterbringen zu können, musste der Griff allerdings verlängert werden. Die Pistole besteht weitgehend aus Druckgussteilen, das Magazin für 15 Rundkugeln aus Plastik. An der rechten Seite liegt eine Drehhebelsicherung, die die Verbindung von Abzug und Spannstück unterbricht. Die in der Abbildung sichtbare Sicherung im Schlitten ist eine angegossene Attrappe. Im Schuss strömt CO_2 nicht nur nach vorn aus dem Ventil, um die Rundkugel aus dem Magazin in und durch den Lauf zu befördern (v_o liegt bei 80 m/s), sondern auch nach hinten, wodurch der Schlitten rückwärts geschoben und der Hahn gespannt wird. Eine Vorholfeder bringt den Schlitten wieder in seine Ausgangslage, so dass sofort wieder geschossen werden kann. Zur Abgabe des ersten Schusses muss der Hahn von Hand gespannt werden. Der Schlitten lässt sich wie bei den Walther PP- und PPK-Modellen vom Griffstück abnehmen. Dazu entlädt und sichert man die Pistole und schwenkt den Abzugbügel nach unten. Zieht man jetzt den Schlitten nach hinten, kann man ihn an seinem Ende anheben und nach vorn vom Lauf nehmen. Das Magazin wird aus dem Griff genommen, nachdem man die linksseitige Magazinsperre eingedrückt hat. Zum Wechseln der CO_2-Kartusche lässt sich die linke, von einer Klemmfeder gehaltene Griffschale abnehmen. Abbildung 4.5.11-6 zeigt die zerlegte CO_2-PPK/S.

Abb. 4.5.11-5:
Umarex-CO$_2$-Pistole PPK/S, Kaliber 4,5 mm RK (BB)

Abb. 4.5.11-6: Umarex-CO$_2$-Pistole PPK/S, zerlegt. Der Schlitten lässt sich wie bei einer Walther PP oder PPK vom Griffstück trennen.

CO$_2$-Pistolen

Walther CP 99

Das Modell Walther CP 99 ist die CO_2-Variante der Modellreihe P 99 (Kaliber 9 mm Luger und .40 S&W). Die CP 99, siehe Abbildung 4.5.11-7 ist mit dem gleichen 8-schüssigen Trommelmagazin wie z. B. die Umarex-Modelle Colt 1911 und Beretta 92 FS ausgestattet. Der Lauf ist gezogen. Nach Druck auf die links unter dem Schlitten liegende Taste gleitet die Trommelabdeckung nach vorn und gibt die Trommel frei. Die mit 4,5-mm-Diabolos geladene Trommel einlegen, Abdeckung bis zum Einrasten zurückschieben, und die Pistole ist geladen. Die 12-g-CO_2-Kapsel ist wie bei dem Baikal-Modell MP 654 K nach Art eines Patronenmagazins im Griff untergebracht. Um das „CO_2-Magazin" herauszunehmen, schwenkt man den hinten am Abzugbügel liegenden kleinen Hebel nach unten. Das CO_2-Magazin trägt oben das Schussventil, die CO_2-Kapsel wird durch eine Kanüle angestochen. Der Anstechhub von 1,5 mm erfolgt (wie meist) mittels einer Schraube. Abbilddung 4.5.11-8 zeigt eine CP 99 mit geöffneter Trommelabdeckung und Trommel. Die rechtsseitige Schiebesicherung trennt Abzug und Schlagstück. Die Pistole hat ein SA/DA-System. Zum Schießen im SA-Modus wird das Schlagstück durch Zurückziehen des Schlittens gespannt. Druck auf den Hebel, der im Schlitten oben vor dem Visier liegt, entspannt die Pistole. Das Rechteckkorn ist 4,4 mm breit, der Kimmeneinschnitt 4,5 mm.

Kennwerte von Realstücken CP 99 und CPSport

Modell	CP 99	CP Sport
Gesamtlänge [mm]	181	181
Höhe [mm]	137	137
Breite [mm]	39	39
Lauflänge [mm]	85	86
Visierlinie [mm]	157	158
Abzugabstand [mm]	63 (vorgespannt)	72
Kaliber [mm]	4,5 Diabolo	4,5 Diab.
Masse ohne Kapsel [g]	718	600
Abzugsystem	SA/DA	DAO

Abb. 4.5.11-7:
Walther CP 99

Abb. 4.5.11-8:
Walther CP 99, Trommelabdeckung geöffnet, Trommel, CO_2-Magazin mit Kapsel

Umarex CPSport

Die CPSport-CO_2-Pistole, siehe Abbildung 4.5.11-9, ähnelt dem Modell CP 99 bis auf das Abzugsystem (nur Abzugspanner). Aus diesem Grund konnte auch der Entspannhebel und der bewegliche Metall-Schlitten entfallen, der durch eine fest verstiftete Kunststoffhaube ersetzt wurde, was die CPSport deutlich leichter als die CP 99 macht. Bei beiden Modellen lässt sich der Griffrücken wie bei der Walther C 99 austauschen und so der Hand anpassen.

Abb. 4.5.11.-9:
Umarex CPSport 99

Umarex-Modell S&W M&P

Im Jahr 2005 brachte Smith & Wesson eine großkalibrige Selbstladepistole auf den Markt, welche die traditionsreiche Bezeichnung M&P (Military & Police) erhielt, die zuvor Revolvern (meist mit K-Rahmen, Kaliber .38 S&W Spec.) vorbehalten war. Drei Jahre später kam dann die für Umarex in Taiwan gefertigte 4,5-mm-BB-Version (von Smith & Wesson lizensiert) auf den Markt (Abb. 4.5-11-10). Die 12-g-CO_2-Kapsel-Aufnahme im Griff wird zugänglich, wenn man die Griffschale parallel zum Lauf nach hinten zieht. Angestochen wird per Kanüle und Anpressschraube, die bei vorgeschobener Griffschale verdeckt ist. An der rechten Seite befindet sich über dem Abzug eine Sicherung, die vorgeschoben die Verbindung von Abzug und Spannmechanismus unterbricht.

Das Rechteckkorn der Dreipunktvisierung (an der Kimme Leuchtpunkte) ist 3,4 mm breit. Beim Betätigen des DAO-Abzugs wird der glatte Lauf gegen Federdruck ca. 11 mm nach vorn geschoben und beim Auslösen freigegeben. Dann schnellt er zurück und öffnet das Schießventil. (Einer ähnlichen Anordnung begegnet man bei dem Anics-Modell Skif 3000.) Am hinteren Ende des Abzugbügels liegt der Knopf des Magazinhalters. Nach Eindrücken des Knopfes fällt das Metallmagazin, Kapazität 19 Geschosse, aus der Pistole. Wie das Vorbild hat auch die BB-Pistole vorn am Rahmen eine Schiene zur Anbringung von Zubehör. Mit Crosman-Copperhead-Rundkugeln (332 mg) lieferte die M&P-Pistole eine $v_{1,5}$ von 131,7 m/s (Mittel aus 5 Messungen, 18 °C).

Kennwerte des Umarex-Modells S&W M&P, Realstück 08D01169 und der S&W-Pistole M&P, Kaliber .40 S&W, letztere nach den Angaben aus dem American Rifleman, Ausgabe März 2006, S. 41, umgerechnet

Modell	Umarex-S&W M&P	S&W M&P
Gesamtlänge [mm]	195	191
Höhe [mm]	143	140
Breite [mm]	33	30
Lauflänge [mm]	ca. 115	108
Visierlinie [mm]	165	163
Abzugabstand [mm]	70	-
Kaliber	4,5 BB	.40 S&W
Masse [g]	581	687

Abb. 4.5.11-10:
Umarex-Modell S&W M&P

Smith & Wesson – Umarex Modelle 586 und 686

Die amerikanische Firma Smith & Wesson stellt seit langem hervorragende Faustfeuerwaffen her, darunter auch die neueren Revolver der Baureihen 586 (Kohlenstoffstahl, brüniert) und 686 (Edelstahl), die baugleich sind. Diese Revolver sind nicht ohne Grund sehr populär und dienten Umarex für die CO_2-Revolver S&W 586 (schwarz, kunststoffbeschichtet) und S&W 686 (vernickelt) als Vorbilder, welche sie praktisch perfekt widerspiegeln.

Die verfügbaren Lauflängen sind 4 Zoll (1130 g), 6 Zoll (1250 g) (Abb. 4.5.11-11) und 8 Zoll (1400 g), in Klammern jeweils die Gewichte der Revolver. Die Läufe im Kaliber 4,5 mm sind gezogen und können ausgewechselt werden. Die 9,5 mm „langen" Metalltrommeln haben 10 Geschosslager und tragen alle eine schwarze Kunststoffbeschichtung. Um die Trommel (nach links) ausschwenken zu können, wird wie beim Original der linksseitige Schieber nach vorn gedrückt, wobei die Trommel freigegeben wird. Wie bei den Umarex-CO_2-Pistolen ist die 12-g-CO_2-Kapsel im Griff untergebracht und wird per Anstichhebel und -Kanüle geöffnet. Das Visier lässt sich mittels Rastschrauben justieren. Das Rechteckkorn ist mit einer Schraube auf dem Laufmantel befestigt und lässt sich gegen ein Korn anderer Breite austauschen. Korne mit Breiten von 2,5, 2,8 und 3,2 mm sind verfügbar. Die Fallsicherung sorgt dafür, dass ein Schuss erst ausgelöst werden kann, wenn der Abzug betätigt wird.

Abb. 4.5.11-11:
Umarex-Modell Smith & Wesson 686 mit 6-Zoll-Lauf

4.5.12 Modesta Molgora, Mailand (MMM)

Die Firma Modesto Molgora stellte ab der 1960er Jahre bis etwa 1988 die CO_2-Pistole Roger (Abb. 4.5.12-1) her, die man hinsichtlich Gestaltung und Ausstattung als verbesserte Plainsman ansehen kann. Im Unterschied zur Plainsman lässt die Abzugcharakteristik allerdings zu wünschen übrig.

Die 12-g-CO_2-Kapsel ist im Griff untergebracht, angestochen wird mittels Kanüle. Die Kapsel-Dichtung erfolgt am Hals. Ein Distanzstück erlaubt eingelegt auch die Verwendung von 8-g-CO_2-Kapseln. Die linksseitige Sicherung unterbricht in Stellung Shut (hier für Sicher) die Verbindung von DAO-Abzug und Schlagstück. Die von einem kleinen Schieber abgedeckte Einfüllöffnung für BBs liegt rechts (nach Werksangaben bis zu 4,44 mm Durchmesser). Die Geschossgeschwindigkeit lässt sich mit einer Schraube verändern, die rechts hinter dem Abzugbügel verdeckt senkrecht nach oben führt. Eingeschraubt erhält man die größte Geschwindigkeit, beim vorliegenden Exemplar 107,3 m/s ($v_{1,5}$, Mittel aus drei Messungen, 18 °C) mit Crosman Copperheads (von 332 mg Gewicht). Das Rechteck-Korn ist 2,5 mm breit, die Kimme mittels Schrauben in Höhe und Seite justierbar.

Kennwerte der Roger CO_2-Pistole Nr. 56852

Gesamtlänge [mm]	274
Höhe [mm]	ca. 150
Breite [mm]	36
Lauflänge [mm]	ca. 175
Visierlinie [mm]	212
Abzugabstand [mm]	73
Kaliber [mm]	4,5 BB
Masse [g]	684

Abb. 4.5.12-1:
Roger CO_2-Pistole mit Distanzstück

4.6 CO_2-Matchpistolen

Für die modernen CO_2-Matchpistolen war viel Zubehör verfügbar. Dazu gehören Griffe verschiedener Größe für Links- und Rechtshänder, Zusatzgewichte, Korne unterschiedlicher Breite (die Kimmenbreite ist meist stufenlos einstellbar), Deflektoren und CO_2-Flaschen verschiedener Volumina. Da das alles beinahe selbstverständlich ist, wird im Text nicht besonders darauf hingewiesen. Hinsichtlich der Schusspräzision sind sich die meisten Fabrikate ebenbürtig. Dabei darf nicht vergessen werden, dass die Präzision entscheidend von der Qualität der Geschosse abhängt und davon, dass die Geschossdurchmesser zu Feld- und Zugkaliber des Laufes passen. Alle hier besprochenen Matchpistolen haben das Kaliber 4,5 mm. Die Läufe sind an der Mündung gechokt, was die Schusspräzision erhöht. Beinahe alle Hersteller geben den Läufen eine Drallänge von 450 mm.

Wenn mitunter Erfolge erwähnt werden, die mit Pistolen erzielt wurden, die bei uns weniger verbreitet sind, so nur um zu zeigen, dass eben auch solche Pistolen Spitzenergebnisse zulassen. Im übrigen erreichengute Schützen praktisch mit jeder guten Matchpistole hervorragende Ergebnisse. Ihrer Wahl liegen oft andere Gründe als die Wahl der „besten" Pistole zugrunde, zum Beispiel die Betreuung durch den Hersteller.

Die ersten CO_2-Matchpistolen waren alle für 8- oder 12-g-CO_2-Kapseln eingerichtet. Für die Hämmerli-CO_2-Pistolen wurden auch besondere Kapselraum-Verschlusskappen mit Füllventil angeboten, über die CO_2 direkt aus sogenannten Sparflaschen in den Kapselraum gefüllt werden kann. Dadurch erhöht sich der Kohlendioxidvorrat und die Zahl der Schüsse, die man ohne Nachfüllen abgeben kann. Das Füllen der Waffe wurde aber als umständlich empfunden, und so konnte sich diese Methode nicht durchsetzen. Später wurden nur von FÉG/Budapest, Aeron/Brünn und der Firma Röhm, Sontheim, Matchpistolen für CO_2-Kapseln angeboten.

Aufbauend auf teils gemeinsamen Entwicklungen von E. Senfter und V. Idl erschienen später zwei CO_2-Pistolen auf dem Markt (Walther und Feinwerkbau), die nicht die kleinen handelsüblichen CO_2-Kapseln als Speicher verwenden, sondern weitaus größere CO_2-„Flaschen". Die Flaschen fassen maximal 53 g CO_2 und werden mit der Pistole verschraubt. Der CO_2-Vorrat reicht bei einem Verbrauch von 0,17 g/Schuss für mehr als 300 Schüsse. Außerdem bieten die Flaschen den Vorteil, dass man durch Wiegen den Kohlendioxidvorrat in der Flasche leicht bestimmen kann. Jede Kartusche ist durch ein eingebautes Ventil verschlossen und kann auf übliche Weise aus Kohlendioxid-Vorratsflaschen gefüllt werden.

4.6.1 Aeron

Die erste Sportpistole der tschechischen Firma Aeron, Brünn, war das

Modell Tau-7

(Abb. 4.6.1-1), das von 1986 bis 1999 angeboten wurde. In der ersten Ausführung war sie für 8-g-CO_2-Kapseln eingerichtet. Später wurde das direkte Füllen des Kapselraums mit CO_2 durch einen Schraubverschluss mit Ventil ermöglicht. Die Geschosse werden direkt in den Lauf geladen. Der Kornträger ist mittels zweier Klemmschrauben am Lauf befestigt. Nachdem man ihn abgenommen hat, können 57 g schwere Zusatzgewichte, von denen zwei zum Lieferumfang gehörten, auf den Lauf geschoben und festgeklemmt werden. Der Griff ist der Hand gut angepasst und mit einer Handkantenauflage ausgerüstet, die in der späten Ausführung verstellbar ist.

Aeron Chameleon

Das 1999 herausgekommene Nachfolgemodell, das Modell Chameleon (Abb. 4.6.1-2), ist im Gegensatz zur Tau-7 für 12-g-CO_2-Kapseln eingerichtet. Die Neigung des anatomischen Griffes lässt sich im Bereich von 100 bis 125° leicht verstellen. Der Winkel ist hier zwischen Laufrichtung und Griffvorderseite gemessen. Zum Laden wird eine Ladeklappe ausgeschwenkt, die zwischen dem hinteren Laufende und der Ausströmseite des Ventils liegt, wodurch gleichzeitig der Schlagbolzen gespannt wird. Das Geschoss wird in das Geschosslager in der Ladeklappe geschoben und die Klappe wieder in die Ausgangslage geschwenkt. Diese Ladeeinrichtung hat wie ähnliche Konstruktionen (z.B. Trommeln oder Reihenmagazine, bei denen die Geschosse in Bohrungen nebeneinander eingesteckt werden) den Nachteil, dass die Schussgenauigkeit auch davon abhängt, dass die Bohrung beim Schuss genau mit dem Lauf fluchtet, damit das empfindliche Geschoss beim Übergang in den Lauf nicht seine Symmetrie verliert. Beim direkten Laden in den Lauf wird diese Fehlerquelle vermieden. Trotzdem liefert die Chameleon-Pistole auf 10 m 5-Schuss-Streukreise von 12 mm, passende Geschosse vorausgesetzt. Unter dem Lauf und parallel zu ihm ist eine Stange in den Rahmen geschraubt, auf der ein verschiebbares 80 g schweres Gewicht befestigt werden kann, was dem Schützen erlaubt, den Schwerpunkt der Pistole zu verändern. Der Kimmenausschnitt kann im Bereich von 3,2 bis 5,7 mm verändert werden. Der Kornträger ist als Deflektor ausgebildet.

Abb. 4.6.1-1:
Aeron-CO_2-Matchpistole, Modell Tau 7.

Abb. 4.6.1-2:
Aeron-CO_2-Matchpistole, Modell Chameleon.

4.6.2 Crosman

Crosman-Skanaker-Modell 88

In den USA, ist das wettkampfmäßige Luftpistolenschießen bei weitem nicht so verbreitet wie in Deutschland. Wohl auch deshalb werden entsprechende Matchpistolen selten in Amerika hergestellt. Immerhin bot Crosman von 1988 bis etwa 1991 eine CO_2-Matchpistole an, die in Zusammenarbeit mit dem Weltklasseschützen Ragnar Skanaker entwickelt worden war. Hier wie in anderen Fällen der Zusammenarbeit von Herstellern und Schützen darf man davon ausgehen, dass die Schützen nur an den Konstruktionsvorgaben und der Werbung, weniger an der eigentlichen Konstruktionsarbeit beteiligt sind. Wie dem auch sei, das Ergebnis der Zusammenarbeit, das Crosman-Skanaker-Modell 88 (Abb. 4.6.2-1) ist eine interessante Pistole und das nicht nur, weil Skanaker mit ihr bei den Weltmeisterschaften 1988 Zweiter wurde.

Der Lauf ist vorn angelenkt und wird zum Laden hinten hochgeklappt. Dazu wird ein über dem Lauf liegender Hebel nach links geschwenkt, wobei auch der Schlagbolzen gespannt wird, der das CO_2-Ventil beim Schießen öffnet. Vorn sorgt eine Feder, hinten ein

Fortsatz am Spannhebel dafür, dass der Lauf immer in die selbe Lage gebracht wird. Der Rahmen besteht aus einer Leichtmetall-Legierung, was zum niedrigen Gesamtgewicht beiträgt.

Die CO_2-Flaschen unterscheiden sich in zweifacher Hinsicht von den hier üblichen. Einmal haben sie nur ein Fassungsvermögen von 42 cm^3, so dass bei 25 °C maximal etwa 30 g CO_2 Platz finden. Da aber 20 % des Raumes nur mit Gas gefüllt sein sollten, um bei weiterem Temperaturanstieg einen zu großen Druckanstieg zu vermeiden, reduziert sich das CO_2-Gewicht auf 24 g (flüssig) + 8,4 cm^3 · 0,24 g/cm^3 = 26 g CO_2 (Gasraum = 8,4 cm^3, Dichte des gasförmigen CO_2 bei 25°C = 0,24 g/cm^3). Außerdem sind die CO_2-Flaschen vorn mit einem Ventil ausgerüstet, das man beim Füllen bei senkrecht gestellter Flasche öffnen kann, um CO_2-Gas (oben) abzulassen. Dadurch lässt sich eine vollständige Füllung der Flasche erreichen, auch wenn sie vor dem Füllen nicht gekühlt wurde.

Bemerkenswert ist auch der Griff, bei dem sich die Neigung zur Laufachse, die Handkantenauflage und der Abstand von Vorder- und Rückseite einstellen lassen, in einer Ausführung auch der Kantwinkel. Die wie bei Matchpistolen üblich an der Mündung gechokten Läufe wurden von Anschütz bezogen.

Das Modell 88 ist sicher eine sehr genau schießende Pistole für hohe technische Ansprüche, auch wenn die Verarbeitungsqualität nicht an Fabrikate wie etwa Feinwerkbau, Steyr oder Walther heranreicht.

Abb. 4.6.2-1:
Crosman-CO_2-Matchpistole, Modell Crosman-Skanaker 88.

4.6.3 FÉG

Modell GPM-01

Die in Budapest ansässige Firma Fegyver-és Gazkeszülekgyar (Gewehr- und Gasgerätefabrik) – hier bekannt unter der Abkürzung FÉG – stellte seit 1987 das Modell GPM-01 her, eine CO_2-Matchpistole, die später durch das verbesserte Modell GPM-02 abgelöst wurde (Abb. 4.6.3-1). In den USA wurde das geringfügig veränderte Nachfolgemodell GPM-02 von Daisy als Modell 91 angeboten. Die Pistole wurde mit zwei unterschiedlich langen CO_2-Behältern geliefert. Der lange Behälter kann mit zwei 8-g-CO_2-Kartuschen beschickt werden, der kurze mit einer 12-g-CO_2-Kartusche. Beide Behälter können aber auch mittels Adapter aus einer Vorratsflasche mit CO_2 gefüllt werden. Der Griff ist sowohl für Rechts- wie für Linkshänder geeignet. Die neuere Ausführung hat eine verstellbare Handkantenstütze. Die GPM-Modelle haben eine gute Abzugcharakteristik und bieten eine hohe Schussgenauigkeit.

Abb. 4.6.3-1:
FÉG-CO_2-Matchpistole, Modell GPM 02.

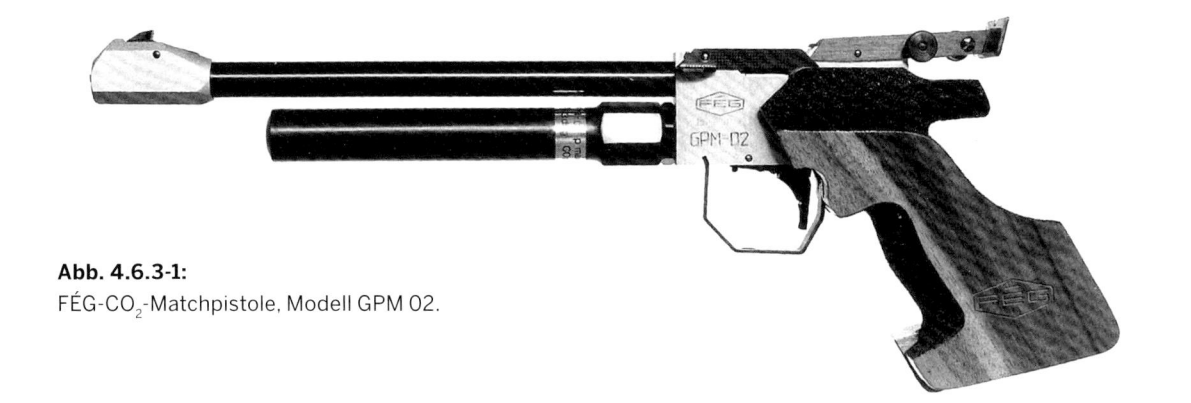

4.6.4 Feinwerkbau

Modell 2 und 2 Junior

Die ersten CO_2-Matchpistolen von Feinwerkbau waren das Modell 2 und das Modell 2 Junior, unterschieden durch Lauflänge, Länge der Visierlinie, Größe von Kartusche und Griff sowie durch ihr Gewicht (weitere Daten siehe Tabelle 4-3). Abbildung 4.6.4-1 zeigt das Modell 2, Abbildung 4.6.4-2 das Modell 2 Junior. Für beide Modelle waren verschiedene Korne und Kimmen erhältlich. Außerdem wurden Abzugzungen verschiedener Breiten und 70 und 100 g schwere Zusatzgewichte angeboten. Für das Abzugsystem wird eine Zwischenhebelkonstruktion benutzt, die eine sehr gute Charakteristik zeigt. Über die Vorspannung der Schlagstückfeder kann die der Flasche für den Schuss entnommene CO_2-Menge und damit die Geschossgeschwindigkeit eingestellt werden. Außerdem besitzen diese ausgezeichneten Matchpistolen eine Schiebesicherung, die sich zwischen Schlagstück und Ventilschaft des CO_2-Ventils legt. Mit eingeschalteter Sicherung kann man trocken, das heißt ohne Schussabgabe, das Abziehen trainieren.

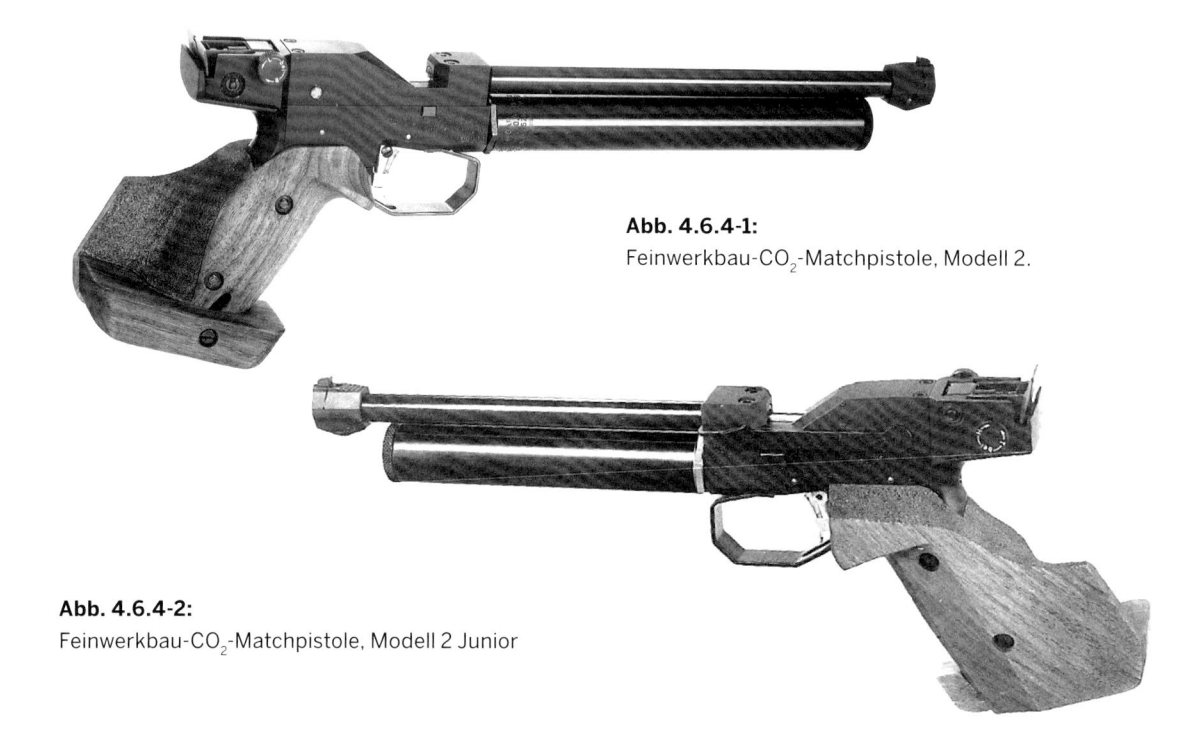

Abb. 4.6.4-1:
Feinwerkbau-CO_2-Matchpistole, Modell 2.

Abb. 4.6.4-2:
Feinwerkbau-CO_2-Matchpistole, Modell 2 Junior

FWB-Modell C 10

Das Nachfolgemodell C 10 (Abb. 4.6.4-3) weist gegenüber dem Vorgänger-Modell 2 einige Verbesserungen und Änderungen auf. So erhielt das Abzugsystem getrennte Einstellmöglichkeiten für den Widerstand des Vorwegs und der Auslösung. Der Ladehebel zur Öffnung des Verschlusses wurde durch eine Klappe ersetzt, die in geschlossenem Zustand die Lademulde abdeckt. Auch wurde die CO_2-Flasche etwa 1 cm tiefer angeordnet, um den Schwerpunkt der Pistole zu senken.

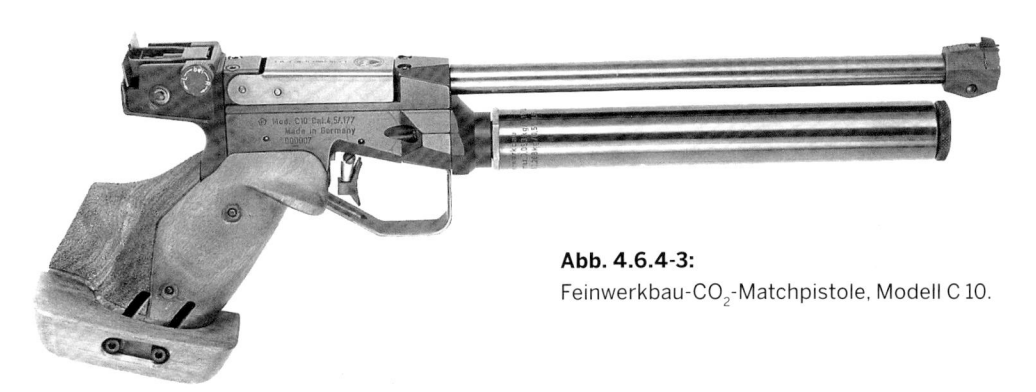

Abb. 4.6.4-3:
Feinwerkbau-CO_2-Matchpistole, Modell C 10.

FWB-Modell C 20

Beim Übergang zum Modell 20 (Abb. 4.6.4-4) kehrte man zu einer höheren Anordnung der CO_2-Flasche zurück. Die für den Schützen interessanten Neuerungen waren der in der Neigung um 10° verstellbare Griff und der später als Zubehör angebotene Deflektor, der von Feinwerkbau als Separator bezeichnet wird. Der Deflektor soll das hinter dem Geschoss austretende Treibgas möglichst sofort seitlich ablenken und so verhindern, dass das Geschoss durch überholendes wirbelndes Treibgas ein wenig aus seiner ursprünglichen Richtung gebracht wird.

Abb. 4.6.4-4:
Feinwerkbau-CO_2-Matchistole, Modell C 20 mit Deflektor.

FWB-Modell C 25

Das ein Jahr nach dem Modell C 20 auf den Markt gekommene Modell C 25 (Abb. 4.6.4-5) unterscheidet sich von ihm nur durch die senkrecht (hängend) angeordnete kurze CO_2-Flasche und die unter dem Lauf angeordnete Stange, an der Zusatzgewichte angebracht werden können. Bei waagerecht angeordneter CO_2-Flasche kann flüssiges CO_2 beim Schuss dann in den Lauf kommen, wenn die Flasche gefüllt ist oder die Pistole nach oben gehalten wird. Durch gleichzeitige Druckminderung verdampft diese Kohlendioxid, wodurch es abgekühlt wird. Ist ausreichend flüssiges Kohlendioxid vorhanden, so bildet sich durch die Abkühlung sogenannter Kohlensäureschnee (festes CO_2), der aus dem Lauf geblasen wird und sofort durch die von der Luft zugeführte Wärme verdampft.

Beim hängend angeordneten CO_2-Behälter kann das nicht passieren, wenn der Schütze die Pistole normal in Anschlag bringt. Durch den Austritt von flüssiger Kohlensäure ergeben sich aber außer dem erhöhten CO_2-Verbrauch keine nachgewiesenen Nachteile für den Schützen: Selbst die Schusspräzision scheint erhalten zu bleiben.

Abb. 4.6.4-5:
Feinwerkbau-CO_2-Matchpistole, Modell C 25 mit Deflektor.

Seit 1991 wurden die Feinwerkbau-Pistolen auch mit von oben angebohrten Läufen („Entlastungsbohrungen") angeboten. Durch die Bohrungen tritt Kohlendioxid nach oben aus und wirkt dabei dem Springen entgegen. Außerdem wird die Geschwindigkeit und die Masse des hinter dem Geschoss aus der Mündung strömenden Gases verkleinert, was die Präzision verbessern sollte – billiger und wirksamer als Deflektoren.

Die CO_2-Pistolen von Feinwerkbau sind langlebig, sehr gut verarbeitet und von höchstem Präzisionspotential.

4.6.5 Hämmerli

Modelle Single und Master

Das Modell Single von Hämmerli hat in den ersten Jahren des sportlichen Luftpistolenschießens auch durch seinen niedrigen Preis wesentlich zu Verbreitung dieses Sportes beigetragen. Die Single (Abb. 4.6.5-1) ist eine sauber verarbeitete, präzise kleine Matchpistole, die andererseits auch nicht fehlerfrei ist. So litten die Single und auch das Nachfolgemodell Master (Abb. 4.6.5-2) an unbefriedigenden Dichtungen. Ein weiterer prinzipieller Nachteil von CO_2-Pistolen, nämlich der Abfall des Druckes nachdem alles flüssiges Kohlendioxid verdampft ist, macht sich bei beiden Modellen sehr störend bemerkbar, weil ihre CO_2-Kapazität (zunächst 8 g, später 12 g, aus den eigentlich bequemen Kapseln) im Vergleich zum spezifischen Verbrauch von etwa 0,17 g je Schuss klein ist und nicht für die Wettkampfdistanz von 10 Probe- und 40 oder 60 Wertungsschüssen ausreicht. Der Druckabfall setzt bei der Masterpistole nach etwa 70 Prozent der möglichen Schüsse ein (abhängig von der Außentemperatur) und führt zu Tiefschüssen, wenn etwa 85 Prozent der möglichen Schüsse abgegeben worden sind. Um diesen Nachteil zu vermeiden, rüstete Hämmerli später den Kapselraum-Verschluss mit einem Ventil aus, das bei Erreichen eines bestimmten Druckes öffnet (der natürlich deutlich unter dem Partialdruck von Kohlendioxid bei normalen Temperaturen liegen muss), das restliches Kohlendioxid ablässt und damit das Weiterschießen verhindert. Wegen der für das Ansprechen des Ventils erforderlichen Druckdifferenz erhält man jedoch schon Tiefschüsse, ehe das Ventil anspricht. Für beide Pistolen waren Korne verschiedener Breite, Kimmen mit unterschiedlichen Ausschnitten, Laufmäntel und orthopädische Griffe erhältlich. Abmessungen und andere Daten finden sich in Tabelle 4-7.

Abb. 4.6.5-1:
Hämmerli-CO_2-Matchpistole, Modell Single.

Abb. 4.6.5-2:
Hämmerli-CO_2-Matchpistole, Modell Master.

Hämmerli-Modell 480

Mit dem Aufkommen der Federluftpistolen mit Massenausgleich waren die Single- und Master-CO_2-Pistolen überholt, gemessen an den Bedürfnissen der Sportschützen. Es dauerte bis 1993, ehe Hämmerli mit dem Modell 480 (Abb. 3.5.6-1) wieder eine Pistole im Programm hatte, die für das wettkampfmäßige Schießen geeignet war. Dieses Modell kann sowohl CO_2 als auch Druckluft als Treibgas verwenden. Die klobig wirkende Druckgasflasche liegt waagerecht unter dem Lauf und ist fest mit der Pistole verbunden. Gefüllt wird über einen Anschluss am vorderen Ende der Druckgasflasche. An diesen Anschluss kann auch ein Manometer zur Kontrolle des Druckes aufgeschraubt werden. Neben dem Druck zeigt das Manometer die Zahl der bei dem angezeigten Druck verbleibenden Schüsse an. Die Flasche besteht innen aus einem Leichtmetall und ist mit einem kohlefaserverstärkten Kunststoff ummantelt, was sie teurer aber nicht sicherer als eine entsprechend dimensionierte Metallflasche macht. Die gelbschwarze Musterung des Mantels macht die Pistole recht auffällig. Sie ist mit einem Schieber ausgerüstet, der nach rechts verschoben das Trockentraining ermöglicht. In mancher Hinsicht ähnelt die sehr gut verarbeitete und präzise schießende Hämmerli-Pistole dem Feinwerkbau-Modell 2.

4.6.6 Tula MC 50-1

Auch in der Sowjetunion beschäftigte man sich in den 1969er-Jahren mit der Konstruktion von CO_2-Matchpistolen. Abbildung 4.6.6-1 zeigt das Modell MC 50-1 aus dem Jahre 1965, bei dem offensichtlich die CO_2-Kapseln im Griff untergebracht sind. Allem Anschein nach ähnelt Ladeweise und Verschluss amerikanischen CO_2-Pistolen, wie etwa dem Crosman-Modell Mark II. Andererseits lässt die Abbildung erkennen, dass die MC 50-1 als ausgesprochene Matchpistole konzipiert worden ist. Ihr Gewicht wird mit 800 bis 1000 g angegeben. Die Konstruktion stammt vom Zentralen Forschungs- und Entwicklungsbüro für Jagd- und Sportwaffen in Tula.

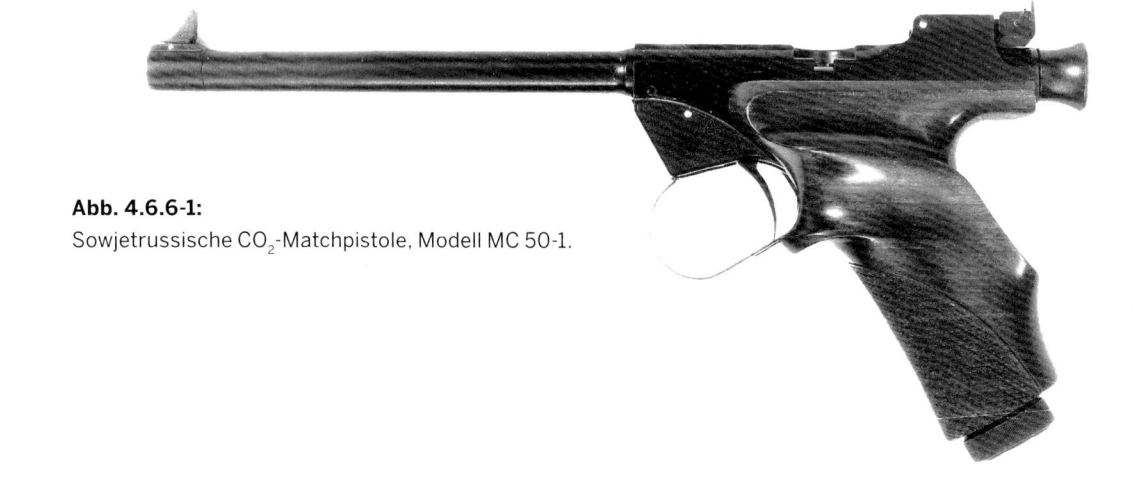

Abb. 4.6.6-1:
Sowjetrussische CO_2-Matchpistole, Modell MC 50-1.

4.6.7 Pardini

Von dem italienischen Konstrukteur und Hersteller Giampiero Pardini stammen einige interessante Sportwaffen, die zuerst von dem Munitionshersteller Fiocchi vertrieben wurden: daher die frühe Bezeichnung Pardini-Fiocchi. Anfang der 1990er-Jahre baute Pardini einen eigenen Vertrieb auf, so dass heute seine Pistolen nur unter seinem Namen angeboten werden.

Die erste CO_2-Pistole war das Pardini-Fiocchi-Modell K 60, das 1989 auf den Markt kam. Ausstattung, Fertigungsqualität und Schusspräzision der Pistole sind sehr gut. Ein Jahr später ließ Pardini das Modell K 90 folgen, das im Prinzip durch Kürzung aus dem Modell K 60 hervorging. Anstelle eines anatomischen Griffes mit Handkantenauflage wurde ein einfacherer Griff eingesetzt, der sowohl für Links- als auch für Rechtshänder geeignet ist. Wegen des geringen Gewichts der K 90 ist sie besonders für kleinere Damen und Jungschützen geeignet.

1996 wurde das Modell K 60 durch das Modell K 2 abgelöst, das mit einer Trockentrainingseinrichtung ausgerüstet ist, die mittels eines kleinen Hebels aktiviert wird. Die Pistole lässt sich auf den Gebrauch von Druckluft anstelle von CO_2 durch Einbau eines Druckminderventils zwischen Pistole und Druckluftflasche umrüsten. Pardini verwendet 12-seitige CO_2-Flaschen.

Abb. 4.6.7-1:
Pardini-Druckluft-Matchpistole, Modell K 2, die dem CO_2-Modell bis auf das Druckminderventil (zwischen Druckgasbehälter und Pistole) entspricht.

Während andere bekannte Hersteller von Druckgaspistolen ihre Produkte schon früh mit Deflektoren zur Verbesserung der Schussgenauigkeit ausrüsteten, verzichtete Pardini damals noch auf diese Vorrichtungen. Trotzdem zeigen die K 2-Modelle ohne Deflektor eine erstklassige Präzision. Immerhin wurde 1996 der Luftpistolen-Wettbewerb bei den Olympischen Spielen von Di Donna mit einer K 2 von Pardini gewonnen, trotz CO_2, und, wie gesagt, ohne Deflektor.

4.6.8 Röhm Twinmaster CO$_2$-Pistolen

Twinmaster Trainer

Neben Druckluftpistolen stellte die Firma Röhm GmbH, Sontheim, bis Ende 2009 auch sehr gute CO$_2$-Pistolen her. 2010 wurde die Pistolenfertigung an die Firma Umarex übertragen. Das Modell Trainer (Abb. 4.6.8-1) ist eine hochklassige CO$_2$-Pistole, die bis auf das fest integrierte Kapsel-Fach die Wechsel- und Anpassungsmöglichkeiten der Röhm-Pistolen bietet. Die 8-schüssige, 7 mm lange Metall-Trommel kann gegen eine Einschusseinrichtung ausgetauscht werden, die beide sehr eng eingepasst sind, so dass nur ein sehr geringer Druckgasverlust beim Schuss eintritt. Die Griffe – es werden fünf unterschiedliche Ausführungen angeboten – lassen sich um etwa 14 mm in Längsrichtung verstellen. Das Rechteckkorn ist 3,5 mm breit, die Kimme mittels Rastschrauben justierbar. Der Abzugwiderstand meiner TM Trainer beträgt 6,3 N (650 g) und liegt damit nur wenig über dem von den DSB-Wettkampfregeln geforderten Mindestwiderstand von 4,9 N. Wie im Kapitel 4.1 beschrieben, wirkt sich die bei CO$_2$-Pistolen im Laufe des Schießens eintretende Geschwindigkeits-Verringerung nur geringfügig auf die mittlere Treffpunktlage aus. Sie braucht deshalb nur von allerbesten Schützen berücksichtigt zu werden.

Die günstigen Hebelverhältnisse machen das Anstechen einer CO$_2$-Kapsel zum Kinderspiel. Zum Herausnehmen der Trommel wird der vor ihr liegende Hebel nach unten geschwenkt, wodurch die Trommelachse von einer Feder aus der Trommelbohrung gezogen und die Trommel freigegeben wird. Hat man die Trommel wieder eingesetzt, schiebt man die Trommelachse am vorderen, beidseitigen Griff bis zum Einrasten nach hinten. Der Hahn liegt unter einer Abdeckung, die zum Schießen im Hahnspann-Modus (SA-Modus) abgenommen wird. Hinter dem Abzug befindet sich eine Schraube zur Einstellung des Auslösenachwegs (Trigger Stop).

Abb. 4.6.8-1:
Twinmaster Trainer mit Combat-Griff

Twinmaster Top als CO_2-Pistole

Die Druckluftpistolen von Röhm lassen sich recht einfach auf den Betrieb mit 12 g-CO_2-Kapseln umrüsten. Dazu wird das am Rahmen der Pistole angeschraubte Druckminderventil durch das Kapselgehäuse samt Anstichvorrichtung ersetzt. Abb. 4.6.8-2 zeigt eine zum Gebrauch von CO_2-Kapseln umgerüstete Twinmaster Top, deren Technik den anderen Twinmaster Pistolen mit Ausnahme der Match-Ausführung entspricht. Die Möglichkeit, die Twinmaster-Pistolen auf den Betrieb mit CO_2-Kapseln umzustellen, macht sie für Schützen attraktiv, deren Verein nicht über einen Kompressor verfügt, der das Befüllen der sonst erforderlichen Druckluftkartuschen erlaubt.

Die Modelle Trainer und Top kamen im Jahr 2000 auf den Markt. Bei 18 °C durchgeführte Geschwindigkeits-Messungen mit H&N-Geschossen ergaben folgende Mittelwerte (aus jeweils 6 Messungen) für $v_{1,5}$, wobei die Geschossmassen jeweils in Klammern hinter den v-Werten angegeben werden: 144,1 m/s (449 mg), 130,4 m/s (567 mg), 116,9 m/s (679 mg). Gleichung für $v_{1,5}$ nach Ausgleichsrechnung: $v_{1,5}$ [m/s] = 195,9 – 0,1122 M [mg], wobei der Korrelationskoeffizient den erstaunlichen Wert von -0,9998 zeigt.

Abb. 4.6.8-2:
Twinmaster Top mit Adapter für den Gebrauch von 12-g-CO_2Kapseln

4.6.9 Steyr Mannlicher GmbH

Die Steyr Mannlicher GmbH in Steyr stellte seit 1990 eine im wesentlichen von E. Senfter entwickelte hochwertige CO_2-Matchpistole her (Modell LP 1, Abb. 4.6.9-1), das einige Besonderheiten aufweist. So ist die CO_2-Flasche mit einem Überdruckventil ausgerüstet, durch das CO_2 automatisch abgelassen wird, wenn der Druck in der Flasche 170 bar übersteigt. Der Druck kann allerdings nur dann so weit steigen, wenn die Flasche überfüllt wird das heißt, wenn mehr als die zulässige Menge CO_2 eingefüllt wird – und danach die Temperatur der Flasche erhöht wird. Der Lauf ist durch eine chemisch aufgebrachte Nickelschicht gegen Korrosion geschützt. Vorn ist er wie bei Matchpistolen üblich gechokt. Abweichend von der normalen Praxis ist der Lauf aber auch hinten ein wenig enger. Dadurch wird das Geschoss in Bezug auf den längsten Teil des Laufes unterkalibrig, wodurch die Reibung in diesem Bereich verringert und die Beschleunigung entsprechend erhöht wird. Die gechokte Mündung gibt dem Geschoss dann die präzise Ausrichtung zurück. Durch Verwendung einer Druckluftflasche und Montage eines Druckminderventils zwischen Pistole und Flasche kann das Modell LP 1 auch mit Druckluft betrieben werden. Verarbeitung, Funktion und Präzision machen dieses Modell zu einer der besten CO_2-Matchpistolen.

Abb. 4.6.9-1:
Steyr CO_2-Matchpistole Modell LP 1

4.6.10 Walther

Walther brachte 1980 das Modell CP 1 auf den Markt. Das Besondere an dieser Pistole ist die Konstruktion der Abzugmechanik, bei der wie bei Stechern der Abzug zunächst einen Schläger freigibt, der seinerseits das Schlagstück auslöst. Bereits 1982 wurde das Modell CP 1 durch das äußerlich weitgehend gleiche Modell CP 2 (Abb. 4.6.10-1) ersetzt, das sich in erster Linie durch die Konstruktion der Auslösemechanik vom Vorgänger unterscheidet. Anstelle des Stechers benutzt die CP 2 eine Zwischenhebelkonstruktion, die bei einfacherem Aufbau und verkürzter Auslösezeit eine passable Abzugcharakteristik bietet.

Abb. 4.6.10-1:
Walther CO_2-Matchpistole Modell CP 2

Das Modell CP 2 Junior (Abb. 4.6.10-2) unterscheidet sich vom Modell CP 2 durch eine kleinere Kartusche (Kapazität 37 g gegenüber 53 g beim Modell CP 2), durch einen kleineren Griff und das um etwa 100 g niedrigere Gewicht. Damit eignet sich diese CO_2-Pistole besser für Damen und Junioren. Für beide CP-2-Modelle erhielt man Korne der Breiten 3,5, 4,2 und 4,8 mm sowie Kimmenblätter mit Einschnitten von 2,8, 3,2, 3,4 und 3,8 mm, außerdem ein 100 g schweres Zusatzgewicht, das an der CO_2-Kartusche befestigt wird. Weitere Daten finden sich in Tabelle 4-3. Diese Walther-Pistolen sind von guter Qualität.

Die CP-2-Modelle wurden 1990 durch das Modell CP 3 abgelöst (Abb. 4.6.10-3), bei dem die Visierlinie näher am Lauf liegt. Das wurde durch Verwendung des Visiers der Walther-GSP-Sportpistole, Kal. 22 l.f.B., ermöglicht. Auch wurde die Form des Griffes verändert. Im Rahmen der Modellpflege wurde 1992 eine stark verbesserte Abzugeinheit eingeführt, die die genaue Einstellung des Vorweg- und Auslösewiderstands sehr erleichtert. In diesem Jahr brachte Walther auch eine CO_2-Pistole mit schräg hängender CO_2-Flasche heraus, das Modell CPM-1. Bis auf den fehlenden Laufmantel unterschei-

Abb. 4.6.10-2:
Walther CO2-Matchpistole
Modell CP 2 Junior

det es sich äußerlich kaum von dem Druckluftmodell LP 201 (Abb.3.5.5-2). 1996 folgten dann die Modelle CP 200 und CP 201 mit waagerecht bzw. schräg hängend angeordneter CO_2-Flasche, die äußerlich den Modellen LP 200 bzw. LP 201 gleichen. Über die Läufe sind Leichtmetallmäntel geschoben, in die vorn ein Deflektor eingebaut ist. 1998 wurde bei Walther die Produktion von CO_2-Matchpistolen eingestellt.

Abb. 4.6.10-3:
Walther CO_2-Matchpistole CP 3

Tabelle 4-3: CO_2-Matchpistolen

Modell	Aeron		Crosman	FÉG	Feinwerkbau		
	Tau-7	Chameleon	Skanaker	GPM-01/-02	FWB Modell 2	FWB Modell 2 Junior	C 10/ C 10 kurz
Masse [g]	1120	1130	990	1100	1150	1070	1150/1060
Gesamtlänge [mm]	375	377	380	420	410	370	420/380
Höhe [mm]	134	168	140	135	142	142	145
Lauflänge [mm]	252	227	252	260	257	217	263/223
Abzugabstand [mm]	61–69	64–72	70–78	64–73	63–73	63–73	63–70
Vorwiderstand [N]	E	E	E	E	E	E	E
Abzugwiderstand [N]	5, A	5, A	5, E	5, A	5, A	5, A	5, E
Visierlinie [mm]	351	354	368	365	355	315	360/320
Mündungsgeschwindigkeit [m/s]	125	135	165	135	145–155	145–155	165
Auslösegesamtzeit [ms]			5,5		7,5	7,5	7
CO_2-Kapazität [g]	8	12	40	max. 31	53	41	53/41
CO_2/Schuss [g]	0,17	0,17	0,3	0,22–0,24	0,17	0,17	0,3
Griffwinkel einstellbar	nein	ja	ja	nein	nein	nein	nein
Jahr der Einführung	1986	1999	1988 (PE 1990)	1987	1982	1982	1988 (PE 1991)

Tabelle 4-3 (Fortsetzung)

Modell	Feinwerkbau	Hämmerli			Pardini	
	C 20/C 25	Single	Master	480	K 60	K 90
Masse [g]	1150	1000	1075	1210	990	780
Gesamtlänge [mm]	420	305	405	395	410	325
Höhe [mm]	145	140	140	143	140	126
Lauflänge [mm]	263	115	170	250	245	185
Abzugabstand [mm]	63–70	74	58–63	63–75	62–70	60–68
Vorwiderstand [N]]	E	–	–	E	E	E
Abzugwiderstand [N]	5, E	5, F	5, F	5, E	5, E	5, E
Visierlinie [mm]	315–360	255	290–340	340	350	300
Mündungsgeschwindigkeit [m/s]	145–150	100	115	145		150
Auslösegesamtzeit [ms]	7	6,5	7	?	6	6
CO_2-Kapazität [g]	53/51	8	12	?	53	40
CO_2/Schuss [g]	0,3	0,17	0,17	?		
Griffwinkel einstellbar	ja	–	–	ja	nein	nein
Jahr der Einführung	1990/1991	1961 (PE 1977)	1964 (PE 1978)	1993	1989	1990

Tabelle 4-3 (Fortsetzung)

Modell	Pardini K 2a	Röhm Twin- master Trainer	Röhm Twin- master Top	Steyr LP1 CO_2 Match	Walther CP 1	Walther CP 2	Walther CP 2 Junior	Walther CP 3	Walther CPM-1 Flasche schräg
Masse [g]	1070	1097	987	1060	1180	1180	1080	1060	1040
Gesamtlänge [mm]	410	ca. 280	ca. 345	390	380	380	380	385	385
Höhe [mm]	140	ca. 143	ca. 145	138	150	150	150	138	138
Lauflänge [mm]	245	153	210	233	220	220	220	220	220
Abzugabstand [mm]	62–70	49	49	60–72	63–74	64–73		64–72	64–72
Vorwiderstand [N]	E	–	–	E	E	–	–	E	E
Abzugwider-stand [N]	5, E	6,5, E	6,5, E	5, E	5, A	5, E	5, E	5, E	5, E
Visierlinie [mm]	370	220	300	316–336	325	330	330	335	335
Mündungs-geschwindig-keit [m/s]	160	137		165	135	145	145	155	155
Auslöse-gesamtzeit [ms]	5,5	5	5	6		5	5		
CO_2-Kapazität [g]	53	12	12	53	53	53	37		40
CO_2/Schuss [g]	0,22			0,28	0,15	0,15	0,15		0,24
Griffwinkel einstellbar	nein	nein	nein	ja	nein	neun	nein	nein	
Jahr der Einführung	1996	2002	2000	1990	1980	1982	1984	1990	1992

Modell	Walther	
	CP 200 Flasche waager.	CP 201 Flasche schräg
Masse [g] *)	1110	1090
Gesamtlänge [mm]	398	398
Höhe [mm]	140	140
Lauflänge [mm]	232	232
Abzugabstand [mm]	62–70	62–70
Vorwiderstand [N]	E	E
Abzugwiderstand [N]	5, E	5, E
Visierlinie [mm]	343/347	343/347
Mündungsgeschwindigkeit [m/s]	155	155
Auslösegesamtzeit [ms]		
CO_2-Kapazität [g]		42
CO_2/Schuss [g]	0,24	0,24
Griffwinkel einstellbar	ja	ja
Jahr der Einführung	1996	1996

*) mit gefüllten CO_2-Behältern,
  V = Vorweg einstellbar,
  E = einstellbar,
  A = über Vordruck einstellbar,
  F = durch Auswechseln Feder verändern, PE = Produktion eingestellt

4.7 Ein CO_2-Wechselsystem

1986 brachte der renommierte Jagdgewehrhersteller Blaser ein von V. Idl konstruiertes Wechselsystem für die Colt-Government-Pistole auf den Markt (Abb. 4.7-1). Das Wechselsystem (WS) ist für 4,5-mm-Diabolos eingerichtet und benutzt CO_2 als Treibgas, das einer 12-g-Kapsel entnommen wird. Die CO_2-Kartusche, Ventil, Ladeschieber und der gezogene 145 mm lange Lauf sind in einem Modul vereint, das anstelle der Lauf-/Verschluss-/Vorholfeder-Gruppe mittels einer durch den Magazinschaft gehenden Schraube mit dem Griffstück verbunden wird. Die Achse des Schlittenfangs legt das WS in Längsrichtung fest. Die CO_2-Flasche wird von vorn mit dem Hals voran in das WS geschoben und mittels einer Abschlussschraube gegen die Halsdichtung und den Öffnungsdorn gedrückt. Das Diabolo wird in eine Bohrung im Ladeschieber geladen. Zum Schießen wird der Hahn gespannt, der beim Vorschnellen auf einen Schaft schlägt und damit das Ventil kurzzeitig öffnet. Nach etwa 60 Schüssen beginnt die Geschossgeschwindigkeit von ca. 115 m/s zu sinken. Das WS samt CO_2-Flasche wiegt etwa 575 g. Das Visier ist einstellbar, die Schusspräzision sehr gut. In den USA wurde das WS von Crosman vertrieben. Die Fertigung wurde vor 1998 eingestellt.

Abb. 4.7-1:
Idl-Blaser-Wechselsystem, montiert auf dem Griffstück einer Colt-Gold-Cup-Pistole

4.8 Fünfschüssige CO_2-Matchpistolen

Für das Schießen mit schneller Schussfolge wurden eine Reihe fünfschüssiger CO_2-Matchpistolen angeboten, die alle für das Kaliber 4,5 mm eingerichtet sind und sich auch sonst kaum von den Matchpistolen der entsprechenden Hersteller unterscheiden. Inzwischen wurden diese CO_2-Pistolen durch entsprechende Druckluft-Varianten abgelöst (siehe diese). Bei beinahe allen bisher angebotenen Pistolen dieser Klasse werden Stabmagazine benutzt, bei denen die Diabolos in gerader Reihe nebeneinander in fünf Passbohrungen liegen. Wird das geladene Magazin in die Waffe eingesetzt, so wird die erste Bohrung mit dem Diabolo so vor den Lauf gebracht, dass die Bohrung mit dem Lauf fluchtet. Nach der Schussabgabe wird das Magazin jeweils so weit transportiert, dass das nächste Geschoss vor dem Lauf liegt. Da nach den DSB-Regeln mit mehrschüssigen Luftpistolen nicht die Präzisionsdisziplin geschossen werden darf, bieten die Hersteller auch „einschüssige Magazine", d.h. Einsätze in Magazinform mit nur einer Bohrung an, oder liefern sie gleich als Zubehör mit der Pistole. Im Vergleich mit einschüssigen Matchpistolen ist bei den Mehrladern eine Verringerung der Schusspräzision zu erwarten, weil eine vollkommen genaue Ausrichtung von Magazinbohrung und Lauf praktisch unmöglich ist. Tabelle 4-4 gibt einen Überblick über die Daten. Dabei ist zu beachten, dass die Massen schon wegen der Holzgriffe von den angegebenen Werten abweichen können. Ebenso können die Geschossgeschwindigkeiten und Treibmittelverbräuche nur als Hinweis gelten, sind sie doch von der Geschossmasse, der Temperatur und der Schlagfedereinstellung abhängig.

Tabelle 4-4 Fünfschüssige Druckgas-Matchpistolen

Modell	Aeron		Feinwerkbau		Hämmerli	Steyr	Walther
	Condor DU-10	B 96	C 5	C 55	rapid	LP 5 *)	CP 5
Masse [g]	1280	1075	1100	1150	1450	1020–1200	1320
Länge [mm]	290	384	355	380	325	355	355
Höhe [mm]	160	168	140	145	155	148	160
Lauflänge [mm]	150	227	186	186	118	208	206
Visierlinie [mm]	270	354	297	300	230–260	275–295	285
Abzugabstand [mm]	66–76	61–69	66–75	66–75	67	60–72	60–67
Abzug einstellbar	A, W	A,B,W	A,V,W,B	A,V,W,B	A,B	A,V,B	W,B
Abzugwiderstand [N]	3–7		2,5–7,5	1–5	ca. 10	2–5	0,8
Mündungsgeschw. [m/s]	85–120	135	145	145–150	80	145	125
CO_2-Kapazität [g]	8/12	12	53	51	8	53	37
CO_2-Verbrauch je Schuss	0,2	0,16	0,22	0,22	0,18	0,20	0,33
Jahr der Einführung	1983	1999	1989	1993	1967	1993	1989

*) als Modell LP 5P für Druckluft eingerichtet. A = Auslösewiderstand, V = Vorwiderstand, W = Auslöseweg, B = Abzugweg-Begrenzer

Aeron

Die erste für sportliches Schießen taugliche fünfschüssige CO_2-Pistole war das Modell Condor DU-10 (Abb. 4.8-1), eine Konstruktion von Vladimir Uhrincát. Fünf Diabolos lassen sich in ein Röhrenmagazin laden, das hinter dem Lauf angeordnet ist. Die Lademulde wird zugänglich, wenn man den Verschluss am Griff, der unter dem Visier liegt, nach links dreht und dann nach hinten zieht. Schließt man den Verschluss, werden die Geschosse von einem federbelasteten Dorn nach vorn in Abschusslage geschoben. Für den ersten Schuss wird der Schlagmechanismus gespannt, indem man die vor und über dem Abzugbügel beidseitig aus dem Rahmen stehenden Spanngriffe nach vorn zieht. Die Spannung der Schlagfeder und damit die Geschossgeschwindigkeit kann man in dem angegebenen Bereich (Tabelle 4-4) mittels der vorn unterhalb der Mündung zugänglichen Schraube einstellen. Zuerst war die Condor für 8-g-CO_2-Kapseln eingerichtet, später wurde die CO_2-Kammer für die Aufnahme von 12-g-Kapseln verlängert. An der linken Seite des Rahmens liegt oberhalb des Abzugs eine Schiebesicherung, die verhindert, dass das Schlagstück den Ventilschaft erreicht.

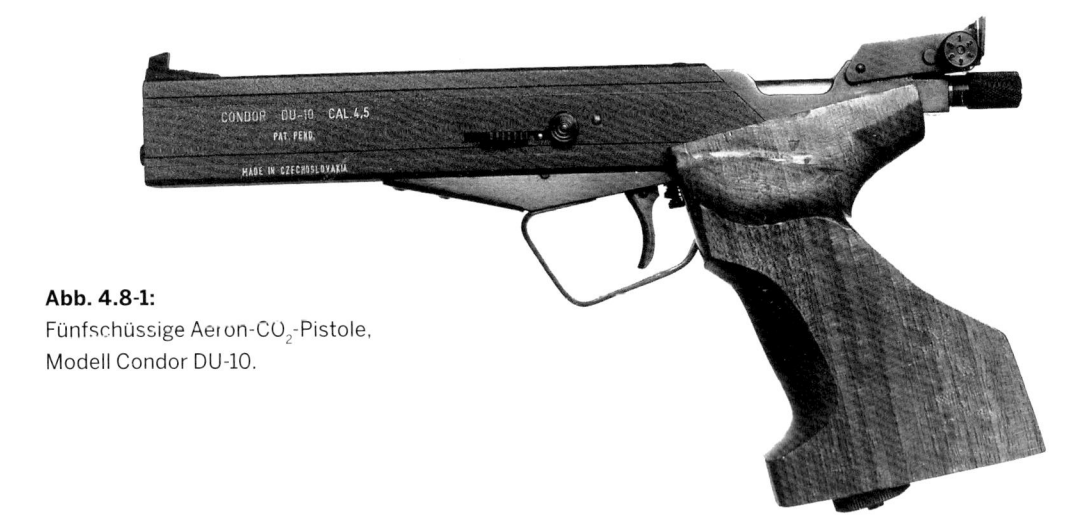

Abb. 4.8-1:
Fünfschüssige Aeron-CO_2-Pistole, Modell Condor DU-10.

Die Condor wurde 1999 durch das Modell B 96 von Aeron abgelöst, das der einschüssigen CO_2-Matchpistole, Modell Chameleon (Abb. 4.6.1-2) äußerlich beinahe gleicht. Im Gegensatz zur Condor wird bei der B 96 ein Stangenmagazin (Abb. 4.8-2) benutzt, wie es in ähnlicher Form bei den Pistolen von Feinwerkbau und Steyr eingesetzt wird. Ein „Magazin" mit nur einer Kammer gehört zur Pistole. Mit ihm wird sie einschüssig nach den DSB-Regeln, so dass man mit ihr auch am Luftpistolen-Präzisionsschießen teilnehmen kann. Der in seiner Neigung justierbare Griff hat eine einstellbare Handkantenauflage. Unterhalb des Laufes ist eine Stange für Zusatzgewichte in den Rahmen geschraubt. Der Deflektor dient gleichzeitig als Kornfuß. Wie bei anderen Stangenmagazinen für fünfschüssige CO_2-Pistolen oder Luftpistolen muss man darauf achten, dass die Diabolos nicht länger sind als das Magazin breit ist. Die Kammer für die 12-g-CO_2-Kapseln liegt im Griff. Zur Pistole gehört auch ein Kammerverschluss mit Ventil, mit dessen Hilfe CO_2 aus einer dazugehörigen 150-g-CO_2-Flasche direkt in die Kammer gefüllt werden kann. Die Unterbringung der CO_2-Kammer im Griff ist technisch ungünstig, weil die für die Verdampfung von CO_2 nötige Wärme nur langsam durch den isolierenden Holzgriff nachgeliefert wird. Die feste Installation an der Pistole macht es erforderlich, entweder vor dem Füllen die ganze Pistole abzukühlen oder die Kammer durch Ablassen von gasförmigem CO_2 abzukühlen. Wegen ihres günstigen Preises ist das Modell B 96 Schützen zu empfehlen, die nicht nach großen Ehren streben.

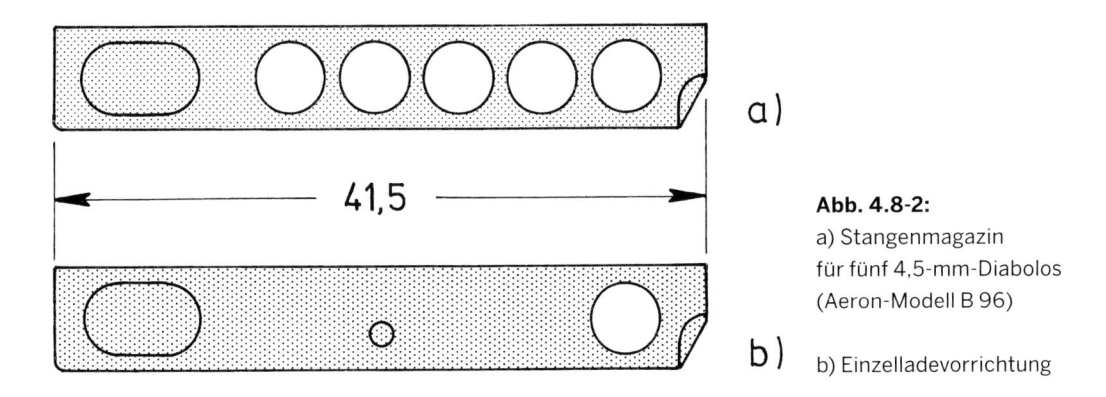

Abb. 4.8-2:
a) Stangenmagazin für fünf 4,5-mm-Diabolos (Aeron-Modell B 96)

b) Einzelladevorrichtung

Feinwerkbau

Die erste fünfschüssige CO_2-Matchpistole von Feinwerkbau war das Modell C 5 (Abb. 4.8-3). Anfänglich lag der Abzugwiderstand bei 5 N, bei der späteren Ausführung kann er im Bereich von 2,5 bis 7,5 N eingestellt werden. Diese erhielt auch einen Griff, dessen Neigung zum Lauf um 10° verändert werden kann. Das Reihenmagazin der C 5 ist tief genug, um praktisch allen Diabolos hinreichend Raum zu bieten. Um ein Abzieh-Training zu ermöglichen, war ein Blindmagazin erhältlich. Setzt man es in die Pistole, repetiert der Schlagbolzen beim Abziehen. Mit normalem ungeladenen Magazin würde der CO_2-Druck (der sich normalerweise hinter dem Diabolo aufbaut) dafür nicht ausreichen.

1993 brachte Feinwerkbau mit dem Modell C 55 (Abb. 4.8-4) den Nachfolger des Modells C 5 auf den Markt. Die neue Pistole erhielt einen verbesserten Magazintransport, und die bisher parallel zum Lauf angeordnete CO_2-Flasche wurde durch einen senkrecht angeordneten kurzen Behälter ersetzt. Der Lauf ist mit Bohrungen versehen, die im Schuss CO_2 nach oben ausströmen lassen („Entlastungsbohrungen"), an der Mündung wurde ein Deflektor angebracht, und der Lauf erhielt einen eigenartig geformten Mantel. Das Modell C 5 besticht durch die Schlichtheit seiner Form, was der Verfasser dem Modell C 55 nicht nachsagen möchte.

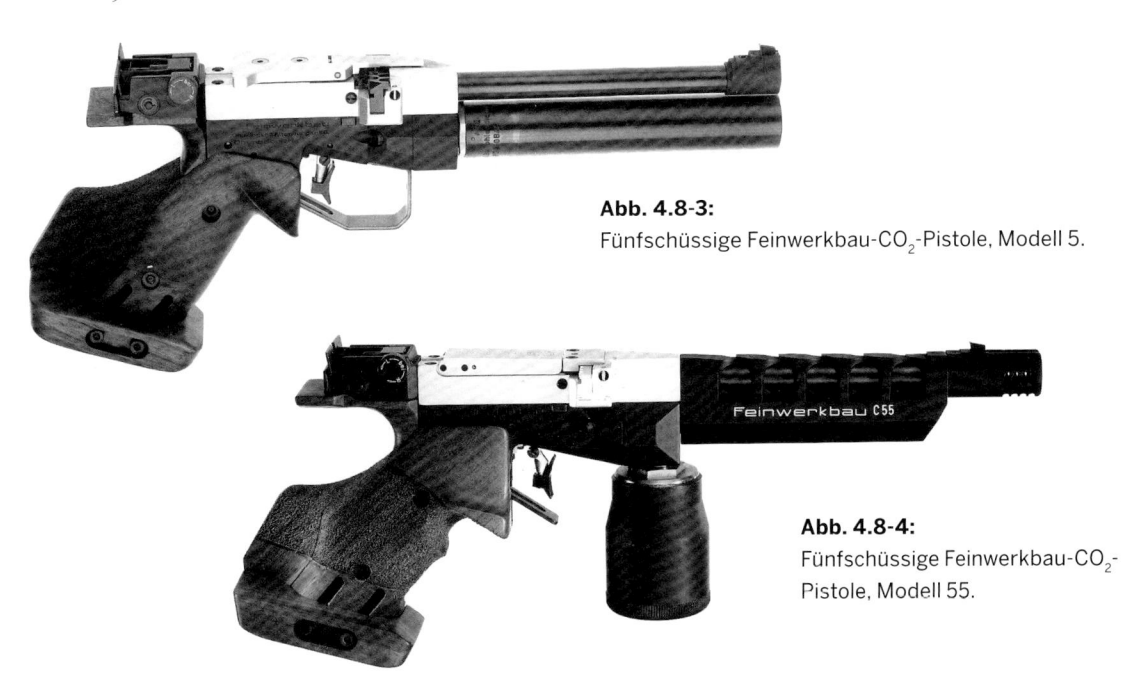

Abb. 4.8-3:
Fünfschüssige Feinwerkbau-CO_2-Pistole, Modell 5.

Abb. 4.8-4:
Fünfschüssige Feinwerkbau-CO_2-Pistole, Modell 55.

Hämmerli

Die fünfschüssige CO_2-Pistole von Hämmerli war als Übungspistole für das Olympische Schnellfeuerschießen gedacht, was auch die Bezeichnung „CO_2-Rapid-Schnellfeuerpistole" erklärt. Die Rapid (Abb. 4.8-5) ist keine Matchpistole, wird aber hier wegen ihrer Verwandtschaft zu den frühen Hämmerli-CO_2-Pistolen für das Scheibenschießen aufgenommen. Im Stile der Single gehalten, hatte die Rapid ein über dem Lauf liegendes Röhrenmagazin für fünf Blei-Rundkugeln vom Kaliber 4,5 mm (Nr. 11). Der Griff der Rapid ist dem der Walther-Olympia-Pistole nachgebildet. Hämmerli bot eine für eine Schießentfernung von 5 m ausgelegte Scheibendrehanlage mit fünf kleinen Silhouettenscheiben an. Die Steuerung erlaubte sowohl das Schnellfeuer- als auch des Duelltraining (4, 6 und 8 Sekunden bzw. 3 Sekunden als Schießzeiten bei 3 Sekunden Vorlauf bzw. 7 Sekunden Zwischenzeit). Die Rapid wurde von 1966 bis 1969 hergestellt.

Abb. 4.8-5:
Funtschüssige Hämmerli-CO_2-Pistole, Modell Rapid, Kaliber 4,5 mm Bleirundkugeln (Nr. 11).

Steyr

Das 1991 vorgestellte Steyr-Modell SA 5 war die erste fünfschüssige CO_2-Pistole, die in Zusammenarbeit mit E. Senfter entwickelt wurde. Von der SA 5 wurden nur wenige Stücke gebaut, denn im selben Jahr folgten die Serien-Modelle LP 5 und LP 5 Compensator (Abb. 4.8-6). Die mit der Mündungsbremse/Deflektor ausgerüsteten Pistolen sind ca. 20 g schwerer und 30 mm länger als das Modell LP 5. Bereits 1995 ließ Steyr dann das mit Druckluft betriebene Modell LP 5 P folgen, das sich vom Modell LP 5 Compensator im Wesentlichen durch das hinzugekommene Druckminderventil unterscheidet. Zu dem umfangreichen Zubehör gehören Einkammer-„Magazine" (mit denen man auch das Präzisionsprogramm nach DSB-Regeln schießen darf), eine besondere Abzugeinheit für Abzugwiderstände im Bereich von ca. 4 bis 14 N, Zusatzgewichte, etc. Von ausgezeichneter Präzision, gehören die Steyr-Fünfschüsser zu den Besten dieser Klasse.

Abb. 4.8-6:
Fünfschüssige Steyr-CO_2-Pistole, Modell LP 5.

Walther

Das Walther-Modell CP 5 (Abb. 4.8-7) ist in mehrfacher Hinsicht bemerkenswert. Als es 1989 auf den Markt kam, gab es für die nicht gerade billige fünfschüssige Matchpistole keine DSB-Disziplin, welche die Eigenschaften der Pistole nutzen ließ. Die Diabologeschosse sind in fünf nebeneinander liegenden Bohrungen in einem Leichtmetallschieber untergebracht, der in dem Magazinschacht oberhalb des Abzugs liegt. Beim Abziehen wird CO_2 hinter das Geschoss und vor einen Spannstößel gebracht, so dass das Geschoss aus dem Lauf und der Stößel nach hinten getrieben wird. Der Stößel spannt dabei den Schlagbolzen und transportiert bei der Rückwärts- und der anschließenden Vorwärtsbewegung (Feder) den Schieber weiter, so dass das nächste Diabolo vor dem Lauf liegt. Alle mehrschüssigen Match-Druckgaspistolen benutzen prinzipiell ähnliche Konstruktionen. Als Besonderheit hat die CP 5 einen Elektromagnet-Abzug, der die Auslöseenergie aus einem 9-V-Akku bezieht. Eine Ladung soll 15000 Auslösungen ermöglicht haben. Wenn auch die Fertigungsqualität ausgezeichnet war, konnte sich die CP 5 nicht auf dem für diese Pistolen engen Markt behaupten, so dass die Fertigung bald eingestellt werden musste.

Abb. 4.8-7:
Fünfschüssige Walther-CO_2-Pistole, Modell CP 5.

5. Airsoft-Pistolen

5.1 Allgemeines

Airsoft-Pistolen, in Deutschland meist als Softair-Pistolen bezeichnet, sind zum Verschießen von Rundkugeln eingerichtet, die meist einen Durchmesser von knapp 6 mm haben. Wenige Modelle werden auch im Kaliber 8 mm angeboten. Liegt die Geschossenergie nicht über 0,5 Joule, sind Airsoft-Pistolen auch an Jugendliche über 12 Jahre frei verkäuflich (Waffengesetz Stand 26.03.2008). Liegt die Geschossenergie unter 0,08 Joule, dürfen auch Kinder ab 3 Jahren mit solchen Pistolen spielen. Auf der Verpackung von solchen Spielzeug-Pistolen wird meist vor dem Verschlucken der (Plastik-) Geschosse gewarnt und auf die Altersgrenze von 3 Jahren mit einem niedlichen Verbotsschild hingewiesen (schmollender Knabe), welches einem Verkehrsschild nachempfunden ist, siehe Abbildung 5.1-1.

Abb. 5.1-1:
Warnschild: Nicht für Kinder unter 3 Jahren

Airsoft-Pistolen sind in Japan entstanden, wo ein strenges Waffengesetz den Bürgern den Besitz von Schusswaffen verbietet. Zunehmend strengere Waffengesetze in anderen Ländern und die fortscheitende Urbanisierung haben ab etwa 1970 zu einer starken Verbreitung dieser Spielzeug-Pistolen geführt. Heute werden sehr viele Modelle angeboten (im Katalog der 2010 German Sport Guns 132 Modelle, im 2011-Umarex-Katalog 62 Modelle), deren Äußeres meist sehr genau Polizei- oder Militärpistolen nachgebildet ist. Schon auf kurze Entfernung kann es sehr schwierig sein, eine solche Nachbildung von der zugrunde liegenden Waffe zu unterscheiden. Deshalb ist das Führen von Airsoft-Pistolen in Deutschland untersagt. Um Verwechselungen auszuschließen, muss in den USA das vordere Ende von Airsoft-Pistolen rotorange gefärbt sein (Red Nose!).

Schießscheiben für schwache Airsoft-Pistolen (siehe Abb. 5.1-2) ähneln mitunter auch Dart-Scheiben und sind mit einer Haftschicht versehen, an der die leichten BBs beim Auftreffen haften. Nach kurzer Zeit lösen sie sich und fallen in ein unter der Scheibe stehendes Kästchen (meist mitgeliefert). 6 mm BBs werden in vielen verschiedenen Gewichten von ca. 0,12 g (Kunststoff) bis 0,86 g (Stahl) angeboten. Je nach Geschossmasse gehört zu jeder Geschossenergie eine bestimmte Geschossgeschwindigkeit. Dieser Zusammenhang ist in Abbildung 5.1-3 für drei Energiestufen dargestellt worden: 0,08 Joule („Spielzeug"), 0,5 Joule und als höhere Energiestufe 2,0 Joule, die von vielen CO_2 –Pistolen erreicht oder überschritten werden.

Die Antriebsenergie wird entweder von einer Feder oder von einem Gas, welches in der Pistole in verflüssigtem (kondensiertem) Zustand gespeichert und vor der Abgabe eines Schusses in hinreichender Menge verdampft ist, vorgehalten. Die gespannte Feder wirkt

Abb. 5.1-2:
Klebscheibe (Sticky Target) für 6 mm Airsoft

bei einem hier gezeigten Modell (Abb. 5.2-1) direkt auf das BB, so dass diese Pistole keine Luftpistole ist. Sie wird hier nur erwähnt, weil man mit ihr 6 mm-BBs verschießt.

Bei den normalen Feder-BB-Pistolen treibt die Feder einen Kolben, der Luft in einem Zylinder komprimiert, wie in Kapitel 2 beschrieben.

CO_2–Airsoft-Pistolen werden mit den üblichen 12-g-CO_2-Kapseln bestückt, die, wie in Abbildung 4.3-3 gezeigt, angestochen und abgedichtet werden.

Da der Dampfdruck von CO_2 recht hoch ist, liefern CO_2-Airsoft-Pistolen im allgemeinen eine vergleichsweise hohe Geschossenergie. Für gasbetriebene Pistolen niedriger Energie werden andere Treibgase eingesetzt, die in kleinen in den Pistolen fest eingebauten Tanks bevorratet werden. Diese Tanks werden über ein Rückschlagventil aus Vorratsflaschen befüllt. Zuerst wurden Fluorchlorkohlenwasserstoffe wie R-12 (Freon bez. Frigen 12, CCl_2F_2), R-22 (Freon bez. Frigen 22, $CHClF_2$) und HFC 134 a (Tetrafluorethan) benutzt, die aber wegen ihres Einflusses auf die Ozonschicht der Atmosphäre um das Jahr 2000 durch Propan („Green Gas") abgelöst wurden. (Freon ist ein Markenname von DuPont, Frigen von den Farbwerken Höchst). Beim sogenannten Red Gas handelt es sich um nach Angaben von Begadi und Chemical Check GmbH, Steinheim, um Propan mit einem Zusatz von CO_2. Diese Mischung liefert einen Druck, der höher als der reinen Propans und niedriger als der reinen Kohlendioxids ist.

Die Abhängigkeit der Dampfdrucke der Flüssiggase von der Temperatur im hier interessierenden Bereich ist in Abbildung 5.1-4 dargestellt worden. Die Dampfdrucke dieser Treibgase liegen wesentlich unter dem von CO_2. Dementsprechend sind auch die mit ihnen erreichbaren Geschossenergien kleiner. Er reicht jedoch aus, um den (imitierten) Verschluss der Pistolen bei der Schussabgabe zurückzutreiben („Blow Back").

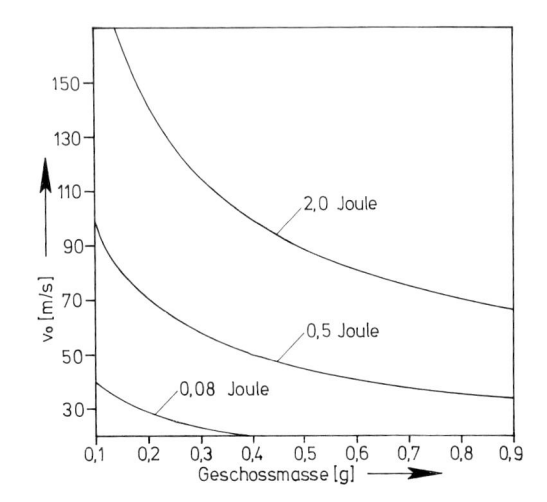

Abb. 5.1-3: Zusammenhang zwischen Geschossenergie, Geschossmasse und Geschossgeschwindigkeit für drei Energiestufen

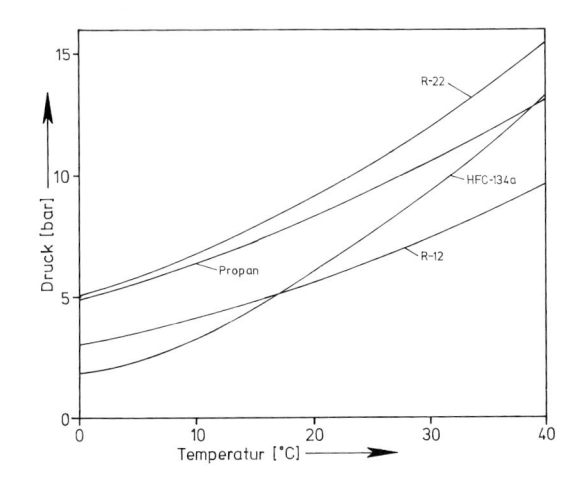

Abb. 5.1-4:
Abhängigkeit des Treibgas-Druckes von der Temperatur

5.2 Feder-Direktantrieb

Bei der in Abbildung 5.2-1 gezeigten Pistole handelt es sich weder um um eine Luft- noch eine CO_2- oder Gas-Pistole. Hier wirkt eine Feder direkt auf das BB-Geschoss und schnellt es durch den Lauf. Dieses Spielzeug wurde nur als Kuriosität aufgenommen, weil es die typischen 6-mm-Airsoft-BBs verschießt. Hergestellt wird die „Soldiers G.I Force" in China. Auf der Verpackung weist das Hinweisschild, Abbildung 5.1-1, darauf hin, dass sie für Kinder unter drei Jahren ungeeignet ist. Das große Magazin wird auf die Pistole in eine Aufnahme geschoben, wobei dann am Anschlag eine Öffnung im Boden über der BB-Zuführöffnung in der Pistole liegt. Jeweils ein Geschoss gleitet dann in die Abschusslage. Betätigt man den Abzug, wird die Feder gespannt, wieder freigegeben und ein BB aus dem „Lauf" getrieben. Die Geschossgeschwindigkeit ist beim vorliegenden Exemplar so gering, dass eine Messung wegen des Abstandes der Sensoren nicht gelang.

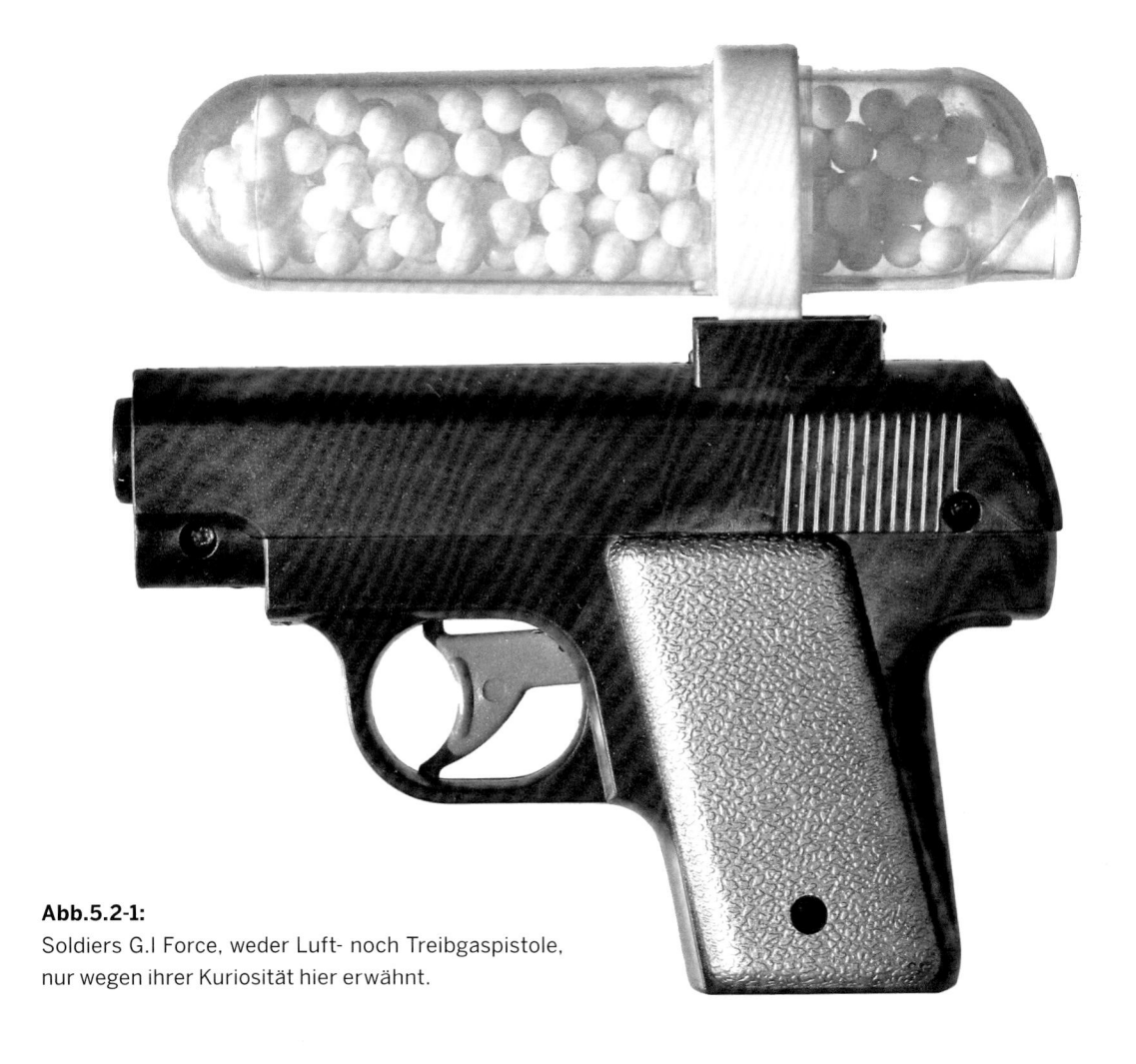

Abb.5.2-1:
Soldiers G.I Force, weder Luft- noch Treibgaspistole, nur wegen ihrer Kuriosität hier erwähnt.

5.3 Feder-Airsoft-Pistolen

Jingtai Toys

Abbildung 5.3-1 zeigt das Modell JT 2388, 2005 New Edition, der chinesischen Firma Jingtai Toys. Auch hier handelt es sich um ein Spielzeug. Mit 0,11 g schweren BBs lieferte die Pistole eine $v_{1,2}$ von 16,7 m/s, entsprechend einer Energie von 0,015 Joule. Das im Griff untergebrachte Magazin kann 9 BBs aufnehmen. Zum Schießen wird der Schlitten gegen den starken Widerstand der Kolbenfeder nach hinten gezogen, bis der Kolben vom Spannstück gehalten wird. Lässt man nun den Schlitten nach vorn gleiten, ist die Pistole schussfertig. Daten siehe Tabelle.

Abb. 5.3-1: Modell JT 2388

„Glock" CYMA Combat Delta

Die Combat Delta-Pistole der chinesischen Firma CYMA ähnelt den Glock-Pistolen und wird hier von Umarex vertrieben. Sie wird mit Zubehörteilen geliefert, die die Aufrüstung der Taschenpistolen-Version, siehe Abbildung 5.3-2, zu einer veritablen Combat-Pistole ermöglichen. Dazu erhält man ein Magazin mit Griffverlängerung, eine Picatinny-Schiene, eine Laufverlängerung (soll wohl einen Schalldämpfer darstellen) und eine optische Visiereinrichtung. Abbildung 5.3-3 zeigt die so aufgerüstete Combat Delta. Sowohl das kleine wie auch das große Magazin fassen zehn 6 mm BBs. Gespannt wird durch Zurückziehen des Schlittens. Lässt man den Schlitten bei eingesetztem, geladenem Magazin dann nach vorn gleiten, wird ein Geschoss in Schussposition gebracht. Geschwindigkeitsmessungen mit 0,113-g-Geschossen ergaben eine $v_{1,2}$ von 49 m/s, mit 0,202-g-Geschossen eine $v_{1,2}$ von 40 m/s.

Abb. 5.3-2:
Glock Combat Delta als Taschenpistole

Abb. 5.3-3.
Glock Combat Delta „aufgerüstet"

SIG SAUER

Airsoft-Pistolen mit dem Äußeren von SIG-Sauer-Modellen sind mit SIGARMS INC. Herndon-VA gekennzeichnet, offenbar der Sitz des Inhabers der Rechte an Formgebung und Modellbezeichnung.

P 230

Die Airsoft-Version des Taschenpistolen-Modells P 230 zeigt Abbildung 5.3-4. Bemerkenswert ist die große Magazinkapazität von 20 BBs (u. U. passen auch 22 BBs in das Magazin). Zum Schießen verfährt man wie unter Glock beschrieben. 0,113-g-Geschosse brachten eine mittlere $v_{1,2}$ von 43,1 m/s (0,105 J), 0,202-g-Geschosse 33,3 m/s (0,112 J).

P 226

Hergestellt wird dieses Modell (Abb. 5.3-5) von der taiwanesischen Firma KWC. Gespannt wird durch Zurückziehen des Schlittens. Dabei wird auch der Hahn gespannt, der allerdings nur die Funktion hat, den Ablauf realistisch erscheinen zu lassen. Detailgetreu ist u. a. auch der linksseitige Sicherungshebel, und zu allem Überfluss lässt sich auch der „Verschluss" (Schlitten) nach Herausziehen des Demontagehebels nach vorn vom Griffstück abziehen.

Der Lauf ist mit dem Bax-System ausgestattet. Geschwindigkeitsmessungen mit 0,113-g-BBs ergaben eine mittlere $v_{1,2}$ von 84,3 m/s (0,402 J), 0,202-g-BBs eine $v_{1,2}$ von 65,9 m/s (0,44 J).

Abb. 5.3-4:
SIG SAUER-Modell P 230

Abb. 5.3-5:
SIG SAUER-Modell P 226

Walther

Walther P 22

Eine Pistole mit einer Mündungsenergie von >0,08 Joule ist die „Soft-Air-Pistole Walther P22" von Umarex, Abbildung 5.3-6. Wie auf der Abbildung zu erkennen ist, besteht die P 22 weitgehend aus transparentem Kunststoff. Aus schwarz gefärbtem Kunststoff sind Abzug, Hahn, Verschlussfang (beide ohne eigentliche Funktion) und die Magazin-Freigabehebel gefertigt. Die für die Funktion wichtigen Teile bestehen aus Metall. Vorn ragt ein rot-orange gefärbtes Rohr, quasi als Laufverlängerung, aus dem Schlitten, eine weitere Maßnahme zur Verhinderung einer Verwechslung mit einer Waffe. In den USA ist eine solche Färbung für Airsoft-Pistolen vorgeschrieben, woraus sich der Spitzname Red Nose (rote Nase) ableitet. Mit 0,113-g-Geschossen wurde eine mittlere $v_{1,2}$ von 31.2 m/s erreicht, entsprechend 0,055 J. Aus weiteren Messwerten wurde folgende Ausgleichsgerade errechnet:

$v_{1,2}$[m/s] = 36,72 − 61,42 M, wobei M die Geschossmasse in g ist. Als Korrelationskoeffizient ergab sich r = −0,98.

Abb. 5.3-6:
Airsoft-Pistole Walther P 22

Walther P 99

Das Modell Walther P 99 (Abb. 5.3-7) ähnelt äußerlich weitgehend der Version dieser Pistole im Kaliber 9x19. Es wird von der japanischen Firma Maruzen Co. Ltd. hergestellt und von Umarex vertrieben.

Wie bei der Waffe lässt sich der Griffrücken der Airsoft-Version austauschen, um unterschiedlichen Handgrößen einen guten Halt zu sichern. Zur Pistole gehören zwei Magazine, ein schwarzes (225 g) und ein transparentes (186 g). Letzteres bietet den Vorteil, dass man den Füllgrad erkennt. Um das Gewicht zu erhöhen, sind in den Magazinen Metallstücke untergebracht

Die Ergebnisse von Messungen der Geschossgeschwindigkeit mit unterschiedlichen Geschossen sind in der folgenden Tabelle zusammengefasst worden. Die Geschossenergie bleibt deutlich unter der „Freigrenze" von 0,5 J.

Geschossmasse [g]	$v_{1,2}$ [m/s]	Energie [J]
0,1131	60,0	0,204
0,2024	42,4	0,182
0,3938	26,9	0,142

Die aus diesen Werten errechnete Ausgleichsgerade lautet $v_{1,2}$ [m/s] = 69,6 – 112,1 M. Der Korrelationskoeffizient r ist hier – 0,97.

Kennwerte der Feder-Airsoft-Pistolen, sämtlich Kaliber 6 mm

Modell	JT.238 8	Combat Delta minimal	Combat Delta aufgerüstet	SIG SAUER P 230	SIG SAUER P 226	Walther P 22	Walther P 99
Länge [mm]	160	162	318	177	196	165	181
Höhe [mm]	102	125	180	120	140	114	135
Breite [mm]	31	32	53	32	37	29	31
Visierlinie [mm]	115	147	86	125	159	130	160
Abzugabstand [mm]	51	72	72	73	72	58	64/69
Magazin Kap.	9	10	10	20	12	20	12
Masse [g]	118	263	438	167	482	189	430

Abb. 5.3-7:
Airsoft-Pistole Walther P 99

5.4 CO_2-Airsoft-Pistolen

Colt Government M. 1911 H. B. M. 312

Das Modell HGC-312 (auch als H.B.M. – 312 bezeichnet), gefertigt in Taipei, Taiwan, von der Wingun Technology Co., Ltd., ist äußerlich ein recht genaues Abbild des Colt Government-Modells 1911, siehe Abbildung 5.4-1. Die Pistole hat eine Schiebesicherung, die den Abzug blockiert. Die 12 g-CO_2-Kartusche ist im Griff untergebracht. Der „Schlitten" ist nur nachgebildet und nicht verschiebbar. Daten siehe Tabelle.

Geschossmasse [g]	$v_{1,2}$ [m/s]	Energie [J]
0,1131	164,1	1,52
0,2024	154,4	2,41
0,3938	125,4	3,10

HGC-312 (H.B.M.)
$v_{1,2}$ [m/s] = 181,1 – 140,0 M [g]; r = – 0,997

Abb. 5.4-1:
Airsoft-CO_2-Version des Colt Government-Modells 1911 von Wingun

Ruger P 345

Diese Nachbildung (siehe Abb. 5.4-2) des Ruger-Modells, gefertigt von Wingun, ist mit einem Leuchtpunktvisier und auf der linken Seite mit einer Schiebesicherung ausgerüstet. Die CO_2-Kapsel ist im Griff untergebracht und bei herausgenommenem Magazin nach Zurückziehen der Griffschale zugänglich. Der Schlitten ist ein fester Teil der Pistole (Non Blow Back), beim Abziehen wird das Schlagstück gespannt und freigegeben (DAO). Daten siehe Tabelle.

Geschossmasse [g]	$v_{1,2}$ [m/s]	Energie [J]
0,1131	152,1	1,31
0,2024	138,8	1,95
0,3938	110,8	2,42
0,8614	81,6	2,87

Ruger, M. P 345
$v_{1,2}$ = 202,5 – 91,48 M [g]; r = – 0,975

Abb. 5.4-2:
CO$_2$-Softair-Pistole Ruger 345 von Wingun

Abb. 5.4-3:
CO$_2$-Airsoft-Revolver Ruger Super Hawk von Wingun

Ruger Super Hawk Revolver

Dieses Wingun-Produkt (Abb. 3.4-3) besteht weitgehend aus Metall und ist auch in seiner Funktion dem Original ähnlich. Die Trommel wird zum Laden nach links aus dem Rahmen geschwenkt. Dann entnimmt man der Trommel einen 8,5 mm „langen" Kunststoff-Einsatz, der mit acht 6-mm-BBs geladen werden kann und, geladen, wieder in die eigentliche Trommel eingesetzt wird. Die Kimme lässt sich mittels Stellschrauben seitlich und in der Höhe justieren. Daten siehe Tabelle.

Geschossmasse [g]	$v_{1,2}$ [m/s]	Energie [J]
0,1131	180,5	1,84
0,2024	154,6	2,42
0,3938	122,7	2,96
0,8614	89,8	3,47

Ruger-Revolver Super Hawk
$v_{1,2}$ [m/s] = 181,15 − 112,70 M [g]; r = −0,96

Kennwerte der hier beschriebenen CO$_2$-Pistolen und des Revolvers

Modell	HGC-312 (H.B.M.)	Ruger P 345	Ruger Super Hawk
Länge [mm]	232	194	256
Höhe [mm]	151	145	147
Breite [mm]	34	31	36
Visierlinie [mm]	177	143	205
Abzugabstand [mm]	77	72 DA	66
Magazin-Kap.	14	15	8
Masse (ohne Kapsel) [g]	396	502	993

5.5 Gas Airsoft-Pistolen

Taurus PT 92 AF von KWC

Bei dieser Taurus-Pistole des taiwanesischen Herstellers KWC (Kein Well Company, Tainan, Taiwan) handelt es sich um eine mit einem Flüssiggas (siehe 5.1) betriebene Airsoft-Pistole, bei der beim Schuss der Schlitten nach hinten getrieben wird. Üblich ist für solche Konstruktionen die englische Bezeichnung Gas Blow Back, kurz GBB. Im herausnehmbaren Magazin werden die BBs und das Treibgas untergebracht. Letzteres wird über ein Rückschlagventil an der Unterseite des Magazins eingefüllt (dabei Unterseite des Magazins nach oben halten). Der Hahn ist schwenkbar, hat aber nur wie die festen Sicherungs-, Zerlege- und Verschlussfanghebel die Funktion, das Aussehen der Pistole realistisch zu gestalten. An der rechten Seite befindet sich ein Sicherungsschieber zum Sperren des Abzugs. Daten siehe Tabelle.

Die erreichten Geschossgeschwindigkeiten liegen deutlich unter denen von CO_2-Airsoft-Pistolen, wie zu erwarten ist. Das hat auch zur Folge, dass der Zusammenhang von Geschossgeschwindigkeit und -masse nicht so gut ist wie bei den CO_2-Pistolen.

Kennwerte Taurus PT 92 AF

Länge [mm]	214
Breite [mm]	143
Höhe [mm]	40
Visierlinie [mm]	157
Abzugabstand [mm]	63
Magazin Kap.	12
Masse [g]	592

Geschossmasse [g]	$v_{1,2}$ [m/s]	Energie [J]
0,1131	74,2	0,311
0,2024	72,2	0,527
0,3938	58,8	0,680

Taurus PT 92 AF
$v_{1,2}$ [m/s] = 88,4 − 39,6 M [g]; r = − 0.88

Abb. 5.5-1:
Gas Blow Back-Pistole Taurus PT 92 AF von KWC

5.6 Feder-Airsoft-Pistole mit Elektroantrieb (AEP)

Abbildung 5.6-1 zeigt die Airsoft-Pistole Modell CM.030 der chinesischen Firma CYMA. Diese Pistole im Stil der Glock-Pistolen ist mit einem Elektromotor ausgerüstet, der das Spannen der Kolbenfeder übernimmt. Motor, Getriebe, Zylinder und Kolben sind im Griff hinter dem schmalen Magazin untergebracht, der Akkumulator liegt unter dem Lauf. Eine Pistole dieses Funktionssystems wird im Englischen als Automatic Electric Pistol, kurz AEP, bezeichnet. An der rechten Seite befindet sich eine Schiebesicherung, die den Abzug sperrt. Am „Verschluss" ist links hinten ein Wahlhebel angebracht. Nach oben geschwenkt, wird beim Abziehen ein Schuss ausgelöst. Ist der Hebel nach unten geschwenkt, so werden so lange Schüsse abgegeben, wie der Abzug gezogen ist. Diese Dauerfeuer-Möglichkeit ist in Deutschland aber verboten und bei den hier verkauften AEPs nicht gegeben. Der Messinglauf ist mit einem einstellbaren Hop-Up-System ausgerüstet. Um den Akkumulator herausnehmen zu können, wird der „Verschluss" nach Drücken eines Riegels abgenommen. Zum Lieferumfang gehört ein Ladegerät.

Kennwerte AEP CM.030 CYMA (Glock)

Länge [mm]	204
Höhe [mm]	136
Breite [mm]	32
Visierlinie [mm]	164
Abzugabstand [mm]	70
Magazin-Kapazität	28
Masse [g]	622

Abb. 5.6-1:
Automatische elektrische Pistole CM.030 CYMA

6. Geschosse für Luftpistolen

Im allgemeinen Sprachgebrauch werden alle Luftgewehr- und Luftpistolengeschosse bis auf die Bolzen als Luftgewehrkugeln oder einfach als Kugeln bezeichnet, auch wenn ihre Form nicht mit der einer „richtigen" Kugel übereinstimmen. Diese Sprachgewohnheit ist historisch gewachsen. Hier werden alle Ausdrücke gleichberechtigt benutzt.

6.1 Geschosstypen

Die einfachsten Geschosse für Luftpistolen mit glatten Läufen sind Rundkugeln (Abb. 6-1a). Sie werden im allgemeinen aus Blei oder aus Eisen hergestellt und mit oder ohne galvanisch aufgebrachten Überzügen aus Blei, Kupfer, Zink oder Messing angeboten. Eisenkugeln werden meist nur in mehrschüssigen Pistolen mit glatten Läufen verwendet. Dabei nutzt man oft ihre magnetischen Eigenschaften und hält die zum Abschuss bereite Kugel mit einem kleinen Permanentmagneten in Position.

Rundkugeln aus Blei werden mit folgenden Durchmessern von Haendler & Natermann angeboten (in mm, in Klammern die „Punktkugel"-Nummer): 4,30 (# 7), 4,35 (# 8), 4,40 (# 9), 4,45 (# 10), 4,50 (# 11), 4,55 (# 12). Sie lassen sich aus glatten oder gezogenen Läufen verschießen. Man sollte sie aber nicht in Luftpistolen verwenden, die gechokte Läufe haben.

Im Englischen werden (verzinkte oder verkupferte) Rundkugeln aus Eisen mit einem Nominal-Durchmesser von 4,45 mm (Toleranzbreite 4,37 bis 4,47 mm) als BBs oder als Air Rifle Shot bezeichnet. Damit entspricht der Durchmesser dieser Geschosse etwa demjenigen der US-amerikanischen Schrotgröße BB von 4,50 mm. (Kanadisches BB-Schrot hat einen Durchmesser von 4,57 mm, englisches von 4,09 mm.) „Copperhead"-Rundkugeln von Crosman (verkupfert) wogen im Mittel 332 mg, „Quick Silver" von Daisy (verzinkt) 341 mg und Rundkugeln, die einer Webley Stinger beilagen, 343 mg. In Luftpistolen darf nur BB-Air Rifle Shot verwendet werden, wenn nichts anderes angegeben ist. BB ist ursprünglich die Abkürzung von Bulleted Breech Cap: breech cap ist das Zündhütchen für Vorderlader, bullet das Geschoss. Das Ganze war eine Patrone aus Zündhütchen und Bleigeschoss, ähnlich den Flobert-Patronen, jedoch ohne Rand.

Für Airsoft-Pistolen werden Rundkugeln in den Nennkalibern 6 und 8 mm verwendet, die aus verschiedenen Kunststoffen, Aluminium oder Eisen hergestellt werden. 6-mm-Geschosse aus reinem Eisen wiegen ca. 0,86 g, solche aus Aluminium etwa 0,30 g. Kunststoffkugeln (auch Mischungen aus Kunststoffen und anderen Materialien) wiegen von ca. 0,11 g bis 0,39 g und werden in verschiedenen Farben angeboten. Auch gibt es fluoreszierende, wohl besonders bei kleinen Drachentötern oder Weltraum-Piraten beliebt. Legt man auf passable Schussgenauigkeit Wert, sollte man bei den Geschossen auf möglichst perfekte Kugelform und glatte Oberfläche achten.

Außer den Metall- bzw. Kunststoffkugeln werden auch „biologisch abbaubare" Airsoft-Geschosse angeboten, die bei Zutritt von Feuchtigkeit quellen können. Diese Geschosse sind für Wettkämpfe im Garten sehr zu empfehlen, es sei denn, man ist Liebhaber von bunten Kügelchen auf den Beeten.

Kugeln aus Eisen und Airsoft-Geschosse werden nur aus glatten Läufen verschossen. Wegen des geringen Treibdrucks muss der Durchmesser von Rundkugeln kleiner als der Innendurchmesser des Laufes sein, wodurch eine genaue Geschossführung unmöglich wird. Auf dem Weg durch den Lauf stößt die Rundkugel mehrfach an die Wandung und wird dabei am Berührungspunkt gebremst, wodurch eine Geschossrotation in Gang gesetzt wird, deren Achse durch die Mitte (den Schwerpunkt) der Kugel und in einer Ebene quer zur Laufachse verläuft. Beim Austritt aus dem Lauf rotiert das Geschoss ebenfalls um eine solche Achse, deren Lage von Schuss zu Schuss verschieden ist, was zu ständig wechselnden Flugbahnen führt. Diese Flugbahnabweichungen beruhen auf einer aerodynamischen Erscheinung, die nach ihrem Erklärer als Magnuseffekt bezeichnet wird (H. G. Magnus 1802–1870, Prof. der Physik in Berlin).

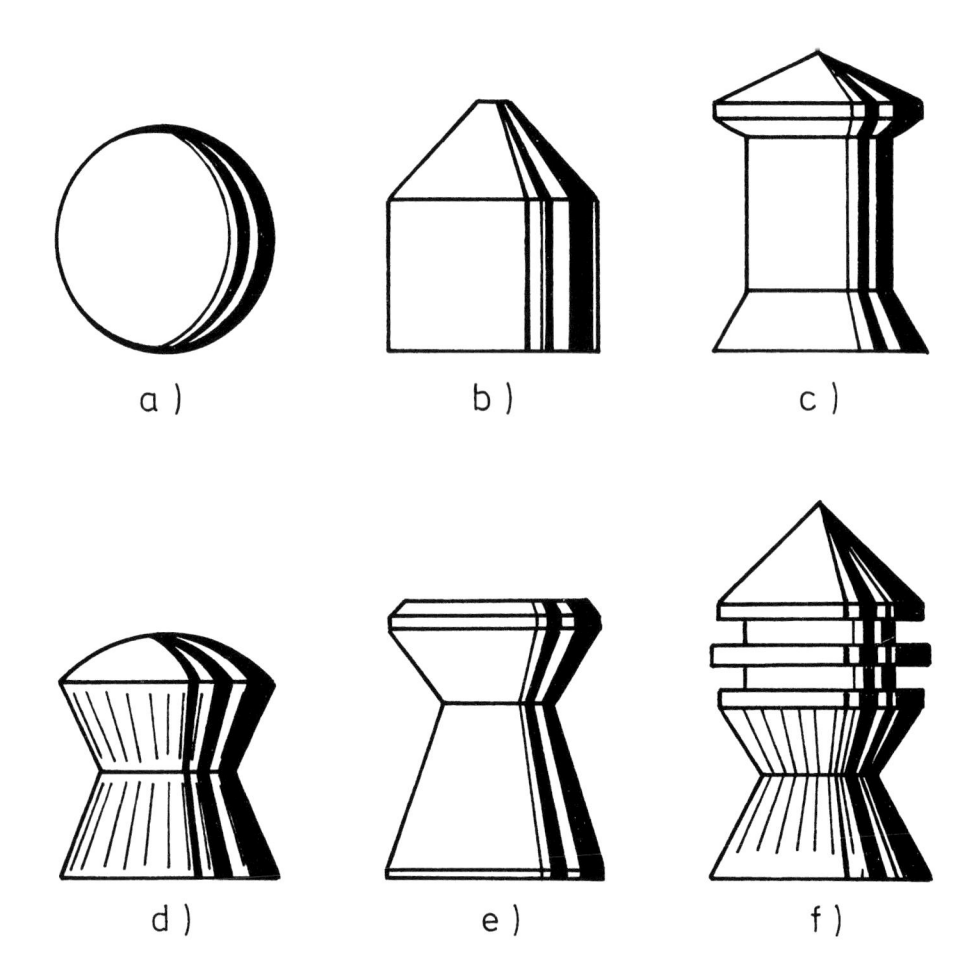

Abb. 6-1: Luftgewehr- und Luftpistolen-Geschosse. A) Rundkugel, b) Zylinder-Spitzgeschoss, c) Neue Spitz, d) Diabolo (englische Form), e) Diabolo (deutsche Form), f) Silver-Jet-Geschoss

Zur Erklärung sei auf Abbildung 6-3 verwiesen. Die Kugel K hat den Lauf verlassen und fliegt in Richtung R. Dabei rotiert die Kugel entgegen dem Uhrzeigersinn um eine Achse, die senkrecht durch den Kugelmittelpunkt M geht. Bei ihrem Flug wird die Luft vor der Kugel etwas verdichtet, hinter der Kugel herrscht ein niedriger Druck als der Umgebungsdruck. In der Grenzschicht G wird Luft von der Kugel mitgenommen und durch die Drehung der Kugel ständig unten gegen die Umgebungsluft „gepumpt", wodurch der Druck unter der Kugel vergrößert wird. Oben wird hingegen Luft von der Grenzschicht entgegen der Bewegungsrichtung der Kugel weggenommen, wodurch der Druck über ihr sinkt. Durch den Druckunterschied erfährt die Kugel eine nach oben in Richtung A wirkende Kraft, die der Schwerkraft entgegenwirkt und die Flugbahn flacher macht („Hop-Up"-System). Durch einen kleinen elastischen Nocken („Hemmklotz") B an der Mündung (Abb. 6-2) kann die Lage der Rotationsachse in Bezug auf die Pistole in gewissen Grenzen festgelegt werden.

Da der Kugeldurchmesser etwas kleiner als der Lauf-Innendurchmesser ist, schwankt die Position der Kugel beim Verlassen des Laufes, wenn nur ein (obenliegender) Hemmnocken vorhanden ist, siehe Abbildung 6-3 a. Die Kugel kann dann rechts oder links am Lauf anliegen oder auch nur mittig unten, was zu unterschiedlichen Treffpunkt-Lagen führt. Dieses Problem wird durch das BAX-System gelöst, bei dem sich kurz vor der Mündung zwei Hemmnocken befinden, wodurch das Geschoss neben der Drehung um die Querachse auch eine Dreipunkt-Führung erfährt. Dadurch erhält das Geschoss eine reproduzierbare Lage, die Streuung wird vermindert. Das BAX-System wurde von B. Marsac erfunden, EP 1 522 815, angemeldet am 14. 09. 2004, Patentinhaber Cybergun S. A., Bondoufle, FR.

Die Darstellung in Abbildung 6-2 b) entspricht im Wesentlichen der Darstellung im Patent. Die Nocken D werden hier von Schrauben im Laufmantel in den Lauf gedrückt (was in der Praxis wohl kaum zur Anwendung kommt), können aber auch auf andere Weise erzeugt werden (eingeklebtes, dünnes elastisches Material). In a) ist die normale Lage eines Hemmnockens dargestellt.

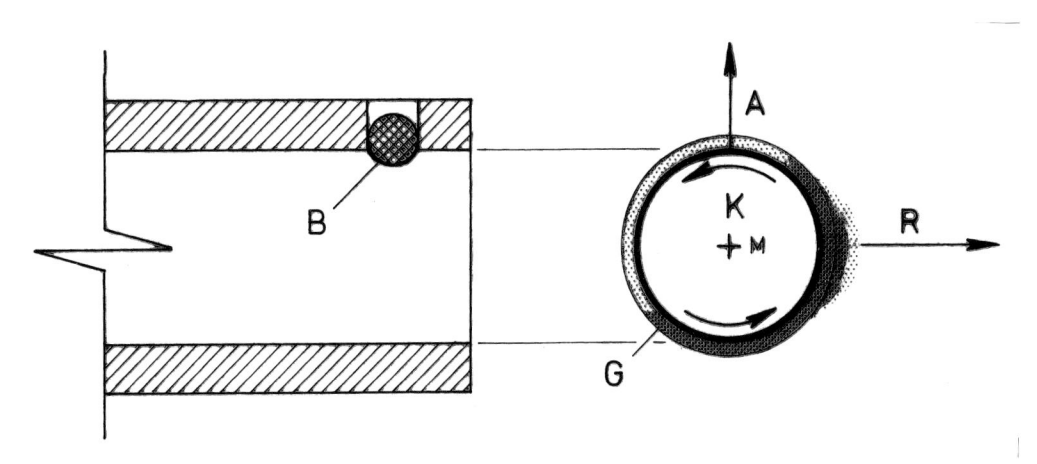

Abb. 6-2: Zur Erklärung des Magnus-Effekts. K) Kugel mit Schwerpunkt M). Die Pfeile in der Kugel geben die Rotationsrichtung an. A) Richtung der Magnuskraft, G) adhärierende Grenzschicht, R) Flugrichtung, B) elastische Bremse am Laufende.

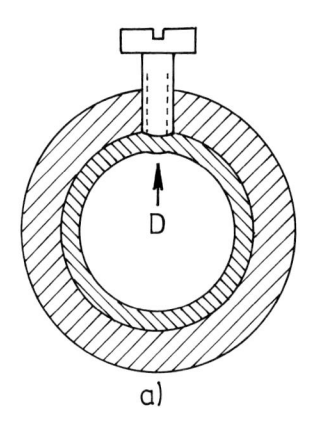

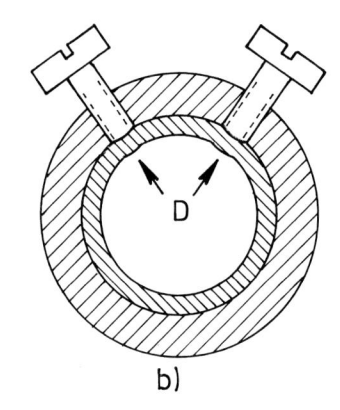

Abb. 6-3: Querschnitte durch Läufe mit Hemmnocken D zur Erzeugung der Geschossdrehung um die Querachse. A) ein Nocken oben an der Innenfläche des Laufes, b) die zwei Nocken des BAX-Systems, um 70° zueinander geneigt.

Die Spitzkugel (Abb. 6-1 b) wird ebenfalls hauptsächlich aus glatten Läufen verschossen. Da ihr zylindrischer Teil am Lauf anliegt, sollte die Reibung zwischen Lauf und Spitzkugel deutlich größer sein als bei modernen Konstruktionen, die den Lauf nur an zwei schmalen Führungsbändern berühren.

Abbildung 6-1 c zeigt die „Neue Spitz", die bis in die 1970er-Jahre von der Firma Bildstein, Mommer & Co. gefertigt wurde. Diese Kugel lieferte gute Trefferbilder und war durchaus zum sportlichen Schießen geeignet.

Heute sind Kugeln in Diaboloform am weitesten verbreitet. Bei den Diabolokugeln lassen sich mehrere Typen unterscheiden. Bei der englischen Form (siehe Abb. 6-1 d) ist der Geschosskopf abgerundet, bei der deutschen Form ist der Geschosskopf flach (siehe Abb. 6-1 e). Zum Scheibenschießen werden heute praktisch ausschließlich Diabolokugeln deutscher Form verwendet, weil man diese Kugeln in hervorragender Qualität erhält und der flache Geschosskopf auch bei kleineren Geschossgeschwindigkeiten beinahe kalibergroße Schusslöcher in die Scheibe schlägt. Früher waren alle Diabolokugeln fertigungsbedingt gerieft. Dieser Riffelung wurden unberechtigt stabilisierende Eigenschaften zugeschrieben. Moderne Fertigungsmethoden liefern glatte Geschosse höchster Präzision. Geriffelte Diabolos liefern eine größere Streuung als vergleichbare glatte Geschosse.

Die Bezeichnung Diabolo leitet sich von der Phantasiebezeichnung eines Geschicklichkeitsspieles ab, bei dem ein sanduhrförmiger Körper mit einer an zwei Stöcken befestigten Schnur in Rotation versetzt, in die Höhe geworfen und wieder aufgefangen wird. Im Englischen werden Diabolokugeln treffend auch als waisted pellets (= taillierte Kugeln) bezeichnet.

Die Diabolos erfüllen zwei Voraussetzungen, die neben großer Fertigungspräzision für das Erreichen einer geringen Streuung günstig sind: 1. genaue Führung im Lauf durch die beiden Führungsbänder; 2. günstige Gewichtsverteilung durch schweren Kopf und leichten Fuß (Pfeileffekt).

Diabolos erhält man in den Kalibern 4,5 mm, 5,5 mm und in den seltenen Kalibern 5 mm-Sheridan und 6,35 mm. Abbildung 6-4 zeigt Maßskizzen der 4,5-mm- und 5,5-mm-Geschosse. Ein SpitzGeschoss, dessen Heckpartie sich an die Diaboloform anlehnt, zeigt Abbildung 6-1 f. Es stammt aus Japan und wird in den USA als Silver Jet (Silber-Strahl) verkauft. Die Dynamit Nobel AG und Haendler & Natermann (H&N: „Silver Point") stellen ebenfalls Spitzgeschosse her, die sich von der Diabolokugel durch eine am Kopf aufgesetzte Kegelspitze unterscheiden. H&N stellt sogar Hohlspitzgeschosse in allen Luftgewehr-Kalibern her, vielleicht für den waidgerechten Schuss auf Spatz und Maus. Man darf nur nicht erwarten, daß die Hohlspitzgeschosse bei den niedrigen Luftgewehr- oder gar Luftpistolengeschwindigkeiten expandieren!

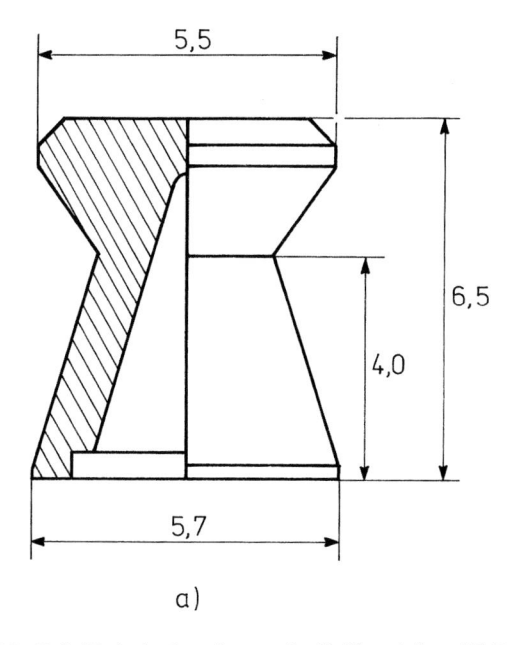

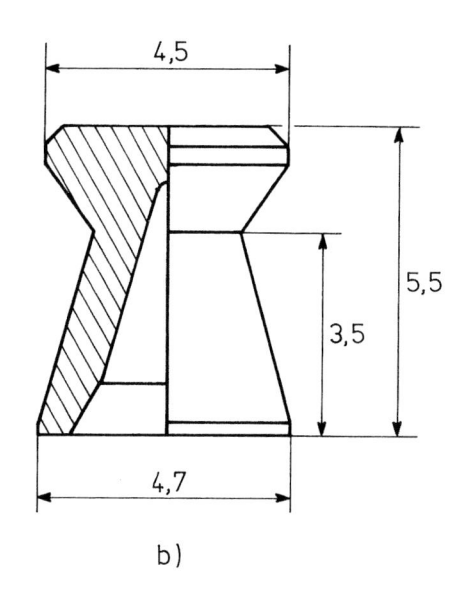

Abb. 6-4: Diabolo-Geschosse der Kaliber 4,5 und 5,5 mm im Teilschnitt mit typischen Maßen.

2008 brachte Crosman die „umweltfreundlichen" Silver Eagle (Silber Adler) 4,5-mm-Diabolo-Geschosse heraus, die aus schwach legiertem Zinn bestehen. Wegen der geringen Dichte des Zinns (7,3 g/cm³ gegenüber 11,4 g/cm³ beim Blei) wiegen die Geschosse nur 304 mg (Mittelwert). Da das Zinn der Silver-Eagle-Geschosse etwas Zink (unter 1 %) enthält, sind sie recht hart. Die Schussgenauigkeit liegt deutlich unter der von Blei-Diabolos. Da darüber hinaus Zinn deutlich teurer als Blei ist, wundert es nicht, dass die Herstellung dieser bleifreien Geschosse 2009 wieder eingestellt wurde.

Die Prometheus-Geschosse sind eine englische Entwicklung und kamen 1978/79 in den Kalibern 4,5 und 5,5 auf den Markt. Abbildung 6-5 zeigt eine Ansicht (a) und den Schnitt durch das 4,5-mm-Flachkopf-Geschoss (b) und das 4,5-mm-Rundkopf-Geschoss (c). Sie bestehen aus einem Kunststoffmantel 2, der oben und unten Führungsbänder aufweist und aus einem Zinkkörper 1, der in den Kunststoffmantel eingesetzt ist. Die mittlere Masse von jeweils 10 Geschossen betrug bei den Rundkopfgeschossen 387 mg (Standardabweichung s = 5,7 mg), bei den Flachkopfgeschossen 379 mg (s = 3,2 mg). Die Zinkeinsätze wogen 338 bzw. 328 mg. Die Schussgenauigkeit dieser Geschosse ist der von normalen Diabolos guter Qualität (H&N, RWS) weit unterlegen. Bei einer Schießentfernung von 10 m wurden mit den Prometheus-Rundkopfgeschossen 5-Schuss-Gruppen mit einem durchschnittlichen größten Abstand (GA) von 37 mm erreicht, die Flachkopfgeschosse verfehlten öfter die 135 mm² x 135 mm² große Scheibe! H&N- und RWS-Diabolos lieferten GA-Werte im Bereich von 5 bis 10 mm, verschossen aus demselben Feinwerkbau-Luftgewehr.

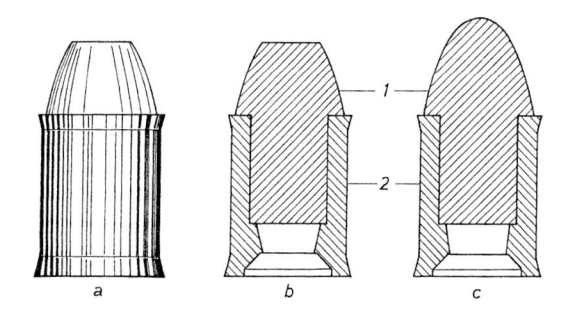

Abb. 6-5: Prometheus-Geschosse. a) und b) Flachkopf-Geschoss („Truncated Head"), c) Rundkopf-Geschoss: 1 Zinkkern, 2 Plastikmantel.

Auch wenn man die Prometheus-Geschosse als Jagd-Geschosse (Hunting Pellets steht auf den Plastikschachteln) betrachtet: Sie erlaubten keinen Schuss mit ausreichender Präzision.

Gleiches gilt für die „Rocket Destructor" (Raketen-Zerstörer) von El Gamo und den ähnlichen „Champion Fireball"-Geschossen der englischen Firma L. J. Cammell (Merseyside) Ltd. Abbildung 6-6 zeigt den Champion Fireball im Schnitt. Die Basis des 602 mg schweren Geschosses (Messwert) besteht wie üblich aus einer Blei-Antimon-Legierung. Vorn ist eine verkupferte Stahlkugel eingesetzt (Masse ca. 130 mg, Durchmesser 3,05 mm). In einem Werbeblatt heißt es über das Geschoss: Probably the only Air Gun Bullet that pierces Metal with such ease (Wahrscheinlich das einzige Luftgewehrgeschoss, das so leicht Metall durchschlägt).

Die unbefriedigende Schussgenauigkeit dieser aus zwei Teilen zusammengesetzten Geschosse ist darauf zurückzuführen, dass es schwierig ist, den Massenmittelpunkt des Geschosses ausreichend nahe an seine geometrische Längsachse zu legen.

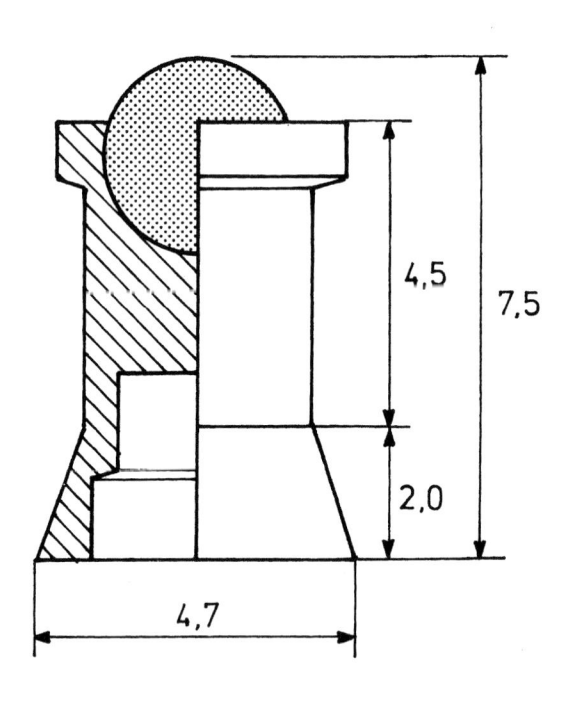

Abb. 6-6: Rocket Cammell „Champion Fireball"-Geschoss, bemaßter Teilschnitt

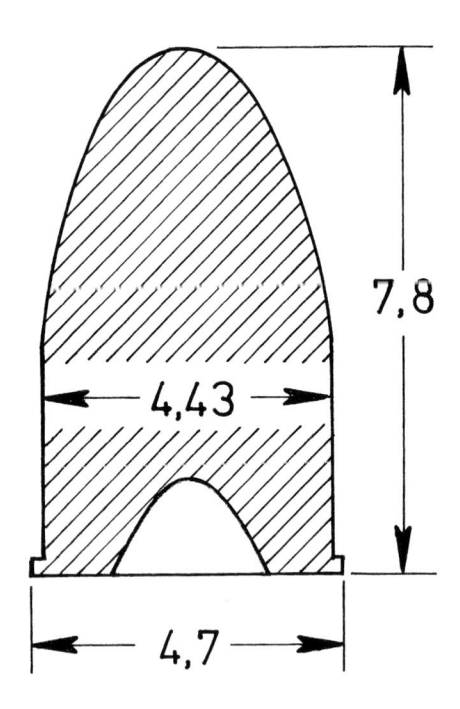

Abb. 6-7: Gegossenes Geschoss (L-E-M-Kugelform), bemaßter Schnitt.

Man kann auch Luftpistolen- bzw. Luftgewehr-Geschosse aus Blei, besser aus Blei-Zinn-Legierungen (3–5 % Zinn) gießen. Entsprechende Gießformen wurden von der Firma L-E-M Moulds, Hambleton, Nr. Blackpool, Lancs., in verschiedenen Kalibern und Formen hergestellt. Abbildung 6-6 zeigt das „Spitzer"-Geschoss im Querschnitt. Aus einer Blei-Zinn-Legierung mit ca. 3 % Zinn gegossen, wiegen die Geschosse im Durchschnitt 940 mg, sind also für das 4,5-mm-Kaliber recht schwer. Erstaunlich ist die große Konstanz der Geschossmasse, die Standardabweichung beträgt nur 6 mg, entsprechend 0,64 %. Wohl wegen des fehlenden vorderen Führungsbandes ist die Schussgenauigkeit nicht sehr groß. Bei Schießversuchen mit aufgelegtem Matchgewehr ergab sich auf 10 m bei 5-Schuss-Gruppen ein GA von 15,5 mm. Abbildung 6-8 zeigt die Kugelzange.

Abb. 6-8: L-E-M- Kugelzange mit Kokille

In erster Linie für Gewehre und Pistolen mit glatten Läufen gedacht sind die Bolzen (siehe Abb. 6-9). Die Vorderteile sind meist aus Stahl gefertigt. Wenn sie keine scharfen Kanten haben, können sie auch aus gezogenen, jedoch ungechokten Läufen verschossen werden. Die Zielscheiben müssen beim Bolzenschießen auf einem Brett oder einer Spanplatte angebracht werden, um eine Beschädigung der Bolzen zu vermeiden. Die Streuung der Bolzen ist sehr viel größer als die von Diabolokugeln, und so werden sie nur beim informellen Scheibenschießen verwendet.

Abb. 6-9: Bolzen

6.2 Geschoss, Lauf und Streuung

Wohl jeder, der sich dem Scheibenschießen verschrieben hat, stellt sich irgendwann die Frage, wie genau seine Pistole wohl schösse. Die meisten Hersteller legen ihren Matchpistolen ein Schussbild bei, das heißt einen Scheibenausschnitt mit einem Schussbild, das mit der Pistole und fünf oder zehn guten Kugeln auf eine Entfernung von 10 m geschossen sein sollte. Um menschliche Fehler auszuschalten, werden die Pistolen beim Schussbildschießen in eine Schießmaschine eingespannt. Gewöhnlich sind die Schussbilder, die den Pistolen beigefügt werden, sehr gut, das heißt der Abstand der äußeren Ränder der am weitesten auseinanderliegenden Einschüsse ist kleiner als 10 mm. Dem Hersteller dient das Schussbildschießen zur Qualitätskontrolle und als Qualitätsnachweis, dem Käufer dient es mehr zur Beruhigung, sein Geld gut angelegt zu haben. Er sollte aber auch wissen, dass seine Pistole nicht mit allen Kugeln die im Schussbild angedeutete Präzision erreicht.

Der Hersteller verwendet ohne Zweifel zum Anschießen nur beste Fertigungen. Diese Einschränkung macht deutlich, dass man die Schussgenauigkeit nicht einseitig dem Lauf oder dem Geschoss zuschreiben kann, sie ist vielmehr das Ergebnis der

"Teamarbeit" von Lauf und Geschoss. Ein schlechter Lauf liefert auch mit noch so guten Kugeln eine große Streuung, und das gleiche gilt für einen guten Lauf mit schlechten Kugeln.

Unter Streuung verstehen wir ganz allgemein die Abweichungen der einzelnen Treffpunkte vom mittleren Treffpunkt (MT). Je größer diese Abweichungen, um so größer ist die Streuung. In der Ballistik wird ebenso wie in den technischen Wissenschaften und den Naturwissenschaften die Standardabweichung als Maß für die Streuung benutzt. Der Begriff wurde in diesem Buch öfter verwendet, eine eingehende Erklärung ist jedoch in diesem Rahmen nicht am Platze. (Näheres über die Standardabweichung und allgemein über Anwendungen der Statistik auf Probleme des Schießens findet sich im Kapitel 12, Schießen, Treffen und Statistik des Buches „Faustfeuerwaffen" des Verfassers, wo auch weitere Literatur angegeben wird.)

Welche Eigenschaften muss ein Geschoss haben, damit die Streuung klein ist? Als erstes vereinfachen wir die Frage, indem wir sie auf Diabolokugeln vom Kaliber 4,5 mm beschränken. Wir tun das, weil diese Diabolos mit größerer Sorgfalt als alle anderen Kugeln gefertigt werden und deshalb allein zur Erreichung geringster Streuung geeignet sind.

Um überhaupt genau zu schießen, müssen die Diabolos zum Lauf passen, das heißt, dass der Kopfdurchmesser gleich oder bis zu etwa 0,05 mm größer als das Feldkaliber des Laufes sein muss. Ist der Kopfdurchmesser kleiner, so wird das Geschoss im Lauf nicht genau geführt; ist er größer, dann kann das Geschoss beim Einsetzen in den Lauf so verformt werden, dass es seine Rotationssymmetrie verliert. Wie eingehende Versuche gezeigt haben, sind Unterschiede des Kopfdurchmessers in den angegebenen Grenzen praktisch ohne Einfluss auf die Streuung.

Der Durchmesser des hohlen Geschossfußes ist im allgemeinen etwa 0,2 mm größer als der Durchmesser des Geschosskopfes. Der Geschossfuß übernimmt die Abdichtung gegen das Treibgas.

Das Gewicht der Geschosse sollte möglichst konstant sein. Diabolos vom Kaliber 4,5 mm wiegen je nach Typ zwischen etwa 0,45 und 0,55 g. Im Bereich der mit Luftpistolen erreichten Mündungsgeschwindigkeiten von etwa 110 bis 150 m/s vergrößert sich die Mündungsgeschwindigkeit um etwa 1 m/s bei einer Verkleinerung der Geschossmasse um 0,01 g. Die Gewichtsunterschiede einzelner Diabolos einer Fertigung liegen etwa in einem Bereich von 0,01 g. Die Unterschiede in der Mündungsgeschwindigkeit können bei guten Pistolen zum größten Teil durch die Massenunterschiede der Geschosse erklärt werden.

Geschwindigkeitsunterschiede von einigen m/s haben einen verschwindend kleinen Einfluss auf den mittleren Treffpunkt (MT), wie folgende Überlegung zeigt: Sobald das Geschoss den Lauf verlassen hat, verliert es seine Unterstützung, und es beginnt zu fallen. Die Fallstrecke f hängt von der Zeit t ab, die das Geschoss frei fällt. Es fällt auf dem Weg zur Scheibe ebenso lange, wie es fliegt.

Die Formel für f lautet: $f = 0{,}5\,g \cdot t^2$.

Setzen wir $g = 9810\ [\text{mm/s}^2]$, so erhalten wir f in Millimetern, wenn wir t in Sekunden angeben. Um uns ein Bild vom Einfluss der Geschwindigkeit auf die Treffpunktlage zu machen, betrachten wir folgendes Beispiel: Wir nehmen an, dass die Schussentfernung 10 m beträgt. Die mittlere Geschwindigkeit auf dem Weg zur Scheibe soll 135 m/s betragen, die kleinste 132 m/s, die größte 138 m/s. Die Abweichungen vom Mittelwert sind mit jeweils 3 m/s, entsprechend jeweils 2,2 Prozent, schon für normale Diabolos, eine Qualitätsluftpistole vorausgesetzt, sehr hoch.

Aus den Geschwindigkeiten und der Schussentfernung können wir die Flugzeit = Fallzeit der Geschosse in erster Näherung ausrechnen. Ist die Geschwindigkeit 135 m/s, so ist die Flugzeit t von Pistole zur Scheibe = 10/135 Sekunden = 0,074 s. Aus dieser Zeit können wir nun die Strecke f errechnen, um die das Geschoss bei seinem Weg zur Scheibe fällt. $f = 0{,}5 \cdot 9810 \cdot 0{,}074^2 = 26{,}9$ mm. In entsprechender Weise können wir die Fallstrecken für die anderen Geschwindigkeiten ausrechnen. Sind sie kleiner, so erhalten wir in bezug auf den MT einen Hochschuss, sind sie größer, einen Tiefschuss. Folgende kleine Tabelle gibt einen Überblick über die Ergebnisse dieser Rechnung:

v [m/s]	t [s]	f [mm]	df [mm]
132	0,0758	28,2	– 1,3
135	0,0741	26,9	0
138	0,0725	25,8	+ 1,1

In der letzten Spalte sind die Höhenabweichungen df in Bezug auf den MT eingetragen. Sie sind mit 1,3 mm und 1,1 mm ausgesprochen klein und ohne praktische Bedeutung.

Ist die mittlere Geschossgeschwindigkeit größer, sagen wir 150 m/s (wie etwa bei den heutigen CO_2- und Druckluftpistolen üblich), erhalten wir für gleiche prozentuale Abweichungen folgende Werte:

v [m/s]	t [s]	f [mm]	df [mm]
146,7	0,0682	22,8	1,0
150,0	0,0667	21,8	0
153,3	0,0652	20,9	0,9

Die Abweichungen sind also noch geringer, als bei der kleineren mittleren Geschwindigkeit des ersten Beispiels. Bei der Berechnung der Abweichung sind wir von der mittleren Geschwindigkeit ausgegangen. Üblicherweise werden aber die Geschossgeschwindigkeiten nahe an der Mündung gemessen, etwa im Abstand von 0,6 bis 1 m, und als Mittelwerte in Bezug auf die Messstrecke (etwa 1 bis 2 m) angegeben. Die sich dabei zeigenden relativen Geschwindigkeitsunterschiede, die im allgemeinen kleiner sind als in unseren Beispielen angenommen, verringern sich aber während des Weiterfluges des Geschosses. Das folgt daraus, dass bei guten CO_2-Pistolen oder Luftpistolen (konstante äußere Bedingungen vorausgesetzt) die Unterschiede der Geschossgeschwindigkeiten bei ein und derselben Pistole ganz überwiegend von den Unterschieden der Geschossmassen abhängen (siehe dazu weiter unten). Schwerere Geschosse verlassen den Lauf langsamer als leichtere. Da aber schwerere Geschosse auf dem Weg zur Scheibe weniger an Geschwindigkeit verlieren als leichtere gleicher Form, wird die mittlere Flugzeit von der Pistole zur Scheibe ähnlicher als die Unterschiede der Anfangsgeschwindigkeiten zunächst erwarten lassen.

Eine weitere Voraussetzung für kleine Streuung ist, dass der Massenschwerpunkt auf oder sehr nahe an der Rotationsachse des Diabolos liegt. Liegt der Massenschwerpunkt neben der Rotationsachse, so durchläuft er im Lauf eine Schraubenlinie, deren Steigung der Drallänge entspricht. Verlässt das Geschoss den Lauf, dann fliegt es in der Richtung weiter, die der Massenschwerpunkt in diesem Moment hatte. Nur wenn der Massenschwerpunkt auf oder nahe der Rotationsachse liegt, wird die Streuung klein. Besonders der Hohlraum des Geschossfußes kann bei der Herstellung leicht ein wenig exzentrisch geformt werden, so dass die Wandstärke des Fußes nicht gleichmäßig ist und der Schwerpunkt daher nicht auf der geometrischen Achse (in bezug auf die äußere Geschossform) liegt. Die Abweichung a vom MT ist um so größer, je größer die Schussentfernung e und der Abstand des Schwerpunktes d von der Rotationsachse ist. Außerdem ist a um so kleiner, je größer die Drallänge z ist. Als Formel erhält man

$$a = 2 \cdot d \cdot e / z.$$

Schießen wir mit einer Pistole, deren Drallänge z = 400 mm ist auf 10 m, so erhalten wir

$$a \, (mm) = d \cdot 2 \cdot 10\,000/400 = 50\,d.$$

Das heißt, der Abstand a des Treffers vom MT ist 50mal so groß wie der Abstand d des Massenschwerpunktes von der Rotationsachse. Ist beispielsweise d = 0,05 mm, so ist a = 2,5 mm. Diese Asymmetrie hat den größten Anteil an der Streuung guter Diabolos.

Aus einem schlechten Lauf verschossen, liefern auch die besten Diabolos nur Trefferbilder mit großer Streuung. Was ist ein guter Lauf? In bezug auf die Streuung muss er drei Forderungen erfüllen.

1. Die Drallänge muss dem Geschoss und dessen Geschwindigkeit angepasst sein. Die größte Drallänge, die das Geschoss noch ausreichend stabilisiert, liefert die geringste Streuung.

2. Die Laufinnenflächen sollen eine möglichst kleine Rauhtiefe haben.

3. Zug- und Feldkaliber sollen über die Lauflänge möglichst konstant sein. Auf keinen Fall darf der Lauf Vorderweite haben, das heißt, der Lauf darf sich nicht zur Mündung hin erweitern. Ist das der Fall, verliert das Geschoss im kritischen Moment, nämlich beim Verlassen des Laufes, die präzise Führung: Die Streuung nimmt zu.

Um eine Vorderweite sicher ausschließen zu können, werden die Match-Luftpistolenläufe von Feinwerkbau, Steyr, Walther und anderen Herstellern an der Mündung um 0,02 bis 0,04 mm verengt (gechokt). So wird sichergestellt, dass das Geschoss auf dem streuungsentscheidenden Weg an der Mündung sicher geführt wird.

Deutsche Hersteller verwenden für Match-Luftpistolen Läufe, bei denen das Feldkaliber zwischen 4,46 und 4,49 mm liegt, von Ausnahmen abgesehen. Diese Läufe erbringen mit guten Diabolos mit Kopfdurchmesser von etwa 4,48 bis 4,52 mm eine sehr geringe Streuung.

Das beim Diabolo-Geschoss angewandte Prinzip der Geschossführung durch zwei schmale Bänder (Kopf und Geschossfuß) ergibt einen geringen Reibungswiderstand zwischen Geschoss und Lauf und eine geringe Geschossstreuung. Ein anderer weniger erfolgreicher Weg wurde von E. R. Wackerhagen und J. R. Kraus bei der Konzeption der Sheridan-Bantam-Geschosse beschritten, die hier erwähnt werden, weil auch Luftpistolen in diesem 5-mm-Kaliber hergestellt werden. Sie sollten eine hohe Geschossenergie bei kleiner Streuung ermöglichen. Das Geschoss (Abb. 6-10) besitzt ein zylindrisches Vorderteil und am Geschossfuß, der dem der Diabolos ähnelt, ein Dichtband. Diese Konstruktion gewährleistet eine gute Abdichtung gegen das Treibgas und hält gleichzeitig die Reibung zwischen Lauf und Geschoss klein. Um eine geringe Streuung zu erreichen, muss der Durchmesser des zylindrischen Teils möglichst genauso groß sein wie das Feldkaliber. Ist er größer, wächst die Reibung; ist er kleiner, lässt die Präzision nach. Diese Konzeption verlangt sehr kleine Fertigungstoleranzen. Inzwischen werden auch Diabolos im Kaliber 5,0 mm angeboten, die eine kleinere Streuung als das Zylinder-Geschoss erbringen sollen.

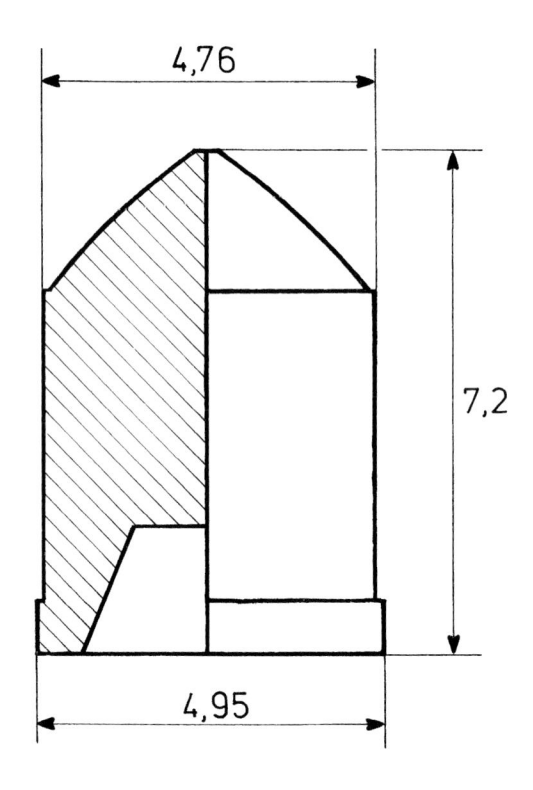

Abb. 6-10:
Das Sheridan-Bantam-Geschoss im Teilschnitt mit Maßen.

6.3 Geschossgeschwindigkeit und Schießleistung

Wir hatten oben gesehen, dass, aus ein und derselben Luftpistole verschossen, leichtere Geschosse eine größere Geschossgeschwindigkeit erreichen als schwerere (gleiche Reibung zwischen Geschoss und Lauf vorausgesetzt). Leichte Geschosse haben deswegen auch kürzere Laufzeiten. Unter Laufzeit verstehen wir die Zeit, die das Geschoss zum Passieren des Laufes benötigt. Man kann die Laufzeit T angenähert aus der Mündungsgeschwindigkeit v und der Lauflänge l errechnen. Näherungsweise gilt

$$T = \frac{3 \cdot \ell \,[m]}{2 \cdot v \,[\frac{m}{s}]}$$

Der Massenunterschied zwischen leichten und schweren Matchkugeln beträgt etwa 0,05 g. Der entsprechende Geschwindigkeitsunterschied liegt bei etwa 5 m/s. Um den Einfluss der Geschossmasse auf die Laufzeit angeben zu können, nehmen wir beispielsweise an, dass unsere Luftpistole einen 190 mm langen Lauf (ℓ) hat und die Mündungsgeschwindigkeit 130 m/s (schweres Geschoss) bzw. 135 m/s (leichtes Geschoss) beträgt. Wir erhalten dann für die Laufzeit des schweren Geschosses $T_s = 3 \cdot 0{,}19/2 \cdot 130 = 0{,}00219$ s und für die Laufzeit des leichten Geschosses $T_\ell = 3 \cdot 0{,}19/2 \cdot 135 = 0{,}00211$ s. Das leichte Geschoss benötigt also weniger Zeit für die Reise durch den Lauf. Um diesen kleinen Zeitunterschied richtig würdigen zu können, vergleichen wir ihn mit der Reaktionszeit eines schnell reagierenden Menschen, die bei 0,15 s liegt, und mit der Auslösegesamtzeit (Zeit zwischen Abziehen und dem Moment, in dem das Geschoss den Lauf verlässt), die bei Matchluftpistolen zwischen 0,004 und 0,01 s liegt. Gegen diese Zeiten ist der Laufzeitunterschied von 0,00008 (= 0,05 Prozent der Reaktionszeit oder Prozent der Auslösegesamtzeit der „schnellsten" Matchpistole!) wirklich unmerklich klein. Wir ziehen daraus den Schluss, dass Laufzeitunterschiede, die auf unterschiedlichen Geschossmassen beruhen, ohne jeden messbaren Einfluss auf die Schussleistung des Schützen sind.

Moderne Druckluftpistolen erlauben Mündungsgeschwindigkeiten von ca. 160 m/s, was einer Laufzeit von 0,0018 Sekunden entspricht. Der Laufzeitunterschied zur „langsamen Pistole" (130 m/s) beträgt mithin ca. 0,0004 Sekunden, entsprechend 0,27 % der Reaktionszeit und 10 % der Auslösegesamtzeit. Sie müssen aber wegen dieses Unterschiedes nicht ihre „langsame" Pistole gegen eine „schnelle" eintauschen. Wenn die Schüsse allerdings durch Reißen ausgelöst werden, kann eine besonders kurze Auslösegesamtzeit zu einer (vernachlässigbaren) Verbesserung des Ergebnisses führen. Keinesfalls macht eine „schnelle" Luftpistole (Gesamtauslösezeit bei 0,004 Sekunden) aus einem schlechten Schützen einen besseren (auch wenn diese Ansicht mitunter vertreten wird).

6.4 Das Kalibrieren von Geschossen

Besonders in England und in den USA werden Kalibriergeräte für Luftgewehrkugeln angeboten. Das Kalibrieren soll ihre Qualität verbessern, das heißt, die Geschossstreuung verkleinern und die Mündungsgeschwindigkeit erhöhen.

Nach einer privaten Mitteilung von Donald Nygord (dem Hersteller eines guten Kalibriergeräts) wird die Schusspräzision durch das Kalibrieren verbessert, und zwar um so mehr, je geringer die Präzision der unkalibrierten Geschosse ist. Bei sehr guten Geschossen, die Zehnschussgruppen mit durchschnittlichen GAs von 2 bis 4 mm liefern, ist keine merkliche Verbesserung der Genauigkeit mehr zu erwarten. Nygord empfiehlt, die Geschosse kurz vor der Benutzung zu kalibrieren, da bei diesem Vorgang auch die Oxidschicht am Geschossfuß entfernt wird. Übrigens hat Nygord 1981 die Weltmeisterschaft im Luftpistolenschießen mit nachkalibrierten H&N-Matchkugeln, die aus einer 500-Schuss-Dose stammten, bei einem Ergebnis von 580 Ringen gewonnen.

Wie weit man Luftgewehrgeschosse kalibrieren kann, zeigt folgendes Beispiel: In den USA wurde der „Ralston 20-cal. Pellet Sizer" angeboten (Gun Digest 31, 1977, S. 132), mit dem man 5,5-mm-Geschosse auf 5,0 mm für Sheridan-Luftgewehre und -Luftpistolen kalibrieren kann. Wie die in der angegebenen Literaturstelle abgebildeten Schussbilder zeigen, scheinen solchermaßen hergestellte 5-mm-Geschosse sogar recht genau zu schießen.

Ein Gerät zum Kalibrieren des vorderen Führungsringes von Diabolos und ähnlichen Geschossen wurde von T. R. Robb, Canvey Island, Essex, angeboten. Es besteht im Wesentlichen aus einer konischen Matrize, in die das Geschoss mit dem Kopf voran hineingedrückt wird. Je tiefer das Geschoss in die Matrize gedrückt wird, um so kleiner wird der Kopfdurchmesser. Ein einstellbarer Anschlag sorgt dafür, dass alle Geschossköpfe auf einen gleichen Durchmesser gebracht werden. Dieses System vermeidet den Nachteil des Kalibrierens auch des Geschossfußes, dessen Durchmesser 0,1 bis 0,2 mm größer als der des Kopfes sein sollte, um eine gute Ausnutzung des Treibdrucks zu erreichen.

Um den Einfluss von Geschossmasse, Geschosskopf und Geschossfußdurchmesser auf die Geschwindigkeit zu bestimmen, wurden Messungen durchgeführt, deren Ergebnisse hier kurz geschildert werden sollen.

Geschosse unterschiedlicher Masse sowie Kopf- und Fußdurchmesser sind im Handel erhältlich. Zur Veränderung des Fußdurchmessers wurden die Geschosse mittels des Nygord-Pellet-Sizers und Matrizen mit den Durchmessern D = 4,51, 4,53 und 4,55 mm kalibriert (Abb. 6-11).

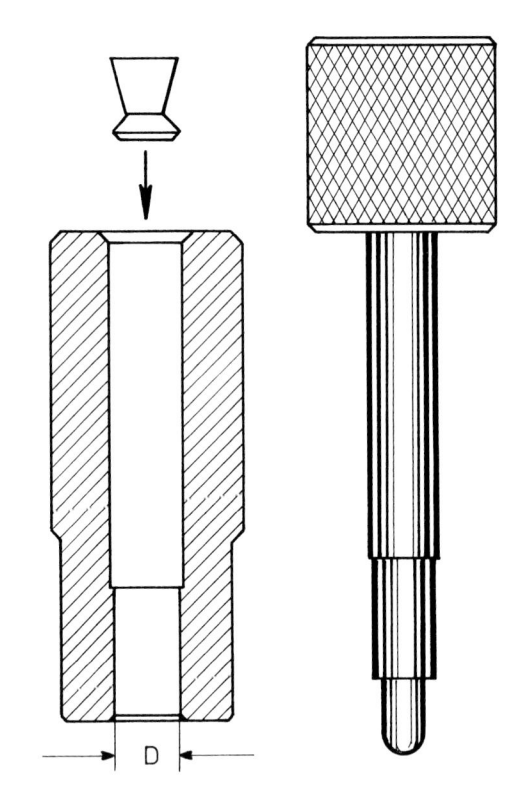

Abb. 6-11: Kalibriermatrize im Schnitt mit Stößel nach der Art des Pellet Sizer von Nygord. D = Durchmesser des Kalibrierteils.

Nach dem Kalibrieren ist der Geschossfußdurchmesser 0,005 bis 0,01 mm größer als der Durchmesser der Kalibriermatrize. Die Geschossdurchmesser wurden optisch gemessen, da man mit mechanischen Messwerkzeugen wegen der geringen Widerstandsfähigkeit der Geschosse keine genauen Resultate erhält. Tabelle 5-1 gibt einen Überblick über die Eigenschaften der Geschosse, die bei den Versuchen verwendet wurden. Bei den angegebenen Werten handelt es sich immer um Mittelwerte aus jeweils zehn Messungen, die an zehn beliebig aus der jeweiligen Packung herausgenommenen Geschossen durchgeführt worden waren. Für die Geschwindigkeitsmessungen wurden die Geschosse aus einer Feinwerkbau-Luftpistole Modell 65 verschossen. Das Laufinnenmaß dieser Pistole war von der

Firma Frankonia mit 4,49 mm bestimmt worden. (Die dazu empfohlene Maßkugel Nr. 5 ergab auch die größte und gleichmäßigste Geschossgeschwindigkeit, was aber nicht am Kopfdurchmesser liegt, sondern an dem geringsten Geschossgewicht aller geprüften Geschosse und an der geringsten Schwankung des Geschossgewichts.) Die Mittelwerte der Geschwindigkeiten (2 m vor der Mündung gemessen) konnten nun den mittleren Massen, den Kopf- und den Fußdurchmessern zugeordnet werden. Die Ergebnisse dieser Untersuchung sind im Folgenden kurz zusammengefasst worden.

6.5 Die Abhängigkeit der Geschossgeschwindigkeit von der Geschossmasse

Von allen untersuchten Parametern hat die Geschossmasse den größten Einfluss auf die Geschossgeschwindigkeit. Der Einfluss ist so groß, dass die Effekte von Geschosskopf- und Geschossfußdurchmesser von ihm stark überlagert werden.

Tabelle 6-1: Maße der untersuchten Geschosse

	RWS-Meisterkugeln für		Frankonia-Maßkugeln				
	LG und LP (gelbe P.)	LP (blaue P.)	Nr. 3	Nr. 4	Nr. 5	Nr. 6	Nr. 7
Soll-Geschosskopf-durchmesser [mm]	nicht angegeben		4,47	4,48	4,49	4,50	4,51
Mittlerer Geschoss-kopfdurchm. [mm]	4,51	4,52	4,44	4,50	4,51	4,53	4,53
Skd [mm]	0,017	0,010	0,014	0,009	0,009	0,004	0,008
Mittlerer Geschoss-fußdurchm. [mm]	4,75	4,76	4,72	4,71	4,71	4,73	4,70
Sfd [mm]	0,032	0,016	0,037	0,024	0,020	0,028	0,016
Mittlere Geschoss-masse [mg]	544	505	471	475	456	497	478
Sgm [mg]	4,48	4,39	4,39	4,51	2,46	2,45	2,87

Skd, Sfd und Sgm bezeichnen die Standardabweichungen von Geschosskopfdurchmesser, Geschossfußdurchmesser und Geschossmasse. Die Standardabweichung sagt etwas über die Maßhaltigkeit der untersuchten Probe aus. Je kleiner die Standardabweichung, um so kleiner sind die Abweichungen der einzelnen Meßwerte vom Mittelwert.

Da die Geschossgeschwindigkeit um so größer ist, je kleiner die Geschossmasse, wurden die Ergebnisse für die unterschiedlich kalibrierten Geschosse durch Geraden der Art $v = a + b/M$ dargestellt. Hier ist v die Geschossgeschwindigkeit in m/s (2 m vor der Mündung), a und b sind Konstanten und M ist die Geschossmasse in mg (Milligramm, 1000 mg = 1 g). Die mittels Ausgleichsrechnung aus den Messwerten für die verschiedenen Fußdurchmesser errechneten Formeln für die Geschwindigkeit findet man in Tabelle 6-2.

Tabelle 6-2: Geschossgeschwindigkeiten in Abhängigkeit von der Geschossmasse bei unterschiedlicher Kalibrierung des Geschossfußes

Durchmesser des Geschossfußes nach Kalibrierung [mm]	Formel für v in m/s in Abhängigkeit von m in mg	r
unkalibriert	$v = 22{,}6 + 74\,210/M$	0,95
4,52	$v = 63{,}3 + 31\,476/M$	0,96
4,535	$v = 6{,}7 + 59720/M$	0,93
4,545	$v = 10{,}5 + 58\,805/M$	0,95
4,565	$v = 15{,}4 + 69614/M$	0,94

Sie gelten im untersuchten Bereich der Geschwindigkeiten (etwa von 110 bis 145 m/s) und Massen (etwa 450 bis 550 mg) bei den angegebenen Geschossfuß-Durchmessern. Werden andere Pistolentypen, etwa Druckluft- oder CO_2-Pistolen, für ähnliche Messungen verwendet, so ist mit anderen Ergebnissen zu rechnen. In der letzten Spalte der Tabelle ist der Korrelationskoeffizient r aufgeführt worden. Er gibt an, wie gut sich die Messwerte durch die Formel wiedergeben lassen. Ist r = 1, so passen sie genau zur Formel. Im vorliegenden Fall ist die Wiedergabe der Messwerte durch die Formeln gut, wie die r-Werte von 0,93 bis 0,96 zeigen.

Eine Untersuchung der Abhängigkeit der Geschossgeschwindigkeit von der Geschossmasse mit verschiedenen Pistolen, Treibgasen und Geschossen, deren Massen einen weiten Bereich umfassten, bestätigt die Annahme des großen Einflusses der Masse auf die Geschwindigkeit. Die Ergebnisse der Untersuchung sind in Tabelle 6-3 und Abbildung 6-12 zusammengefasst worden. Für die Messungen wurden folgende H&N-Geschosse verschossen, deren durchschnittliche Massen angegeben werden: Finale Match 459 mg, Diabolo Sport 524 mg, Field & Target Trophy 567 mg, Baracuda Match 679 mg und Silver Point 744 mg.

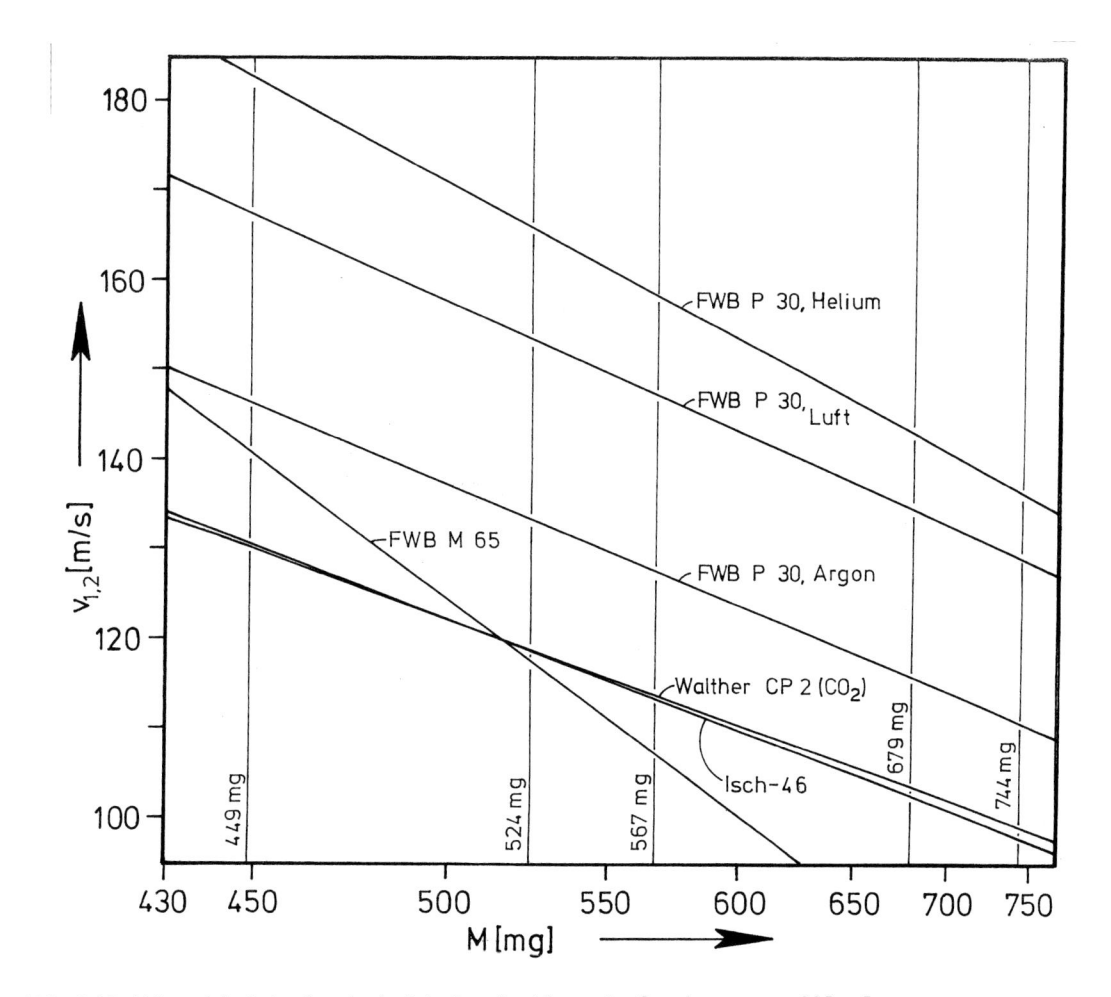

Abb. 6-12: Abhängigkeit der Geschwindigkeit $v_{1,2}$ [m/s] von der Geschossmasse M [mg]

Tabelle 6-3: Geschossgeschwindigkeiten in Abhängigkeit von der Geschossmasse für verschiedene Pistolen und Treibgase

Pistole	Treibmittel	a	b	r
Hämmerli	CO_2	57,0	24937	0,999
Single	N_2O	40,8	29376	0,994
Walther CP 2	CO_2	52,1	34968	0,991
FWB M 65	Feder/Luft	-21,2	72712	0,982
Isch-46	Druckluft	47,3	37396	0,970
FWB P 30	Druckluft	70,5	43518	0,999
	Helium	66,0	52436	0,999
	Argon	57,6	39846	0,999

Geschosse für Luftpistolen

Auf die Eigenschaften der etwas ungewöhnlichen Treibmittel N_2O (Lachgas) und Helium wird an anderen Stellen eingegangen. Die Geschossgeschwindigkeit wurde jeweils 1,2 m vor der Mündung gemessen, die Länge der Meßstrecke betrug 2 m.

Die Mittelwerte der gemessenen Geschwindigkeiten wurden mit den jeweils erhaltenen mittleren Geschossmassen durch Ausgleichsrechnung verknüpft, wobei wieder die Formel

$v_{1,2} = a + b/M$

angesetzt wurde. Die a- und b-Werte können der Tabelle entnommen werden. Die Korrelationskoeffizienten r liegen durchweg sehr nahe bei 1, was zeigt, dass die Gleichungen die Abhängigkeit ausgezeichnet wiedergeben. Für die mit Druckluft betriebene Feinwerkbau-Pistole P 30 und H&N Finale-Match-Geschosse erhält man z.B.

$v_{1,2} = 70{,}5 + 43518/459 = 165{,}3$ m/s.

Die b-Werte in Tabelle 6-3 für obige Gleichung geben die Steigung der Geraden an, die die Abhängigkeit der Geschossgeschwindigkeit $v_{1,2}$ vom Kehrwert der Geschossmasse $1/M$ darstellt. Für den Zusammenhang von $v_{1,2}$ und M ergibt sich daraus, dass die Geschwindigkeitsänderung bei einer Massenänderung mit $-b/M^2$ erfolgt ($dv_{1,2}/dM = -b/M^2$). Schützen, die gesteigerten Wert auf konstante Geschossgeschwindigkeit legen, müssen bei der Auswahl der Geschosse beachten, dass deren Masse möglichst wenig schwankt. Je kleiner die Massenunterschiede und je schwerer das Geschoss, um so kleiner sind die Geschwindigkeitsunterschiede von Schuss zu Schuss. Zum anderen müssen sie eine Pistole wählen, bei der der b-Wert (siehe obige Gleichung und Tabelle 6-3) möglichst klein ist. (Das beliebte Geschwindigkeitsmessen allein sagt wenig über die Pistole aus, viel jedoch über die Gewichtskonstanz der Geschosse.)

6.6 Die Abhängigkeit der Geschossgeschwindigkeit vom Kalibriermaß und vom Kopfdurchmesser

Durch das Kalibrieren wird der Durchmesser des Geschossfußes verändert und, wenn der Kopfdurchmesser ursprünglich größer als der Durchmesser der Kalibriermatrize ist, auch der des Geschosskopfes. Durch Geschwindigkeitsmessungen mit Geschossen, die sich nur durch den Fußdurchmesser unterscheiden, ist die Bestimmung des Einflusses dieses Kennmaßes auf die Geschossgeschwindigkeit möglich. Die diesbezüglichen Messwerte sind in Tabelle 6-4 zusammengestellt worden. Die Geschwindigkeit hängt neben dem Treibdruck auch vom Fußdurchmesser und damit vom Einpresswiderstand des Geschosses vom Geschosslager in den Lauf ab. Der Einpresswiderstand ist wiederum nicht nur vom Fußdurchmesser, sondern auch von der Wandstärke des Geschossfußes abhängig. Bei leichten Kugeln mit dünner Fußwandung wurden bei Kalibrierung die größten Geschwindigkeiten erreicht, wenn der Fußdurchmesser um 0,05 mm über dem (Feld-)Kaliber des Laufes lag. Die Geschwindigkeit so kalibrierter Geschosse unterscheidet sich aber nicht wesentlich von derjenigen unkalibrierter Geschosse. Bei Geschossen mit stärkerer Fußwandung ist dagegen eine deutliche Geschwindigkeitserhöhung durch geeignetes Kalibrieren zu erreichen.

Eine Auswertung der Messergebnisse im Hinblick auf die Abhängigkeit der Geschwindigkeit vom Geschosskopf-Durchmesser ergibt, dass sie mit zunehmendem Kopfdurchmesser kleiner wird. Dieses Ergebnis bestätigt unsere Erwartung, dass größerer Geschosskopfdurchmesser größere Reibung und damit geringere Geschwindigkeit bedeutet. Zu einer stichhaltigen, quantitativen Deutung reichen die Messungen allerdings nicht.

Tabelle 6-4: Geschossgeschwindigkeiten, Geschossfuß-Durchmesser und Geschossmassen von verschiedenen Geschossfertigungen

Geschossfuß-Durchmesser [mm]	RWS-Meisterkugeln für		Frankonia-Maßkugeln				
	LG u. LP (gelbe P.)	LP (blaue P.)	Nr. 3	Nr. 4	Nr. 5	Nr. 6	Nr. 7
nicht kalibriert	115,7 4,75*)	124,9 4,76*)	137,4 4,72*)	135,7 4,71*)	141,0 4,71*)	122,2 4,73*)	129,1 4,70*)
D = 4,565	114,4	123,8	134,3	133,3	137,9	119,0	128,3
D = 4,545	120,3	126,6	137,8	136,0	139,9	125,8	130,8
D = 4,535	118,4	126,0	135,2	133,9	138,9	121,6	129,2
D = 4,52	120,9	125,5	130,0	128,3	131,9	126,9	131,2
Geschossmasse [mg]	544	505	471	475	456	497	478

*) und D = Durchmesser des Geschossfußes in mm

Eine vollständige Klärung des Zusammenhangs zwischen den Eigenschaften von Geschoss und Pistole einerseits und Geschossgeschwindigkeit andererseits erfordert noch sehr viel Arbeit. Ebenso verhält es sich mit der technischen Präzision. Besonders auf diesem Gebiet werden oft Behauptungen aufgestellt, denen jede gesicherte Basis fehlt.

6.7 Das Setzen von Geschossen

Unter Setzen verstehen wir das Hineindrücken von Geschossen in das hintere Laufende und zwar so weit, dass Geschosskopf und Geschossfuß im gezogenen Teil des Laufes liegen. Ähnlich wie das Kalibrieren ist das Setzen in den englischsprachigen Ländern verbreiteter als bei uns. Um über den Einfluss des Setzens Aussagen machen zu können, wurden Geschwindigkeitsmessungen mit drei verschiedenen Luftpistolen bei jeweils drei unterschiedlichen Setztiefen durchgeführt. Zu allen Versuchen wurden H&N-Matchkugeln verwendet.

Bei den Luftpistolen handelte es sich um eine Feinwerkbau (Modell 65), eine Air Match (Modell 600) und um eine Weihrauch-Pistole (Modell HW 70). Bei jeder Setztiefe wurden zehn Messungen durchgeführt. Die dazugehörigen Mittelwerte der Geschwindigkeiten v (2 m vor der Mündung gemessen) und die Standardabweichungen S finden sich in nachstehender Tabelle. Zur Kontrolle wurden außerdem jeweils zehn Schuss mit normal in den Lauf eingeführten Geschossen gemessen. Zum Setzen wurde das in Abbildung 6-13 dargestellte kleine Gerät benutzt. Die Setzstößel unterschiedlicher Länge werden in den „Griff" eingeschraubt. Um Beschädigungen des Laufes auszuschließen, wurde das Gerät aus Aluminium gefertigt. Die Länge des Setzstößels ist nicht gleich der Setztiefe des Geschosses, weil das abgerundete vordere Ende beim Setzen etwa 2 mm im Geschossfuß liegt.

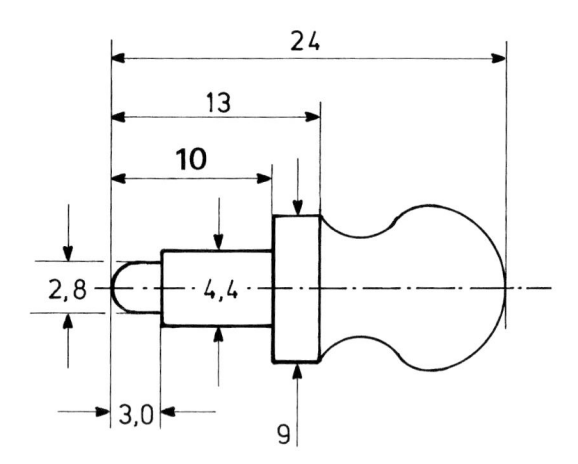

Abb. 6-13: Geschosssetzgerät, wie bei den Versuchen benutzt.

Beim Setzen der Geschosse passieren zwei Dinge, die Einfluss auf die Geschossgeschwindigkeit haben. Einmal wird das Geschoss beim Setzen kalibriert. Wir haben oben gesehen, dass Geschosse mit auf 4,53 mm kalibrierten Füßen eine größere Anfangsgeschwindigkeit zeigen als unkalibrierte Geschosse. Das ist auch leicht zu verstehen, ist doch bei so kalibrierten Geschossen die Einpressarbeit, die von der komprimierten Luft am Geschoss geleistet werden muss, kleiner als bei Geschossen mit unkalibriertem Fuß. Die beim Einpressen eingesparte Energie steht zum Teil zur Beschleunigung des Geschosses zur Verfügung.

Modell		Kontrollmessung	4-mm-Setzer	10-mm-Setzer	15-mm-Setzer
Feinwerkbau	v	127,5	136,4	133,4	119,9
Modell 65	S	1,70	2,29	1,75	4,441
Air Match	v	119,0	119,9	117,7	116,1
Modell 600	S	0,80	0,99	1,00	1,85
Weihrauch	v	93,2	111,6	113,0	114,6
Modell HW 70	S	3,21	4,09	4,34	3,44

Entsprechendes gilt bei den gesetzten Geschossen: Die Einpressarbeit verrichtet der Schütze. Zur Beschleunigung des Geschosses steht deshalb mehr Energie an. Die Geschossgeschwindigkeit ist größer als bei ungesetzten Geschossen. Ein Blick in die Tabelle zeigt, dass in der Tat die mit dem 4-mm-Setzer etwa 2 mm weit in den Lauf geschobenen Kugeln eine größere Geschossgeschwindigkeit haben als normal geladene Geschosse (diese Werte finden sich in der Spalte „Kontrollmessung"). Die Geschwindigkeitszunahme ist besonders groß bei den Federluftpistolen; bei der Druckluftpistole Air Match ist sie wesentlich kleiner (aber auch statistisch signifikant, was bedeutet, dass der Unterschied von 0,9 m/s höchstwahrscheinlich nicht zufällig zustande gekommen ist).

Bei größeren Setztiefen nimmt die Geschossgeschwindigkeit bei der Feinwerkbau-Pistole und bei der Air-Match wieder ab. Dieses Verhalten erklärt sich aus mit zunehmender Setztiefe kleiner werdendem anfänglichen Treibdruck: Die in der Pistole erzeugte Druckluft strömt zunächst in einen (beinahe) leeren Raum, der Druck, der auf das Geschoss wirkt, wird gesenkt. Anders ausgedrückt: Das Setzen verschlechtert das Kompressionsverhältnis, und die Leistung sinkt. Je kleiner die Kompression, um so geringer ist die Leistung.

Der Geschwindigkeitsanstieg bei der Air-Match-Pistole ist sehr klein, was darauf beruht, dass beim Schließen der Pistole das Geschoss bereits um etwa 1,5 mm in den hinten schwach erweiterten Lauf automatisch eingedrückt wird. Das Geschoss wird also beim normalen Laden etwas kalibriert.

Der stetige Anstieg der Geschossgeschwindigkeit mit zunehmender Setztiefe bei der Weihrauch-Luftpistole ist statistisch nicht signifikant, das heißt, es ist durchaus möglich, dass der Anstieg nur auf Zufällen beruht, was durch die große Standardabweichung S bei nur kleinen Geschwindigkeitsunterschieden folgt.

Über die Abhängigkeit der Geschossstreuung vom Setzen liegen bisher keine Untersuchungen vor. Wenn die Geschosse beim Setzen nicht beschädigt werden, ist keine Vergrößerung der Streuung zu erwarten.

6.8 Die Alterung von Geschossen

Luftpistolenkugeln bestehen im Normalfall aus Hüttenweichblei mit 99,90 bis 99,94 Prozent Blei. Die metallisch glänzende Farbe frischer Geschosse ist leicht grau. Lagert man sie längere Zeit bei Luftzutritt, so verschwindet der metallische Glanz, und die Geschosse überziehen sich mit einer grauen Schicht, die im Laufe der Zeit heller wird. Sie besteht zunächst aus Bleioxid und geht schnell in Bleikarbonat, gegebenenfalls in Bleisulfat über. Von trockener Luft wird Blei nicht angegriffen. Solange man also die Blechschachteln, in denen Luftgewehrkugeln normalerweise geliefert werden, mit selbstklebendem Band verschlossen hält, kann sich die Geschossoberfläche nicht verändern, die Geschosse bleiben frisch.

Geschosse mit stärker angegriffener Oberfläche weisen eine größere Streuung als frische Geschosse auf. Was im einzelnen für diese Verschlechterung verantwortlich ist, wurde bisher nicht untersucht. Gleichfalls gibt es keine unter kontrollierten Bedingungen durchgeführte Untersuchung über den Zusammenhang zwischen Korrosion und Streuung.

Literatrur zum Thema Luftpistolen, ein sicher nicht vollständiges Verzeichnis

1.) Air Gun Digest (DBI Books, Inc.), mehrere Ausgaben, ISBN 0-87349-154

2.) R. D. Beeman, J. B. Allen, S. P. Fjestad: Blue Book of Airguns, 9th Edition (Blue Book Publications, Inc. Minneapolis, 2011). Das Buch bietet eine Fülle von Informationen über Luft- und CO_2-Pistolen und Gewehre mit Angaben zu Preisen.

3.) G. Bruce: Webley Air Pistols, Their History and Development (Robert Hale, London, 2001). Wichtiges Werk für den Sammler von Feder- und Webley-Luftpistolen.

4.) E. G. Dieter: Luftgewehre und Luftpistolen nach 1945 aus Suhl und Zella-Mehlis (Verlag WTeS®, Suhl, 2002)

5.) A. Dunathan: The American B. B. Gun (R&R Books, Livonia, NY 1997)

6.) R. E. Elbe: Know Your Sheridan Rifles & Pistols (Blacksmith Corp., 1993, ISBN 0-941540-19-7)

7.) D. T. Fletcher: 75 Years of Crosman Airguns (DT Fletcher, Portland, Oregon, 2. Auflage, 1999)

8.) J. Griffiths: The Encyclopedia of Spring Air Pistols (Ashlea Publications, Garforth, Leeds U. K. 2008). Das bedeutende Werk über Federluftpistolen.

9.) D. E. Hiller: The Collector's Guide to Air Pistols, zweite Ausgabe 1982 (ISBN 0-950704-63-6)

10.) A. Hoff: Windbüchsen und andere Druckluftwaffen (Paul Parey, Hamburg und Berlin, 1977. ISBN 3-490-08212-5)

11.) Cass S. Hough: It´s a Daisy (Daisy Division, Victor Comptometer Corporation, Rogers, Arkansas, 1976)

12.) J. E. House: CO_2 Pistols & Rifles (kp Krause publications, Iola, WI, 2003)

13.) W. H. B. Smith: Gas, Air and Spring Guns of the World (Military Service Publishing Co., Harrisburg, PA, 1957)

14.) N. Punchard: Daisy Air Rifles and BB Guns (MBI Publishing Co., St. Paul, MN, USA, 2002)

15.) J. Walter: Das Buch der Luftdruckwaffen (Motorbuch Verlag Stuttgart,1982)

16.) L. Wesley: Air Guns and Air Pistols (Cassell & Co., Ltd., London, 6. Ausgabe 1971)

17.) E.G. Wolff: Air Guns (Duckett's Publishing Co., Tempe, AZ, 1997, ursprünglich 1958 vom Milwaukee Public Museum veröffentlicht)

Index

Absorber	22, 131	Bildstein, Mommer & Co.	268
Adiabatenexponent	11	Bleikarbonat	283
adiabatisch	11	Bleisulfat	283
Aeron M B 96	248	Blow Back	254
Aeron M Chameleon	229	Blow LP	91
Aicher, Hans	130	Bock, G.	43
Air Match m C. U. 400 u. 600	113	Bond, James	77
Air Rifle Shot	265	Borisowitsch, A. B.	214
Airsoft-Pistolen	253	Brocock-Druckluftpatrone	150
Allan, Arthur	91	Bruce, Gordon	80
Altenburger, E.	94	BSA 240 Magnum	33
Alterung von Geschossen	283	BSA Guns Ltd.	33
Altona	29	BSF	27
Anics M A-2002 Berkut	217	Busch, W.	7
Anics M Beretta A-9000 S	216	Cammel, L. J.	270
Anics-CO2-Pistolen	166	Carbona	172
Anics-Magazin	168	Center	48
Anschütz	146	Chameleon	229
Anschütz LP@ Anschütz	146	Champion Fireball	270
Anschütz M5 Junior	146	Chemical Check GmbH	254
Anschütz-SAM M10	146	Ciro-Griff	126
Anschütz, J. G.	26	CO_2-Matchpistolen	228
Anstechdorn	161	CO_2-Pistolen	153, 185
Anstechdüse	164	CO_2-Revolver	185
Auslösegesamtzeit	275	CO_2, Eigenschaften	154
Baikal CO2-Pistolen	209	Coleman Co.	105
Baikal M Isch-33	117	Colette	44
Baikal M Isch-46	117	Colt, Samuel	159
Baikal MP-651 K	211	Condor DU-10	248
Baikal MP-654 K	209	Copperhead	265
Baikal MP-655 K	212	Cougar	67
Baikal MP-672	142	Crane, J. W.	190
Baikal-Luftpistolen	56	Critter Gitter	202
Barakuda EL-54	12	Crosman 157 Pellgun	185
Barakuda- Luftgewehr	11	Crosman 1600 BB-Matic	190
Barthelmes KG	70	Crosman 1861 Shiloh	186
Barthelmes, F.	70	Crosman Air Guns Div.	105
Bax-System	258	Crosman M 1008 Repeatair	192
Bax-System	267	Crosman M 1740 u. 2240	195
Bayerische Sportwaffenfabrik	27	Crosman M 338	191
BB	265	Crosman M 3574 GT u. 3576 GT	187
Begadi	254	Crosman M 454	190
Belden, Frank A.	159	Crosman M Auto Air II	194
Benjamin Air Rifle Co.	104	Crosman M C 40	166, 192
Benjamin M. 130	104	Crosman M M 357	166
Benjamin M. 232	104	Crosman M Single Six	153
Benjamin M. 237	104	Crosman M. 1300 Medalist	105
Benjamin M. 242 u. 247	104	Crosman M. 1322	102
Benjamin-Sheridan	104	Crosman M. 1377	102
Benjamin-Sheridan M. H 17, H 20 u. H22	104	Crosman No. 111 u. No. 112	185
Bennigsen	51	Crosman Peacemaker 44	186
Bergmann	29	Crosman Skanaker M 88	230
Bergmann, W.	178	Crosman-Pistole M 600	188

Crosman-Pistole Mark I u. Mark II	189	Druckluftpatrone	149
Crosman-Revolver M 38C u. 38 T	186	Druckluftpistole	101
Crown-Kartuschen	151	Druckminderventil	123
Custom Match	27	Duden	8
Cybergun S. A.	267	EG	31
CYMA AEP-Glock (Airsoft)	264	Eichstädt, U.	102
Daisy	34	Eisenwerke Gaggenau	30
Daisy M 200	196	El Gamo 27,	48, 105
Daisy M 400	201	El Gamo M. P-800	48
Daisy M 454 Repeater	202	El Gamo R-77	166
Daisy M 717 u. 747	114	EM-GE	43
Daisy M 780 u. M 790	200	EM-GE M. 100	46
Daisy M 807	202	EM-GE M. 101	46
Daisy M 91	231	EM-GE M. 102	46
Daisy M 93	200	EM-GE M. LP 3	45
Daisy M CK 92	199	EM-GE M. LP 3a	
Daisy M. 188	34	EM-GE Zenit	17
Daisy M. 288	34	Emde, D.	219
Daisy Manufacturing Co.	114, 195	Enser Sportwaffen GmbH	70
Daisy Powerline 1200	197	Equalizer-Magnetabsorbersystem	24, 139
Daisy Powerline 2003	204	ETW	50
Daisy Powerline 44	198	Excellent-Gasgewehr	178
Daisy Powerline 45	203	F.A.S. M AP 604	114
Daisy Powerline 617X u. 622 X	199	Falcon	48
Daisy Powerline M 92	199	Falke	53
Daisy-V/L-Gewehr	11	Falke M. 33	53
Dale, James	202	Faraday, M.	170
Deflektor (Feinwerkbau)	127	Federluftpistolen	9
Deflektor (Steyr)	127	FEG GPM-01 u. GPM-02	231
Deflektor (Walther LP 400)	128	Feinwerkbau „System Idl"	183
Devillers	173	Feinwerkbau	23
Dewexco	150	Feinwerkbau	94
Diabologeschosse	268	Feinwerkbau M 100	116
Diana CO2-Revolver	204	Feinwerkbau M 102	116
Diana M 5	39, 40	Feinwerkbau M 103	116
Diana M 5 G	41	Feinwerkbau M 2 u. 2 Junior	232
Diana M LP8 Magnum	42	Feinwerkbau M C 10 u. C 20	233
Diana M. 10	93	Feinwerkbau M C 25	234
Diana M. 2	36	Feinwerkbau M C 5	249
Diana M. 3	38	Feinwerkbau M C 5 u. C 55	133
Diana M. 6	92	Feinwerkbau M C55	249
Diana M. 6 G	92	Feinwerkbau M P 30	131
Diana M. 6 M	92	Feinwerkbau M P 34	131
Diana M. 8	34	Feinwerkbau M P 40	131
Diana M. P5 Magnum		Feinwerkbau M P 44	131
DIANA SERIES 70	68	Feinwerkbau M P 55 u. P 56	133
Dianawerk Mayer & Grammelspacher	34	Feinwerkbau M. 65	95
Dieselkraftstoff	11	Feinwerkbau M. 80	96
Dieseln	11	Feinwerkbau M. 90 electronic	97
Diethyläther	11	Firehornet	80, 98
Distickstoffoxid	159	Firehornet	98
Dolla LP	62	Fluorchlorkohlenwasserstoff	254
Drägerwerk Lübek	123	Flürsheim LP	30

Flürscheim, Michael	30, 77	Hämmerli Master	235
FLZ	62	Hämmerli Rapid	250
Föhrenbach	51	Hämmerli Single	235
Foss, Wilhelm	85	Hämmerli, J. U.	98
Freon	254	Hämmerli/Lenzburg	140
Frigen	254	Hand, D. R.	190
fünfschüssig	133	Harrington & Son	54
fünfschüssige CO2-Matchpistolen	247	Hatsan Arms Co.	80, 98
Furtwangen	60	Haven, Charles T.	159
Galan, J. I.	190	Haviland, B.	30, 77
Gamo	105	Healthways, Inc.	55, 205
Gamo Auto 45	208	Hebler, Professor	176
Gamo M R-77 u. R-77 Combat	207	Helium	125
Gamo M. AF-10	105	Herkules LP	43
Gamo M. Compact	106	HGC-312 Airsoft	261
Gamo M. PR-15	105	Hjelmquist, St.	43
Gamo M. PR-45	106	Hohlspitzgeschoss	268
Gamo P-23	208	Holsboer, H.	151
Gamo R-77	166	Hop-Up-System	267
Gat, The	54	Hough, L. C.	195
German Sport Guns	253	House, James E.	8, 188
Gerstenberger & Eberwein	43	HS 9 A	74
Giffard CO2-Pistole	172	HS-M 71	75
Giffard Druckluft-Pistole	171	Hubertus Metallwerke Schlüter und Sohn	60
Giffard, Paul	149	Huberus LP	64
Giffard, Paul	170	Hurricane	79
Girandoni-Gewehr	101	Hüttenweichblei	283
Giss, Kurt	92	Idl, V.	182, 229
Grammelspacher, J.	34	Impulserhaltungssatz	18
Green Gas	254	Industrias Gamo	207
Greener, H.	47	Isch 40	56
Griffiths	58	Isch 53 M	56
GST	50	Ischjewsker Waffenfabrik	43
Gun Digest	87	Ischmasch	56
Gunn, G. P.	30, 77	Ischmech	56, 209
Gussenstedt	43	Ischmech/Baikal	142
H&N Baracuda Match	278	JGA 100	26
H&N Diabolo Sport	278	Jingtai Toys	256
H&N Field & Target Trophy	278	Joniskeit	119
H&N Finale Match	278	Jumbo	70
H&N Silver Point	278	Jung Roland	60
Haenel 54	50	Jung, F.	64
Haenel M. 26	52	Kalibrieren	275
Haenel M. 28 Rep.	52	Kapselspanner	163
Haenel, C. G.	52	Kein Well Co.	263
Hahn 45	153, 186	Kelvin	11
Hahn, Frank	186	Kipplauf-Luftpistolen	9
Hamilton, Clarence J.	195	Klebscheibe	110, 254
Hämmerli	98	Kline, Richard M.	205
Hämmerli AP 40, AP 40 Balance	140	Knaak, G.	31, 178
Hämmerli APS	110	Knicker	9
Hämmerli M 480	236	Knicklauf-Luftpistolen	9
Hämmerli M 480, 480 k, 480 Junior, 480 k 2	140	Kohlendioxid	153

Index

Koma	60	Milbro M. SP 50	66
Koma M. LDP 3	60	Milbro-Diana Mk IV	68
Kompressibilität	155	Millard Brothers	35, 66
Kompression	11	Milliman, K. L.	192
Kompressionswärme	11	Modesto Molgora	227
Kötzle, M.	95	Möller, F.	15, 43
Kraus, J. R.	274	Mölln	60
Kufstein	60	Mondial	68
Kugellager	139	Morini Competition Arm S. A.	130
KWC	264, 263	Morini M CM 162 E	130
KWC Taurus PT 92 AF 257AEP	264	Morini M CM 162 EI	130
L-E-M Mouls	276	Morini, Cesare	130
L-E-P	150	Moritz & Gerstenberger	43
Lachgas	159	Natterer, J.	170
Langenhan M. 1	63	Nemesis	109
Langenhan M. 2	62, 64	Neue Spitz	268
Langenhan, F.	62	Nordheim, L. v.	85
Langenhoven, E. Van	13	Norinco	85
Laufzeit	275	Norkonia	85
Lehmann, B.	53, 85	Nygord, Donald	275
Leik, Alois	177	P 34	22
Lenzburg	98	Pardini M K 2	237
Lothar Walther Lauf	114	Pardini M K 2 u. K 10	142
Lov 21	162, 212	Pardini M K 90	237
Lovena Vyrobni Druzstvo	212	Pardini-Fiocchi M K 60	237
Lüke & Ortmeier	98	Pardini-Fiocchi M P 10	118
LUP 54	50	Pardini, Giampiero	237
Magnus-Effekt	266	Patent-Präcisions-Scheibenpistole	32
Magnus, H. G.	266	PCA	107
Manu-Arm	68	Pellet Sizer	276
Marksman 1010	55	Pellgun	185
Marsac, B.	267	Perfecta	69
Maruzen	260	Peting, W.	31
Maruzen APS-3	110	Petroleum	11
Massenausgleich	90	Petrosjan, A. L.	166, 214
Match-Druckluftpistolen	126	Phoenix Arms Co.	66
Mauser M. Jumbo	87	Phoenix G. 50 LP	66
Mauser M. U	36	Phoenix M. G. 60	66
Mayer & Grammelspacher	15	Picken, James	91
Mayer, J.	34	Pitcher, Kenneth R.	205
Mayer, L.	68	Plainsman	205
Medallist	105	Power Line 45 (Daisy)	169
Meffert, I.	64	Powerlet	179
Mehlis	62	Powermatic	190
mehrhubige LPs	101	Predom-Lucznik	69
Merz, Rudolf	163, 188	Prellschlag	18, 90
MGR-Luftpistole	35	Presne Strojirenstvi	76
Mieg-Patrone	178	Preuß, A.	174
Mieg, Armand	178	Prometheus-Geschoss	269
Milbro	35, 66	Propan	254
Milbro M. Cougar	67	Pumpe	101, 111
Milbro M. G4	68	Punktkugel	265
Milbro M. G4 S	68	Quackenbush, H. M.	37

Quick Silver	265
Quick Silver, Daisy BBs	187
Ralston	276
Rastatt	15
Raydt, W.	170
Reaktionszeit	126, 275
Record Firearms GmbH	70
Record M. Champion	71
Record-Modelle	70
Red Gas	254
Red Nose	253, 259
Riffelung	268
Rivolier et Fils	172
Robb, T. R.	276
Rocket Destructor	270
Roger CO2-Pistole	227
Rogers	34
Röhm	143
Röhm M Top	143
Röhm M Trainer	164
Röhm Twinmaster CO2-Pistolen	238
Römer, P. R. 138;	144
Rückstoß	18
Rückstoß-Dämpfung	21
Ruger P 345 Airsoft	261
Ruger Super Hawk Airsoft	262
SAM	146
Saxby, M.	151
Schimel Gas Pistol	179
Schimel-Pistole	153
Schipatschew, A. B.	166
Schlagfeder-Luftpistole	9
Schmeißer, H.	52
Schmidt, F. u. H.	74
Schrot-Pistole	202
Schuss-Stabilisator	24
Schussentwicklungszeit	126
Schütt, H.	27
schwenkbar (Visier)	132
Schwerkraftlader	44
Scorpion	33
Sean Connery	77
Senfter M 1 (M. 79)	180
Senfter M 2 (M. 84)	180
Senfter, E.	24, 134, 179, 229
Sheridan M EB	214
Sheridan M HB	107
Sheridan Products Inc.	107
Sheridan-Bantam-Geschoss	274
Sheridan-Geschosse	268
Shiloh	186
Sicherungen	15
SIG	98
SIG SAUER P226	258
SIG SAUER P230	258
Sigarms Inc.	258
Silcock, N. u. G.	150
Silver Eagle	269
Silver Jet	268
Silver Point	268
Skanaker, Ragnar	230
Skif A-3000	214
Slavia	76
Smith & Wesson M 78 G u. 79 G	218
Softair-Pistolen	253
Soldiers G. I. Force	255
Spannsicherung	15, 43
Sparflasche	229
Sparkler	179
Sparklet	179
Spitzer-Gechoss	270
Sportmodell 54	50
SSP	43
Standardabweichung	272
Sterion	137
Steyr	24
Steyr M LP 1	134
Steyr M LP 10	134
Steyr M LP 2 u. LP 2 Compact	134
Steyr M SA 5	250
Steyr M. LP	56
Steyr Mannlicher GmbH	239
Sticky Target	110, 254
Stiga LP M. Zenit	43
Streuung	272
Setzen von Geschossen	282
Syphonkapsel	179
Szailer, M.	31
Tarsa	31
Tau-7	229
Tell	85
Temperatur, kritische	155
Tempest	78, 80
Tesro	144
Tesro PA 10	144
Tesro PA 10-2	144
Tesro PA 10-2 ECO, PA 10-2 Classic u. PA 10-2 Pro	145
Tetrafluorethan	254
Tex	76
Totvolumen	102
Tranas	43
Tripelpunkt	154
Trommel-Magazine	167
Tschebukow, W.	56
Tula MC 50-1	236

Index

Twinmaster M Match	144	Walther M LP 3 Match	120
Twinmaster Sport	143	Walther M LP 300	137
Twinmaster Top CO2-Pistole	239	Walther M LP 300 XT 131Protouch „5D"	137
Twinmaster Trainer	238	Walther M LP M-1	120
Typhoon	78, 80	Walther P 99 Airsoft	260
Ucyildiz Arms Ind. Co. Ltd.	91	Walther P22 Airsoft	259
Uhrincak	212	Walther, Carl	77
Uma 62 Perfecta	68	Walther, Fritz	77, 120
Umarex	66, 98	Webley & Scott Junior	80
Umarex Beretta 92 FS	221	Webley & Scott Ltd.	80
Umarex CO2-Modell-Übersicht	219	Webley & Scott Mk I	80
Umarex Colt M 1911 A1	221	Webley & Scott Mk II	80
Umarex CPSport	225	Webley & Scott Senior	80
Umarex S&W M 586 u. 686	227	Webley M Nemesis	109
Umarex S&W M&P	226	Wechselsystem Idl/Blaser	246
Umarex Walther CP 99	224	Weihrauch	83
Umarex Walther PPK/S	222	Weihrauch HW 70	83
V/L-Gewehr	13	Weihrauch M HW 75	107
VEB Ernst-Thälmann-Werke	50	Weirauch HW 45	83
Venus Waffenwerk	85	Weirauch M 40 PCA	107
Verdampfungswärme CO2	156	Westland	85
Voere	60	Westinger, K.	94
Voere M. LDP 3	61	Westlake M. S 2	38, 85
Voere M. LDP 4	61	Will, E. L.	85
Voere Sportwaffenfabrik	60	Will, Oskar	85
Voetter, E.	60	Willenhall	80
VWW	85	Wilsker & Co.	27
VWW M. Tell 1	85	Wilsker	27
VWW M. Tell 3	87	Wingun Technology Co., Ltd.	261
Wackerhagen, E. R.	274	Wirkungsgrad 8,	56, 126
Waffentechnik Match LP	119	Wischo	27
Wahrig	9	Walther LP 400 Carbon Universal	
waisted pellets	268	Wöhrstein, E.	94
Walther	24	WWF	76
Walther CP 5	251	Zar Alexander I.	56
Walther CP 88	219	Zenit	17, 43
Walther CP 88 Competition	219	Zenit M	44
Walther LP 2	101	Zinke, St.	50
Walther LP 200	136	ZIP-Mondial	68
Walther LP 200 Air Plus	136	Zündtemperatur	11
Walther LP 300 Club	137	ZVP	76
Walther LP 300 Lightweight	137		
Walther LP 300 Ultra	137		
Walther LP 400	139		
Walther LP 400 Alu	139		
Walther LP 400 Carbon, Crabon Compact	139		
Walther LP 53	77		
Walther M CP 1	240		
Walther M CP 2 u. CP 3	240		
Walther M CP 200 u. CP 201	241		
Walther M CP 88	166		
Walther M LP 2	120		
Walther M LP 3	120		